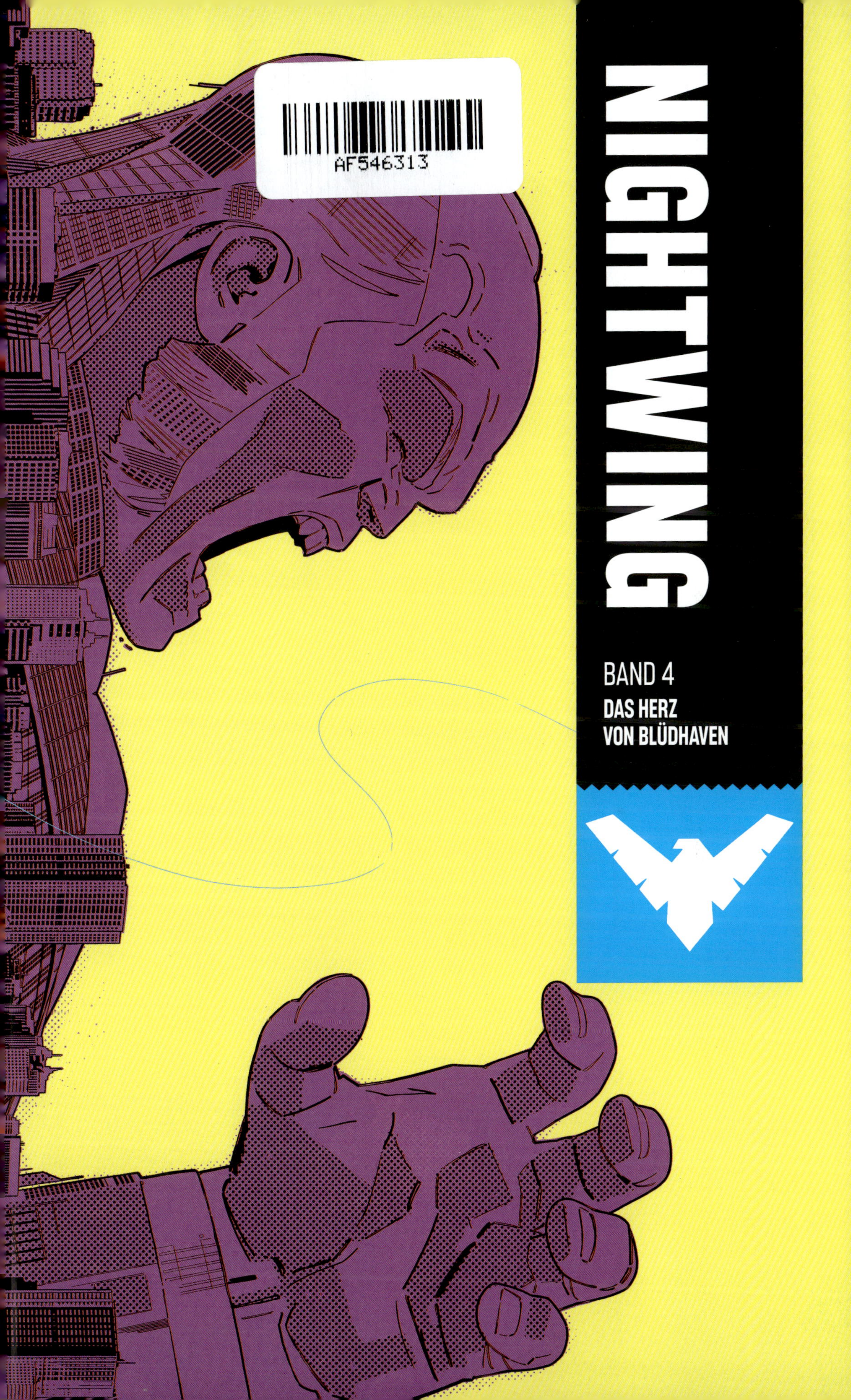
NIGHTWING
BAND 4
DAS HERZ
VON BLÜDHAVEN

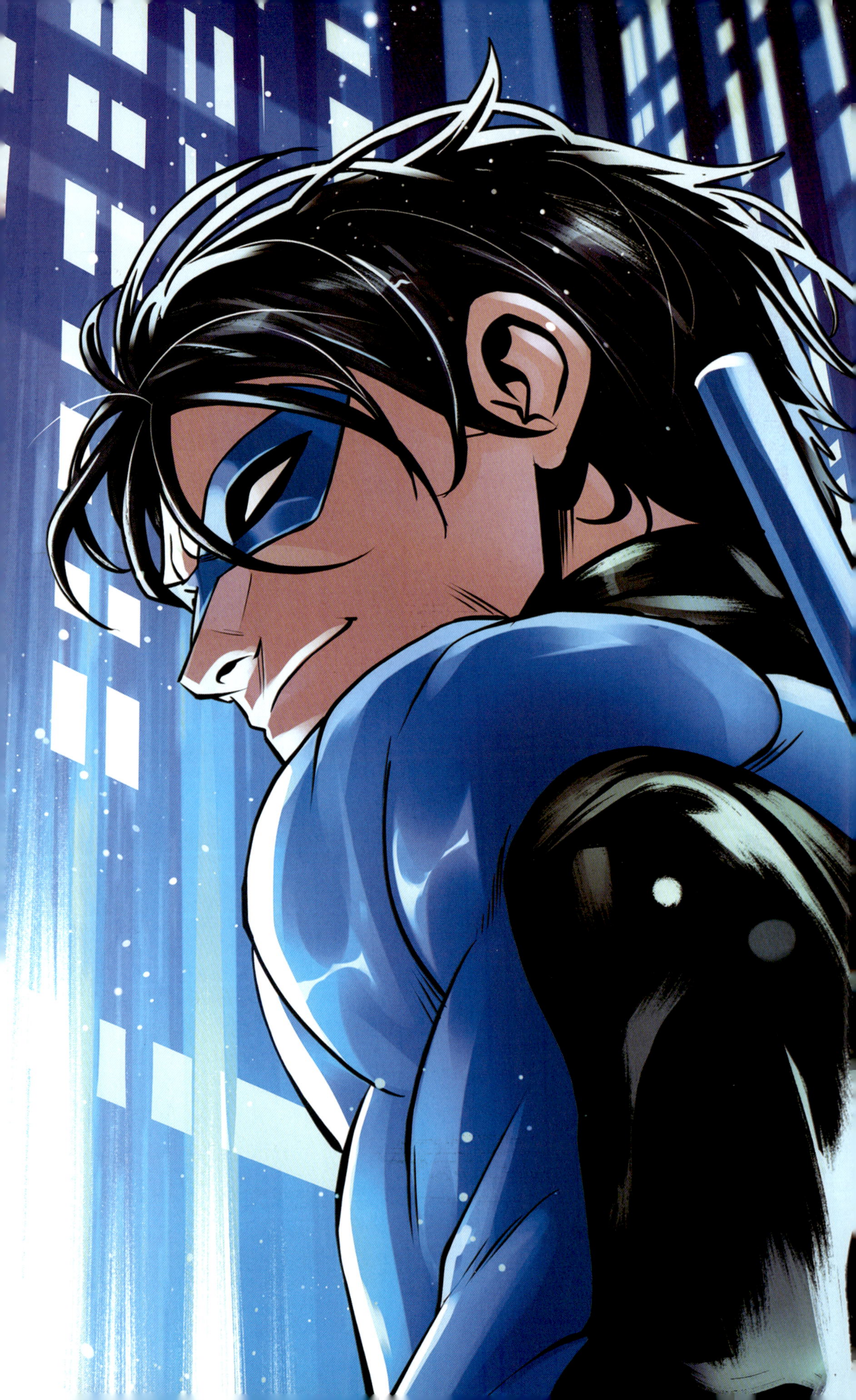

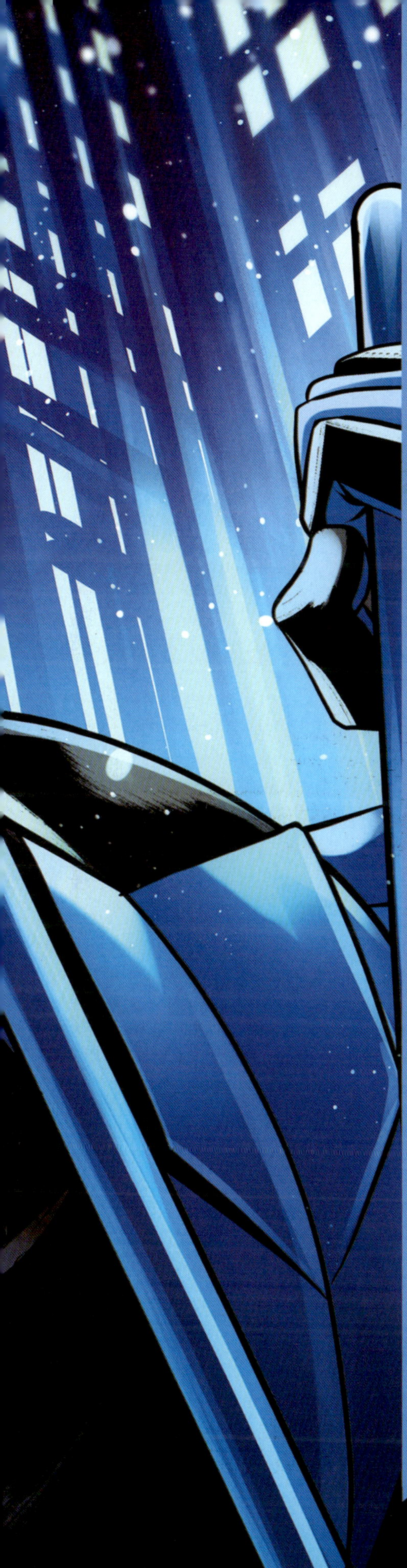

BESCHWINGTER BESCHÜTZER

Dick Grayson startete seine Heldenkarriere als der erste **Robin** an **Batmans** Seite. Später nahm der Artistensohn das Alias **Nightwing** an. In jüngerer Vergangenheit war er zudem als **Agent 37** (ein Geheimagent von **Spyral**) oder als rabiater Taxifahrer **Ric Grayson** (mit kompletter Amnesie) unterwegs, ehe er wieder Nightwing wurde. In der grandiosen, gefeierten Saga von Autor **Tom Taylor**, Hauptzeichner **Bruno Redondo** und ihren Mitstreitern hat Dick kürzlich ein Vermögen von seinem Ziehvater und Freund **Alfred Pennyworth** geerbt, der lange die gute Seele in der **Bat-Höhle** und in **Wayne Manor** war. Es liegt eine gewisse Ironie darin, dass Dick so der reichste Mann seiner Stadt **Blüdhaven** wurde, während sein alter Mentor **Bruce Wayne** einen Großteil seines Vermögens in **Gotham City** verloren hat. Wie auch immer, Dick will sein Geld dazu nutzen, Blüdhaven zu einem besseren, gerechteren Ort zu machen – etwa, indem er eine Fläche bei den Docks in **Haven** verwandelt, wo sozial schwache Menschen in Sicherheit leben können. Jetzt könnte man natürlich meinen, dass vor allem Bürgermeisterin **Melinda Zucco** Dick im Weg steht, schließlich ist sie die Tochter des Berufsverbrechers, der vor vielen Jahren für die Ermordung von Dicks Eltern beim Zirkus verantwortlich war. Aber Dick und Melinda kommen gut klar – inzwischen weiß sie sogar, dass Dick hinter der Maske von Nightwing steckt. Mehr Probleme machen der gefährliche Serienkiller **Heartless** sowie der Geschäftsmann **Roland Desmond**, auch bekannt als superstarker Verbrecherboss **Blockbuster**. Letzterer hat z. B. **Police Commissioner Maclean** in der Tasche (dasselbe denkt er von Melinda), und er setzte sogar ein Kopfgeld auf Dick aus (das er letztlich jedoch zurückziehen musste, weil die **Titans** zu gut auf ihren Freund aufpassten). Auch **Barbara Gordon** spielt derzeit eine wichtige Rolle in Dicks Leben. Nicht nur, dass sie ihn als Hackerin **Oracle** und Heldin **Batgirl** unterstützt, wo sie kann. Die beiden sind sich zudem so nahe wie selten zuvor und endlich ganz offiziell ein Paar.

Christian Endres

TOM TAYLOR
Story

BRUNO REDONDO
GERALDO BORGES
Zeichnungen

BRUNO REDONDO
WADE VON GRAWBADGER
GERALDO BORGES
CAIO FILIPE
Tusche

ADRIANO LUCAS
Farben

CAROLIN HIDALGO
Übersetzung

STUDIO RAM
Lettering

Nightwing geschaffen von **Marv Wolfman** und **George Pérez.**

Batman geschaffen von **Bob Kane** mit **Bill Finger.**

Superman geschaffen von **Jerry Siegel** und **Joe Shuster.**
Mit besonderer Genehmigung der **Jerry Siegel**-Familie.

NIGHTWING erscheint bei **PANINI COMICS**, Schloßstraße 76, D-70176 Stuttgart. Druck: Chinchio Industria Grafica S.r.l. Pressevertrieb: Stella Distribution GmbH, D-22297 Hamburg. Direkt-Abos auf **www.paninicomics.de**. Anzeigenverkauf: BLAUFEUER VERLAGSVERTRETUNGEN GmbH, info@blaufeuer.com. Es gelten die Anzeigenpreise gemäß der Mediadaten 2023. Geschäftsführer **Hermann Paul**, Publishing Director Europe **Marco M. Lupoi**, Finanzen/Logistik **Felix Bauer**, Marketing Director **Holger Wiest**, Marketing **Thorsten Kleinheinz**, Vertrieb **Alexander Bubenheimer**, PR/Presse **Steffen Volkmer**, Publishing Manager **Lisa Pancaldi**, Redaktion **Tommaso Caretti**, **Carlo Del Grande**, **Christian Endres**, **Christian Grass**, **Ilaria Tavoni**, **Peter Thannisch**, **Monika Trost**, **Daniela Uhlmann**, Übersetzung **Carolin Hidalgo**, Proofreading **Tomislav Subasic**, Lettering **Studio RAM**, grafische Gestaltung **Rudy Remitti**, **Nicola Spano**, Art Director **Alessandro Gucciardo**, Redaktion Panini Comics **Annalisa Califano**, **Beatrice Doti**, Prepress **Francesca Aiello**, **Andrea Bisi**, Repro/Packager **Alessandro Nalli** (coordinator), **Anna Boselli**, **Mario Da Rin Zanco**, **Valentina Esposito**, **Luca Ficarelli**, **Linda Leporati**. Cover von **Bruno Redondo**, *Nightwing* 93.

Digitale Ausgaben:
ISBN 978-3-7367-9658-4 (.pdf) / ISBN 978-3-7367-9659-1 (.epub) / ISBN 978-3-7367-9657-7 (.mobi)

Bibliografische Information der Deutschen Nationalbibliothek
Die Deutsche Nationalbibliothek verzeichnet diese Publikation in der Deutschen Nationalbibliografie; detaillierte bibliografische Daten sind im Internet über dnb.d-nb.de abrufbar.

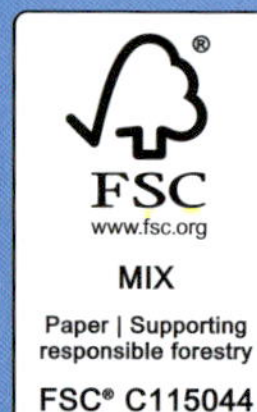

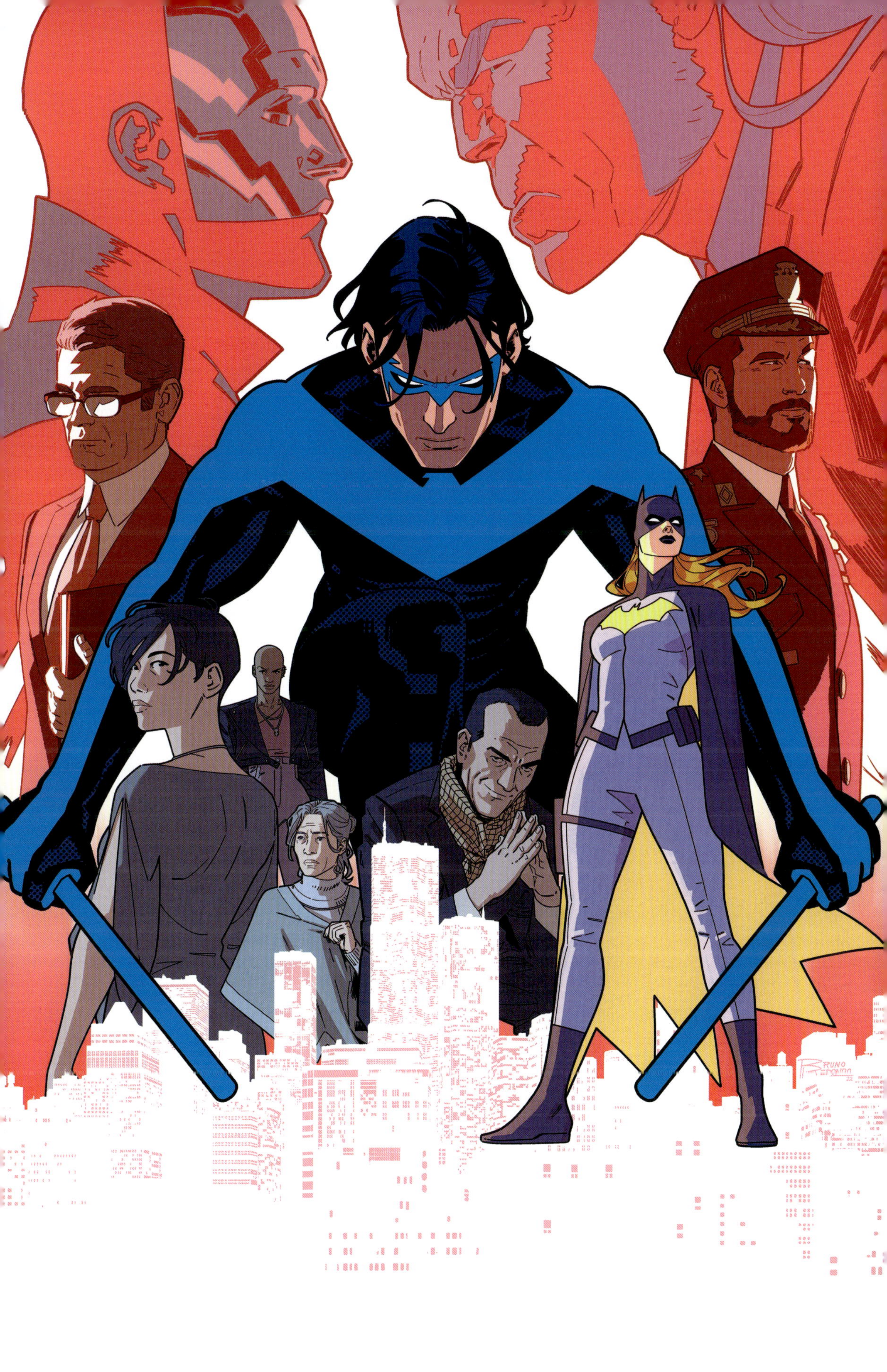

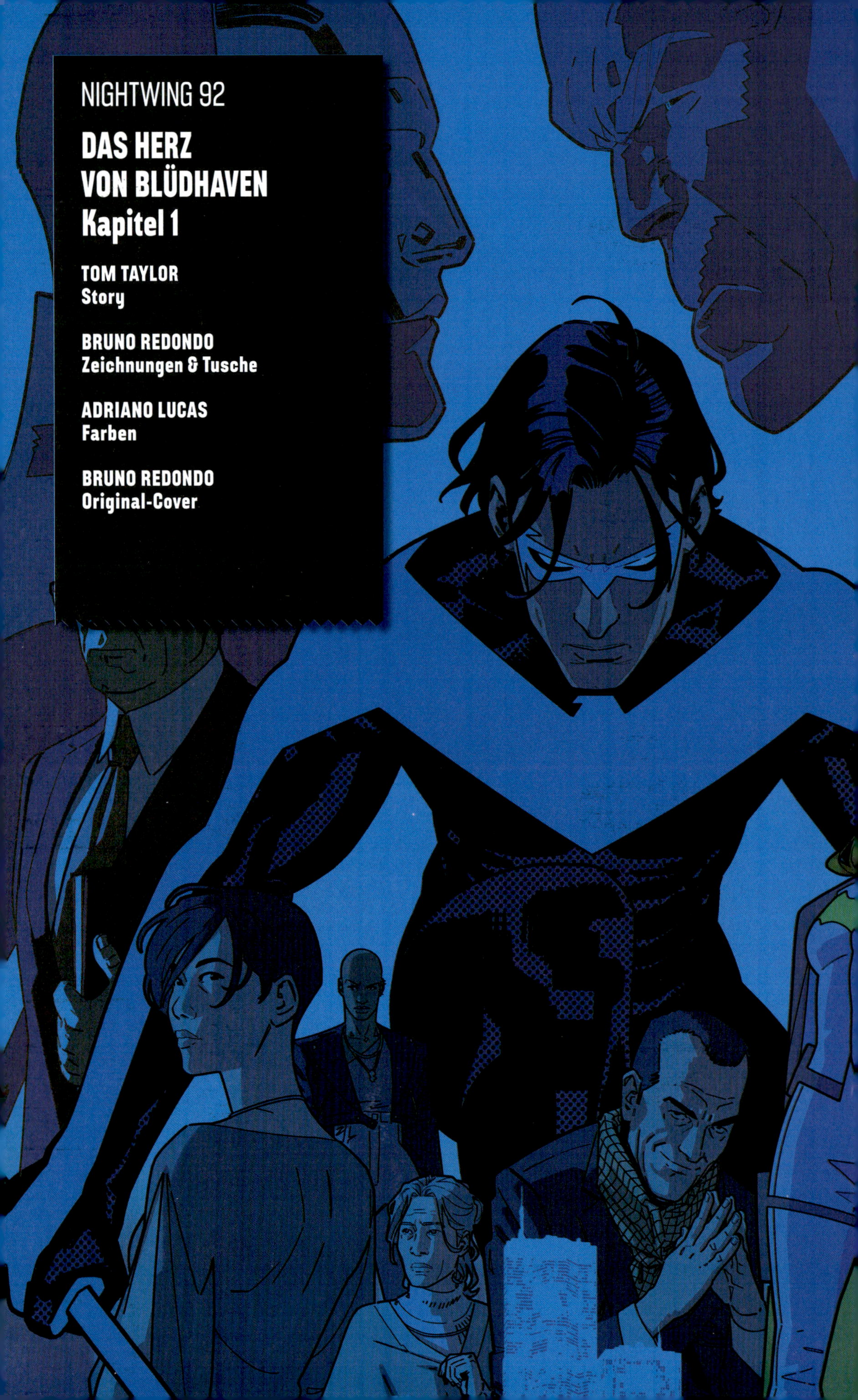
NIGHTWING 92
DAS HERZ VON BLÜDHAVEN
Kapitel 1
TOM TAYLOR
Story
BRUNO REDONDO
Zeichnungen & Tusche
ADRIANO LUCAS
Farben
BRUNO REDONDO
Original-Cover

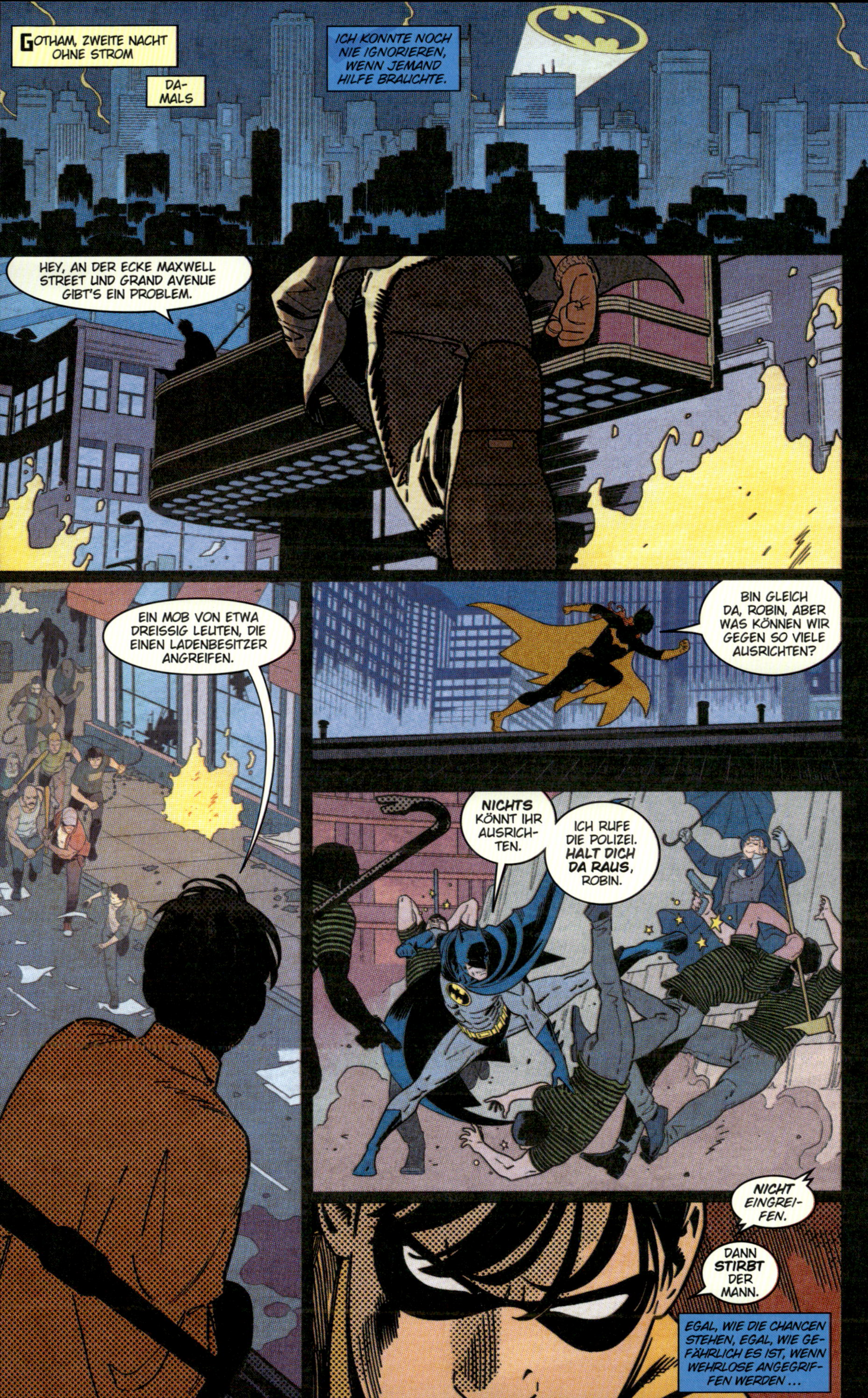
GOTHAM, ZWEITE NACHT OHNE STROM
DAMALS
ICH KONNTE NOCH NIE IGNORIEREN, WENN JEMAND HILFE BRAUCHTE.
HEY, AN DER ECKE MAXWELL STREET UND GRAND AVENUE GIBT'S EIN PROBLEM.
EIN MOB VON ETWA DREISSIG LEUTEN, DIE EINEN LADENBESITZER ANGREIFEN.
BIN GLEICH DA, ROBIN, ABER WAS KÖNNEN WIR GEGEN SO VIELE AUSRICHTEN?
NICHTS KÖNNT IHR AUSRICHTEN.
ICH RUFE DIE POLIZEI. HALT DICH DA RAUS, ROBIN.
NICHT EINGREIFEN.
DANN STIRBT DER MANN.
EGAL, WIE DIE CHANCEN STEHEN, EGAL, WIE GEFÄHRLICH ES IST, WENN WEHRLOSE ANGEGRIFFEN WERDEN …

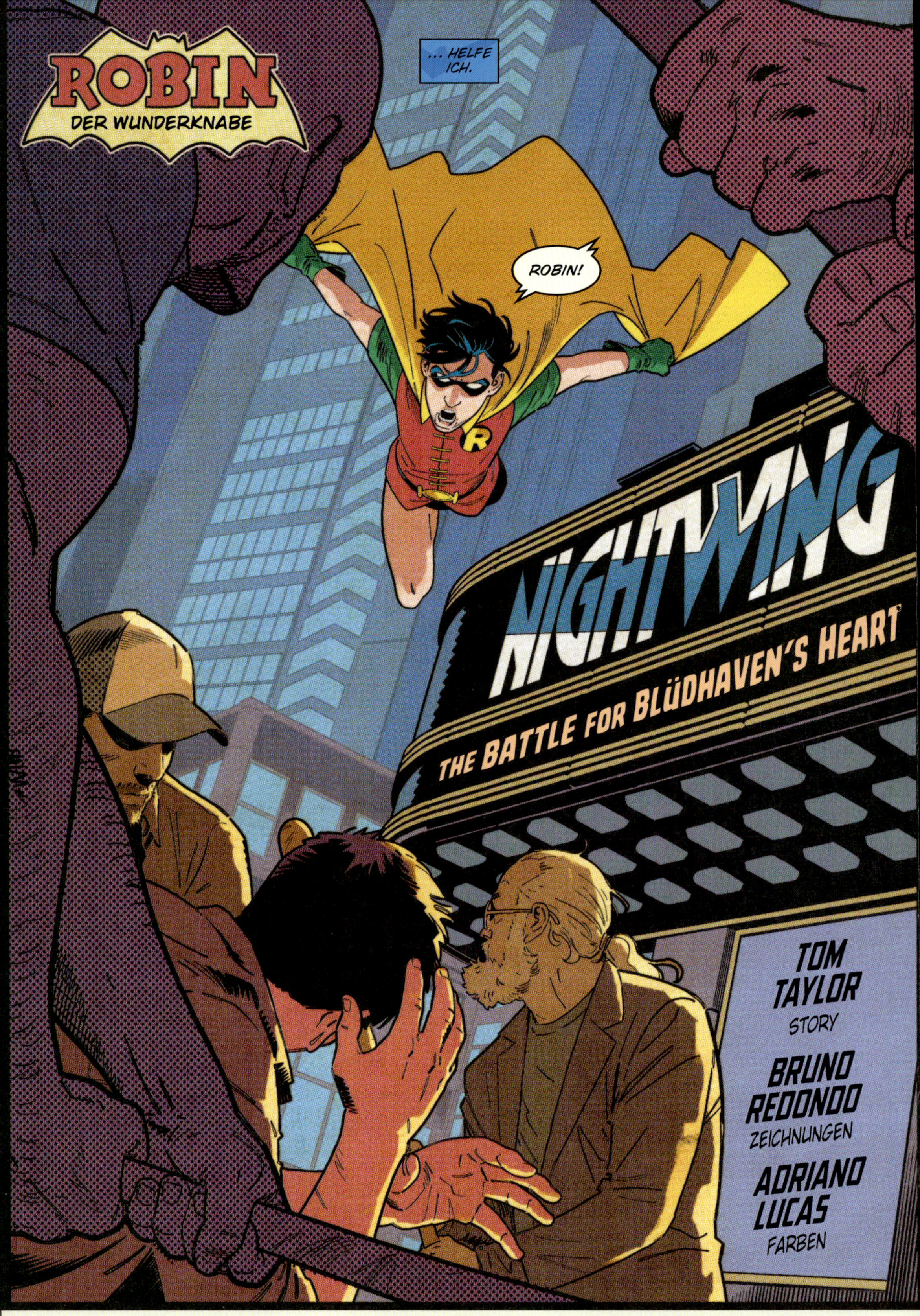

CAROLIN HIDALDO
ÜBERSETZUNG

STUDIO RAM
LETTERING

JESSICA CHEN, JESSICA BERBEY & BEN ABERNATHY
REDAKTION USA

NIGHTWING GESCHAFFEN VON MARV WOLFMAN & GEORGE PÉREZ.
SUPERMAN GESCHAFFEN VON JERRY SIEGEL UND JOE SHUSTER. MIT BESONDERER GENEHMIGUNG DER JERRY SIEGEL-FAMILIE.

* DAS HERZ VON BLÜDHAVEN

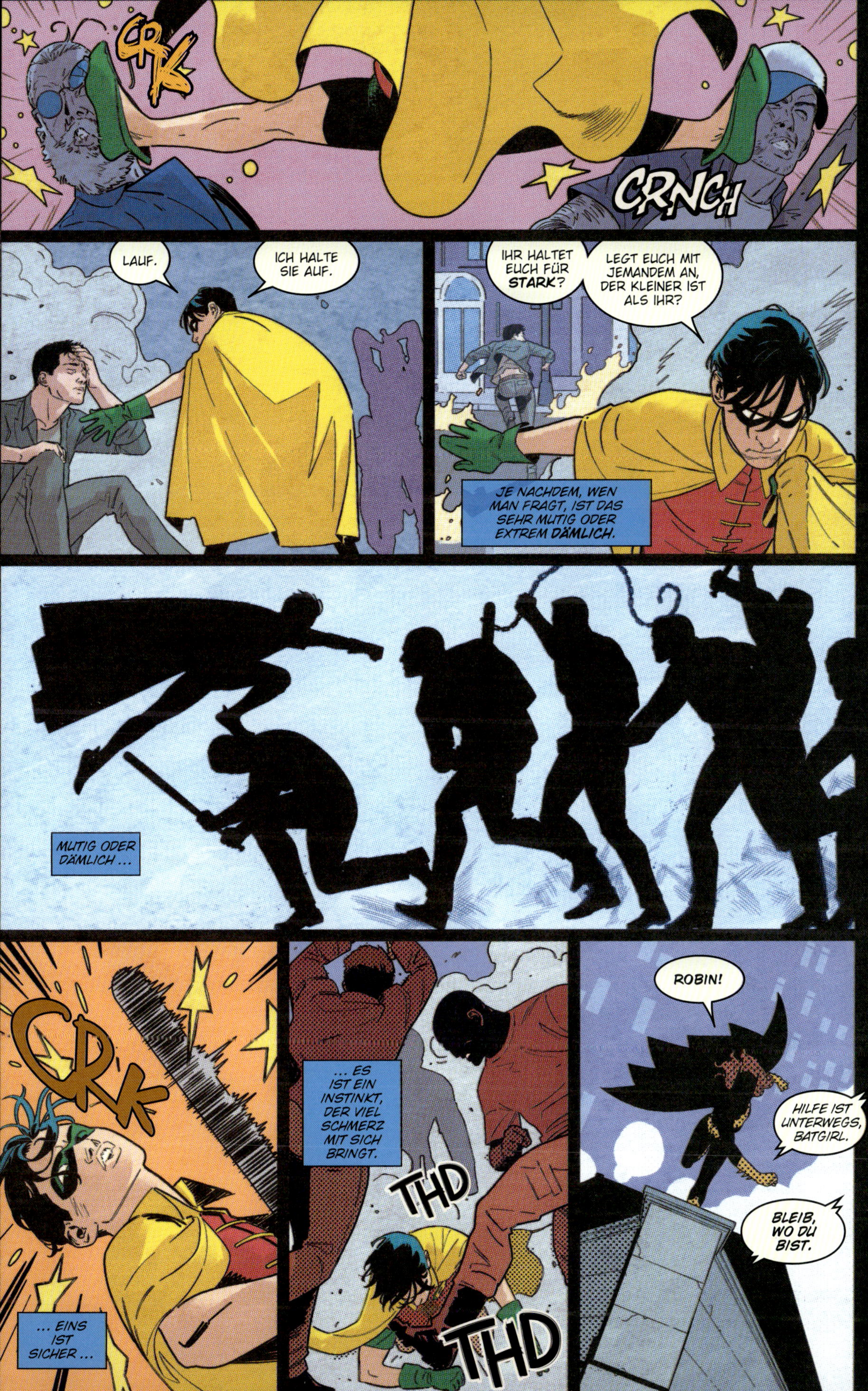
CRK
CRNCH
LAUF.
ICH HALTE SIE AUF.
IHR HALTET EUCH FÜR STARK?
LEGT EUCH MIT JEMANDEM AN, DER KLEINER IST ALS IHR?
JE NACHDEM, WEN MAN FRAGT, IST DAS SEHR MUTIG ODER EXTREM DÄMLICH.
MUTIG ODER DÄMLICH ...
CRK
... EINS IST SICHER ...
... ES IST EIN INSTINKT, DER VIEL SCHMERZ MIT SICH BRINGT.
THD
THD
ROBIN!
HILFE IST UNTERWEGS, BATGIRL.
BLEIB, WO DU BIST.

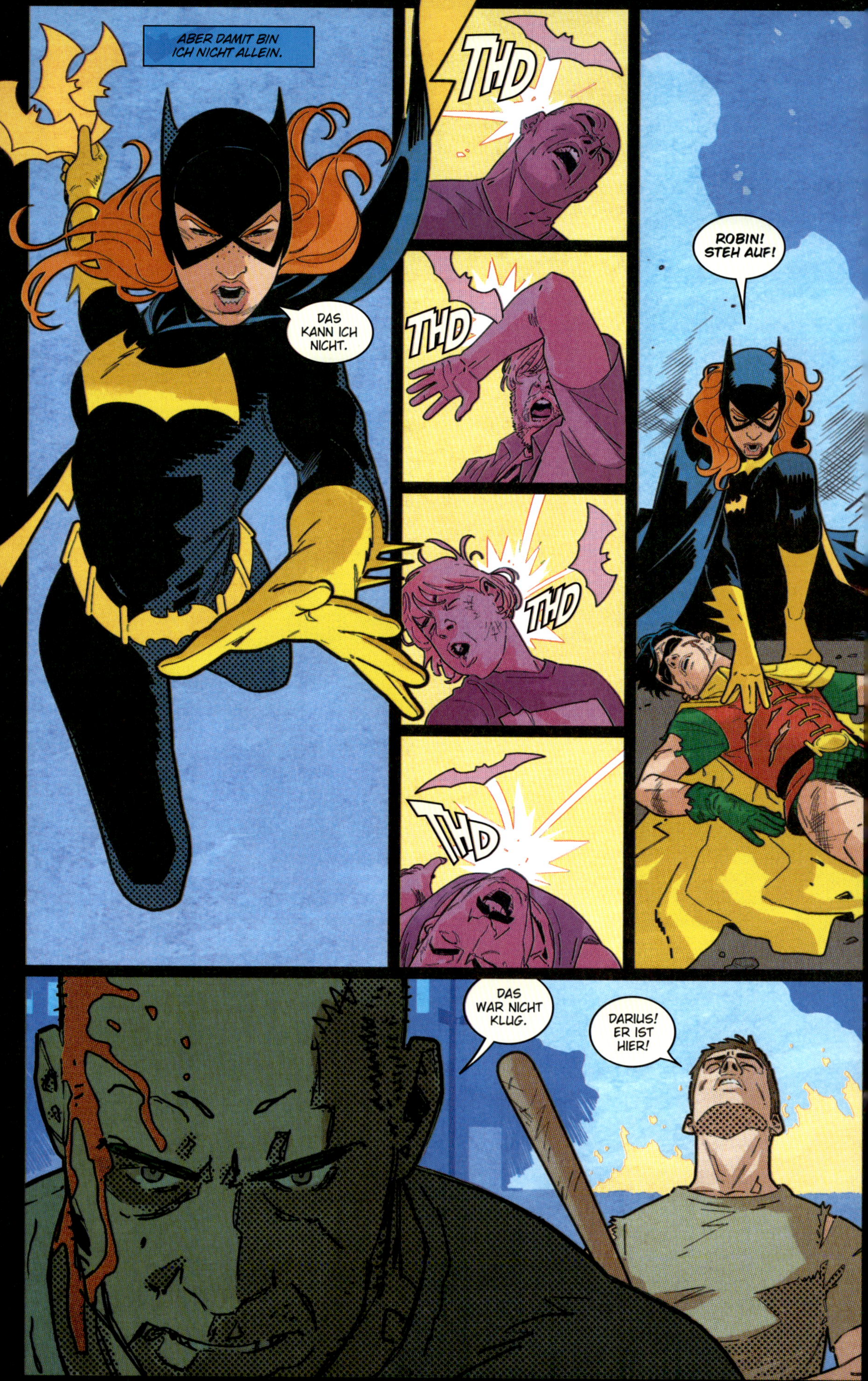
ABER DAMIT BIN ICH NICHT ALLEIN.
DAS KANN ICH NICHT.
THD
THD
THD
THD
ROBIN! STEH AUF!
DAS WAR NICHT KLUG.
DARIUS! ER IST HIER!

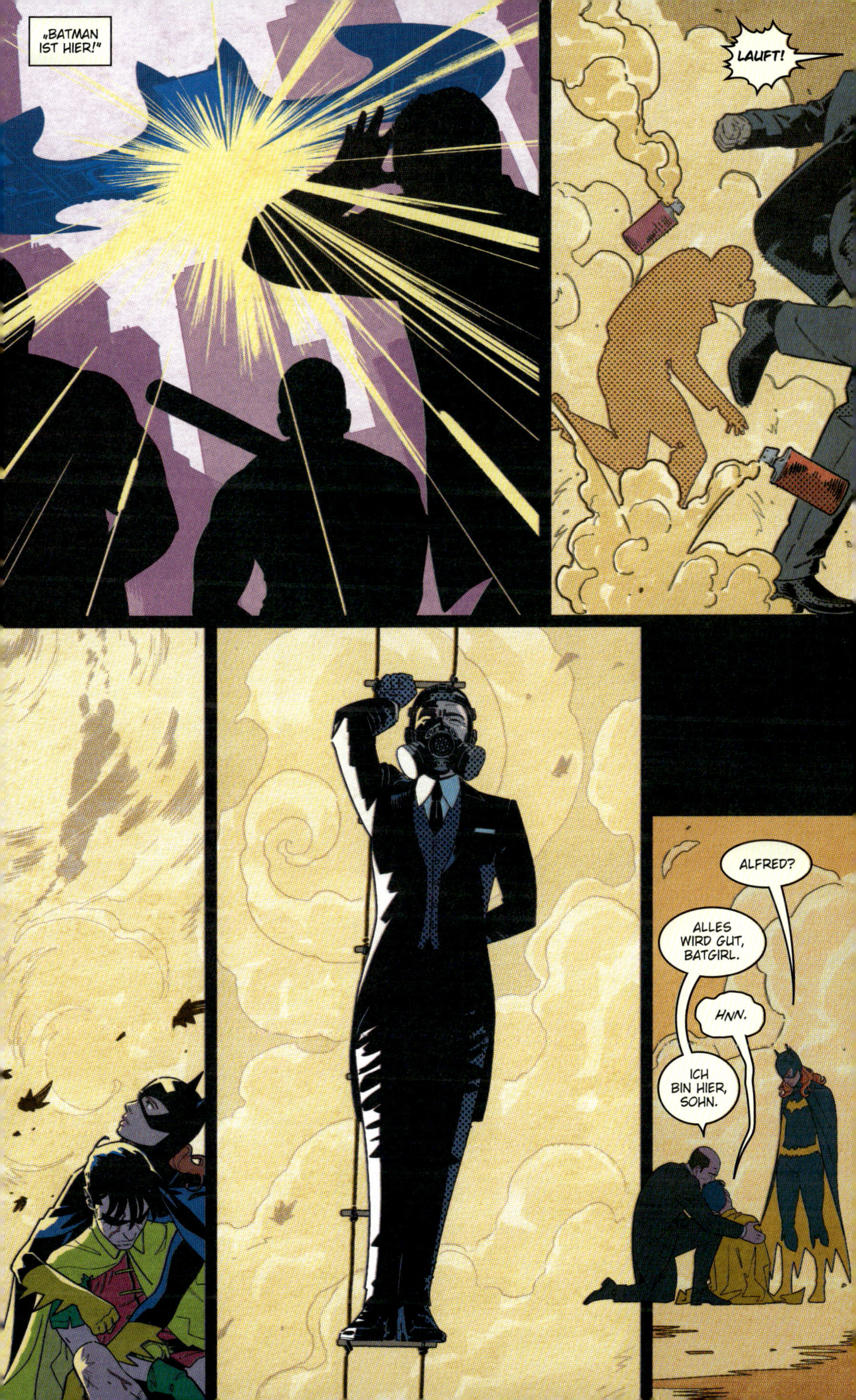
„BATMAN IST HIER!“
LAUFT!
ALFRED?
ALLES WIRD GUT, BATGIRL.
HNN.
ICH BIN HIER, SOHN.

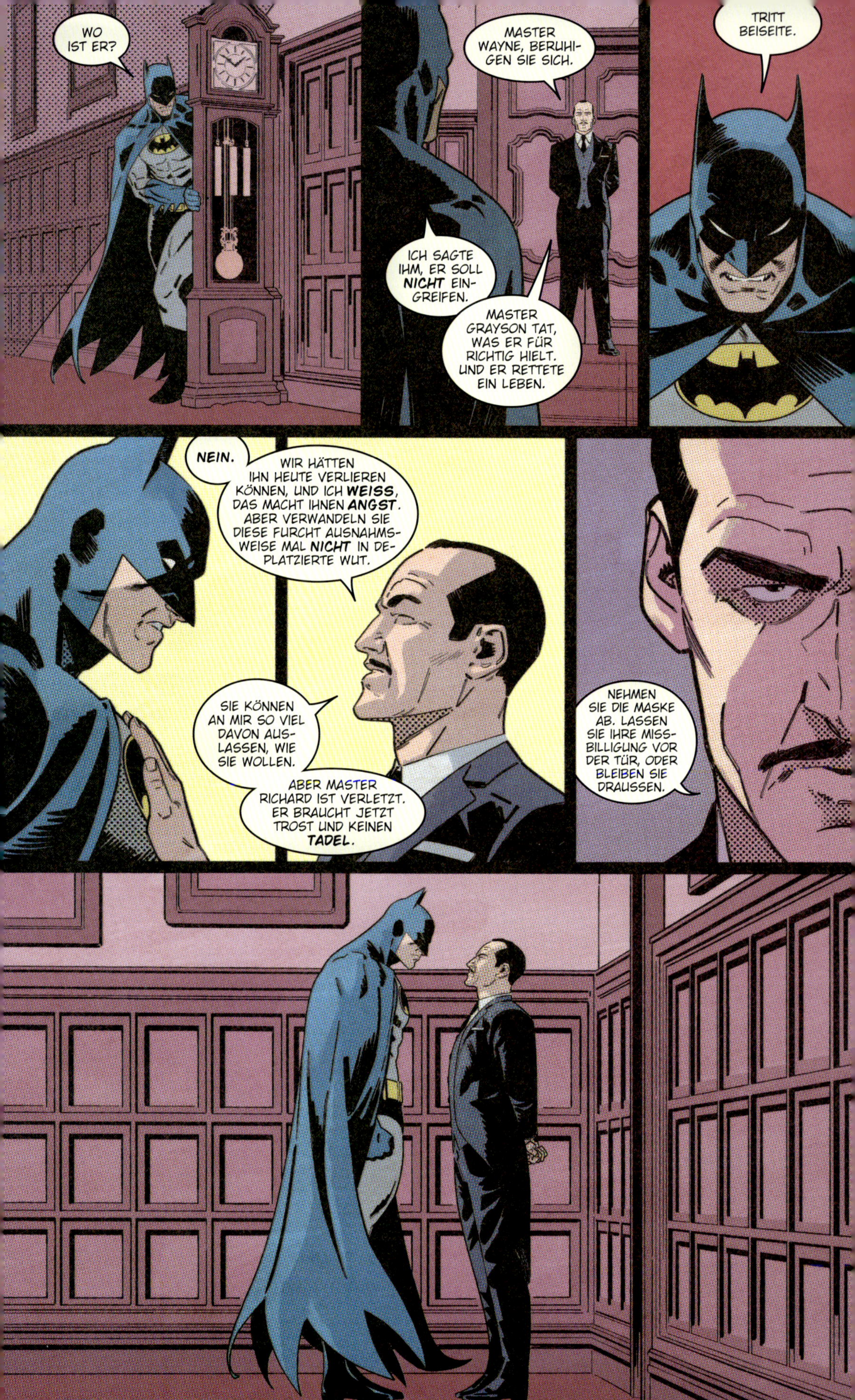
WO IST ER?
MASTER WAYNE, BERUHIGEN SIE SICH.
ICH SAGTE IHM, ER SOLL **NICHT** EINGREIFEN.
MASTER GRAYSON TAT, WAS ER FÜR RICHTIG HIELT. UND ER RETTETE EIN LEBEN.
TRITT BEISEITE.
NEIN.
WIR HÄTTEN IHN HEUTE VERLIEREN KÖNNEN, UND ICH **WEISS**, DAS MACHT IHNEN **ANGST**. ABER VERWANDELN SIE DIESE FURCHT AUSNAHMSWEISE MAL **NICHT** IN DEPLATZIERTE WUT.
SIE KÖNNEN AN MIR SO VIEL DAVON AUSLASSEN, WIE SIE WOLLEN.
ABER MASTER RICHARD IST VERLETZT. ER BRAUCHT JETZT TROST UND KEINEN **TADEL**.
NEHMEN SIE DIE MASKE AB. LASSEN SIE IHRE MISSBILLIGUNG VOR DER TÜR, ODER BLEIBEN SIE DRAUSSEN.

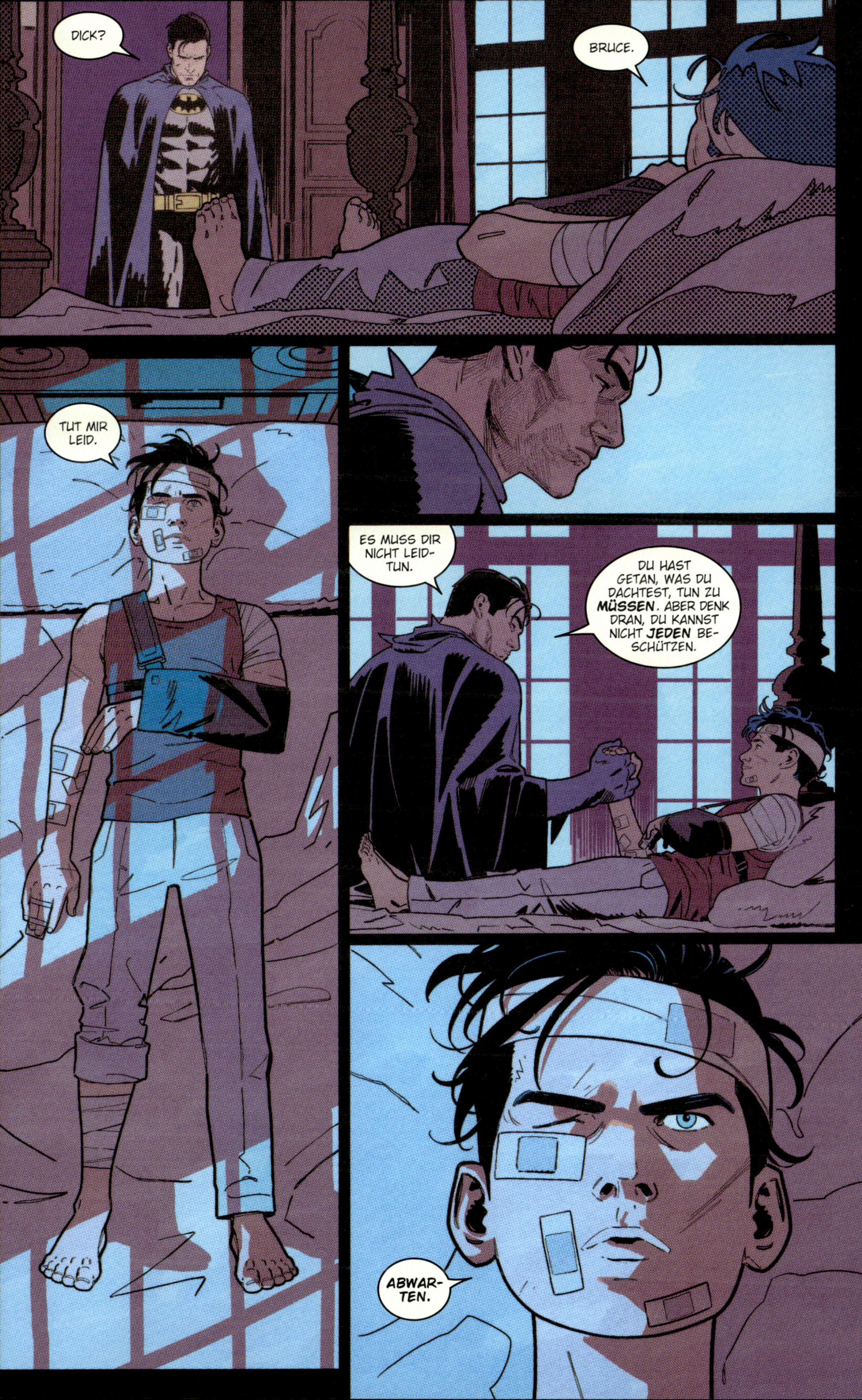
DICK?
BRUCE.
TUT MIR LEID.
ES MUSS DIR NICHT LEID-TUN.
DU HAST GETAN, WAS DU DACHTEST, TUN ZU **MÜSSEN**. ABER DENK DRAN, DU KANNST NICHT **JEDEN** BE-SCHÜTZEN.
ABWAR-TEN.

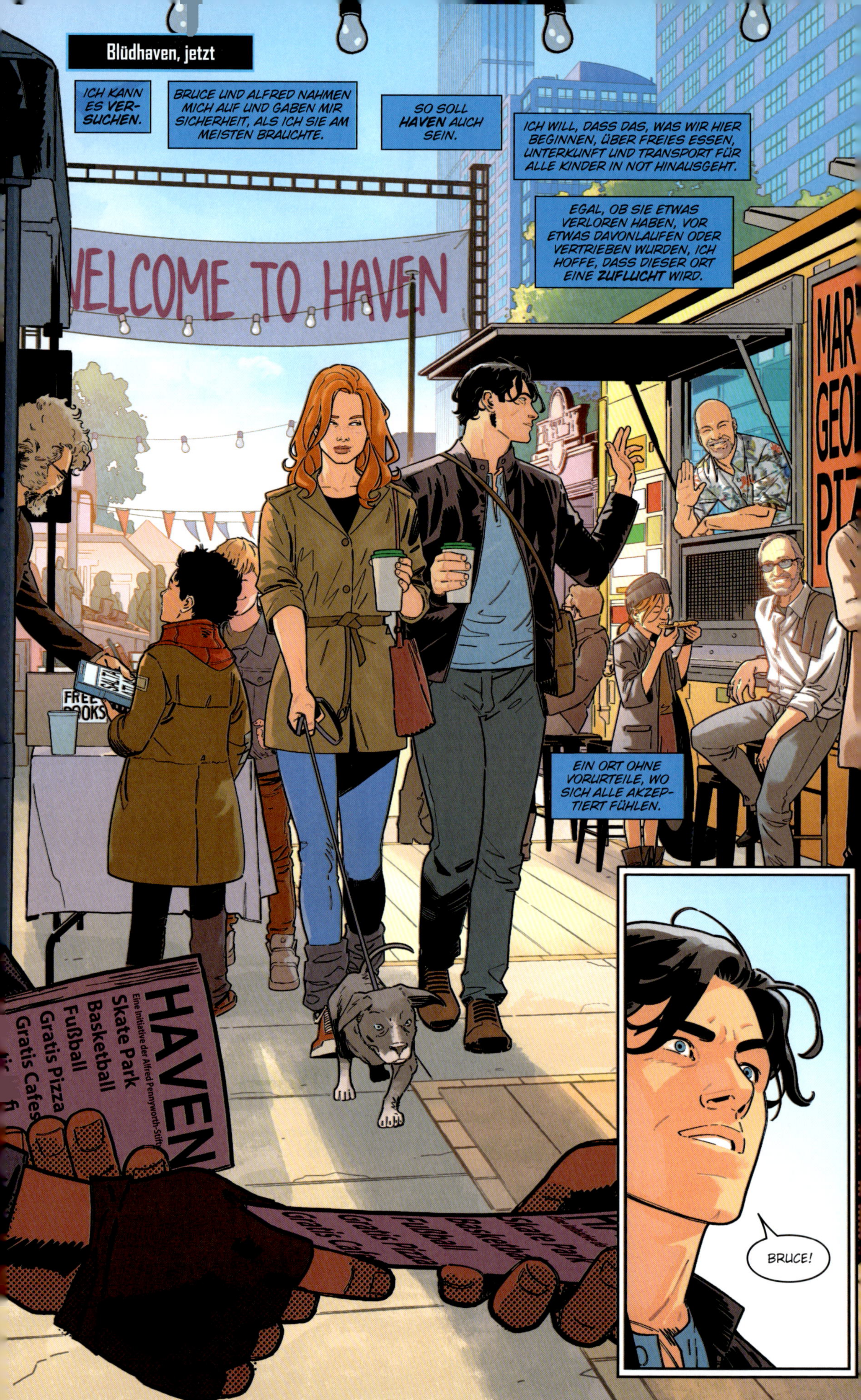

Blüdhaven, jetzt
ICH KANN ES VERSUCHEN.
BRUCE UND ALFRED NAHMEN MICH AUF UND GABEN MIR SICHERHEIT, ALS ICH SIE AM MEISTEN BRAUCHTE.
SO SOLL HAVEN AUCH SEIN.
ICH WILL, DASS DAS, WAS WIR HIER BEGINNEN, ÜBER FREIES ESSEN, UNTERKUNFT UND TRANSPORT FÜR ALLE KINDER IN NOT HINAUSGEHT.
EGAL, OB SIE ETWAS VERLOREN HABEN, VOR ETWAS DAVONLAUFEN ODER VERTRIEBEN WURDEN, ICH HOFFE, DASS DIESER ORT EINE ZUFLUCHT WIRD.
WELCOME TO HAVEN
FREE BOOKS
EIN ORT OHNE VORURTEILE, WO SICH ALLE AKZEPTIERT FÜHLEN.
HAVEN
Skate Park
Basketball
Fußball
Gratis Pizza
BRUCE!

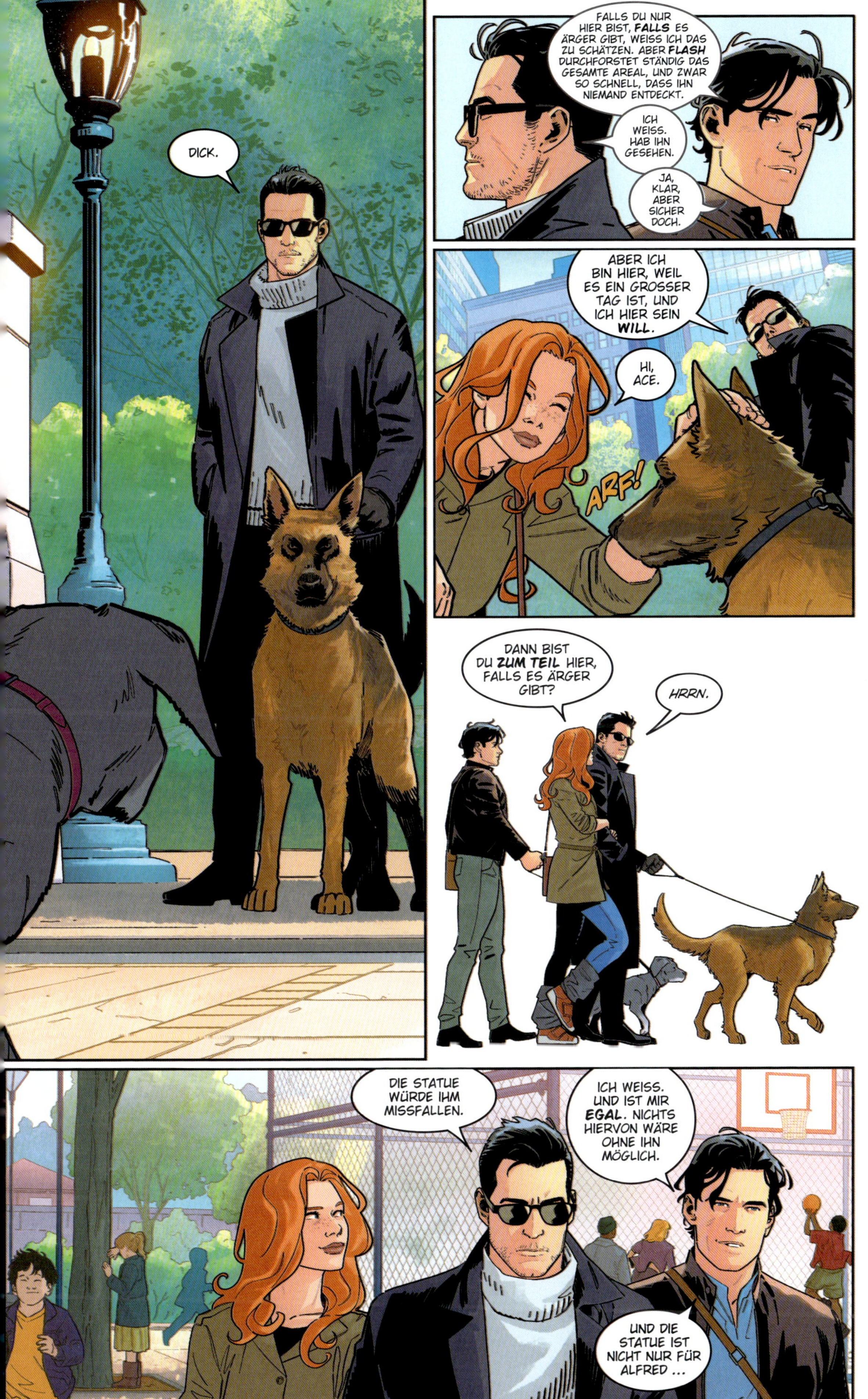
DICK.
FALLS DU NUR HIER BIST, **FALLS** ES ÄRGER GIBT, WEISS ICH DAS ZU SCHÄTZEN. ABER **FLASH** DURCHFORSTET STÄNDIG DAS GESAMTE AREAL, UND ZWAR SO SCHNELL, DASS IHN NIEMAND ENTDECKT.
ICH WEISS. HAB IHN GESEHEN.
JA, KLAR, ABER SICHER DOCH.
ABER ICH BIN HIER, WEIL ES EIN GROSSER TAG IST, UND ICH HIER SEIN **WILL**.
HI, ACE.
ARF!
DANN BIST DU **ZUM TEIL** HIER, FALLS ES ÄRGER GIBT?
HRRN.
DIE STATUE WÜRDE IHM MISSFALLEN.
ICH WEISS. UND IST MIR **EGAL**. NICHTS HIERVON WÄRE OHNE IHN MÖGLICH.
UND DIE STATUE IST NICHT NUR FÜR ALFRED ...

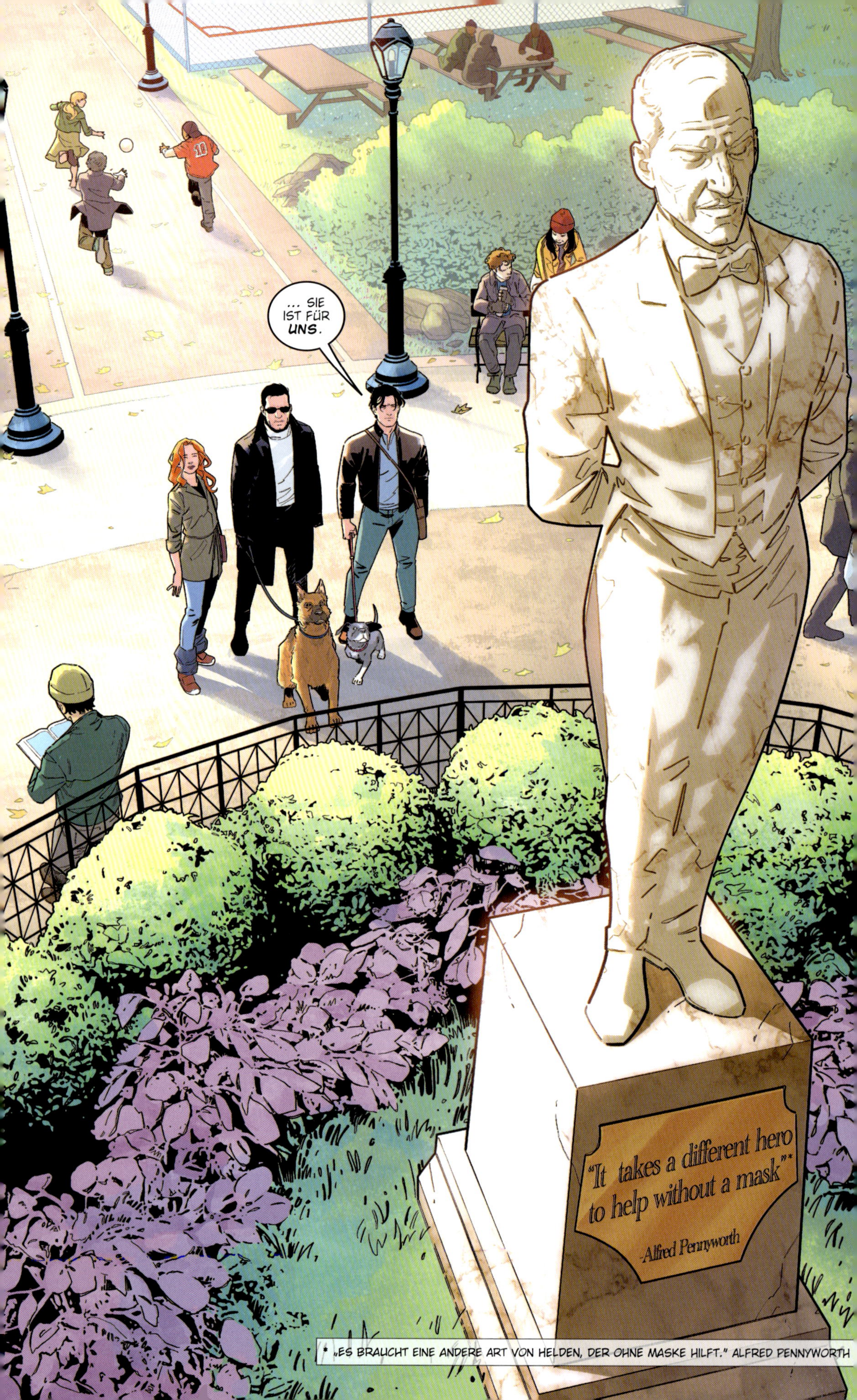
... SIE IST FÜR UNS.
"It takes a different hero to help without a mask"*
-Alfred Pennyworth
* „ES BRAUCHT EINE ANDERE ART VON HELDEN, DER OHNE MASKE HILFT." ALFRED PENNYWORTH

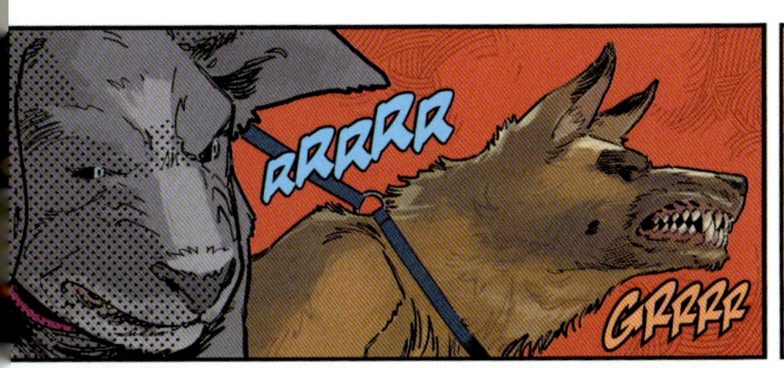
RRRRR
GRRRR
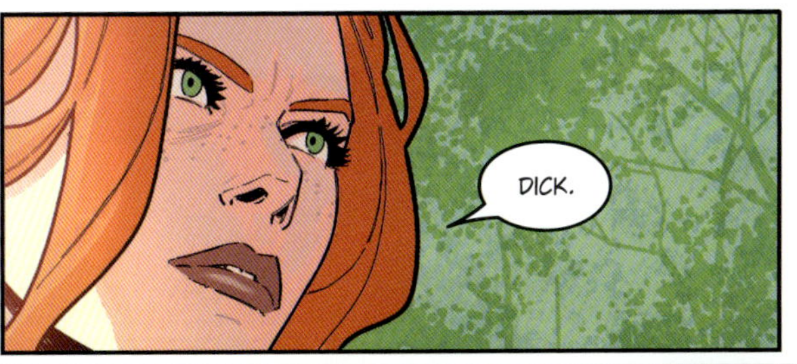
DICK.
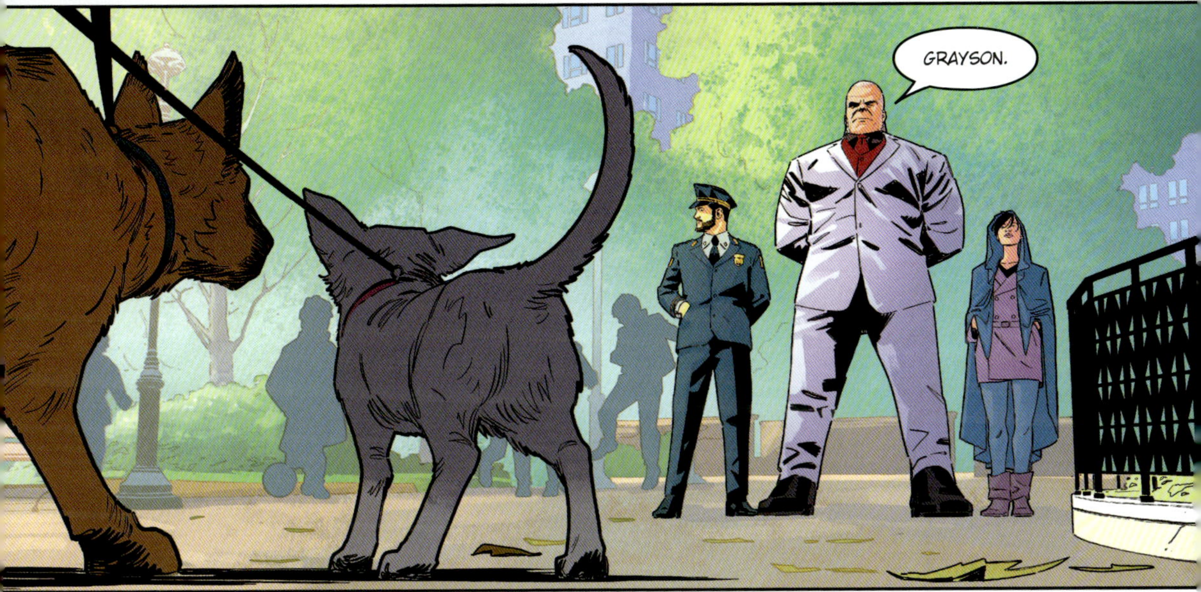
GRAYSON.
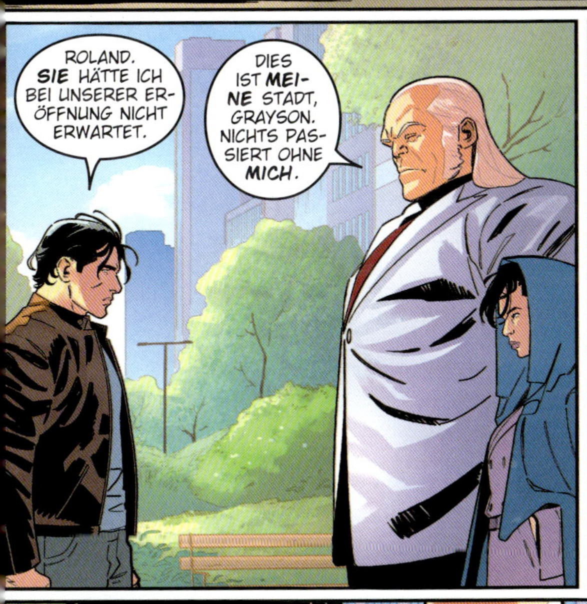
ROLAND. **SIE** HÄTTE ICH BEI UNSERER ERÖFFNUNG NICHT ERWARTET.
DIES IST **MEINE** STADT, GRAYSON. NICHTS PASSIERT OHNE **MICH**.
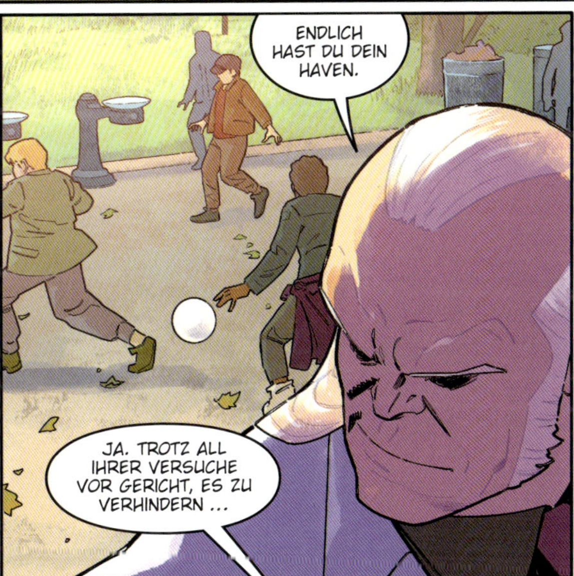
ENDLICH HAST DU DEIN HAVEN.
JA. TROTZ ALL IHRER VERSUCHE VOR GERICHT, ES ZU VERHINDERN ...
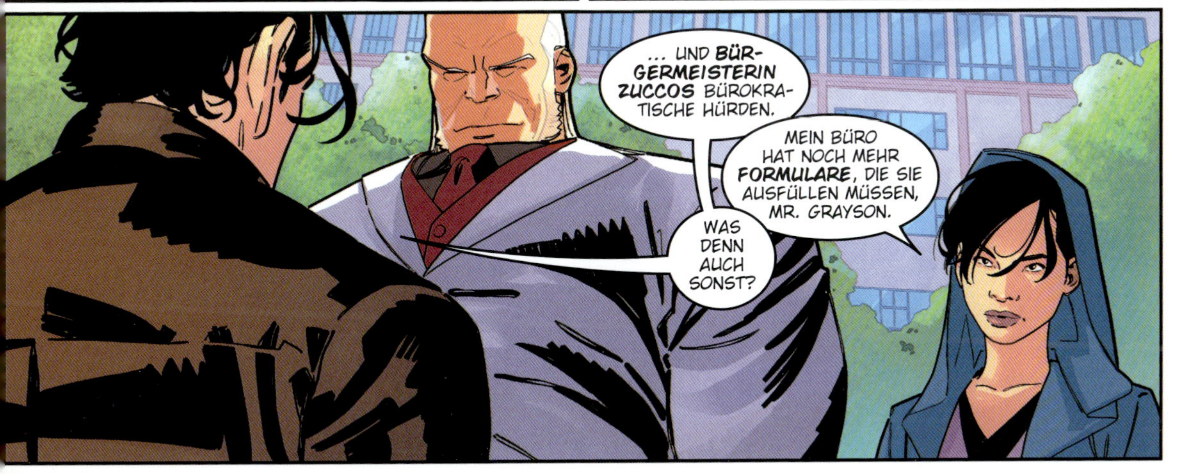
... UND **BÜRGERMEISTERIN ZUCCOS** BÜROKRATISCHE HÜRDEN.
MEIN BÜRO HAT NOCH MEHR **FORMULARE**, DIE SIE AUSFÜLLEN MÜSSEN, MR. GRAYSON.
WAS DENN AUCH SONST?

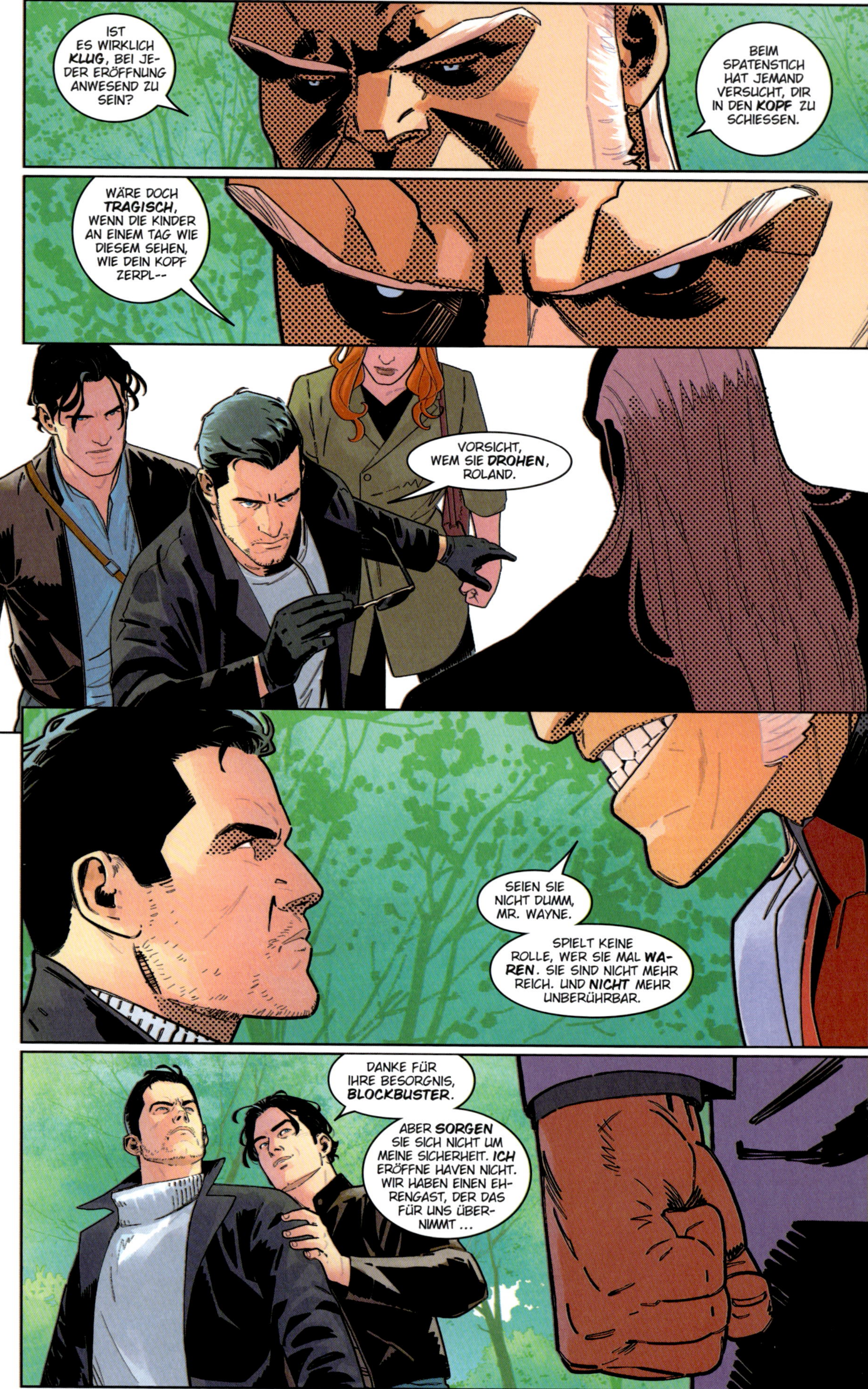
IST ES WIRKLICH KLUG, BEI JEDER ERÖFFNUNG ANWESEND ZU SEIN?
BEIM SPATENSTICH HAT JEMAND VERSUCHT, DIR IN DEN KOPF ZU SCHIESSEN.
WÄRE DOCH TRAGISCH, WENN DIE KINDER AN EINEM TAG WIE DIESEM SEHEN, WIE DEIN KOPF ZERPL--
VORSICHT, WEM SIE DROHEN, ROLAND.
SEIEN SIE NICHT DUMM, MR. WAYNE.
SPIELT KEINE ROLLE, WER SIE MAL WAREN. SIE SIND NICHT MEHR REICH. UND NICHT MEHR UNBERÜHRBAR.
DANKE FÜR IHRE BESORGNIS, BLOCKBUSTER.
ABER SORGEN SIE SICH NICHT UM MEINE SICHERHEIT. ICH ERÖFFNE HAVEN NICHT. WIR HABEN EINEN EHRENGAST, DER DAS FÜR UNS ÜBERNIMMT ...

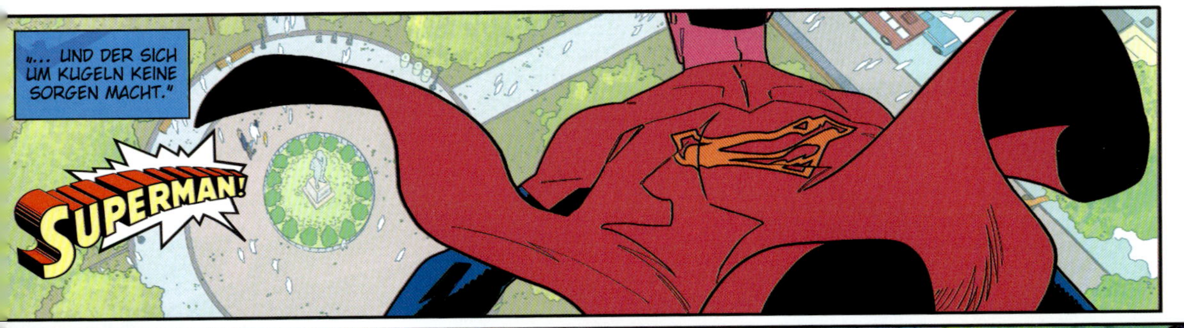
„… UND DER SICH UM KUGELN KEINE SORGEN MACHT.“
SUPERMAN!

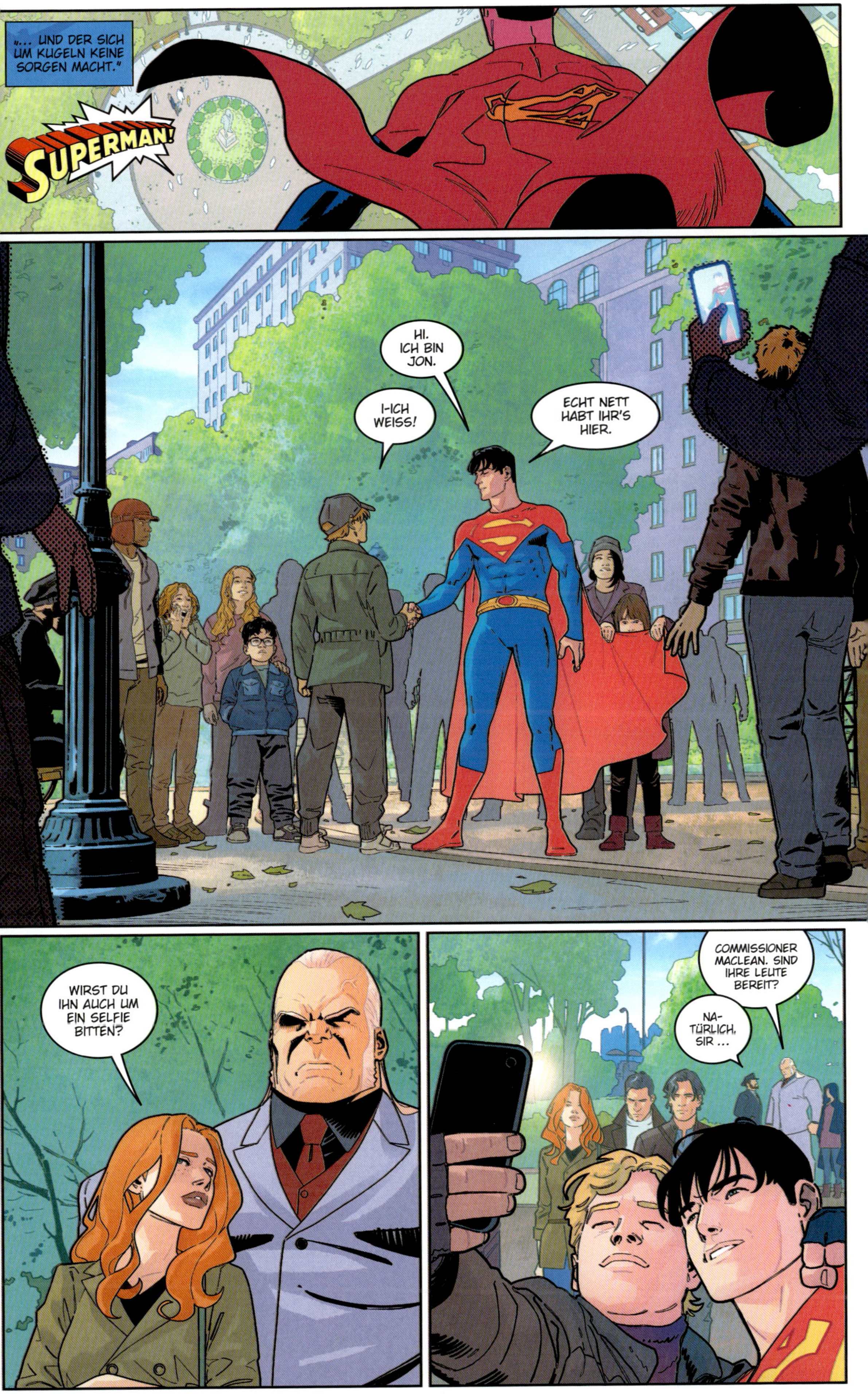

HI. ICH BIN JON.
I-ICH WEISS!
ECHT NETT HABT IHR'S HIER.

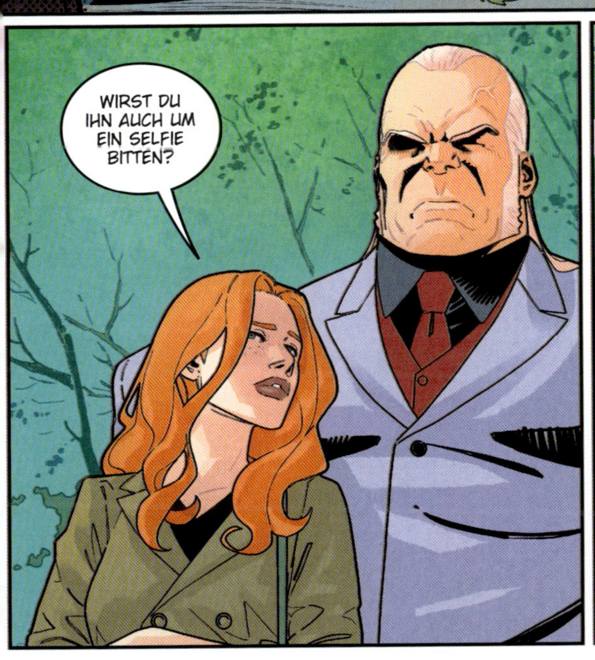
WIRST DU IHN AUCH UM EIN SELFIE BITTEN?

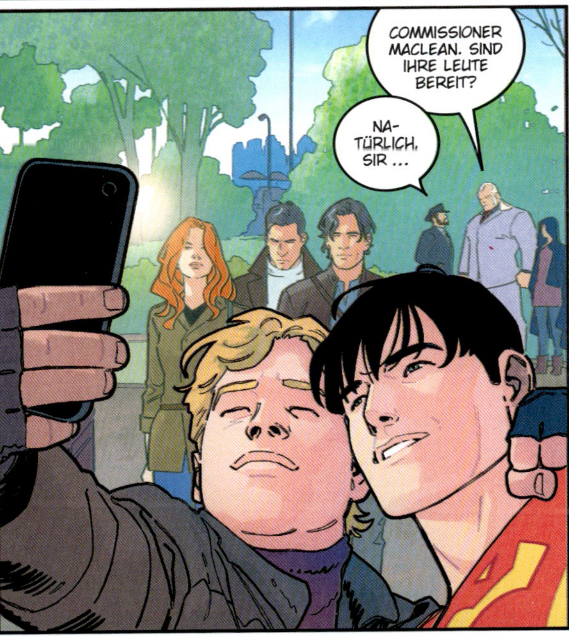
COMMISSIONER MACLEAN. SIND IHRE LEUTE BEREIT?
NA-TÜRLICH, SIR …

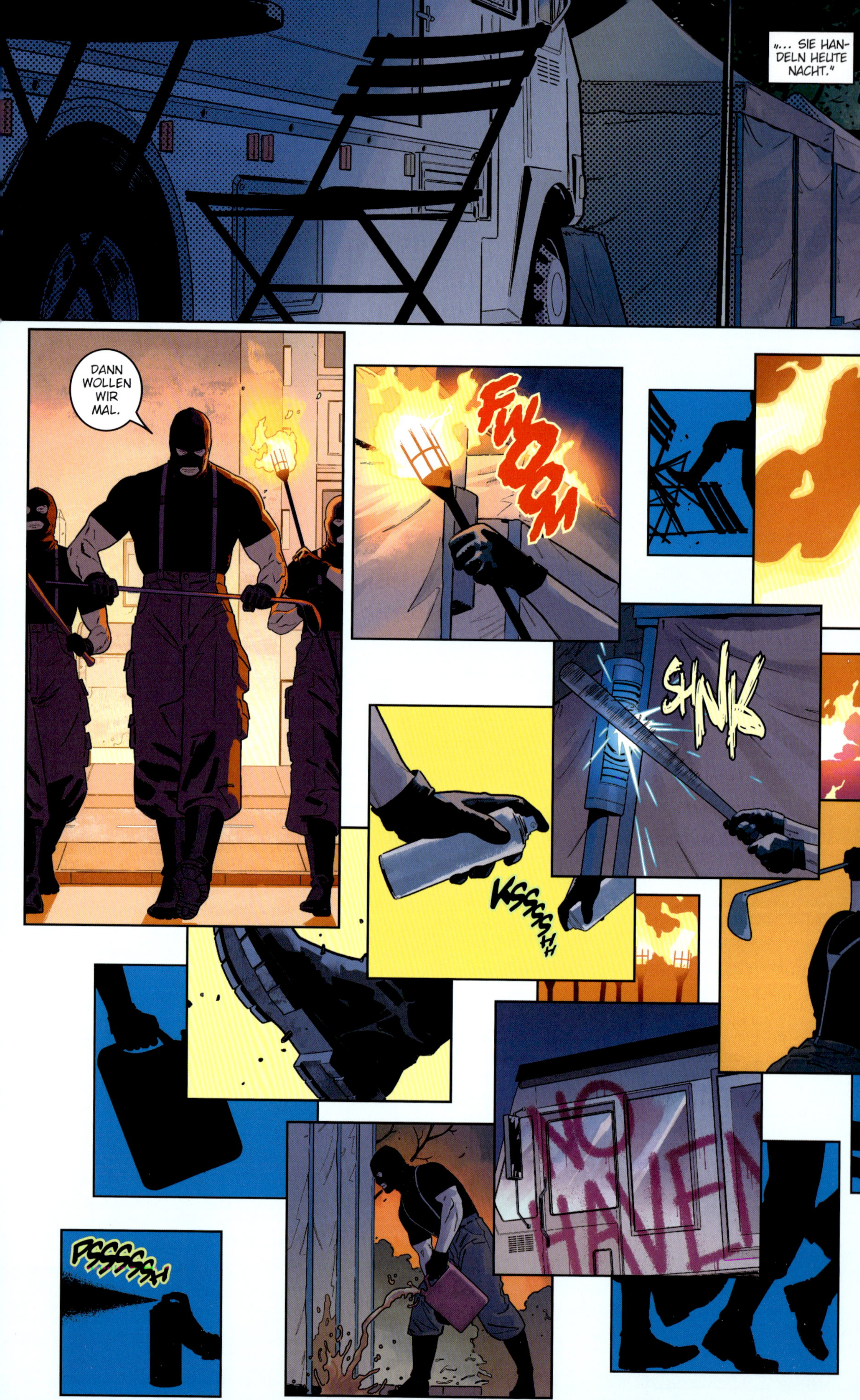
„... SIE HANDELN HEUTE NACHT."
DANN WOLLEN WIR MAL.
FWOOM
SHNK
KSSSSHH
PSSSSSH
NO HAVEN

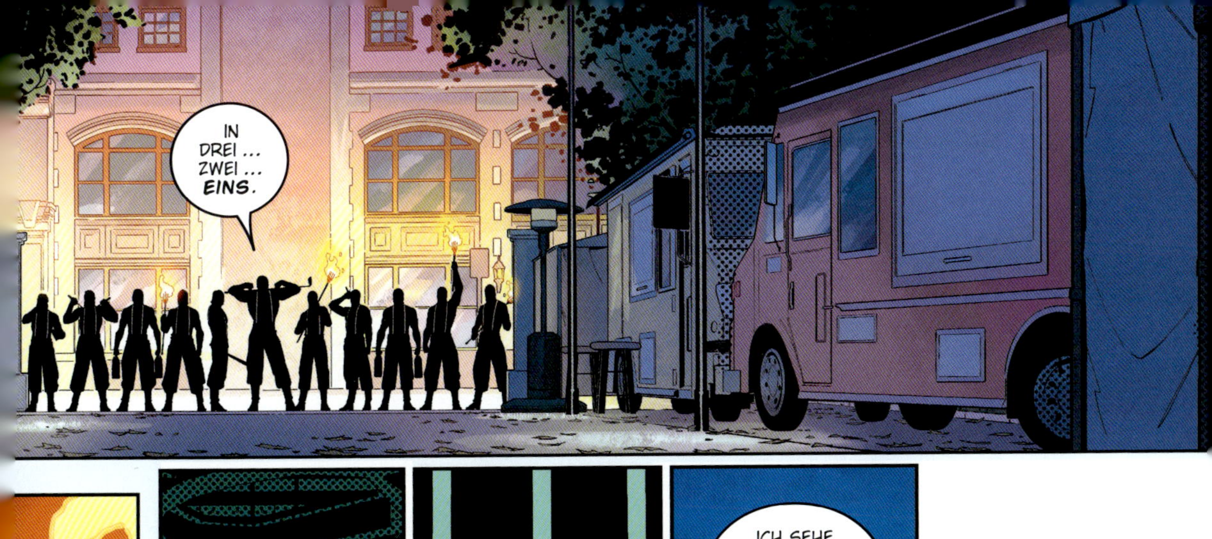
IN DREI ... ZWEI ... EINS.
ALLE SICHERHEITS-KAMERAS IN HAVEN SIND GERADE AUS-GEFALLEN.
NIGHTWING. MELINDA HATTE RECHT.
WAS AUCH IMMER PASSIERT, PASSIERT JETZT.
ICH SEHE SIE, ORACLE. GANZ SCHÖN VIELE. UND SIE VERSTECKEN SICH NICHT.
BRAUCHST DU SICHER KEINE VER-STÄRKUNG?
JA. SIE SOLLEN WISSEN, DASS HAVEN UNTER **MEINEM** SCHUTZ STEHT UND WAS **GENAU** DAS BE-DEUTET.
EGAL, WIE DIE CHANCEN STEHEN, EGAL, WIE GEFÄHR-LICH ES IST, WENN WEHRLOSE ANGE-GRIFFEN WERDEN ...
CSHHH

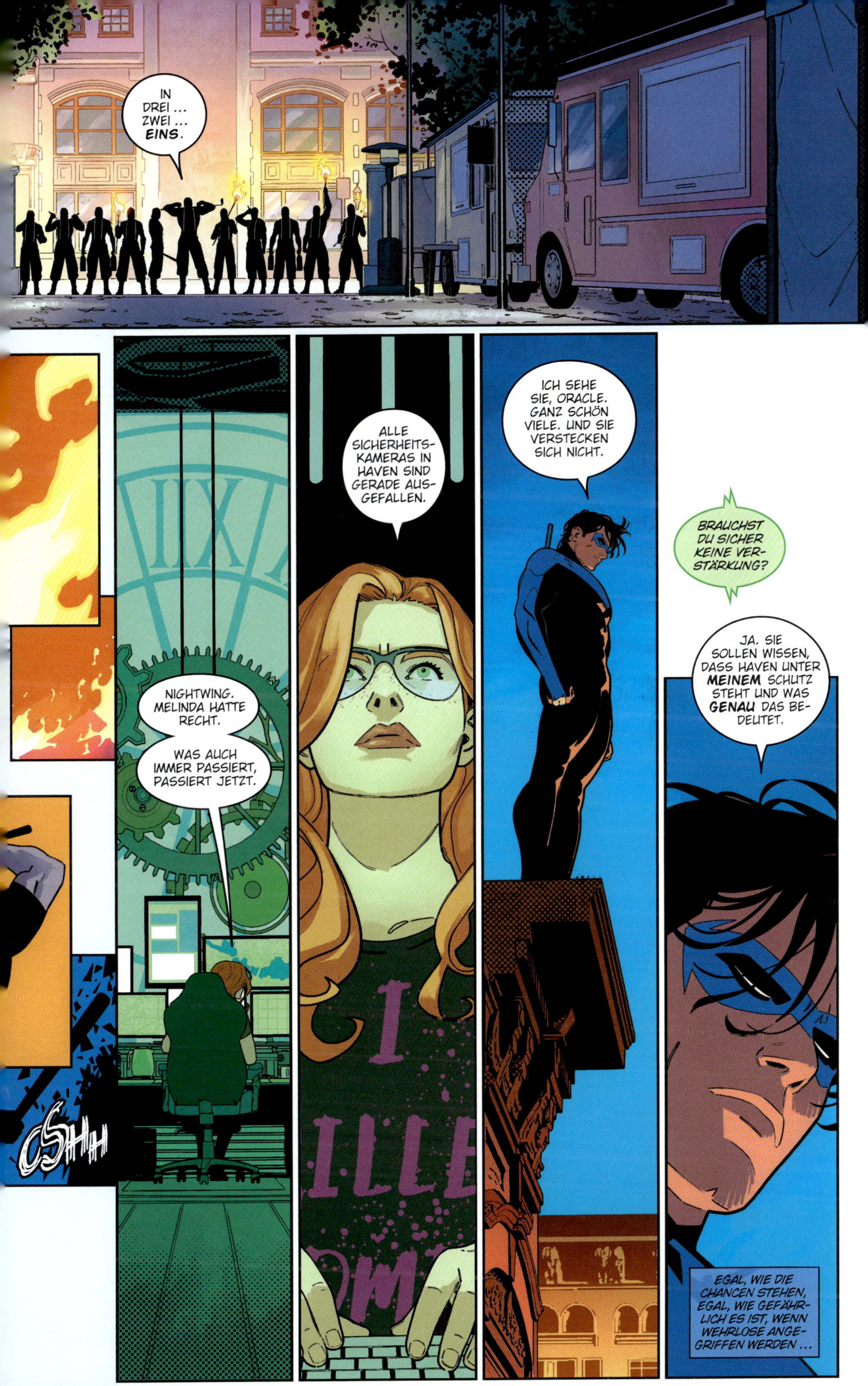

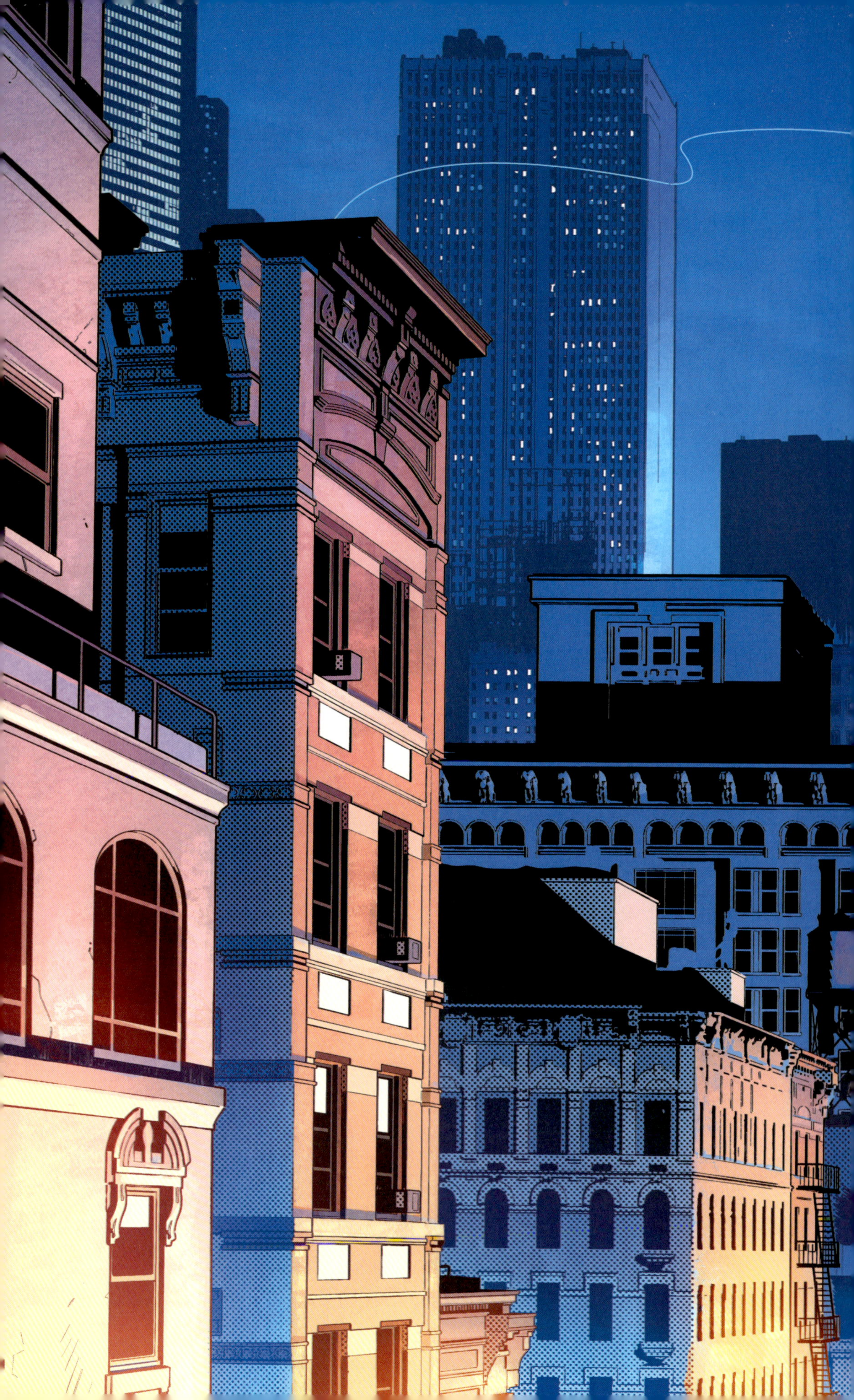

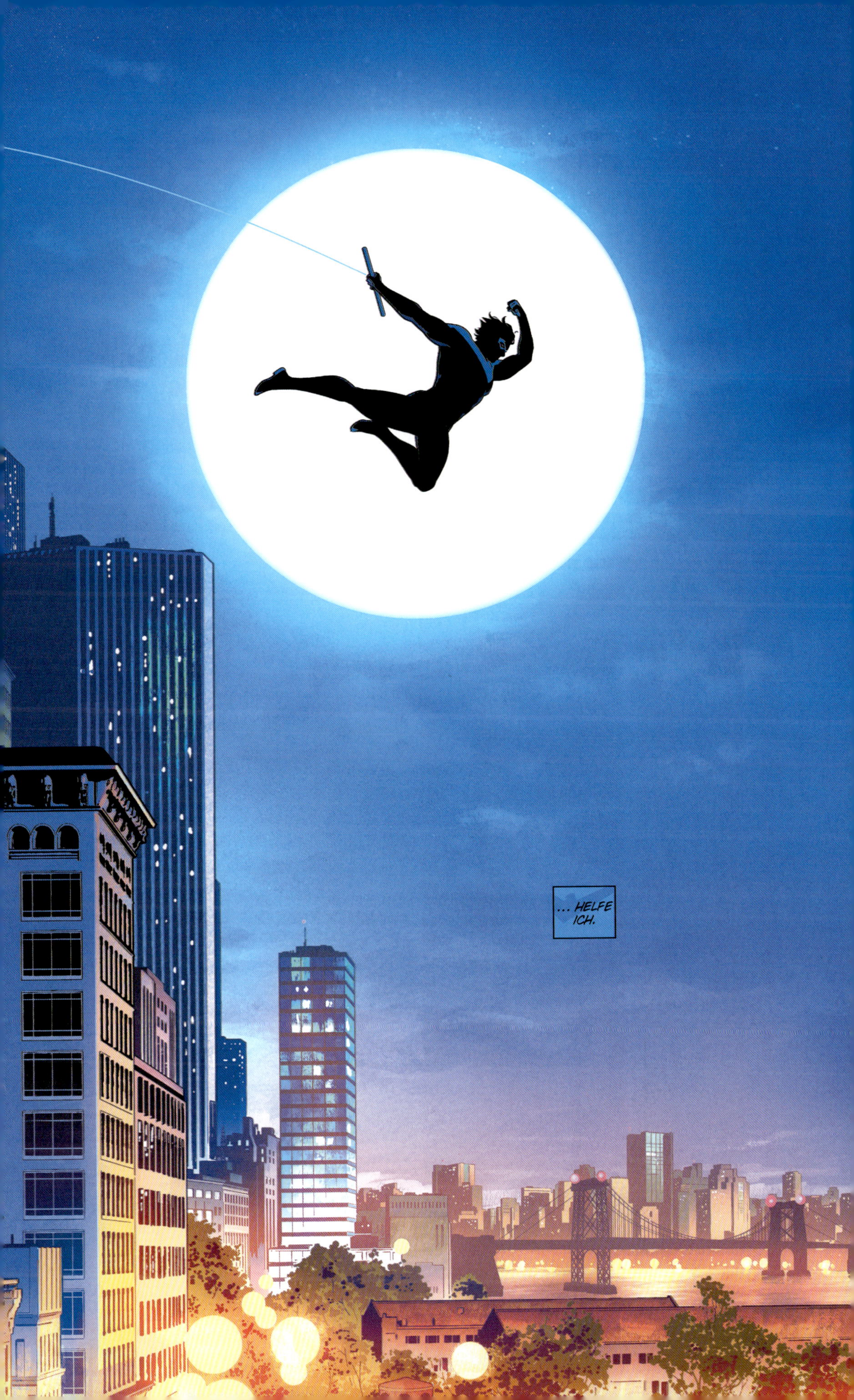
... HELFE ICH.

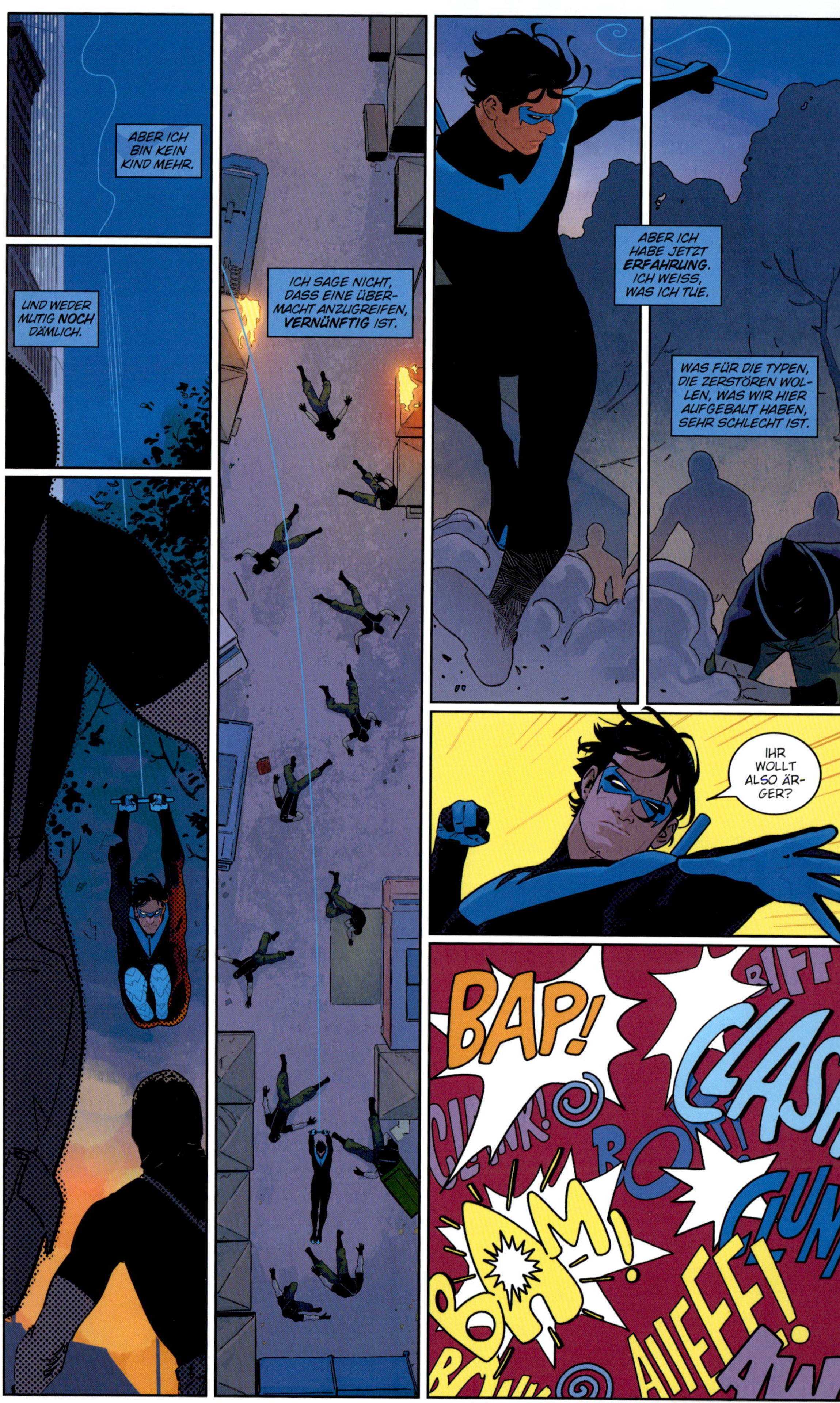
ABER ICH BIN KEIN KIND MEHR.
UND WEDER MUTIG NOCH DÄMLICH.
ICH SAGE NICHT, DASS EINE ÜBERMACHT ANZUGREIFEN, VERNÜNFTIG IST.
ABER ICH HABE JETZT ERFAHRUNG. ICH WEISS, WAS ICH TUE.
WAS FÜR DIE TYPEN, DIE ZERSTÖREN WOLLEN, WAS WIR HIER AUFGEBAUT HABEN, SEHR SCHLECHT IST.
IHR WOLLT ALSO ÄRGER?
BAP!
CLASH
BIFF
BOOM!
GUNK
AIEEE!

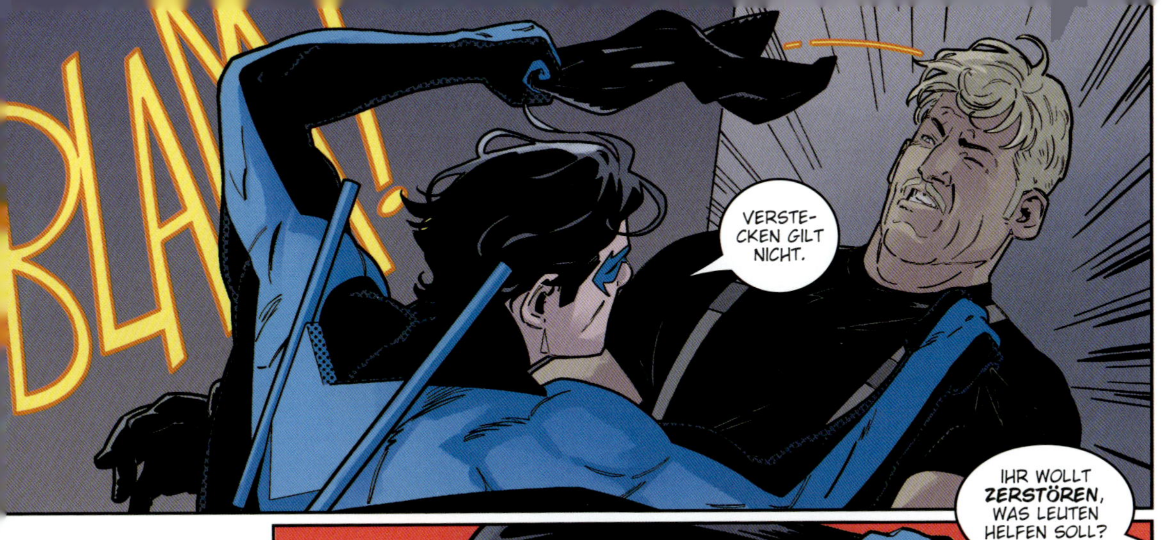
BLAM!
VERSTE-
CKEN GILT
NICHT.
IHR WOLLT
ZERSTÖREN,
WAS LEUTEN
HELFEN SOLL?
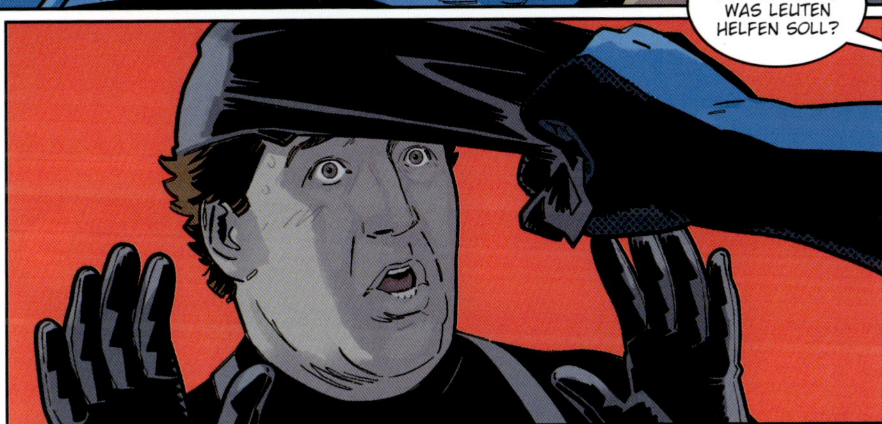
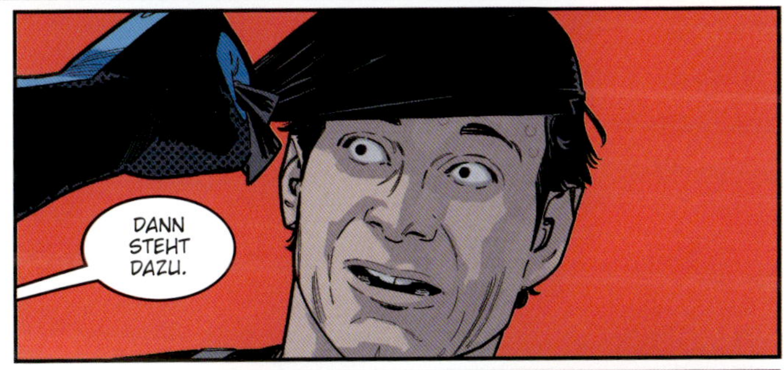
DANN
STEHT
DAZU.
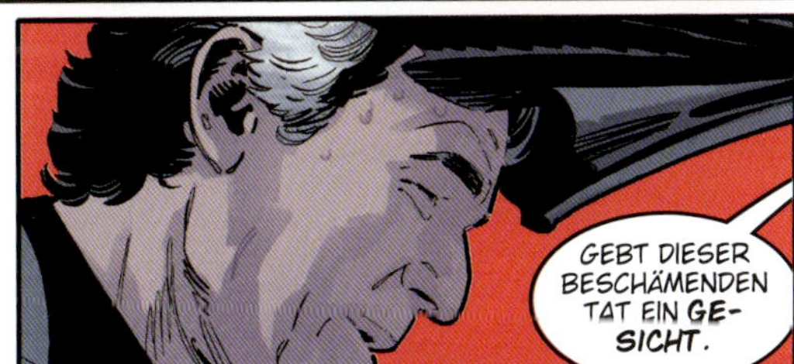
GEBT DIESER
BESCHÄMENDEN
TAT EIN GE-
SICHT.
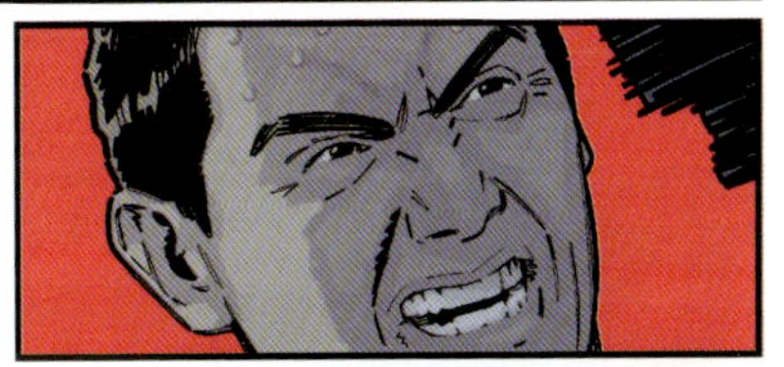
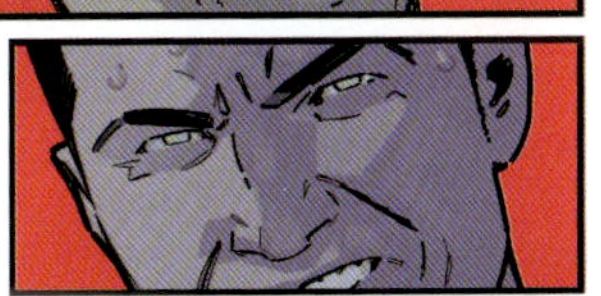
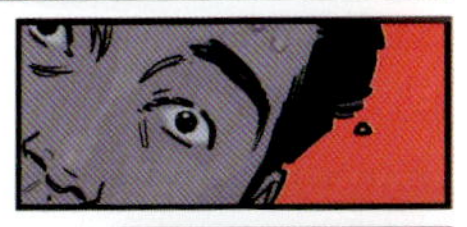
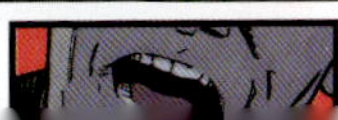

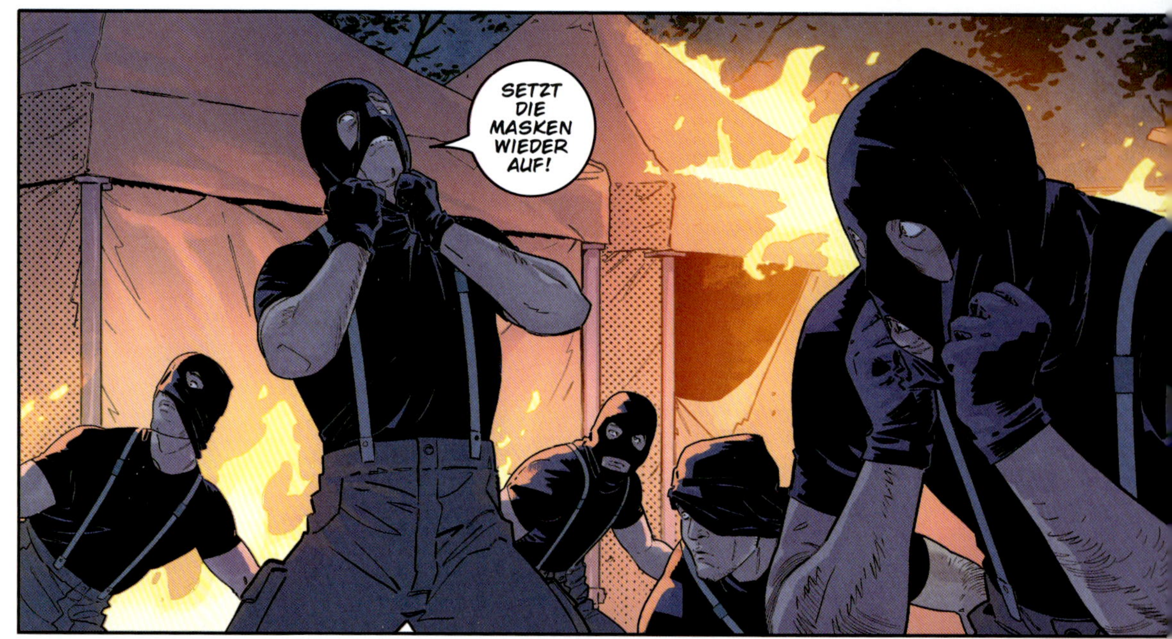
SETZT DIE MASKEN WIEDER AUF!
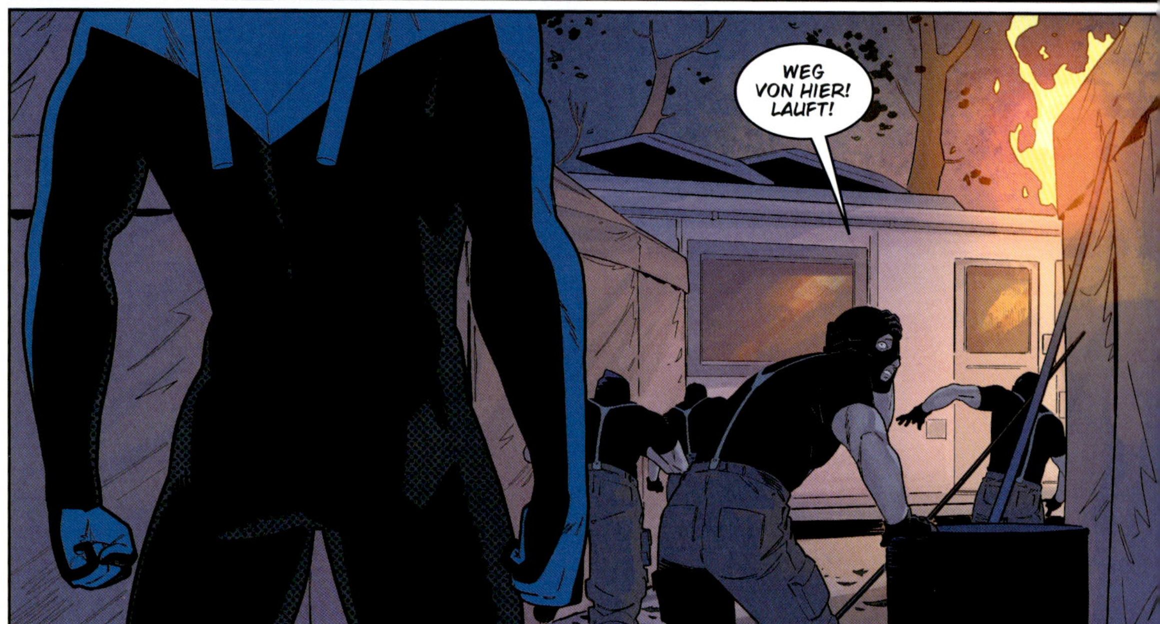
WEG VON HIER! LAUFT!
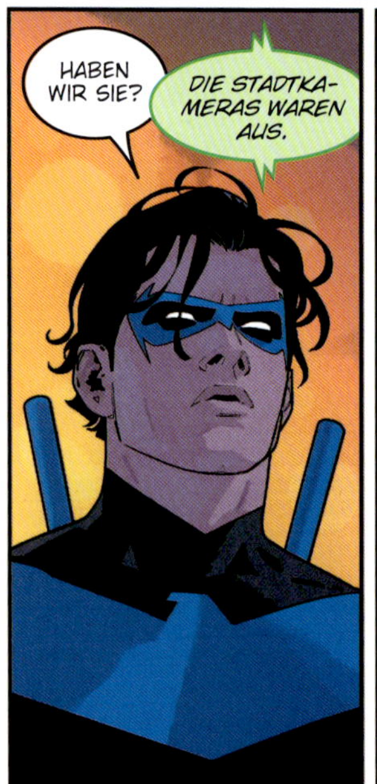
HABEN WIR SIE?
DIE STADTKAMERAS WAREN AUS.
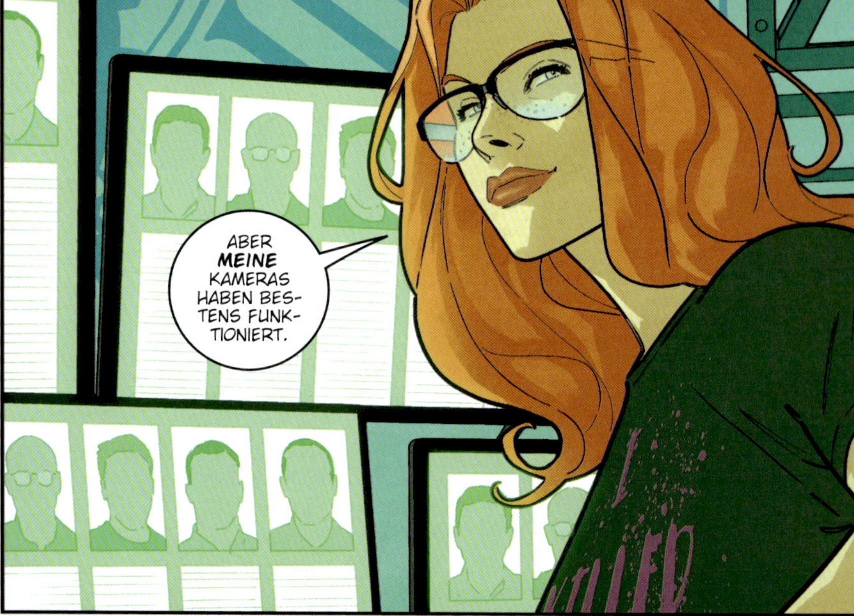
ABER **MEINE** KAMERAS HABEN BESTENS FUNKTIONIERT.

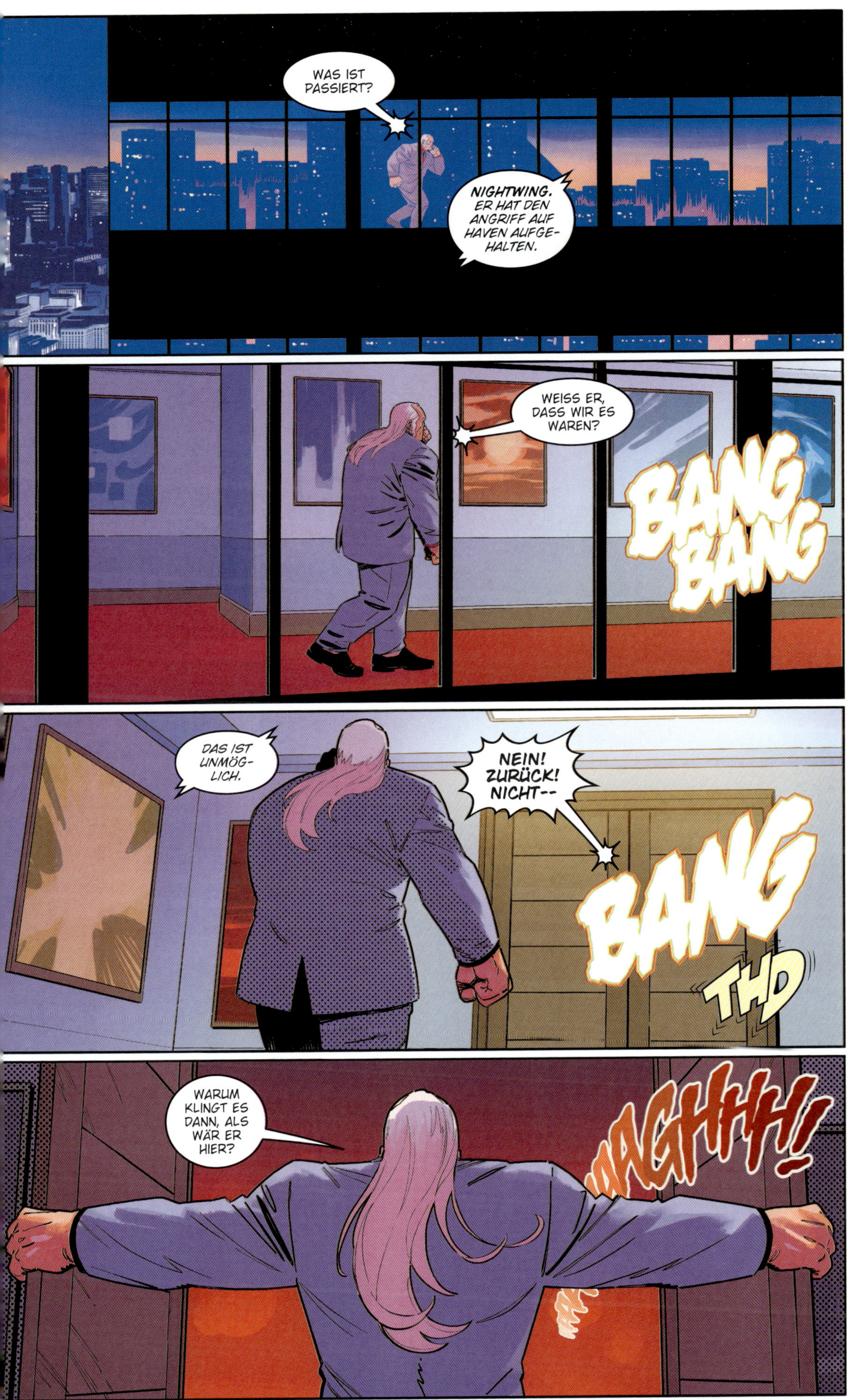
WAS IST PASSIERT?
NIGHTWING. ER HAT DEN ANGRIFF AUF HAVEN AUFGE-HALTEN.
WEISS ER, DASS WIR ES WAREN?
BANG BANG
DAS IST UNMÖG-LICH.
NEIN! ZURÜCK! NICHT--
BANG
THD
WARUM KLINGT ES DANN, ALS WÄR ER HIER?
AAGHHH!!

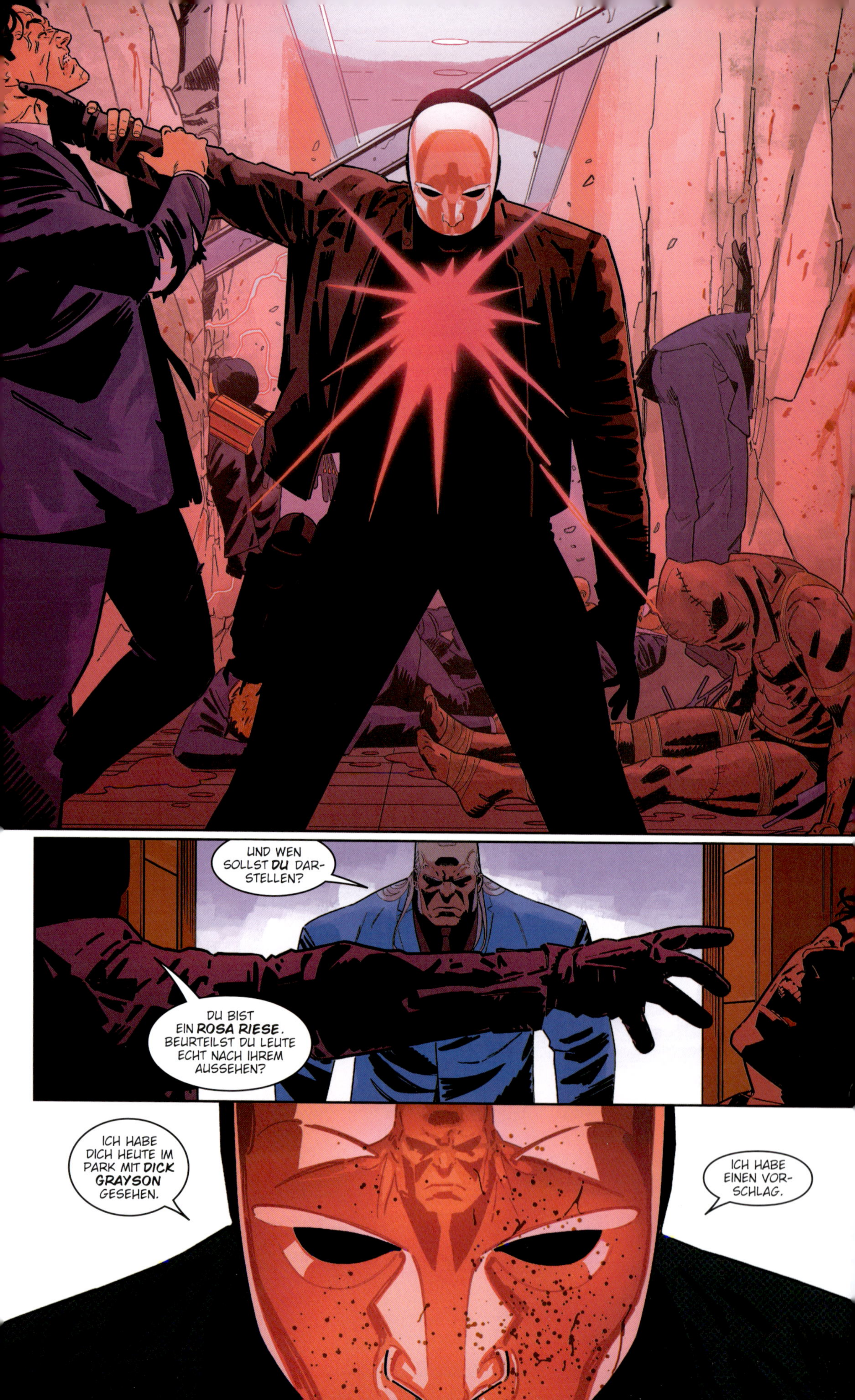
UND WEN SOLLST **DU** DARSTELLEN?
DU BIST EIN **ROSA RIESE**. BEURTEILST DU LEUTE ECHT NACH IHREM AUSSEHEN?
ICH HABE DICH HEUTE IM PARK MIT **DICK GRAYSON** GESEHEN.
ICH HABE EINEN VORSCHLAG.

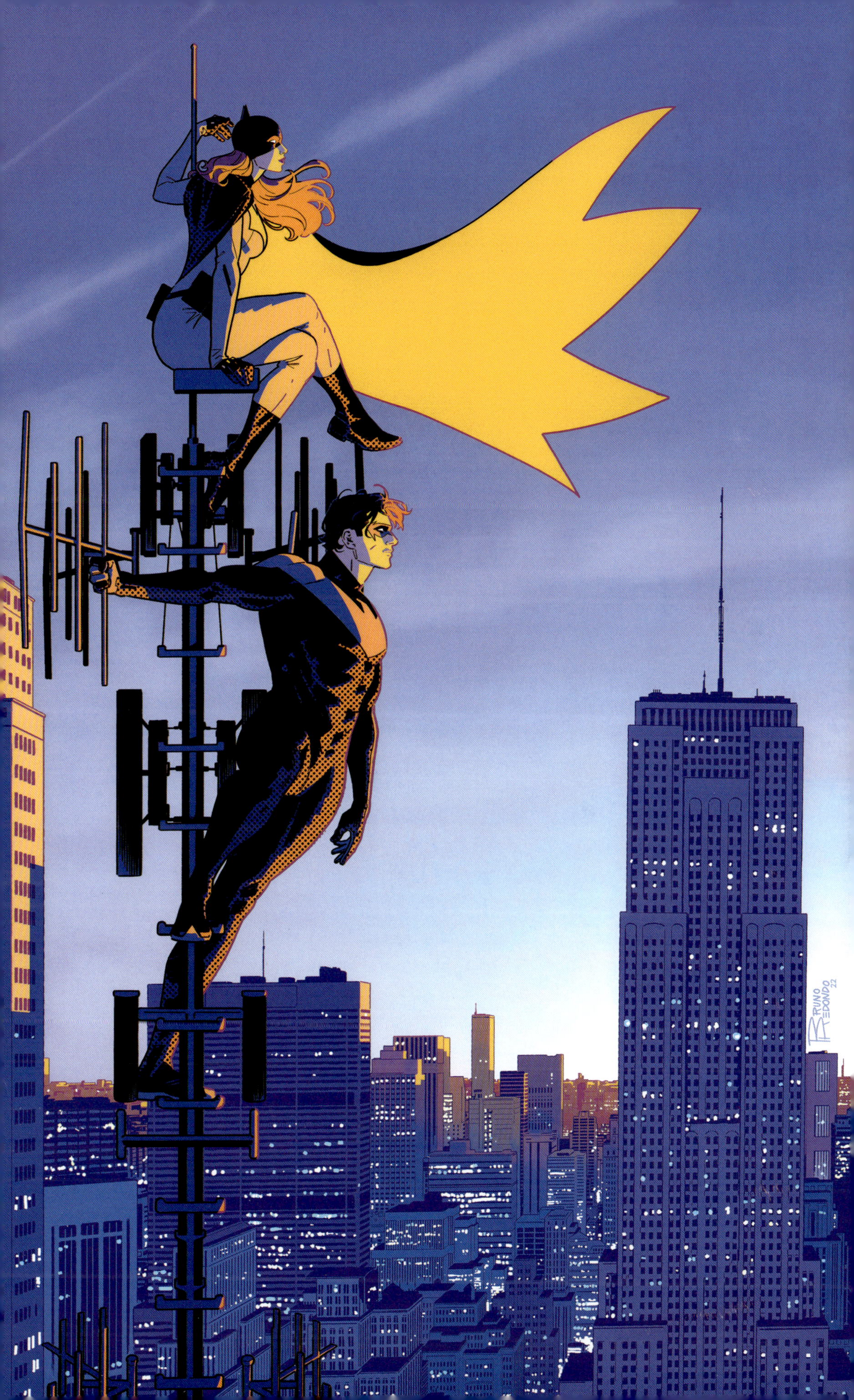

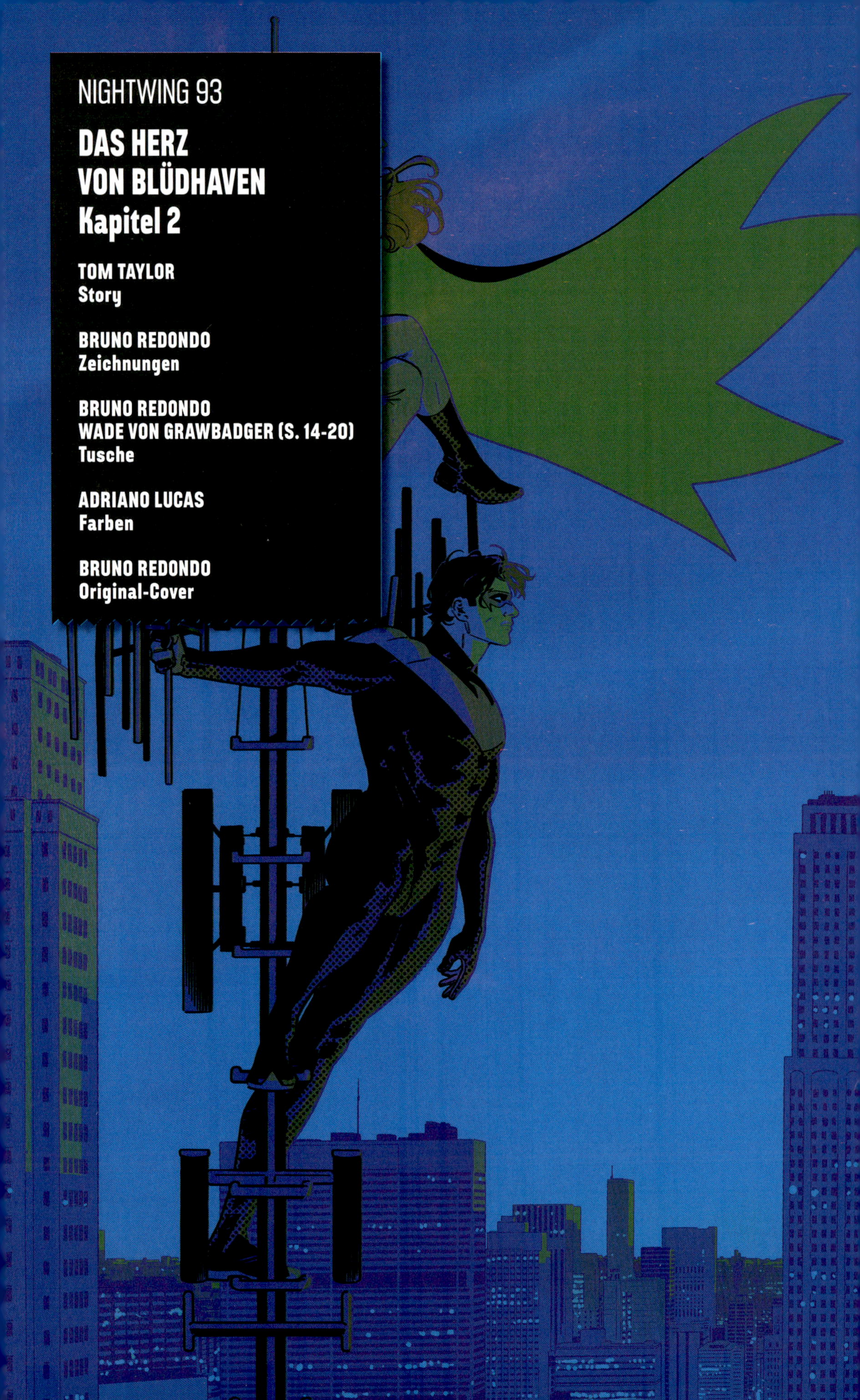
NIGHTWING 93
DAS HERZ
VON BLÜDHAVEN
Kapitel 2
TOM TAYLOR
Story
BRUNO REDONDO
Zeichnungen
BRUNO REDONDO
WADE VON GRAWBADGER (S. 14-20)
Tusche
ADRIANO LUCAS
Farben
BRUNO REDONDO
Original-Cover

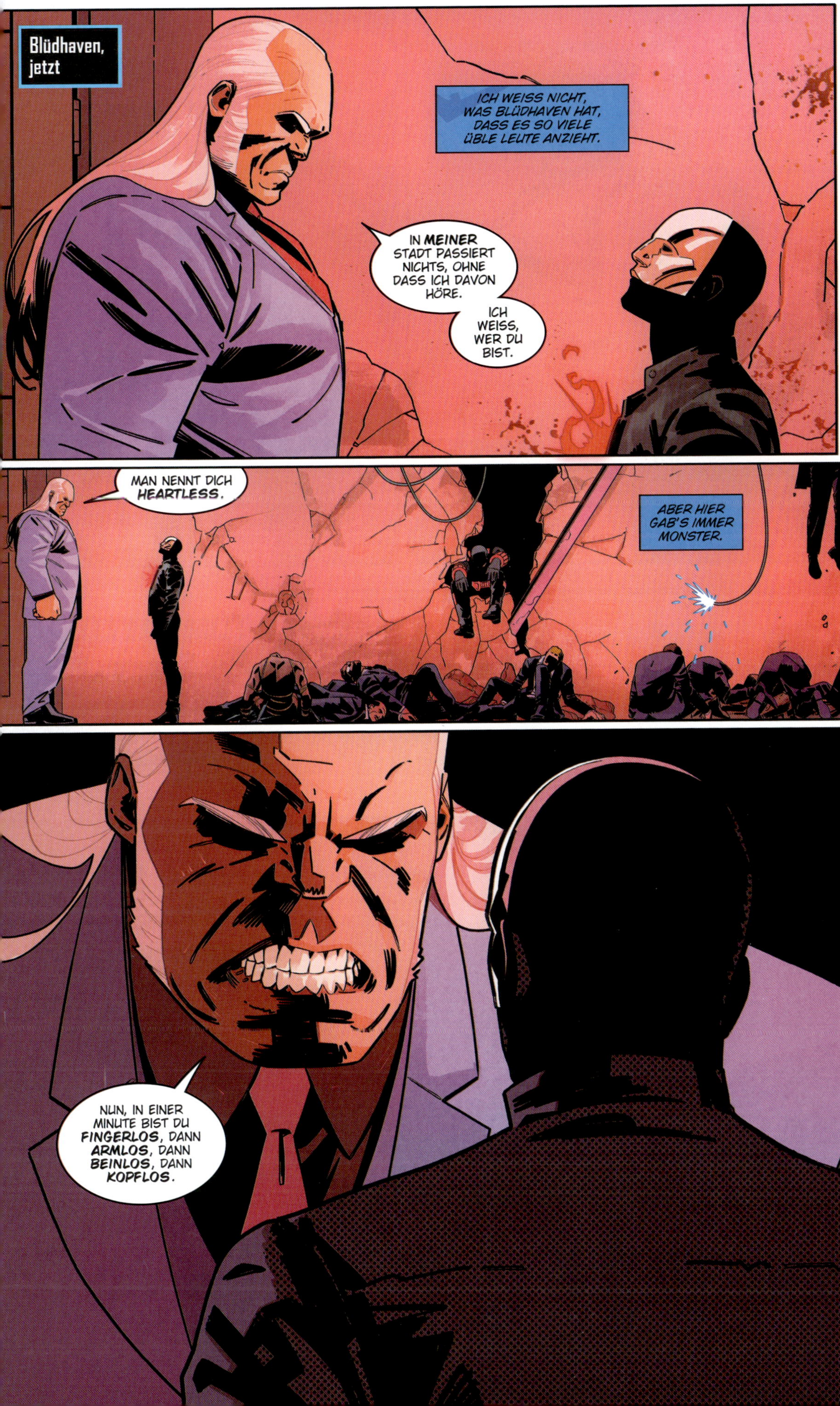

Blüdhaven, jetzt

ICH WEISS NICHT, WAS BLÜDHAVEN HAT, DASS ES SO VIELE ÜBLE LEUTE ANZIEHT.

IN **MEINER** STADT PASSIERT NICHTS, OHNE DASS ICH DAVON HÖRE.

ICH WEISS, WER DU BIST.

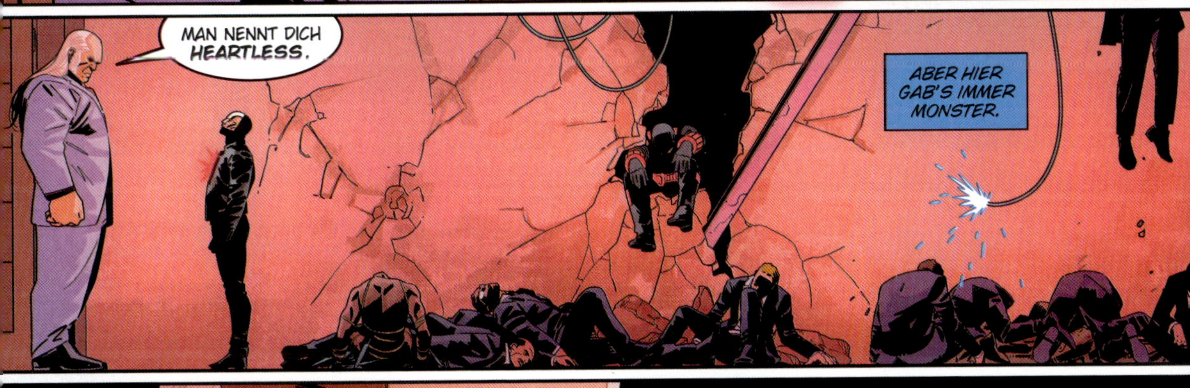

NUN, IN EINER MINUTE BIST DU **FINGERLOS**, DANN **ARMLOS**, DANN **BEINLOS**, DANN **KOPFLOS**.

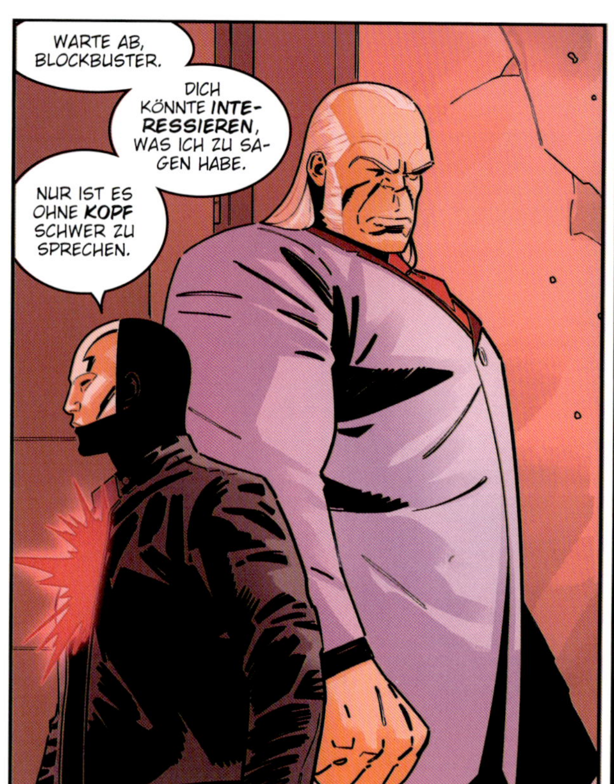

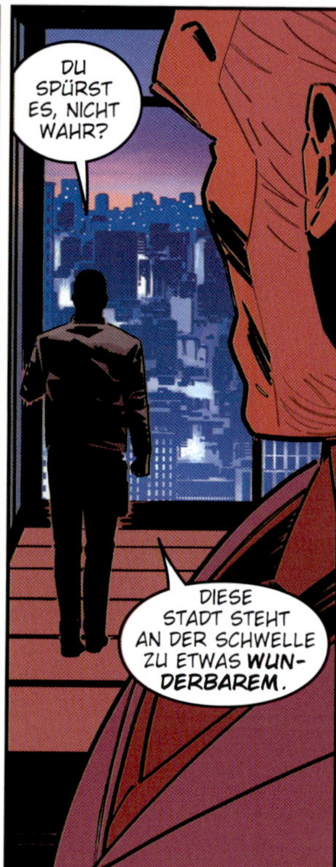

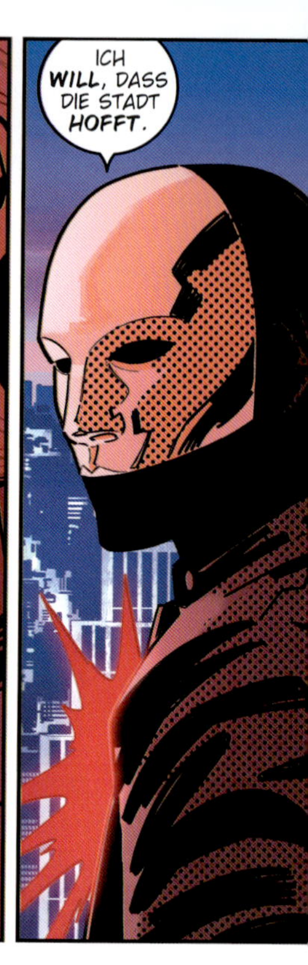

NIGHTWING

DAS HERZ VON BLÜDHAVEN KAPITEL 2

TOM TAYLOR
Story
BRUNO REDONDO
Zeichnungen

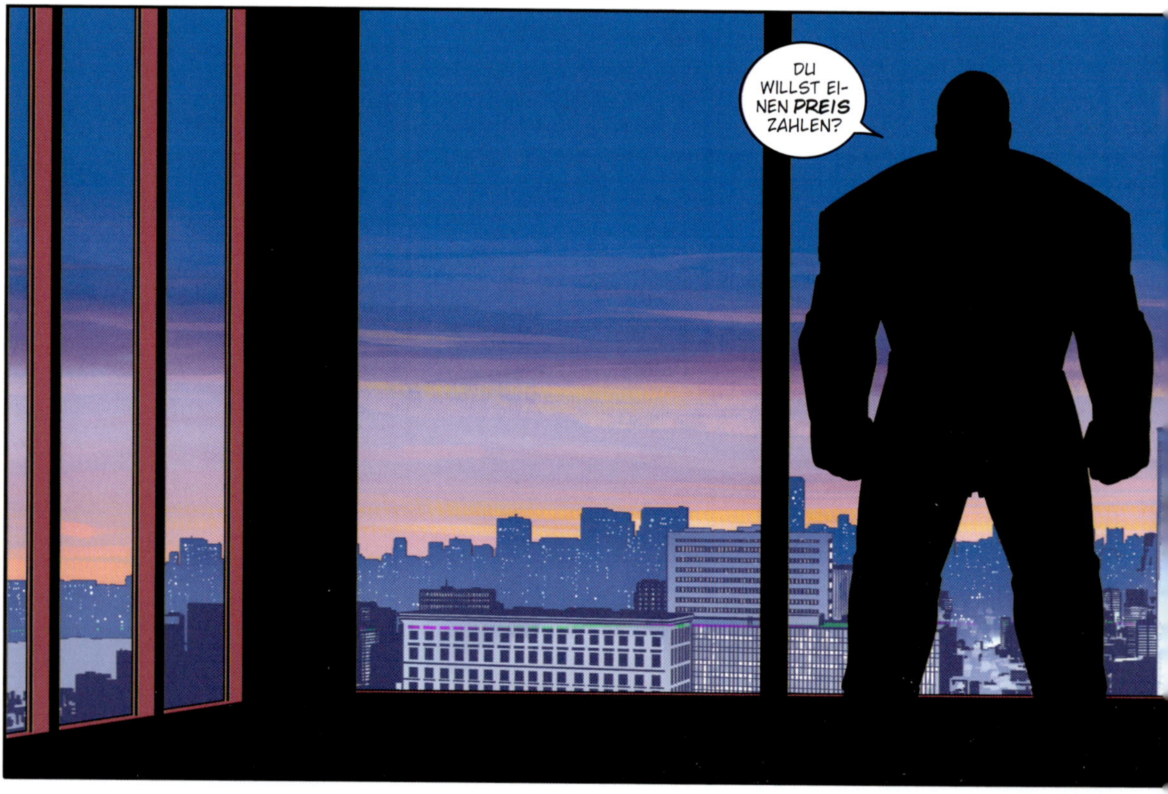

DU WILLST EINEN **PREIS** ZAHLEN?

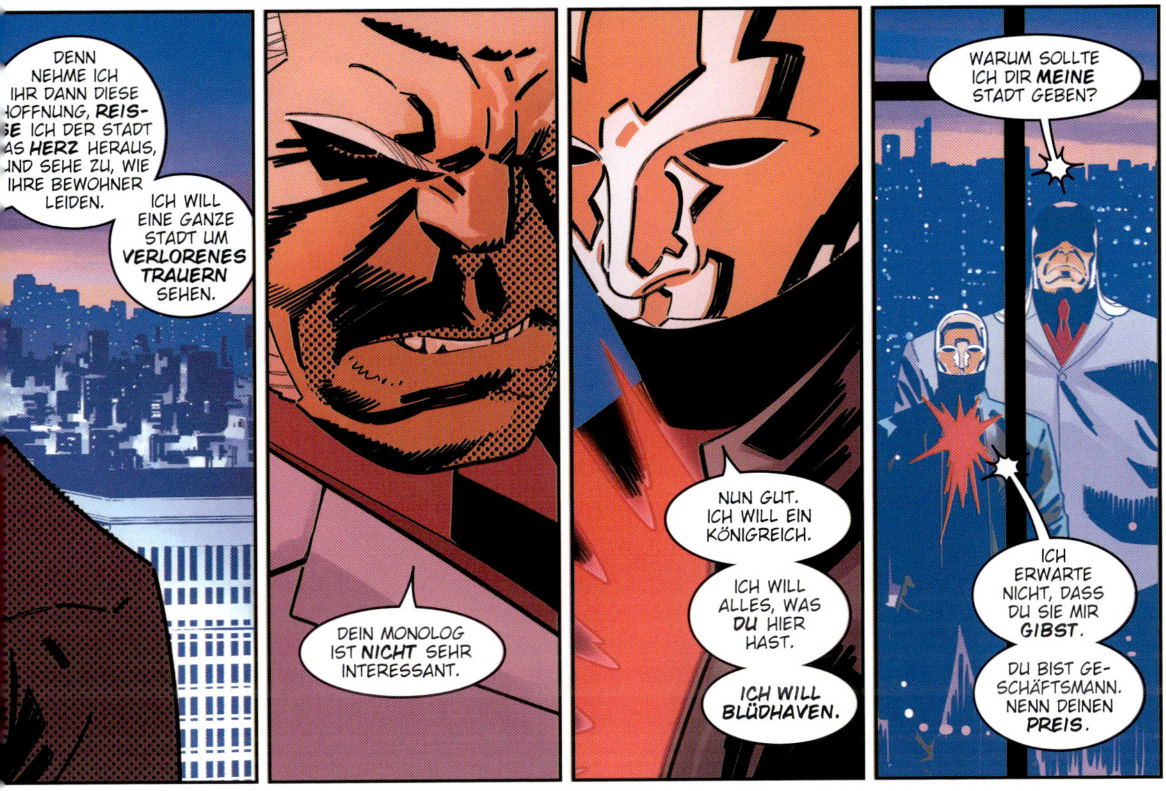

DENN NEHME ICH IHR DANN DIESE OFFNUNG, **REIS-SE** ICH DER STADT AS **HERZ** HERAUS, ND SEHE ZU, WIE IHRE BEWOHNER LEIDEN.

ICH WILL EINE GANZE STADT UM **VERLORENES TRAUERN** SEHEN.

DEIN MONOLOG IST **NICHT** SEHR INTERESSANT.

NUN GUT. ICH WILL EIN KÖNIGREICH.

ICH WILL ALLES, WAS **DU** HIER HAST.

ICH WILL BLÜDHAVEN.

WARUM SOLLTE ICH DIR **MEINE** STADT GEBEN?

ICH ERWARTE NICHT, DASS DU SIE MIR ***GIBST***.

DU BIST GESCHÄFTSMANN. NENN DEINEN ***PREIS***.

WADE VON GRAWBADGER Tusche (S. 14-20) **ADRIANO LUCAS** Farben
CAROLIN HIDALDO Übersetzung **STUDIO RAM** Lettering
JESSICA CHEN, JESSICA BERBEY & BEN ABERNATHY Redaktion USA

NIGHTWING geschaffen von **MARV WOLFMAN & GEORGE PÉREZ.**

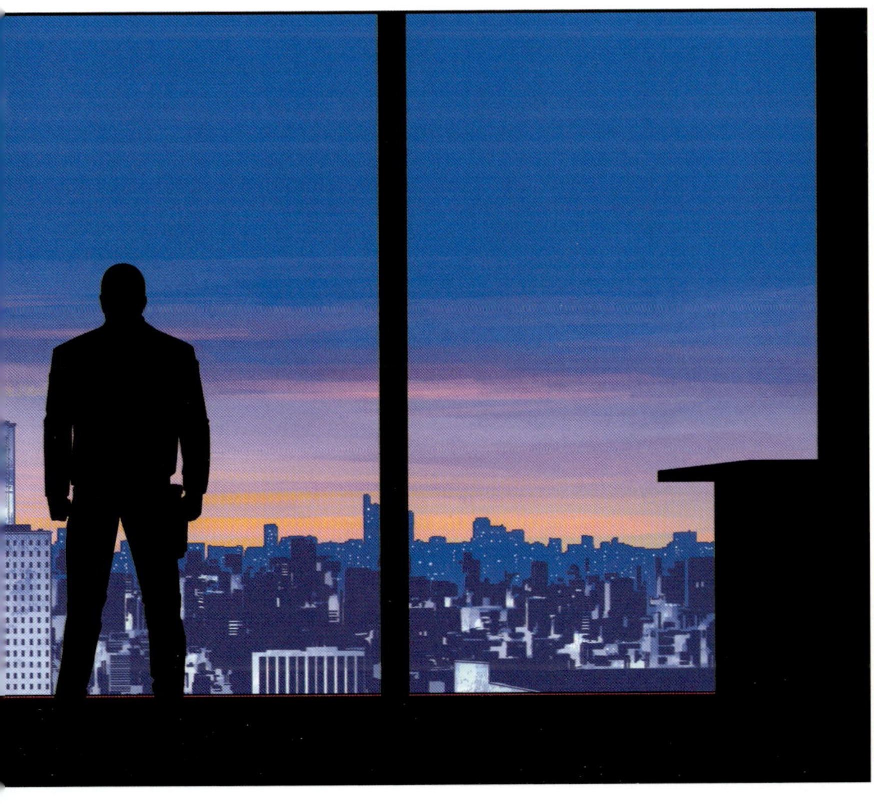

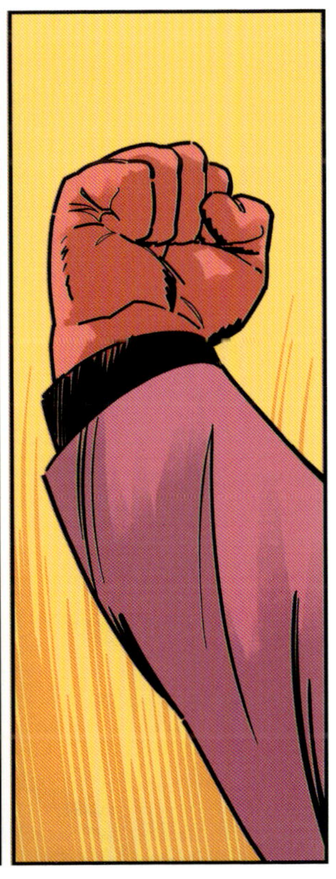

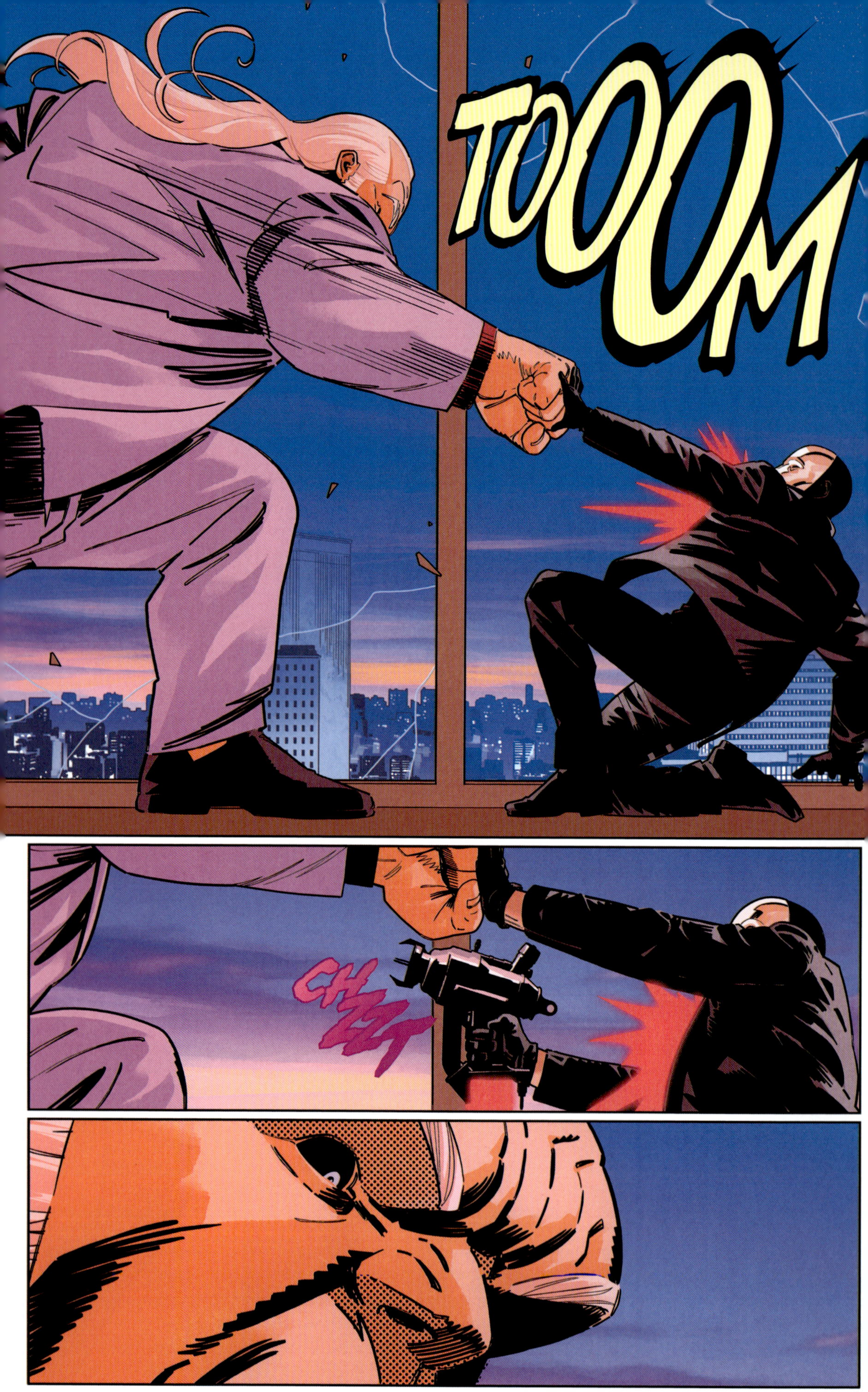

TOOOM

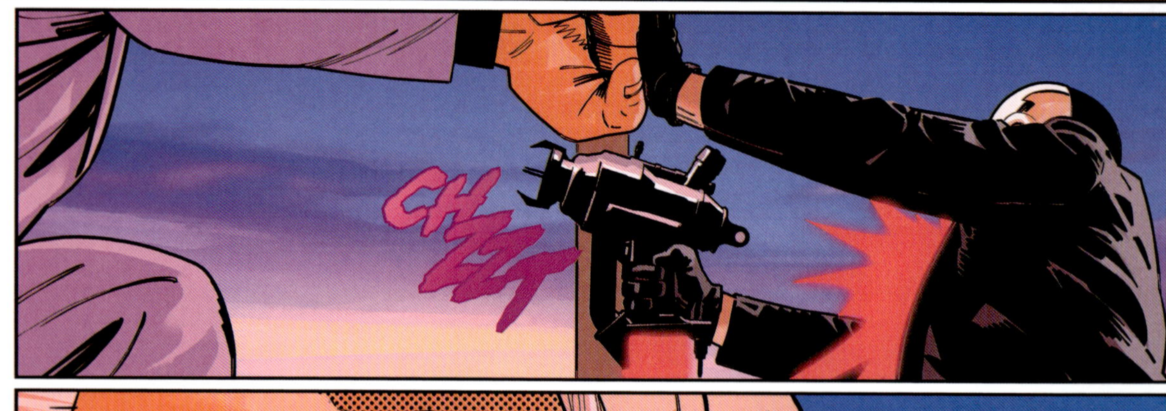

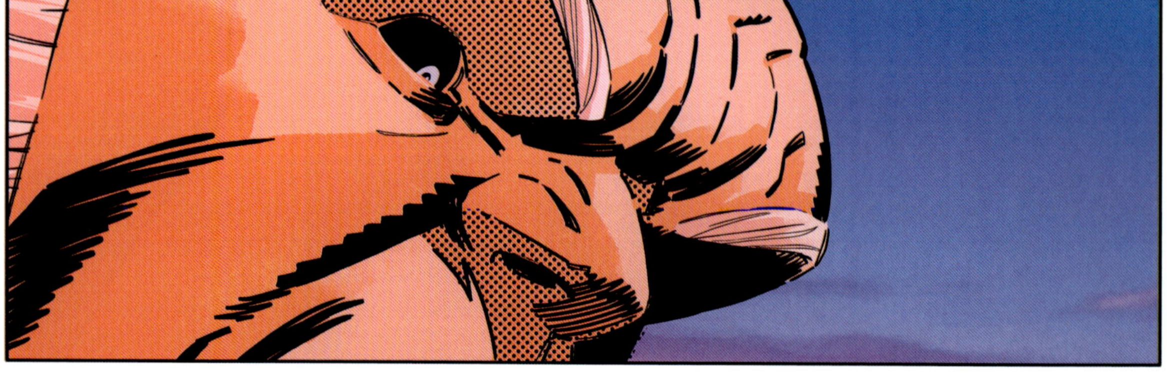

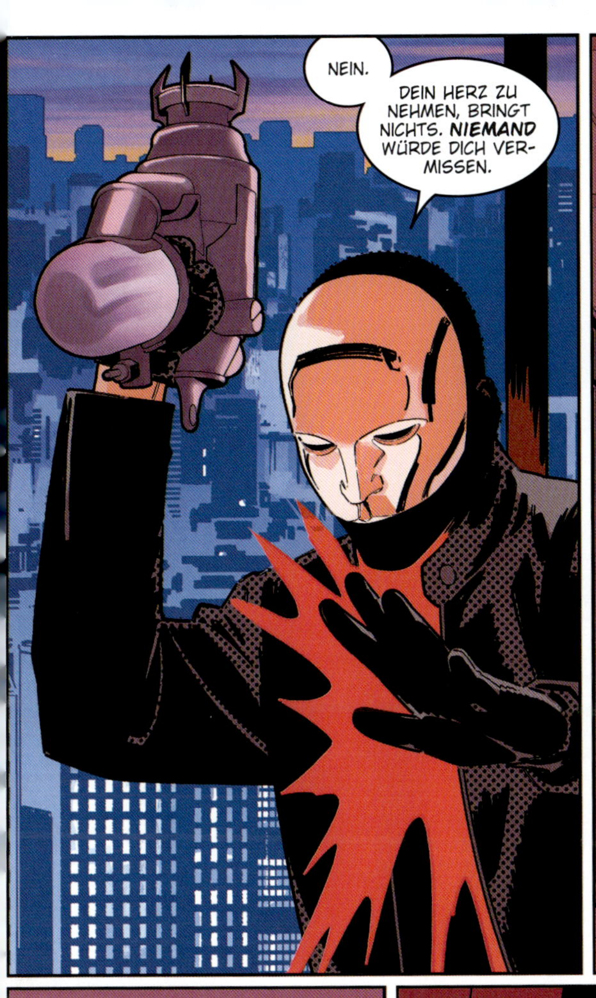
NEIN.
DEIN HERZ ZU NEHMEN, BRINGT NICHTS. **NIEMAND** WÜRDE DICH VERMISSEN.

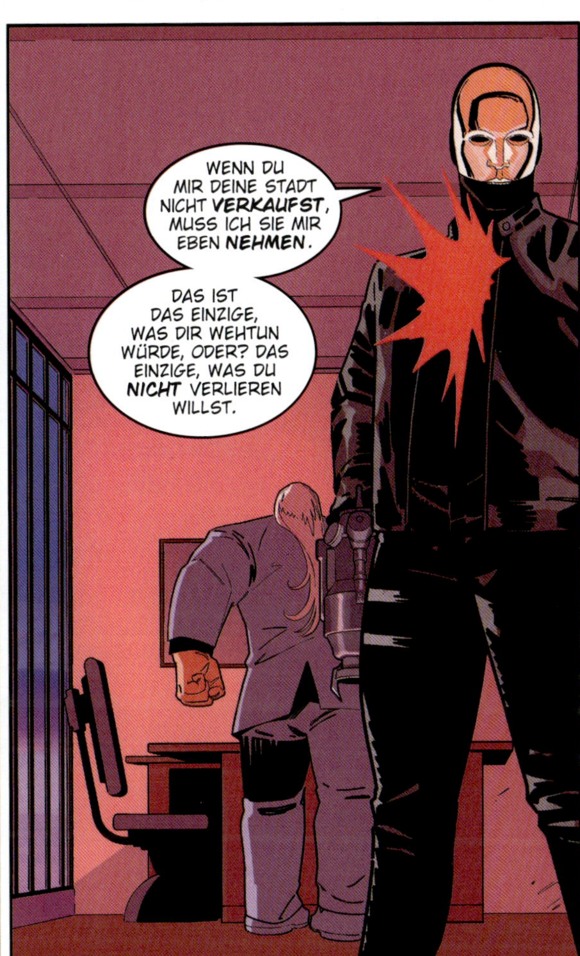
WENN DU MIR DEINE STADT NICHT **VERKAUFST**, MUSS ICH SIE MIR EBEN **NEHMEN**.
DAS IST DAS EINZIGE, WAS DIR WEHTUN WÜRDE, ODER? DAS EINZIGE, WAS DU **NICHT** VERLIEREN WILLST.

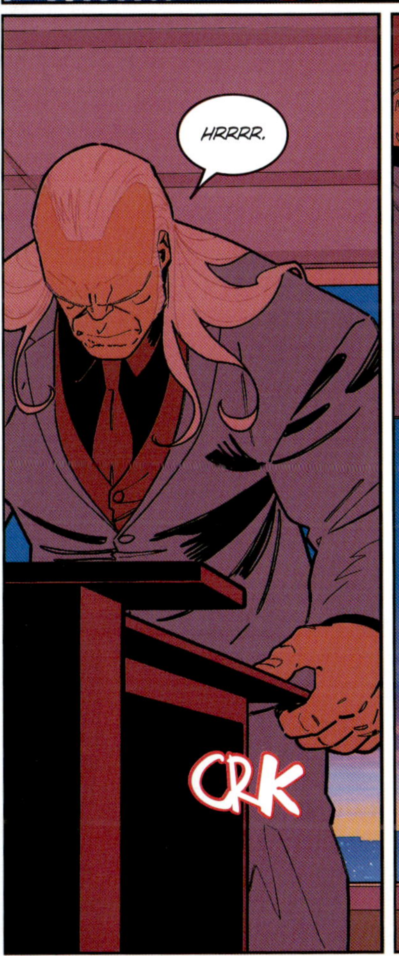
HRRRR.
CRK

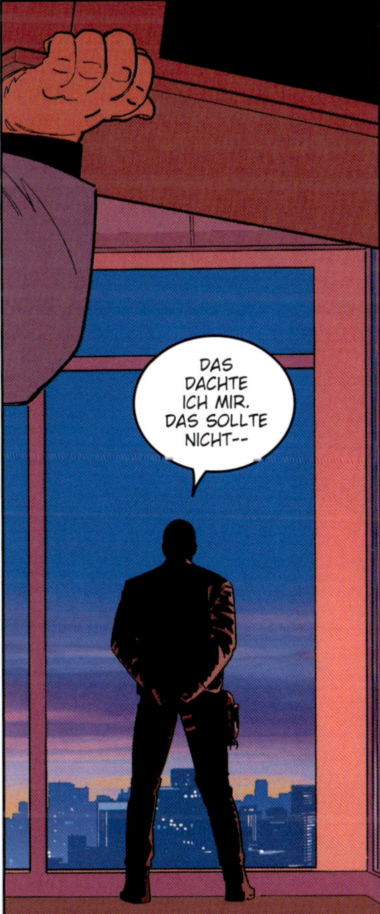
DAS DACHTE ICH MIR. DAS SOLLTE NICHT--

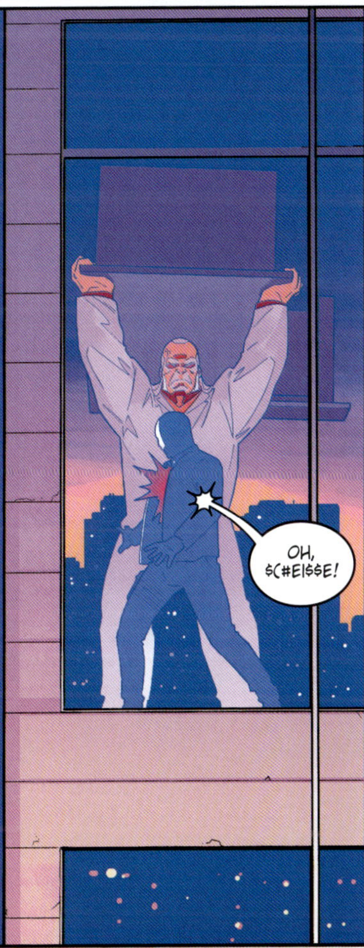
OH, $C#EI$$E!

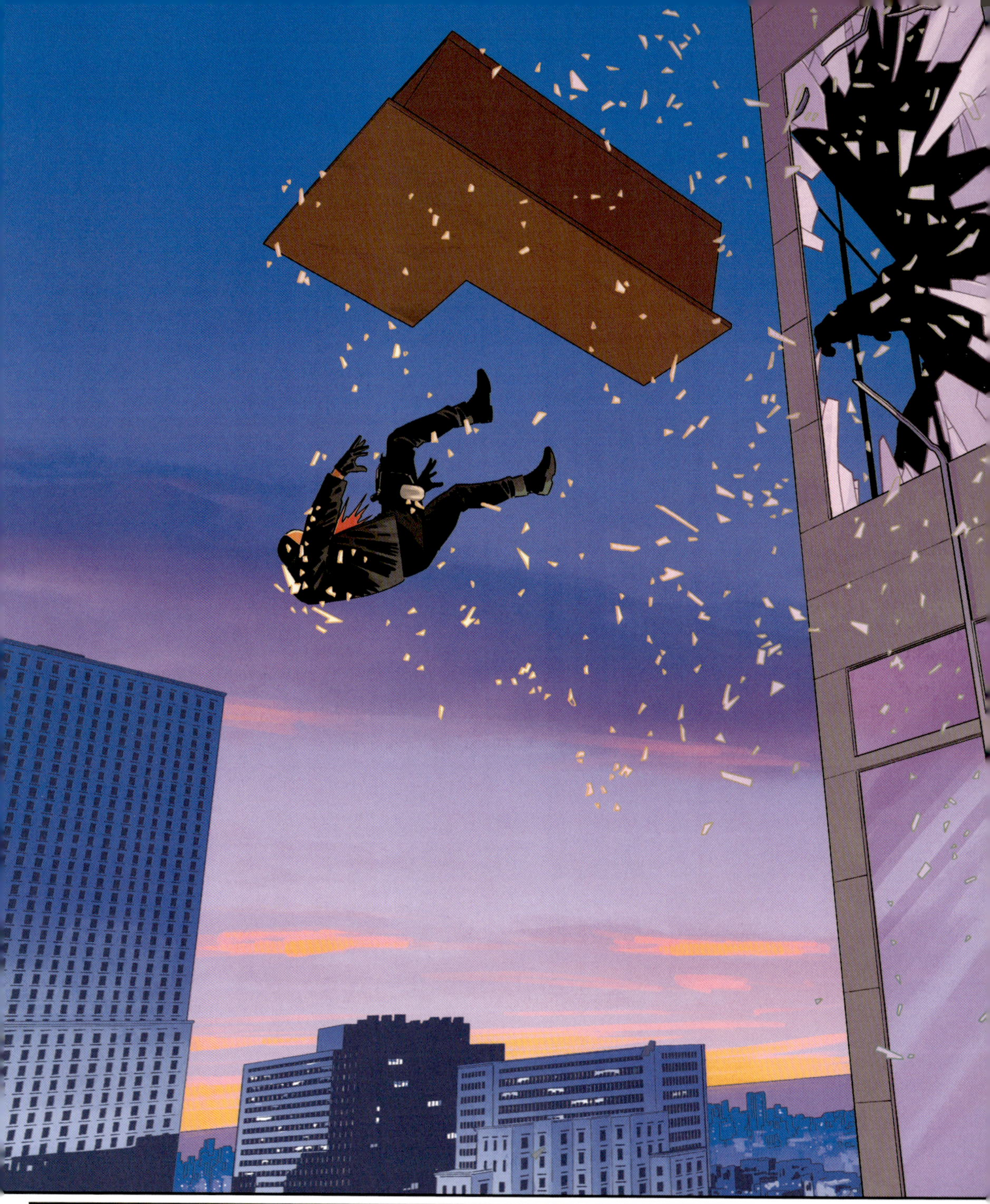

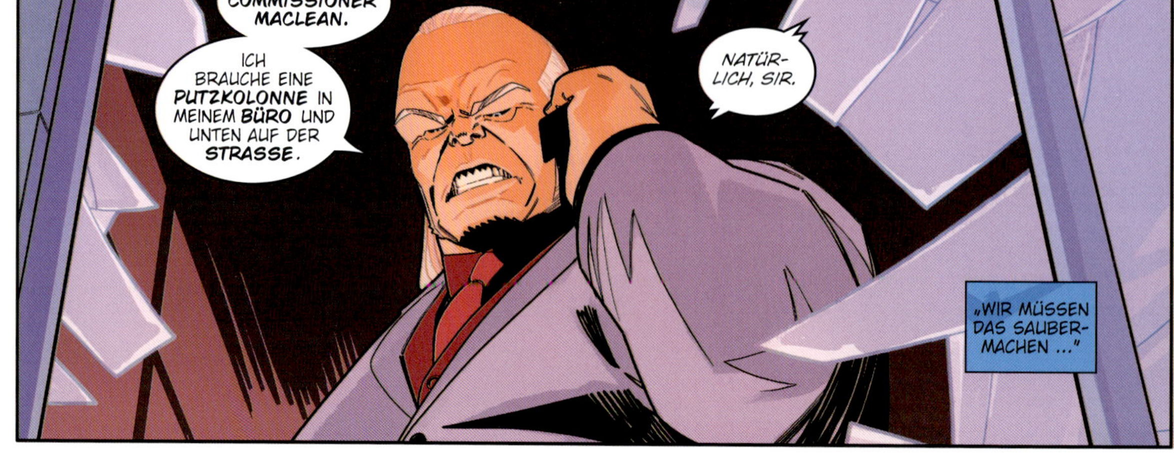
COMMISSIONER MACLEAN.
ICH BRAUCHE EINE **PUTZKOLONNE** IN MEINEM **BÜRO** UND UNTEN AUF DER **STRASSE**.
NATÜRLICH, SIR.
„WIR MÜSSEN DAS SAUBERMACHEN …"

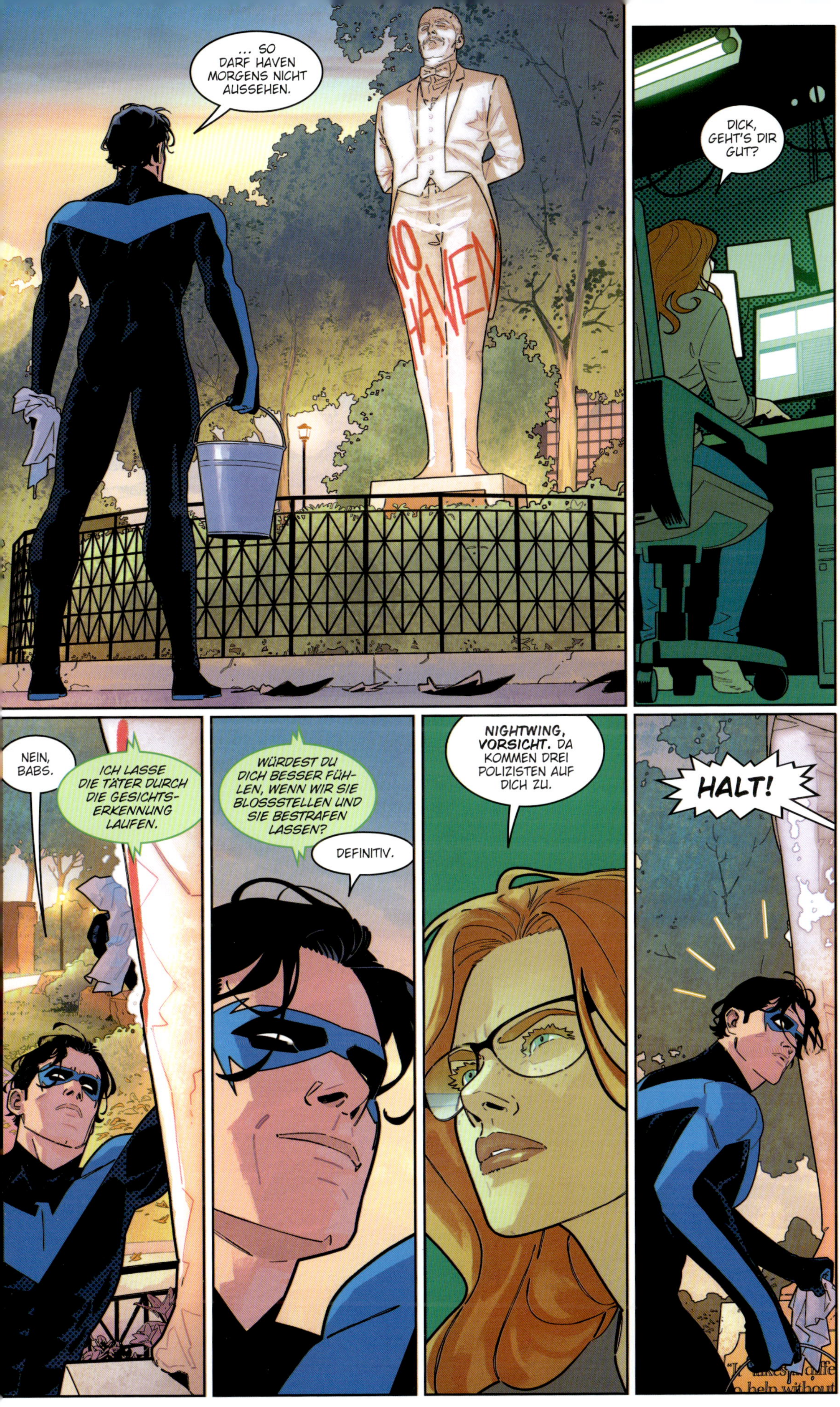

... SO DARF HAVEN MORGENS NICHT AUSSEHEN.
NO HAVEN

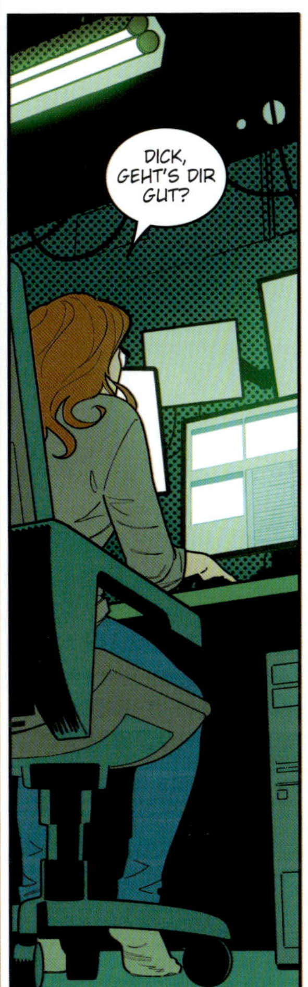
DICK, GEHT'S DIR GUT?

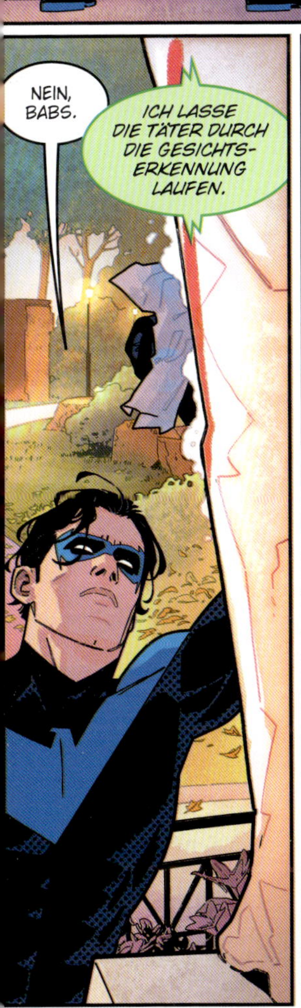
NEIN, BABS.
ICH LASSE DIE TÄTER DURCH DIE GESICHTS-ERKENNUNG LAUFEN.

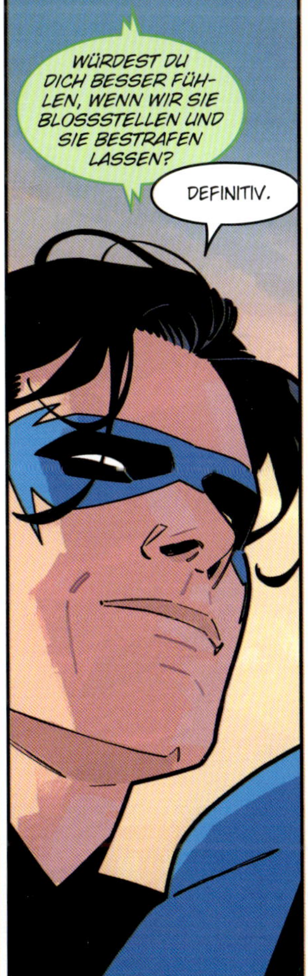
WÜRDEST DU DICH BESSER FÜHLEN, WENN WIR SIE BLOSSSTELLEN UND SIE BESTRAFEN LASSEN?
DEFINITIV.

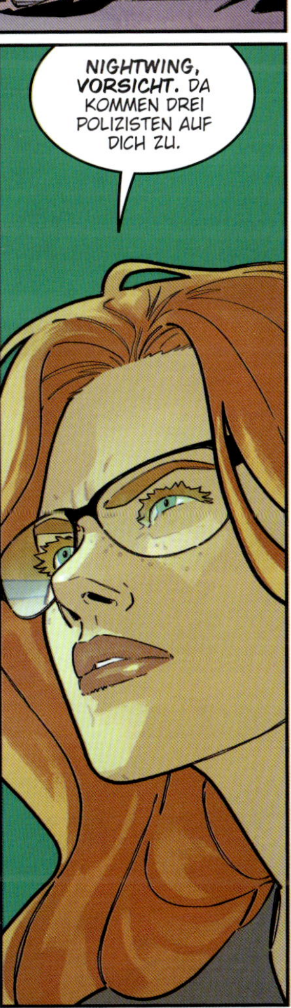
NIGHTWING, **VORSICHT.** DA KOMMEN DREI POLIZISTEN AUF DICH ZU.

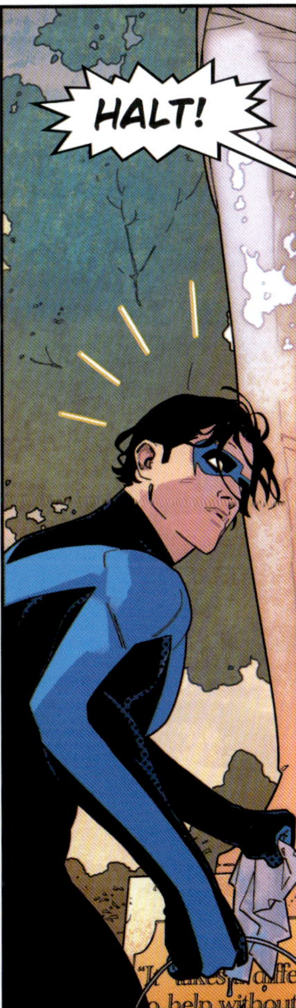
HALT!

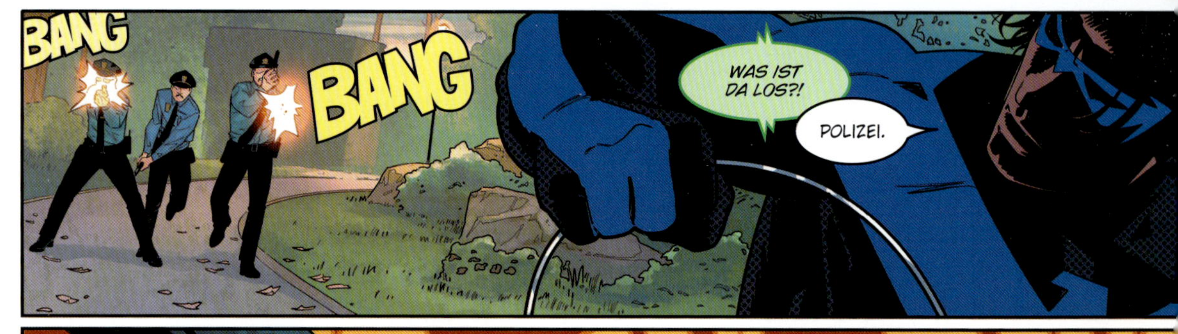
BANG
BANG
WAS IST DA LOS?!
POLIZEI.

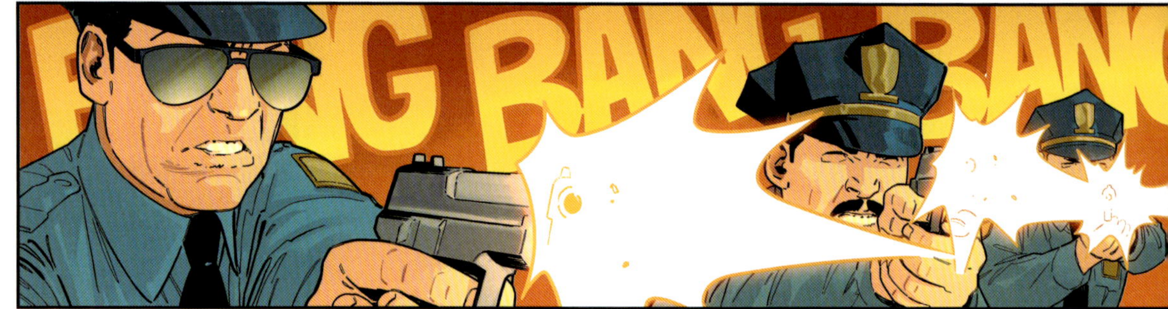

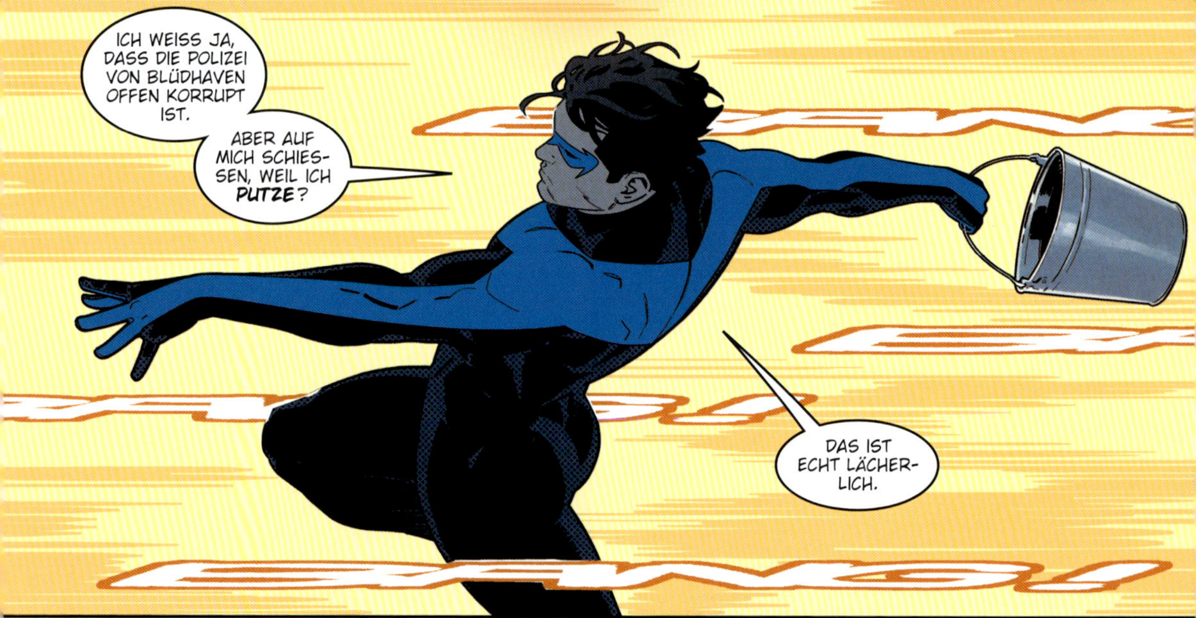
ICH WEISS JA, DASS DIE POLIZEI VON BLÜDHAVEN OFFEN KORRUPT IST.
ABER AUF MICH SCHIESSEN, WEIL ICH PUTZE?
DAS IST ECHT LÄCHERLICH.

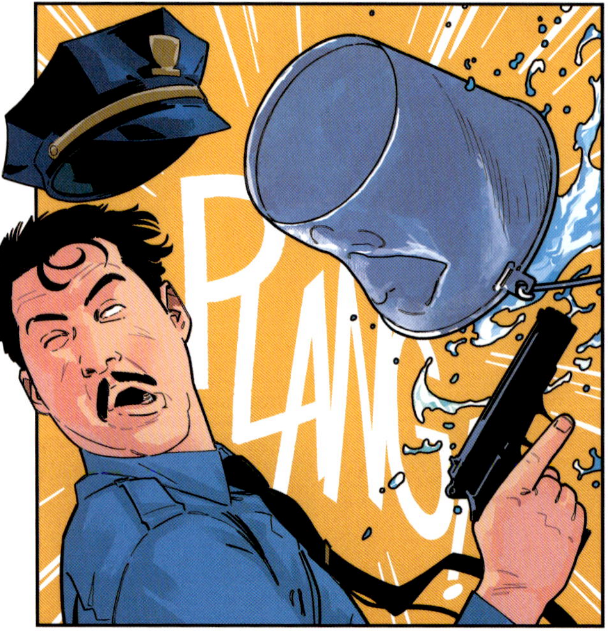
PLANG!

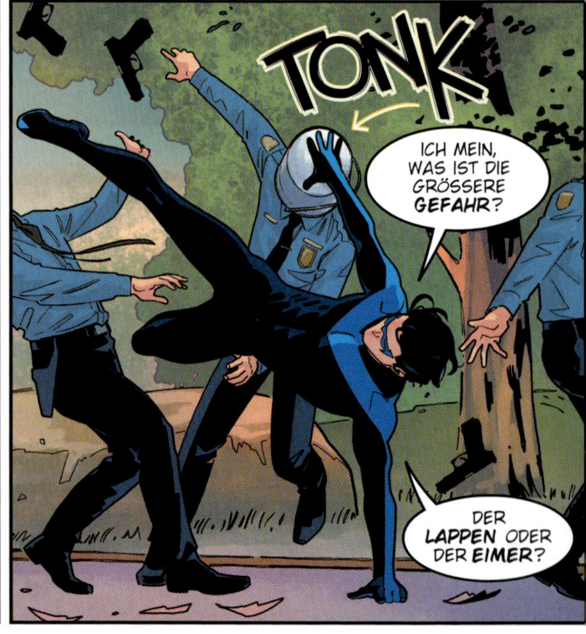
TONK
ICH MEIN, WAS IST DIE GRÖSSERE GEFAHR?
DER LAPPEN ODER DER EIMER?

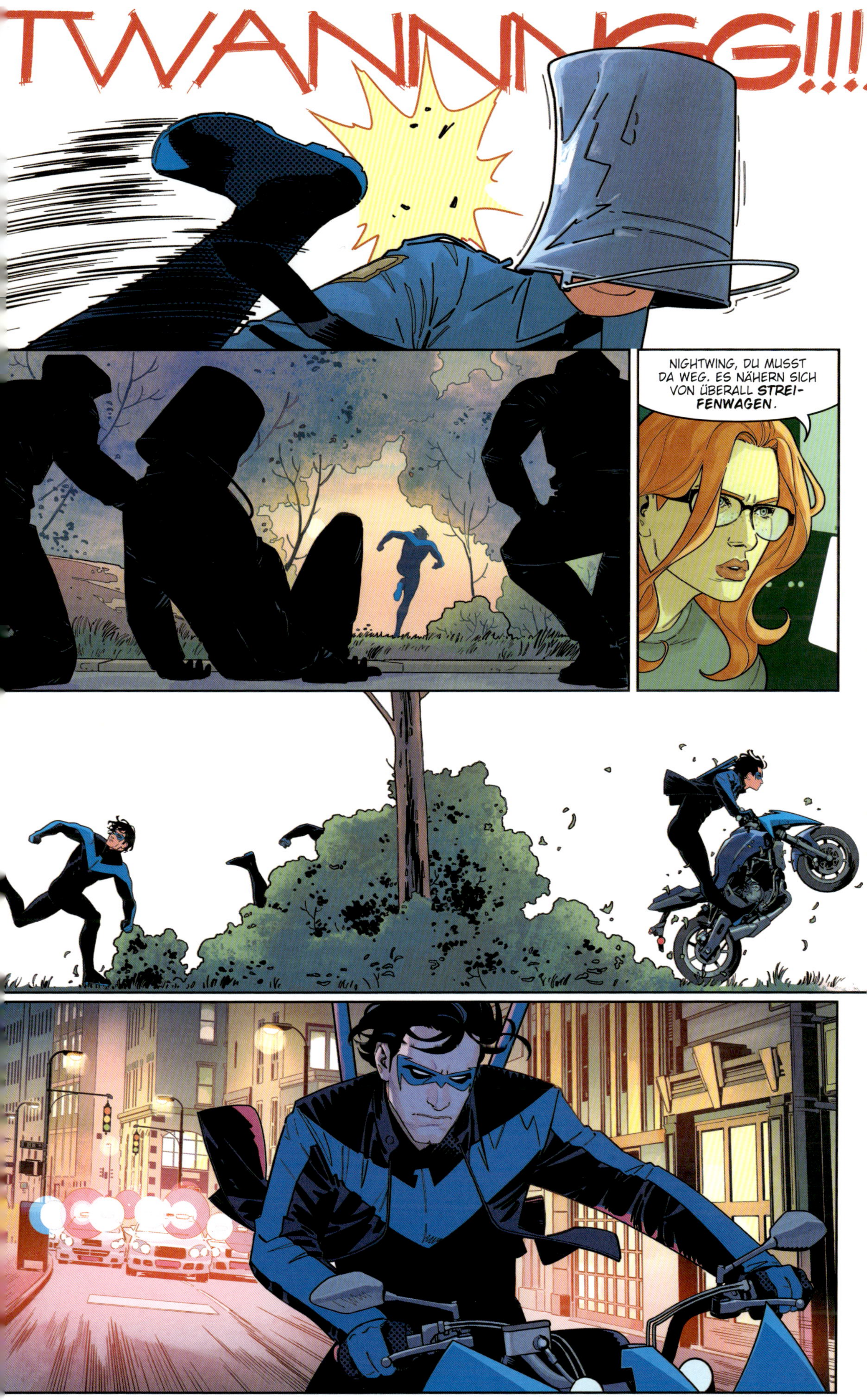
TWANNNGG!!!
NIGHTWING, DU MUSST DA WEG. ES NÄHERN SICH VON ÜBERALL **STREIFENWAGEN**.

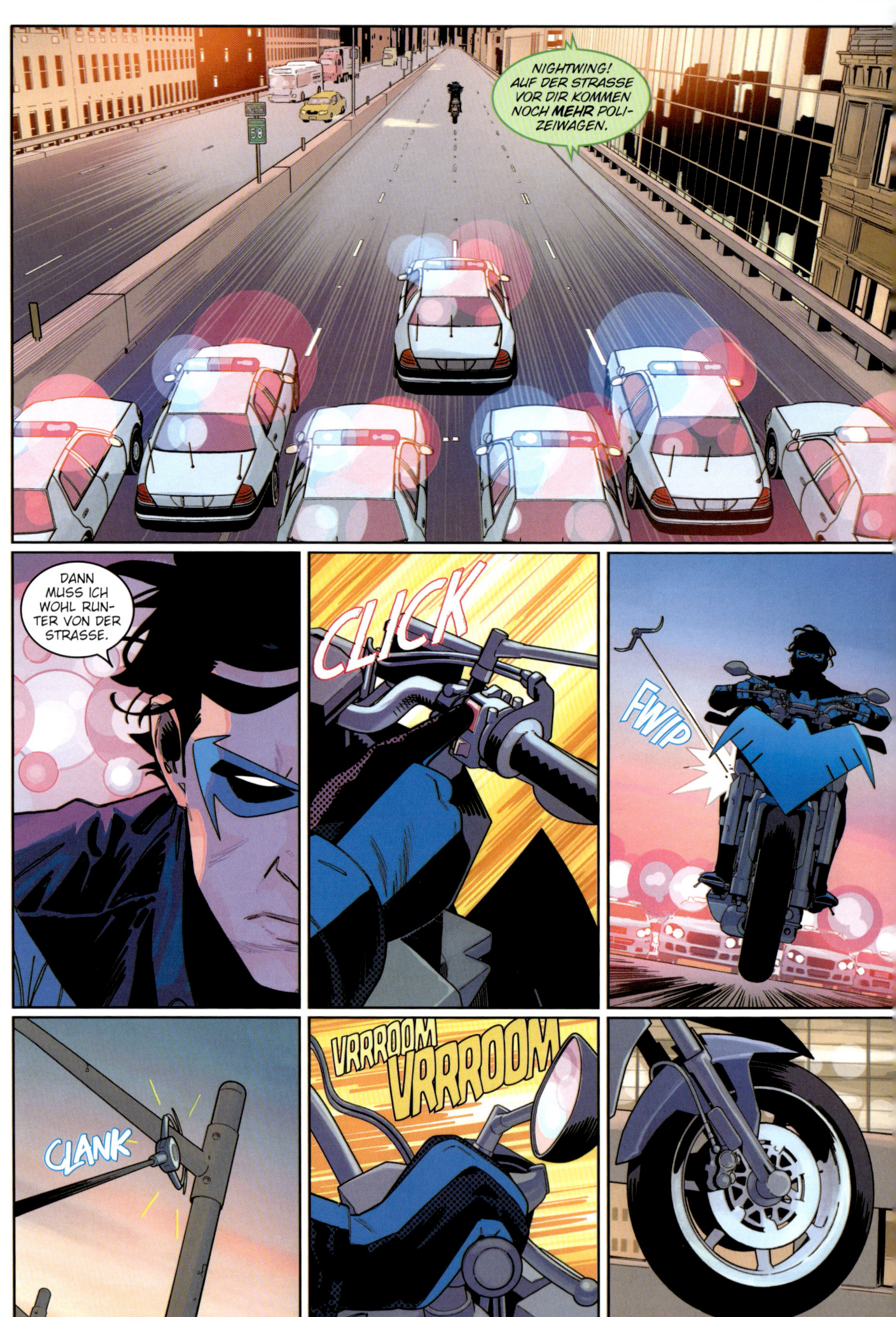
NIGHTWING! AUF DER STRASSE VOR DIR KOMMEN NOCH **MEHR** POLIZEIWAGEN.
DANN MUSS ICH WOHL RUNTER VON DER STRASSE.
CLICK
FWIP
CLANK
VRRROOM VRRROOM

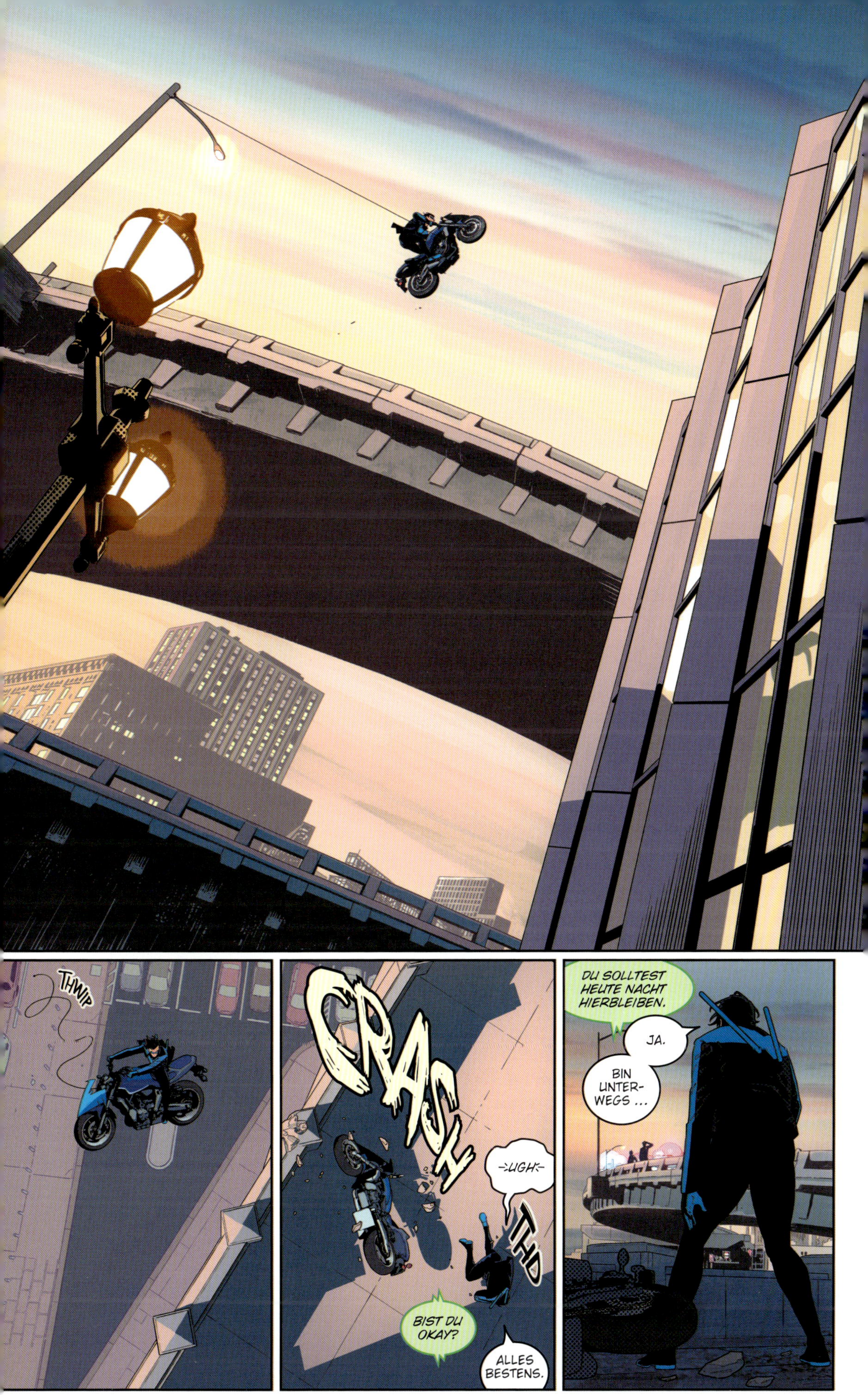

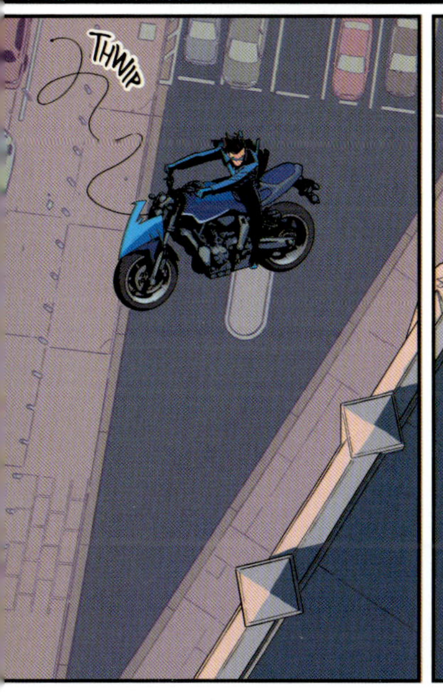
THWIP

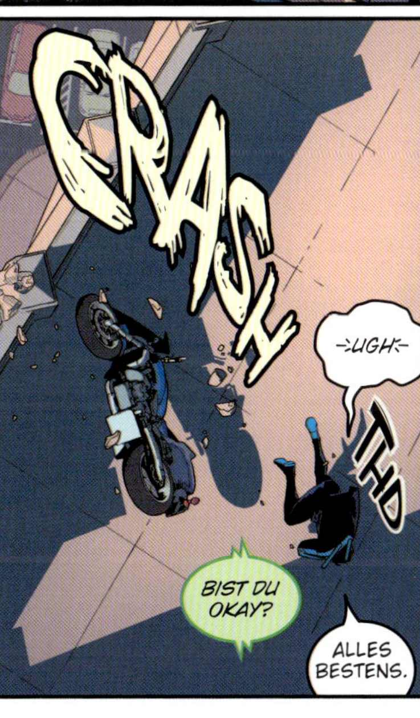
CRASH
-UGH-
THD
BIST DU OKAY?
ALLES BESTENS.

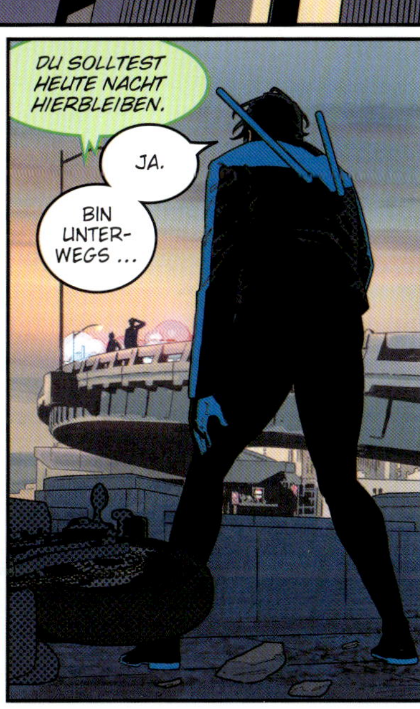
DU SOLLTEST HEUTE NACHT HIERBLEIBEN.
JA.
BIN UNTERWEGS ...

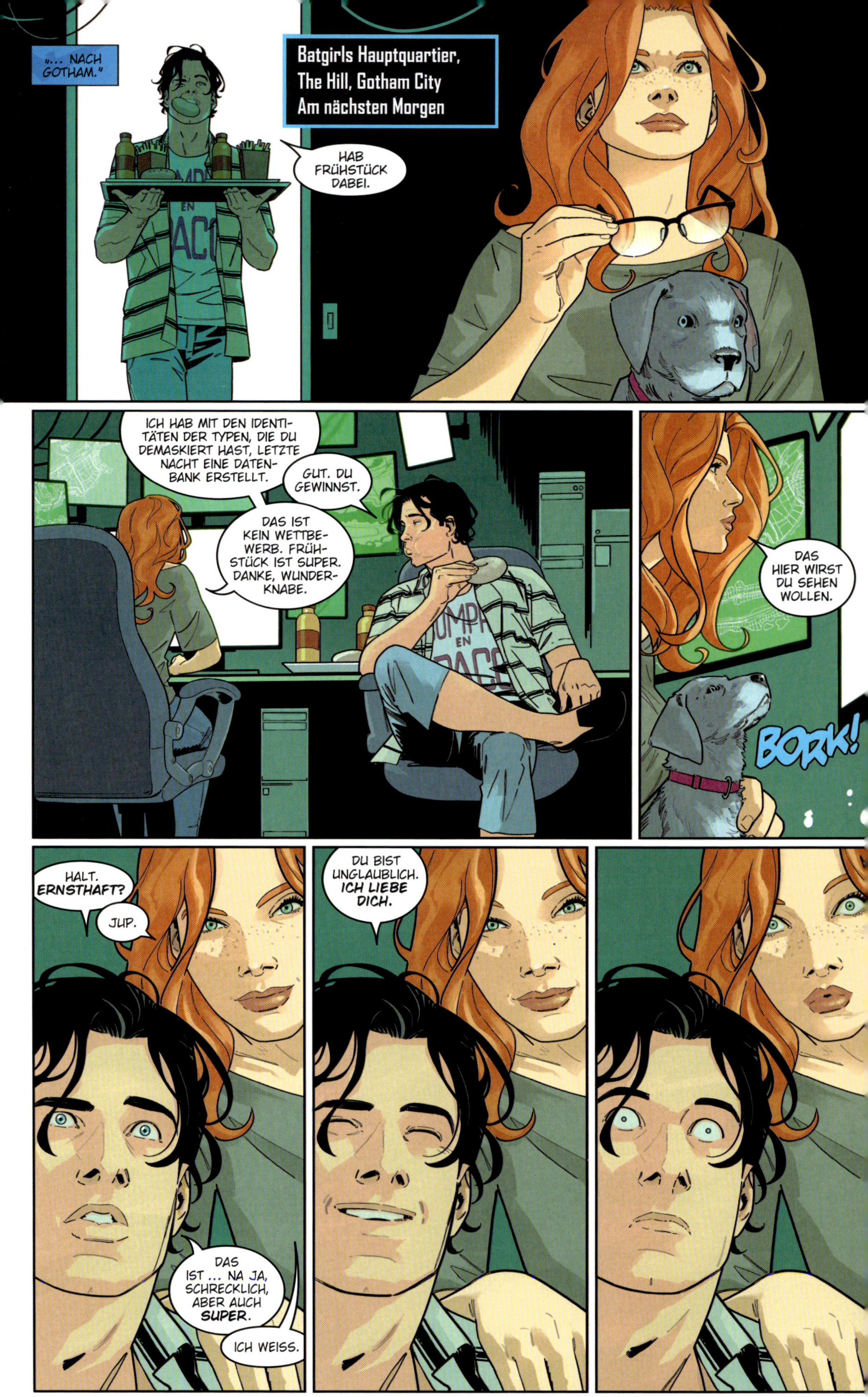

„... NACH GOTHAM."

Batgirls Hauptquartier,
The Hill, Gotham City
Am nächsten Morgen

HAB FRÜHSTÜCK DABEI.

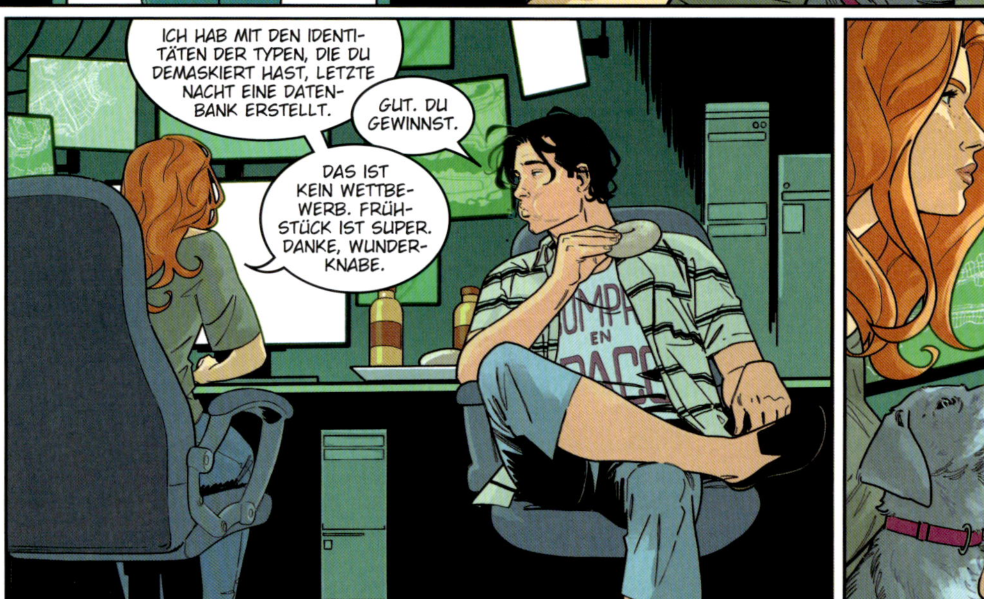

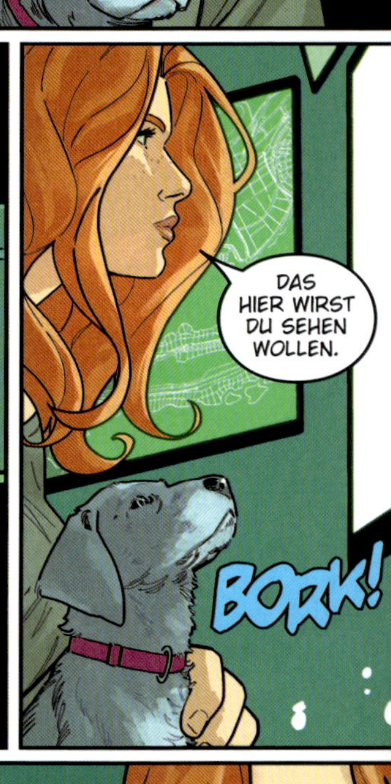

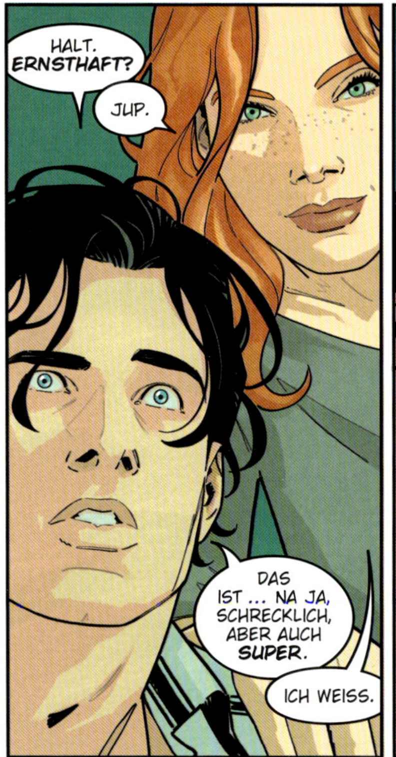

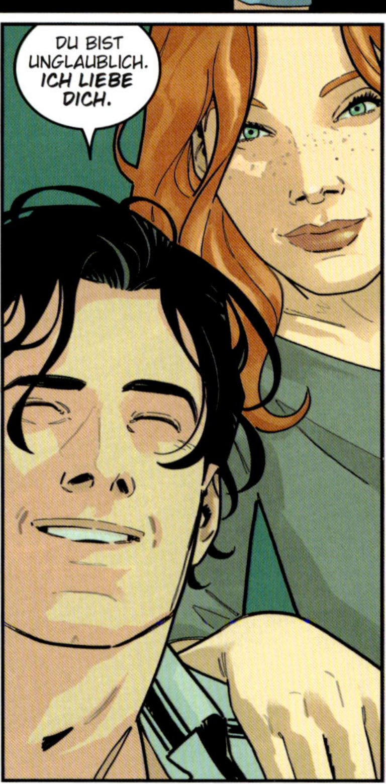

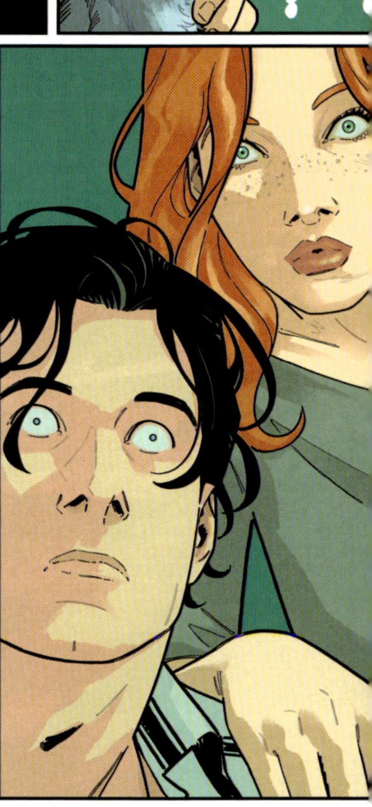

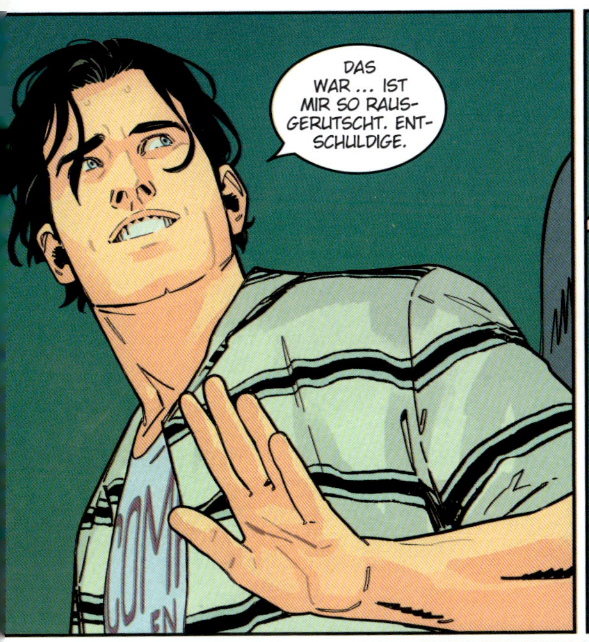
DAS WAR ... IST MIR SO RAUS-GERUTSCHT. ENT-SCHULDIGE.

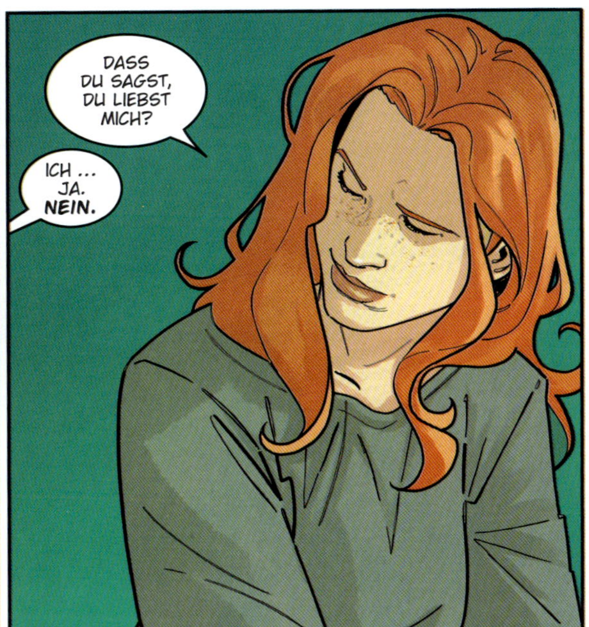
DASS DU SAGST, DU LIEBST MICH?
ICH ... JA. **NEIN.**

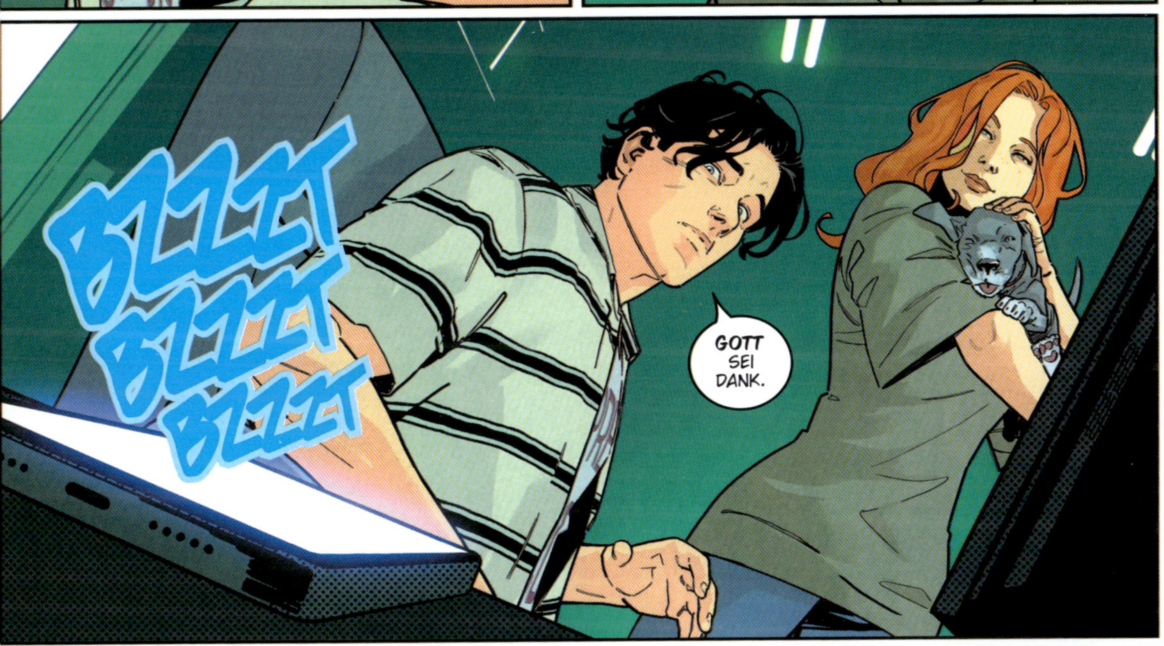
BZZZT BZZZT BZZZT
GOTT SEI DANK.

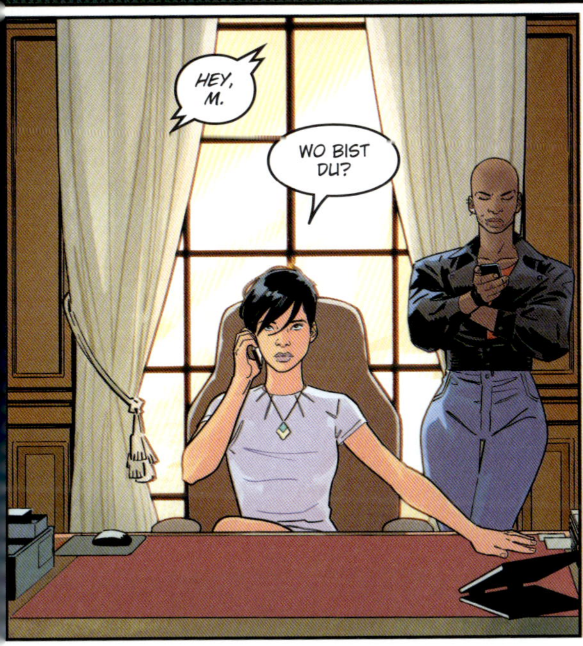
HEY, M.
WO BIST DU?

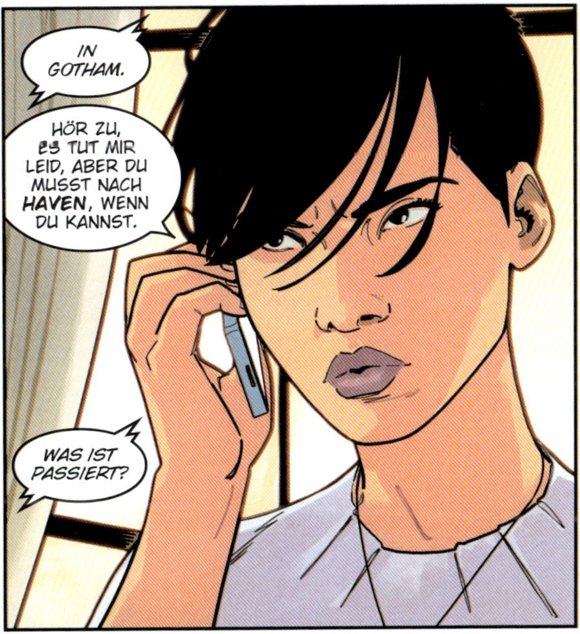
IN GOTHAM.
HÖR ZU, ES TUT MIR LEID, ABER DU MUSST NACH **HAVEN**, WENN DU KANNST.
WAS IST PASSIERT?

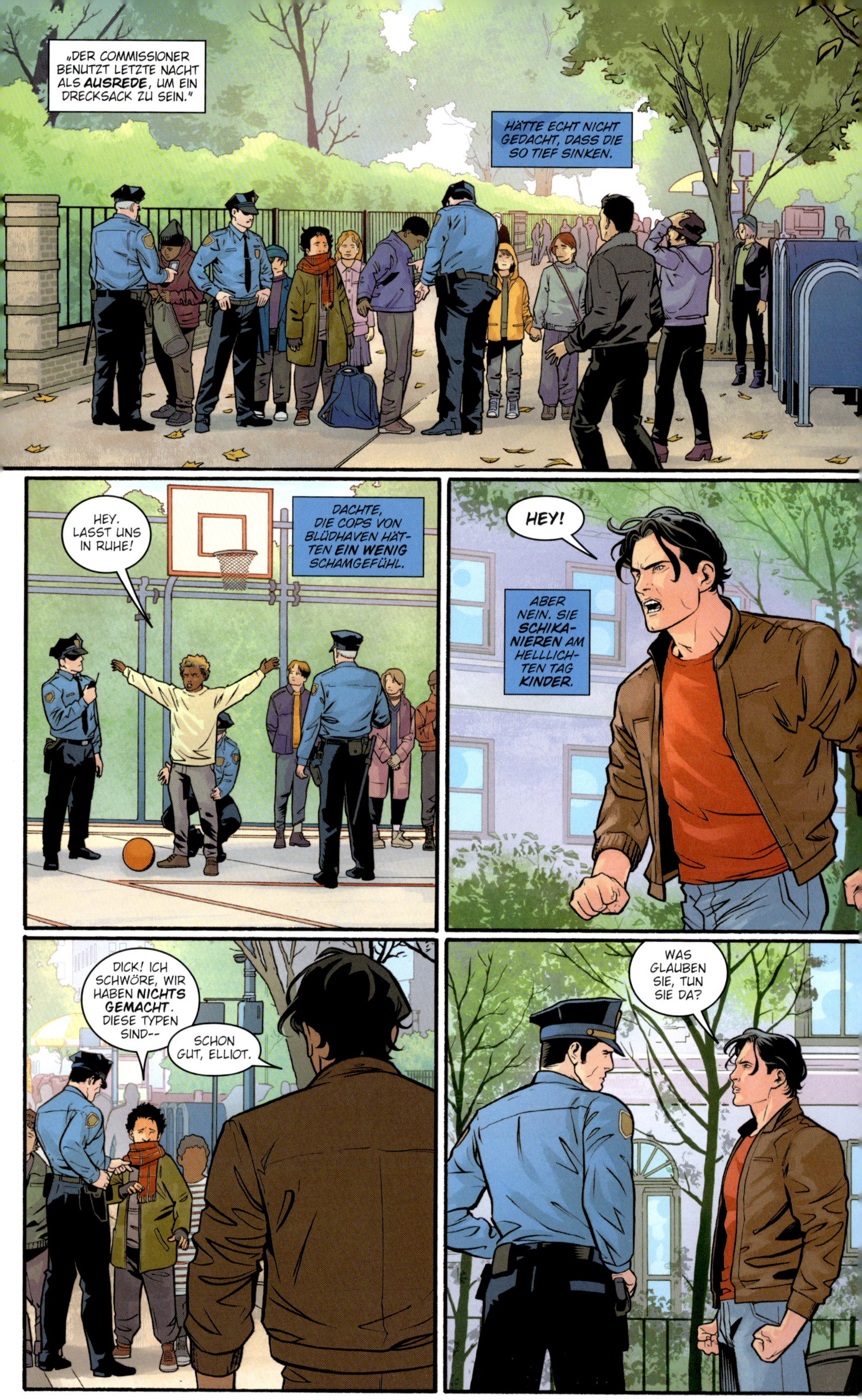

„DER COMMISSIONER BENUTZT LETZTE NACHT ALS **AUSREDE**, UM EIN DRECKSACK ZU SEIN."

HÄTTE ECHT NICHT GEDACHT, DASS DIE SO TIEF SINKEN.

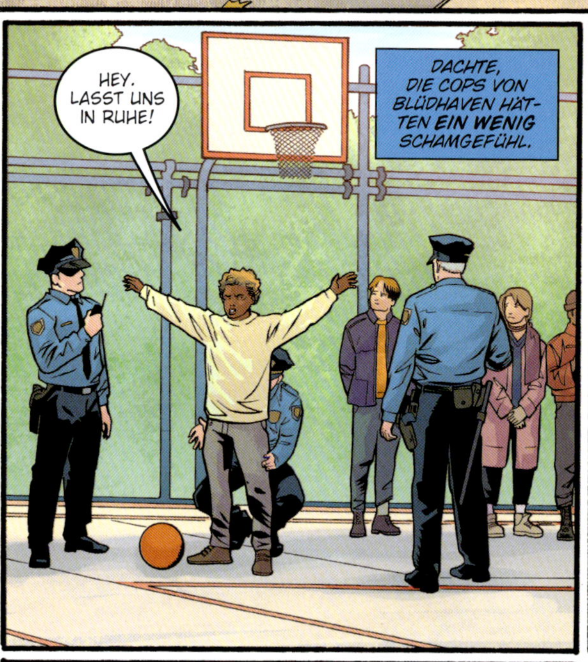

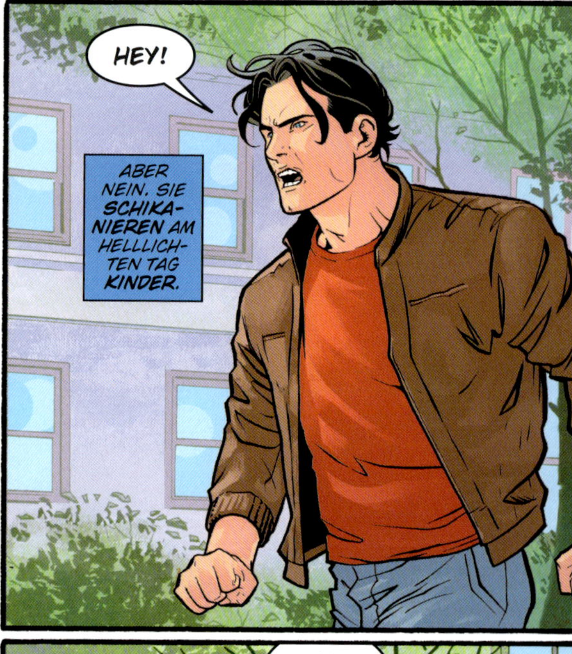

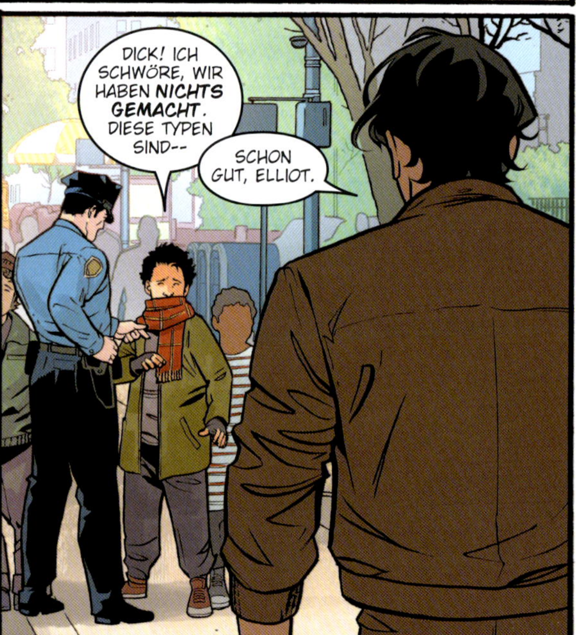

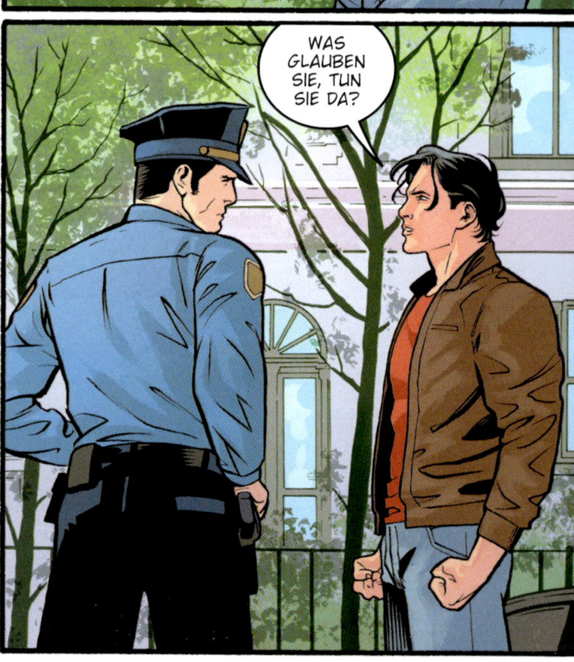

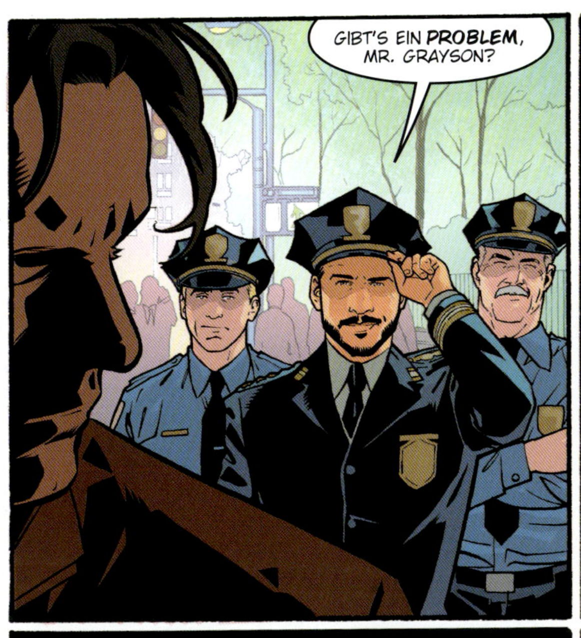
GIBT'S EIN PROBLEM, MR. GRAYSON?

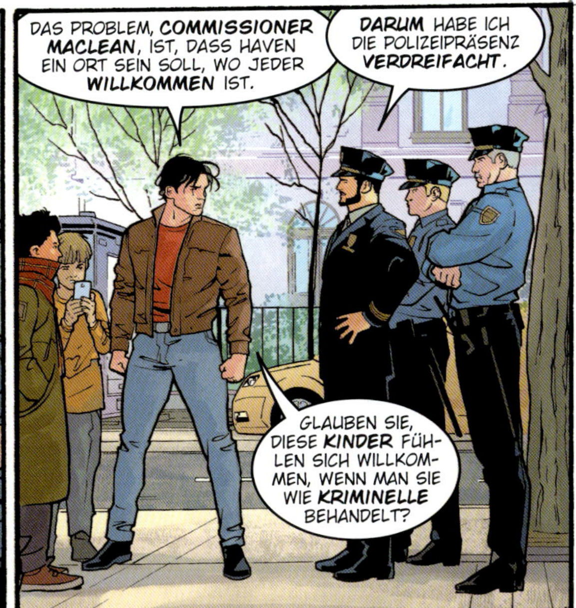
DAS PROBLEM, COMMISSIONER MACLEAN, IST, DASS HAVEN EIN ORT SEIN SOLL, WO JEDER WILLKOMMEN IST.
DARUM HABE ICH DIE POLIZEIPRÄSENZ VERDREIFACHT.
GLAUBEN SIE, DIESE KINDER FÜHLEN SICH WILLKOMMEN, WENN MAN SIE WIE KRIMINELLE BEHANDELT?

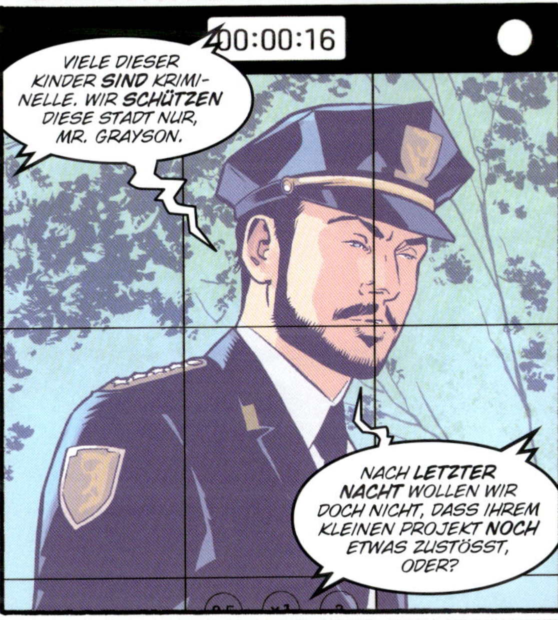
00:00:16
VIELE DIESER KINDER SIND KRIMINELLE. WIR SCHÜTZEN DIESE STADT NUR, MR. GRAYSON.
NACH LETZTER NACHT WOLLEN WIR DOCH NICHT, DASS IHREM KLEINEN PROJEKT NOCH ETWAS ZUSTÖSST, ODER?

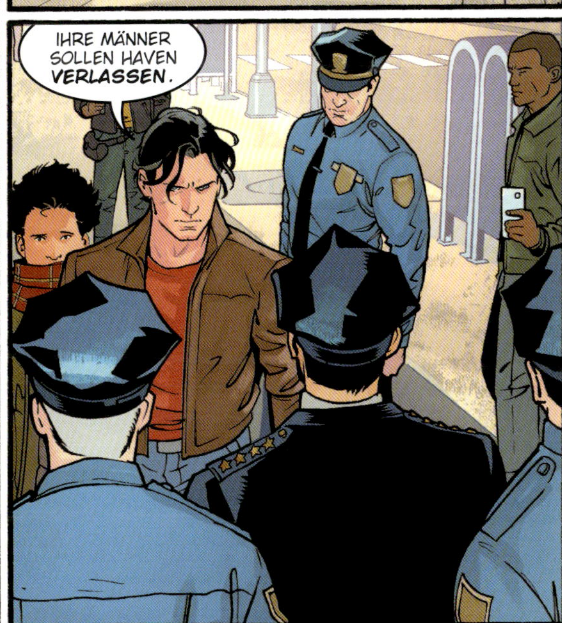
IHRE MÄNNER SOLLEN HAVEN VERLASSEN.

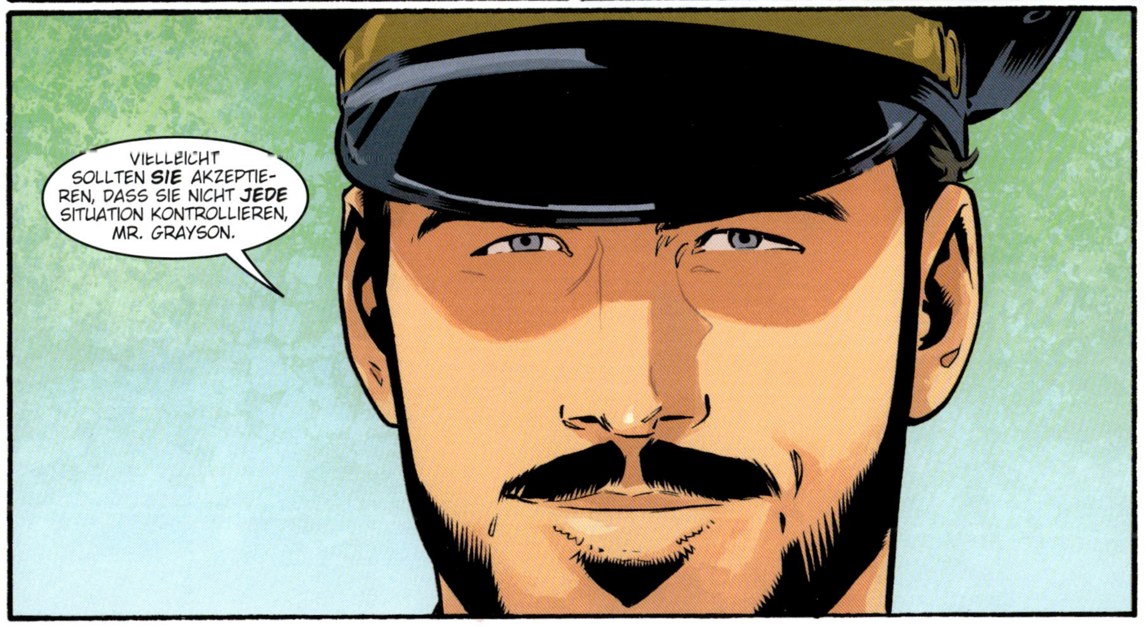
VIELLEICHT SOLLTEN SIE AKZEPTIEREN, DASS SIE NICHT JEDE SITUATION KONTROLLIEREN, MR. GRAYSON.

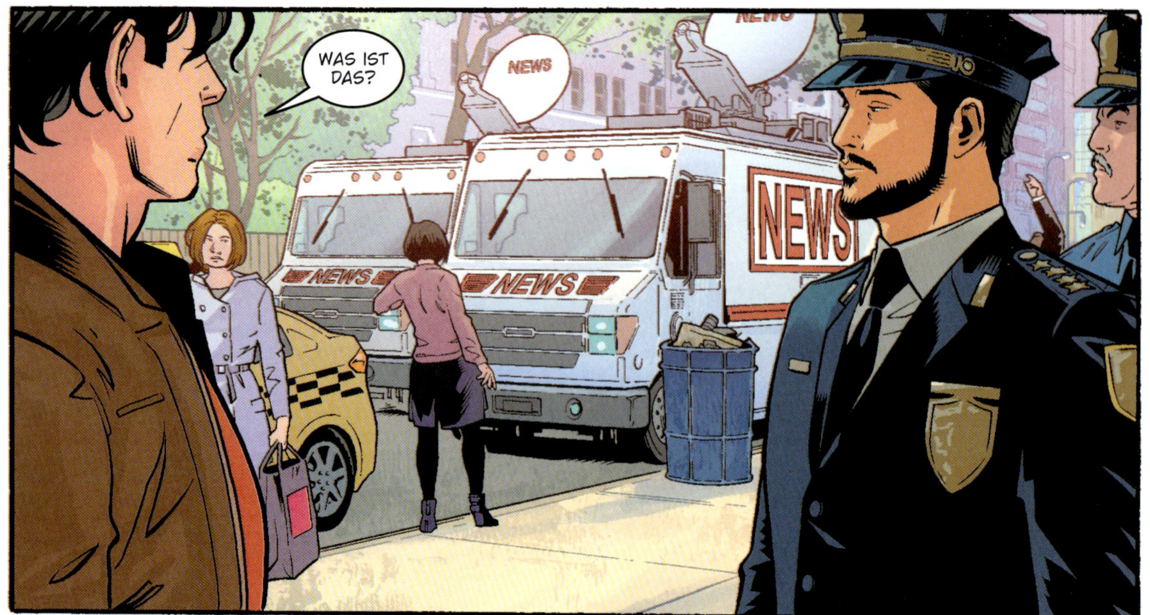
WAS IST DAS?
NEWS
NEWS
NEWS
NEWS

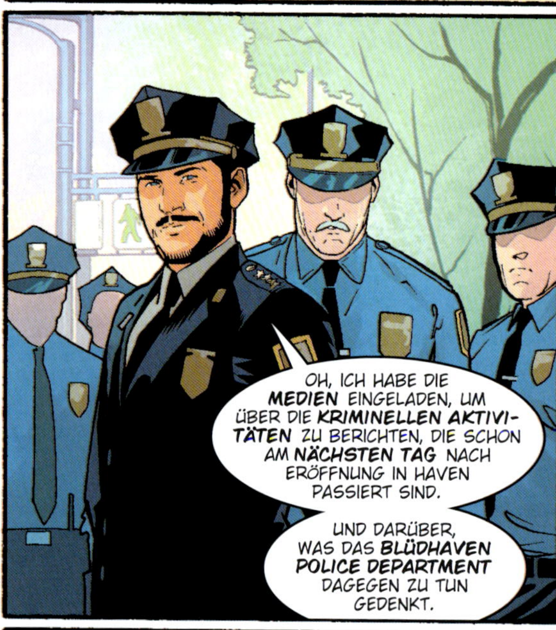
OH, ICH HABE DIE MEDIEN EINGELADEN, UM ÜBER DIE KRIMINELLEN AKTIVITÄTEN ZU BERICHTEN, DIE SCHON AM NÄCHSTEN TAG NACH ERÖFFNUNG IN HAVEN PASSIERT SIND.
UND DARÜBER, WAS DAS BLÜDHAVEN POLICE DEPARTMENT DAGEGEN ZU TUN GEDENKT.

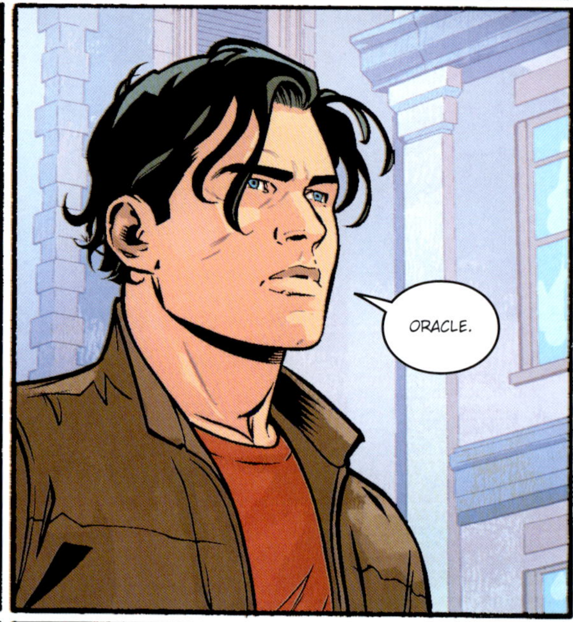
ORACLE.

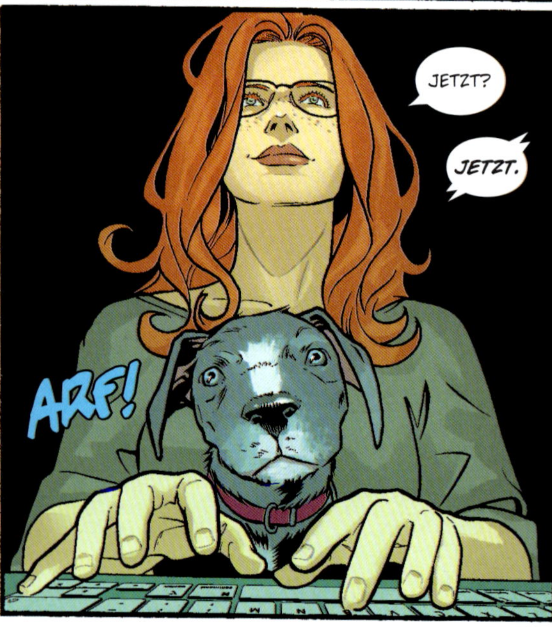
JETZT?
JETZT.
ARF!

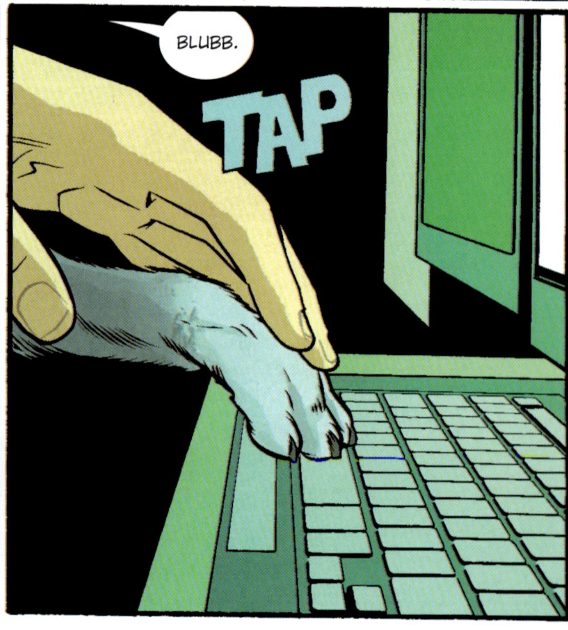
BLUBB.
TAP

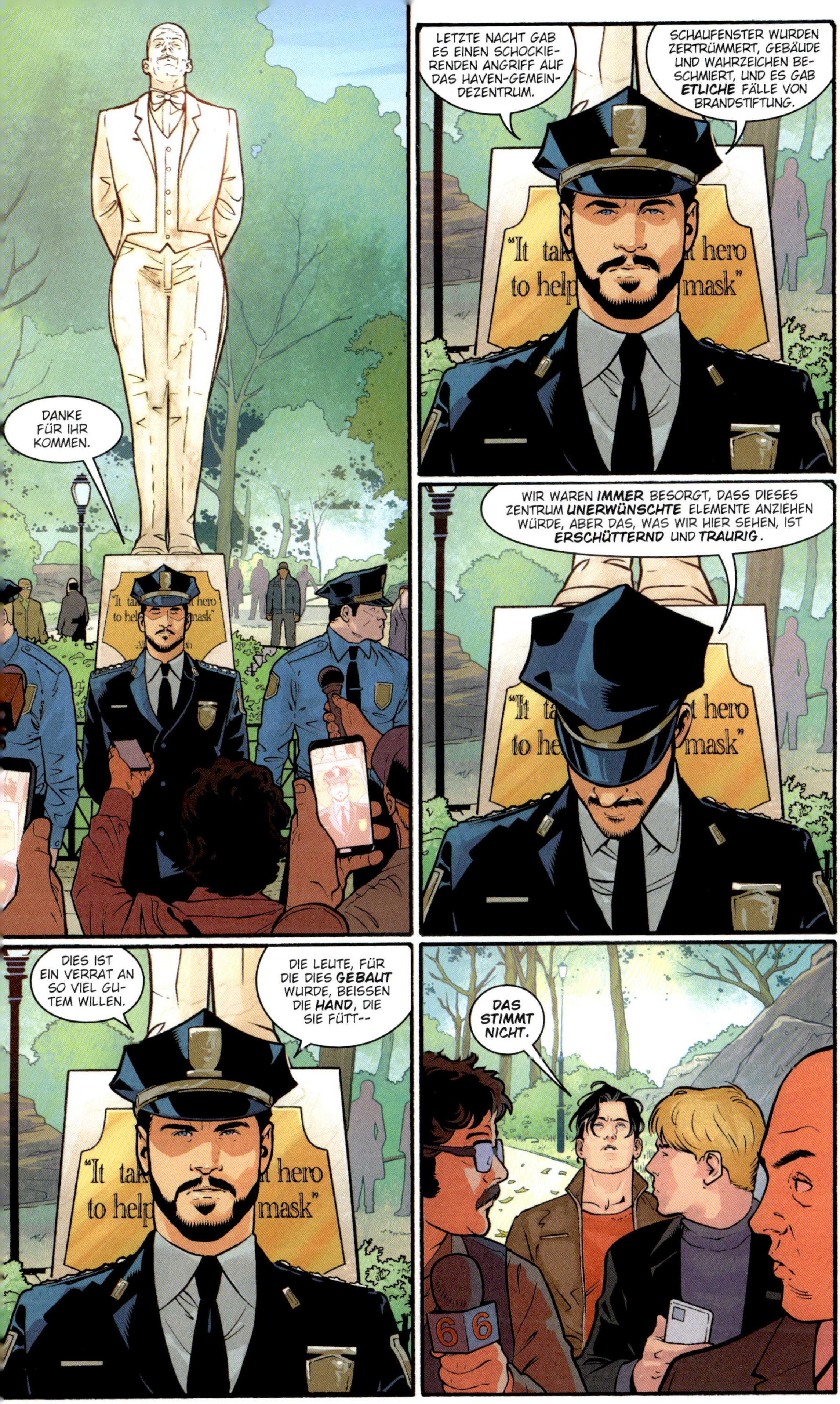

DANKE FÜR IHR KOMMEN.

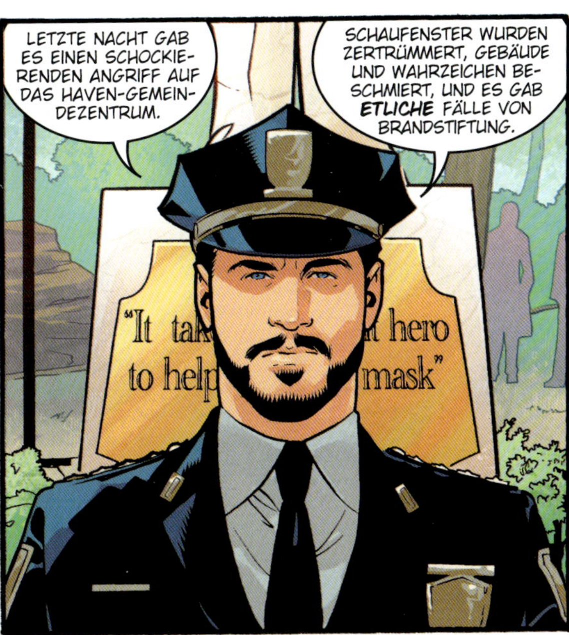
LETZTE NACHT GAB ES EINEN SCHOCKIERENDEN ANGRIFF AUF DAS HAVEN-GEMEINDEZENTRUM.
SCHAUFENSTER WURDEN ZERTRÜMMERT, GEBÄUDE UND WAHRZEICHEN BESCHMIERT, UND ES GAB **ETLICHE** FÄLLE VON BRANDSTIFTUNG.

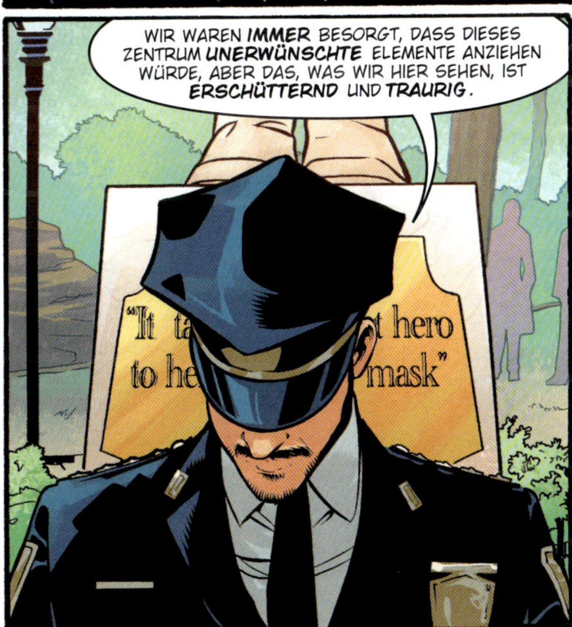
WIR WAREN **IMMER** BESORGT, DASS DIESES ZENTRUM **UNERWÜNSCHTE** ELEMENTE ANZIEHEN WÜRDE, ABER DAS, WAS WIR HIER SEHEN, IST **ERSCHÜTTERND** UND **TRAURIG**.

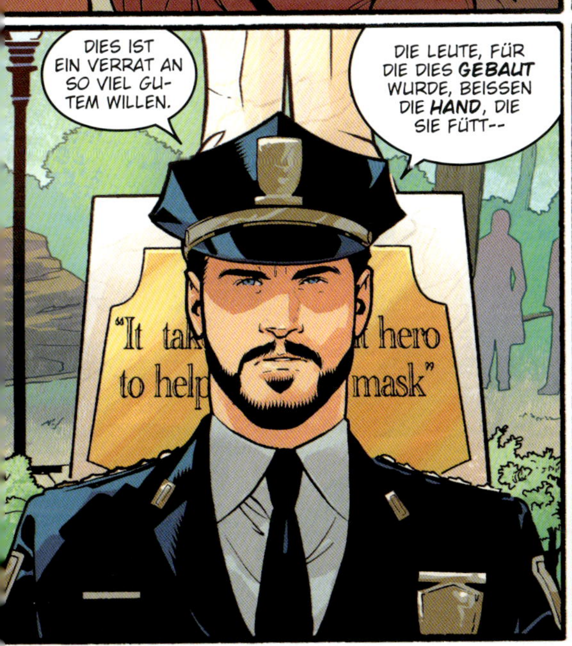
DIES IST EIN VERRAT AN SO VIEL GUTEM WILLEN.
DIE LEUTE, FÜR DIE DIES **GEBAUT** WURDE, BEISSEN DIE **HAND**, DIE SIE FÜTT--

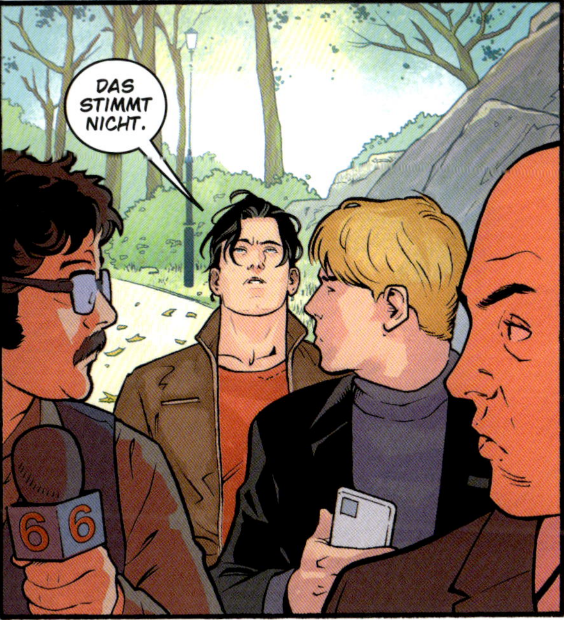
DAS STIMMT NICHT.
66

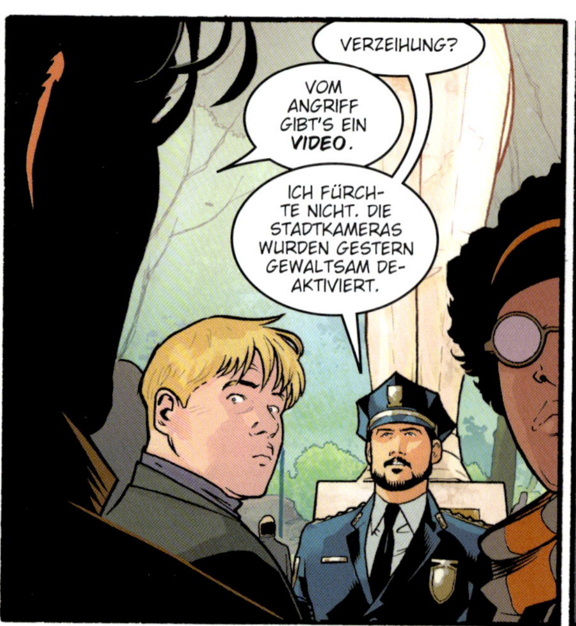
VERZEIHUNG?
VOM ANGRIFF GIBT'S EIN VIDEO.
ICH FÜRCHTE NICHT. DIE STADTKAMERAS WURDEN GESTERN GEWALTSAM DEAKTIVIERT.

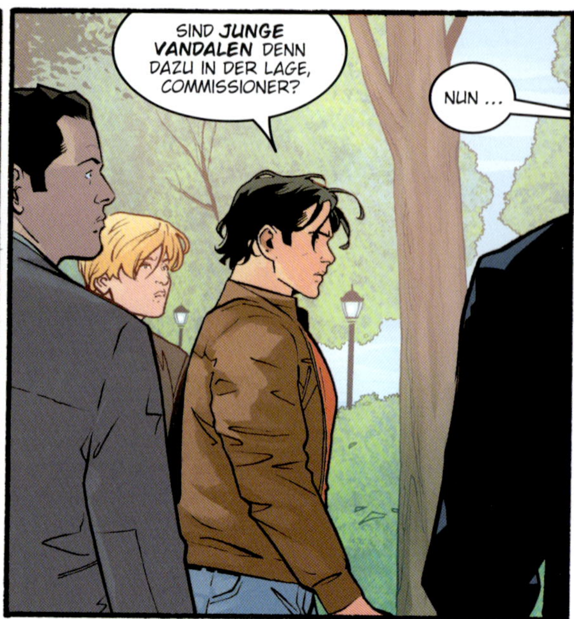
SIND JUNGE VANDALEN DENN DAZU IN DER LAGE, COMMISSIONER?
NUN ...

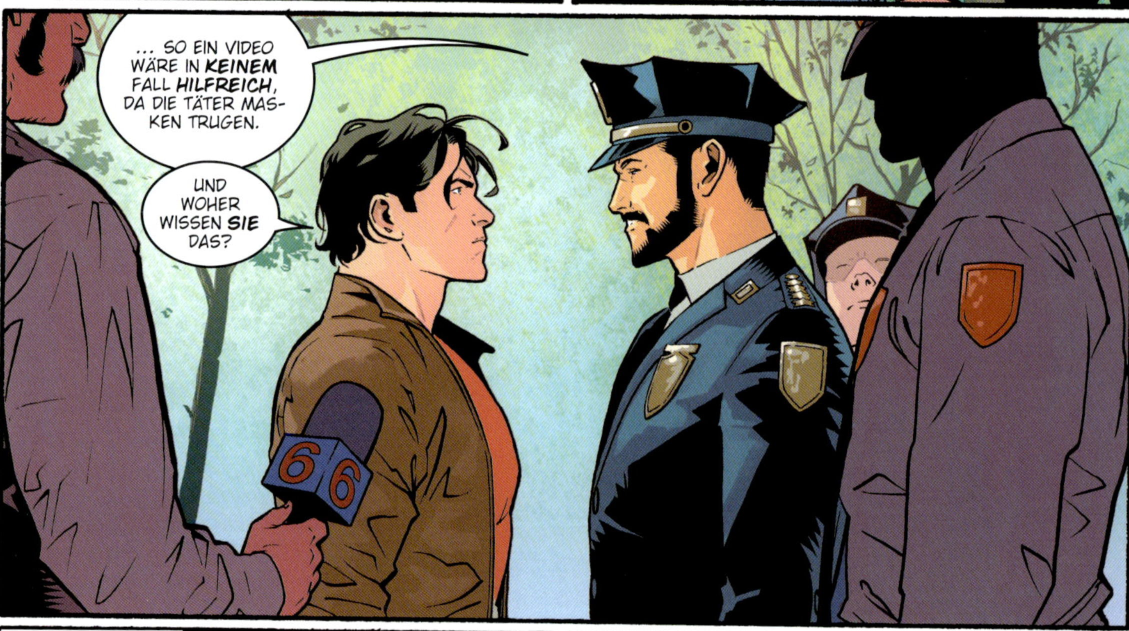
... SO EIN VIDEO WÄRE IN KEINEM FALL HILFREICH, DA DIE TÄTER MASKEN TRUGEN.
UND WOHER WISSEN SIE DAS?
66

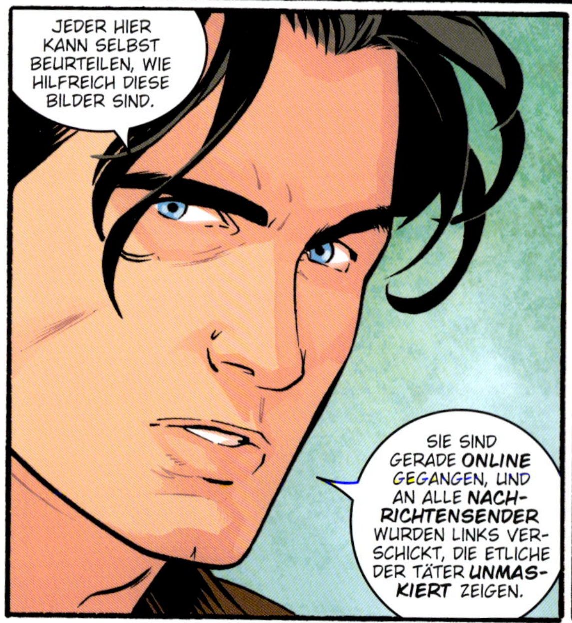
JEDER HIER KANN SELBST BEURTEILEN, WIE HILFREICH DIESE BILDER SIND.
SIE SIND GERADE ONLINE GEGANGEN, UND AN ALLE NACHRICHTENSENDER WURDEN LINKS VERSCHICKT, DIE ETLICHE DER TÄTER UNMASKIERT ZEIGEN.

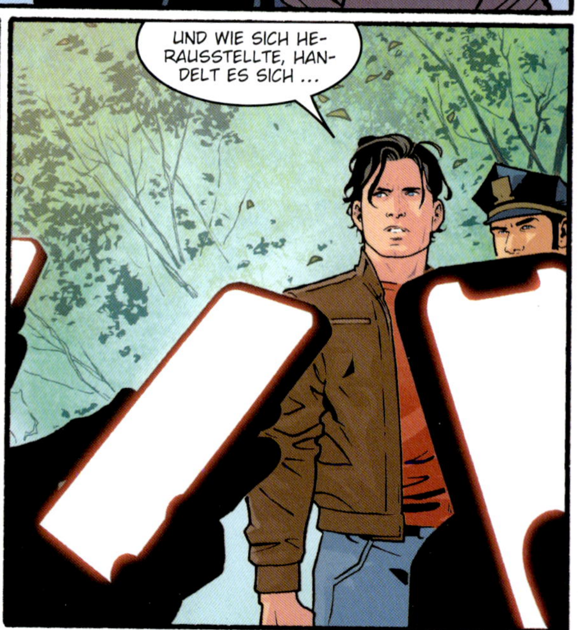
UND WIE SICH HERAUSSTELLTE, HANDELT ES SICH ...

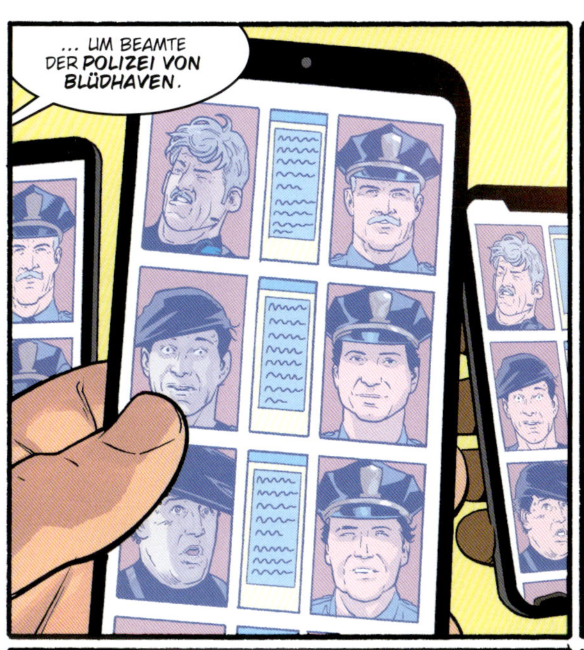
... UM BEAMTE DER **POLIZEI VON BLÜDHAVEN**.

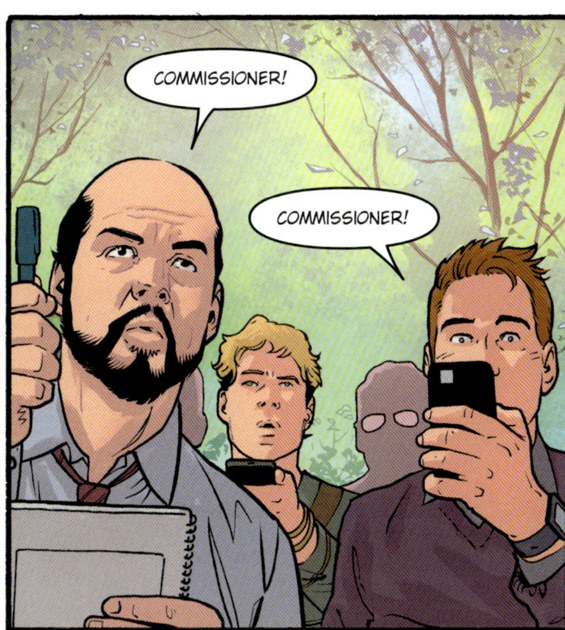
COMMISSIONER!
COMMISSIONER!

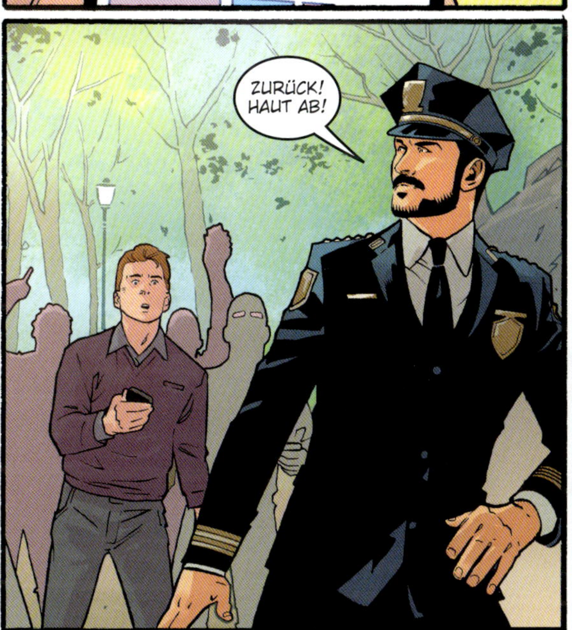
ZURÜCK! HAUT AB!

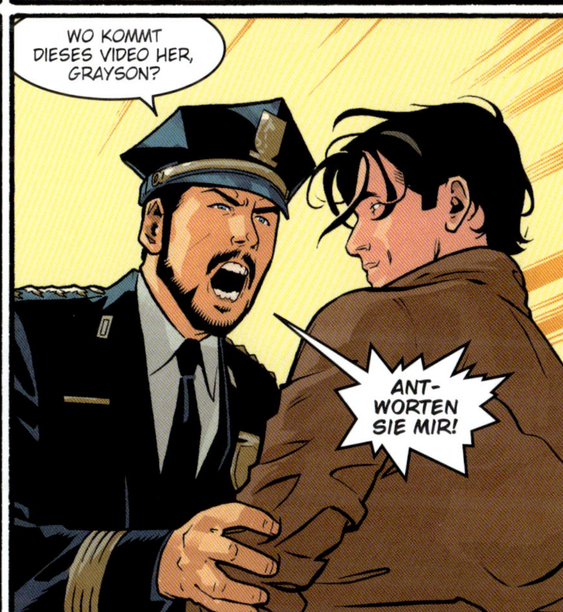
WO KOMMT DIESES VIDEO HER, GRAYSON?
ANTWORTEN SIE MIR!

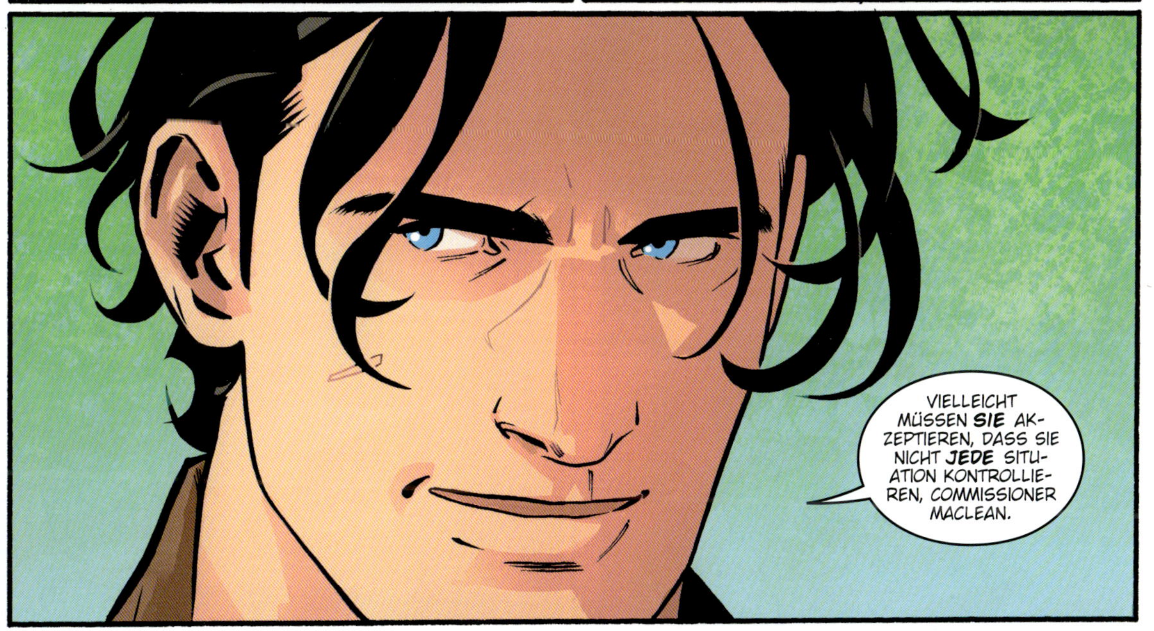
VIELLEICHT MÜSSEN **SIE** AKZEPTIEREN, DASS SIE NICHT **JEDE** SITUATION KONTROLLIEREN, COMMISSIONER MACLEAN.

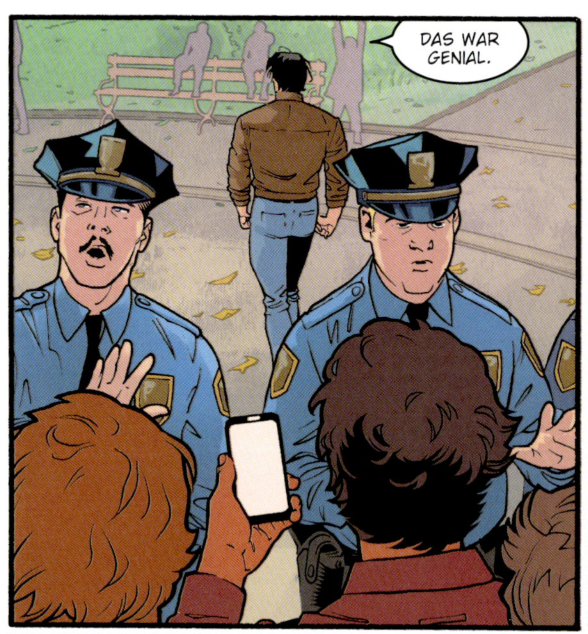
DAS WAR GENIAL.

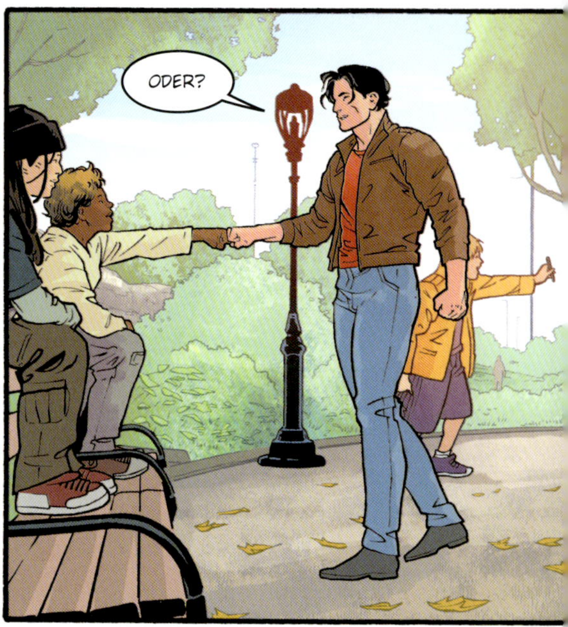
ODER?

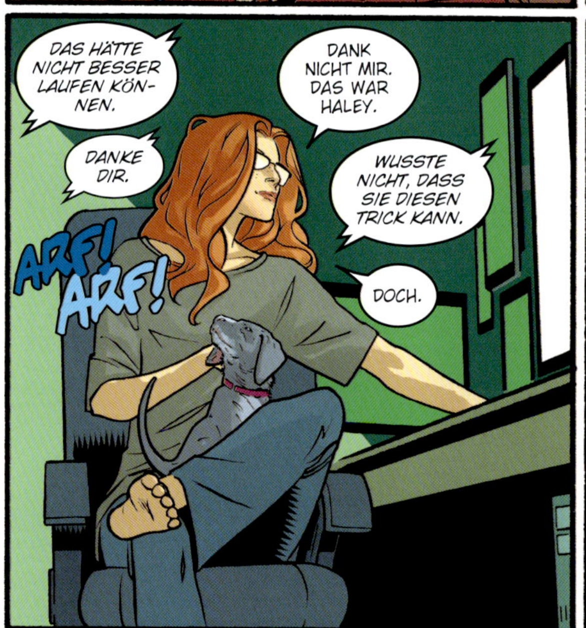
DAS HÄTTE NICHT BESSER LAUFEN KÖN-NEN.
DANK NICHT MIR. DAS WAR HALEY.
DANKE DIR.
WUSSTE NICHT, DASS SIE DIESEN TRICK KANN.
ARF! ARF!
DOCH.

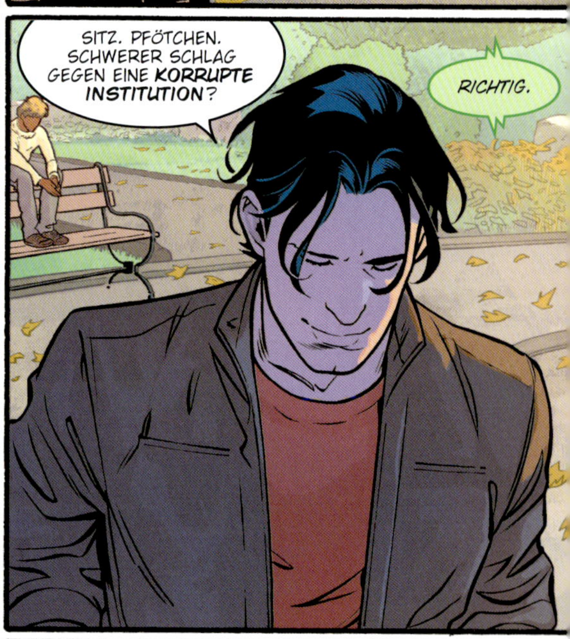
SITZ. PFÖTCHEN. SCHWERER SCHLAG GEGEN EINE **KORRUPTE INSTITUTION**?
RICHTIG.

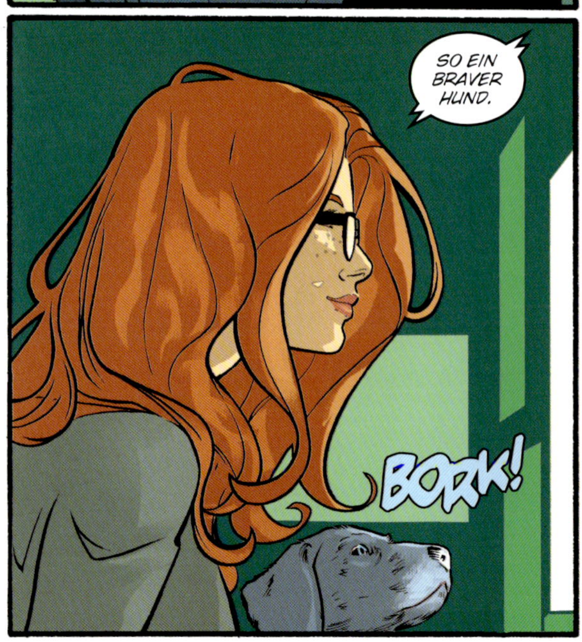
SO EIN BRAVER HUND.
BORK!

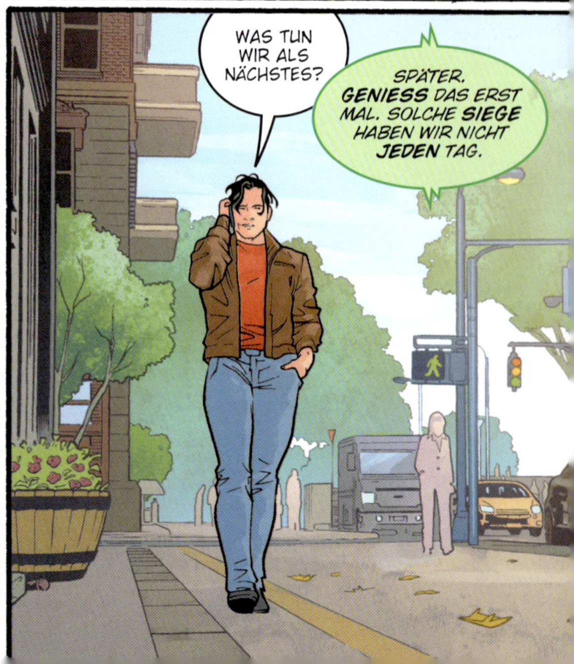
WAS TUN WIR ALS NÄCHSTES?
SPÄTER. **GENIESS** DAS ERST MAL. SOLCHE **SIEGE** HABEN WIR NICHT **JEDEN** TAG.

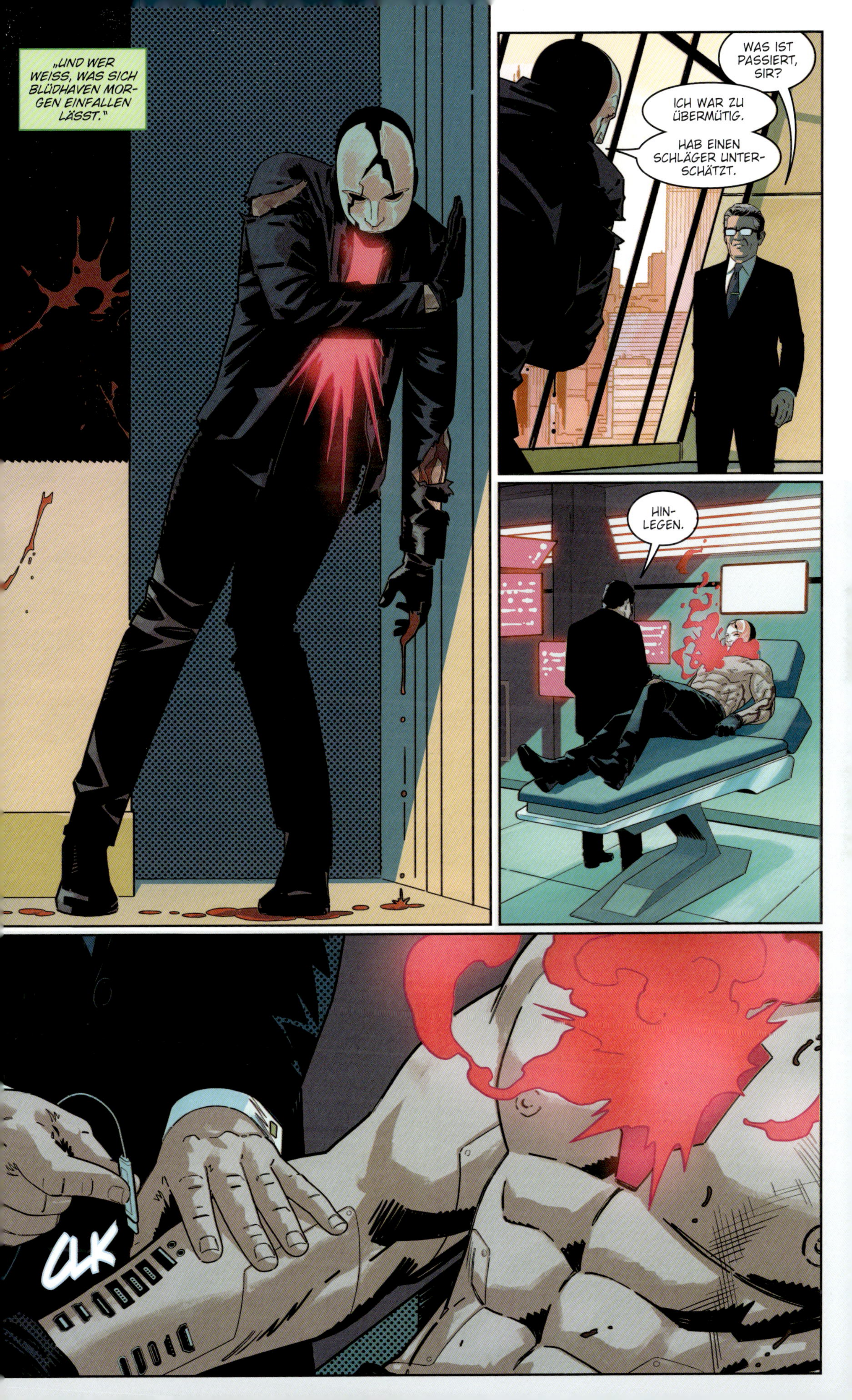

„UND WER WEISS, WAS SICH BLÜDHAVEN MORGEN EINFALLEN LÄSST."

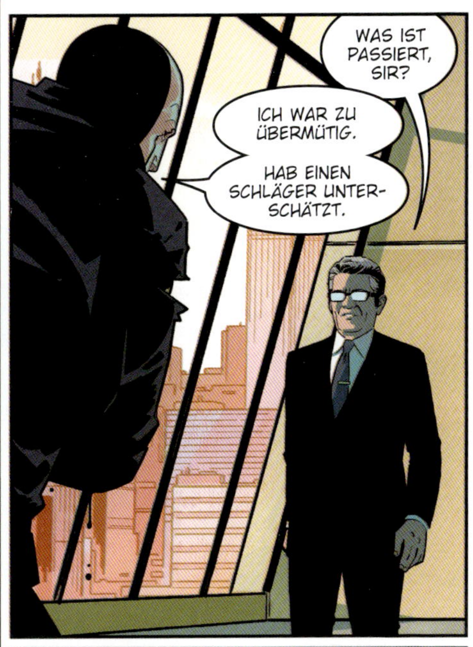

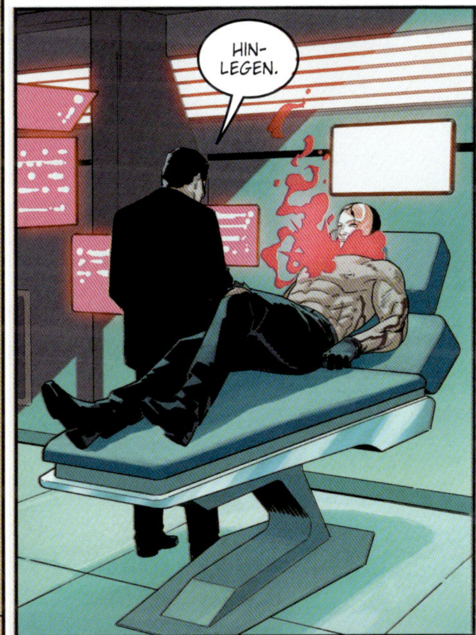

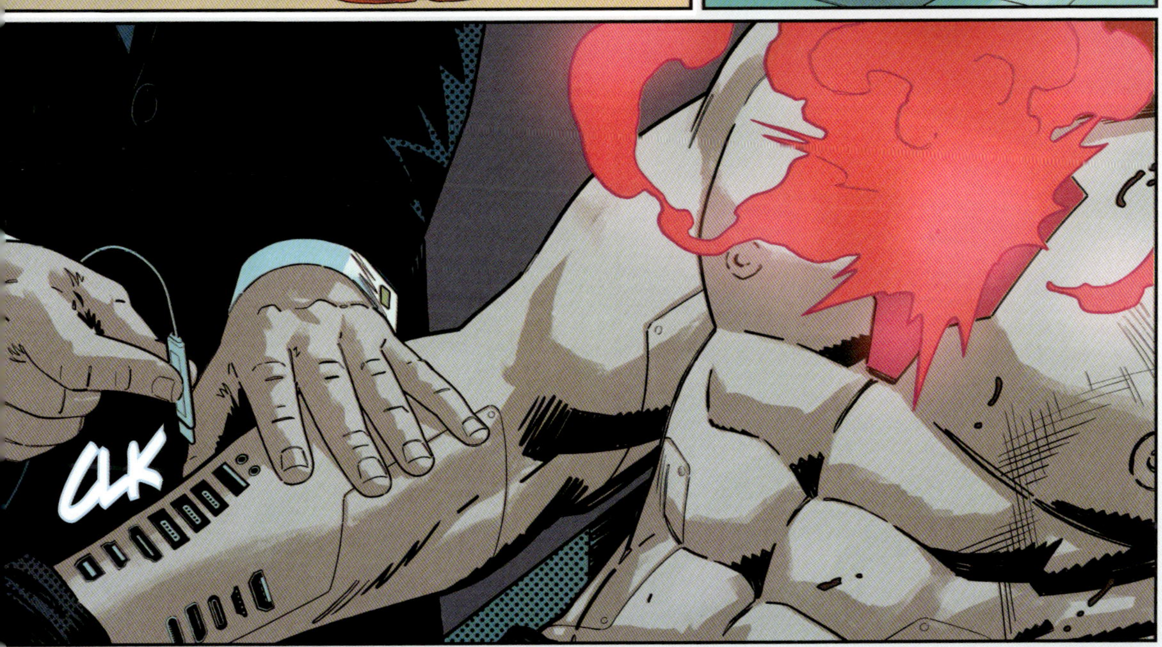

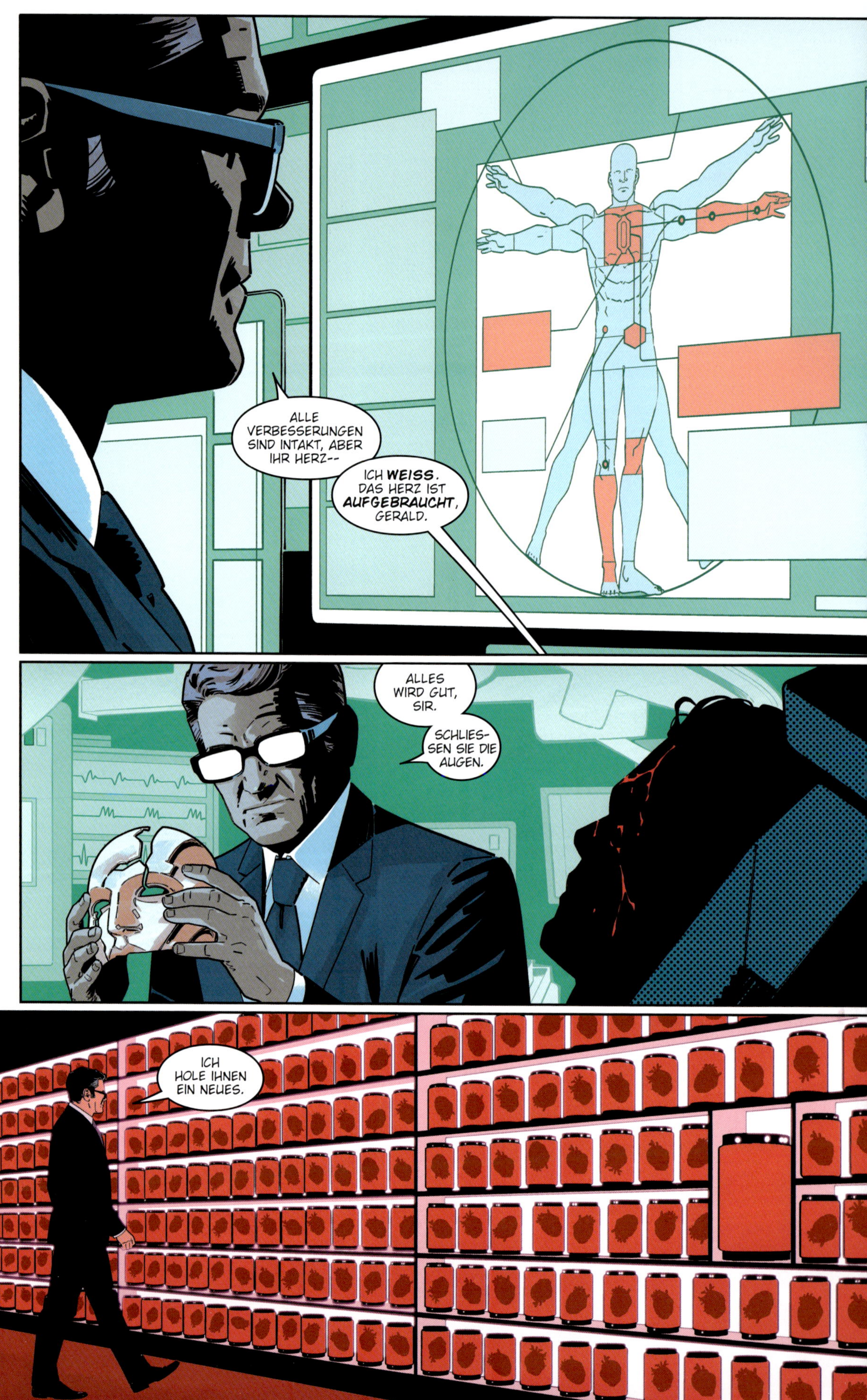
ALLE VERBESSERUNGEN SIND INTAKT, ABER IHR HERZ--
ICH **WEISS**. DAS HERZ IST **AUFGEBRAUCHT**, GERALD.
ALLES WIRD GUT, SIR.
SCHLIES-SEN SIE DIE AUGEN.
ICH HOLE IHNEN EIN NEUES.

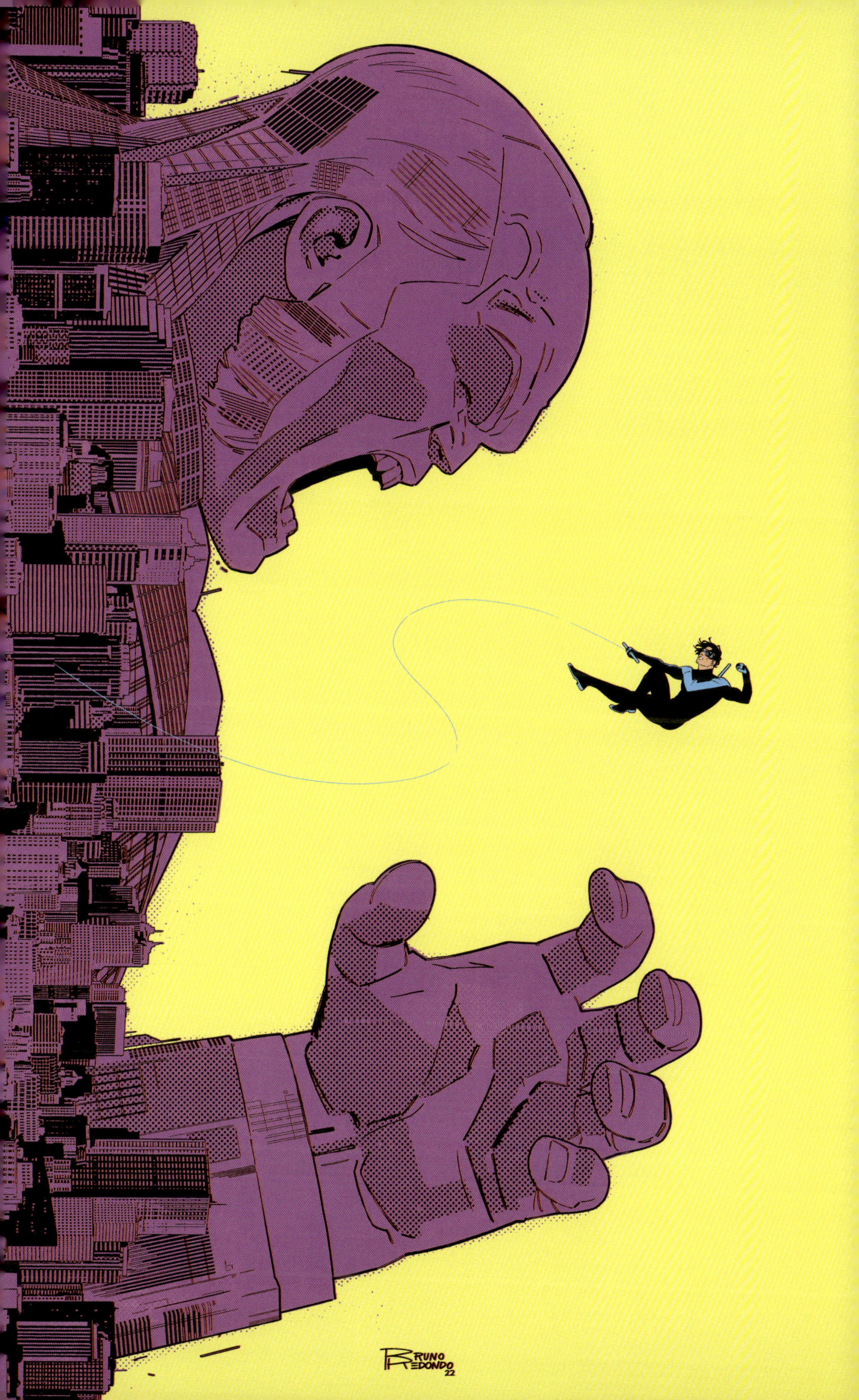
BRUNO REDONDO 22

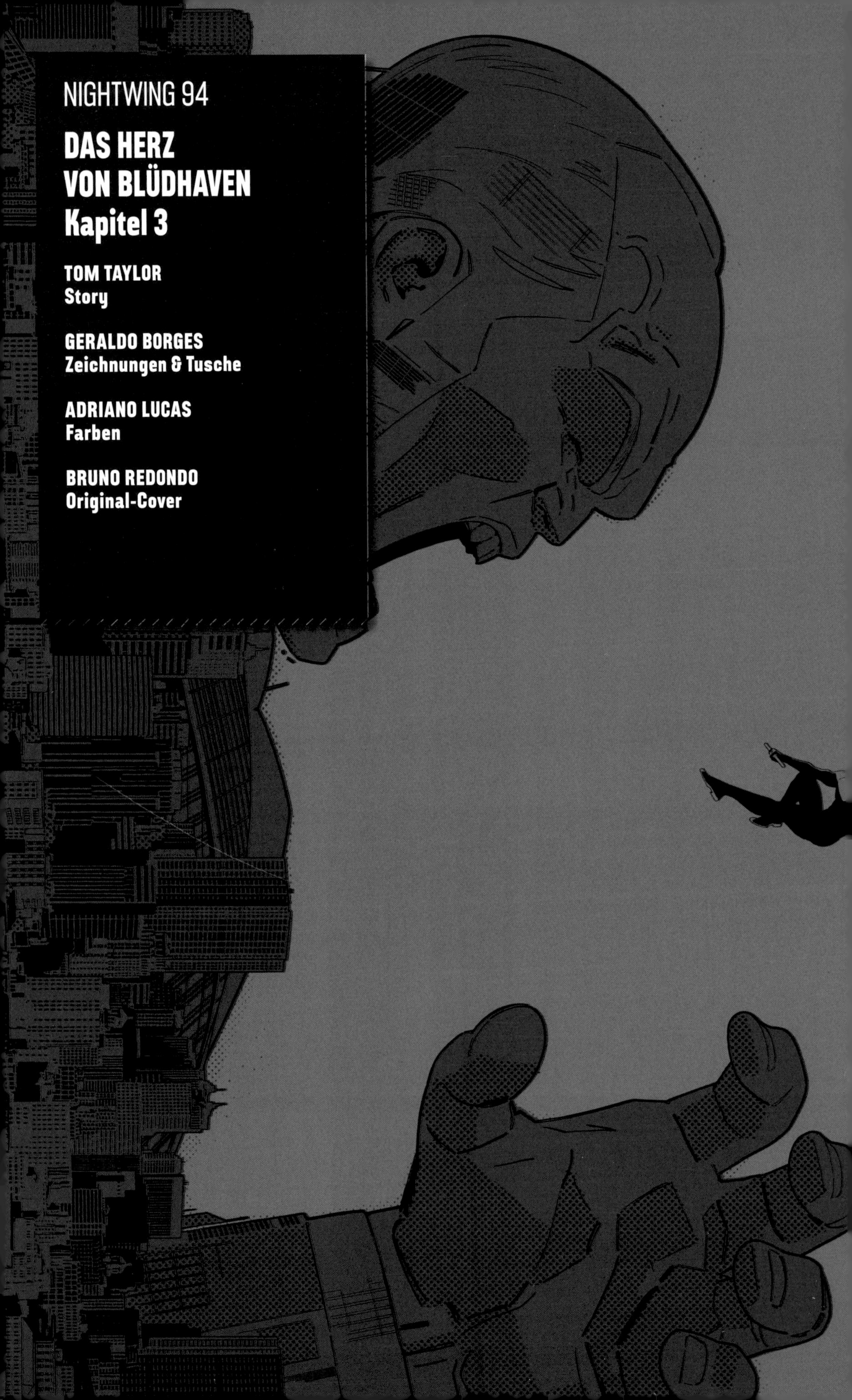

NIGHTWING 94

DAS HERZ VON BLÜDHAVEN Kapitel 3

TOM TAYLOR
Story

GERALDO BORGES
Zeichnungen & Tusche

ADRIANO LUCAS
Farben

BRUNO REDONDO
Original-Cover

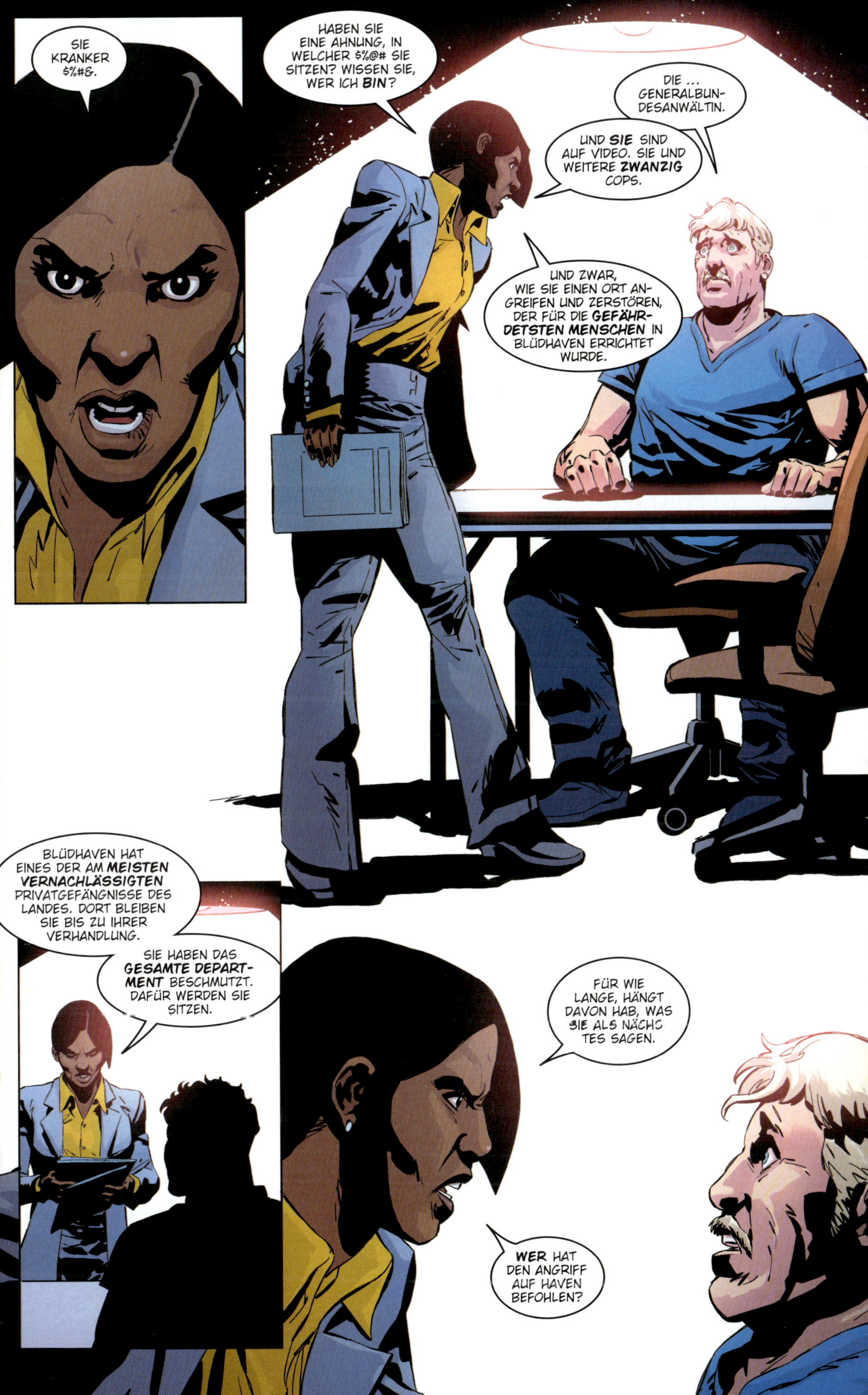

SIE KRANKER $%#&.
HABEN SIE EINE AHNUNG, IN WELCHER $%@# SIE SITZEN? WISSEN SIE, WER ICH **BIN**?
DIE ... GENERALBUNDESANWÄLTIN.
UND **SIE** SIND AUF VIDEO. SIE UND WEITERE **ZWANZIG** COPS.
UND ZWAR, WIE SIE EINEN ORT ANGREIFEN UND ZERSTÖREN, DER FÜR DIE **GEFÄHRDETSTEN MENSCHEN** IN BLÜDHAVEN ERRICHTET WURDE.
BLÜDHAVEN HAT EINES DER AM **MEISTEN VERNACHLÄSSIGTEN** PRIVATGEFÄNGNISSE DES LANDES. DORT BLEIBEN SIE BIS ZU IHRER VERHANDLUNG.
SIE HABEN DAS **GESAMTE DEPARTMENT** BESCHMUTZT. DAFÜR WERDEN SIE SITZEN.
FÜR WIE LANGE, HÄNGT DAVON HAB, WAS SIE ALS NÄCHSTES SAGEN.
WER HAT DEN ANGRIFF AUF HAVEN BEFOHLEN?

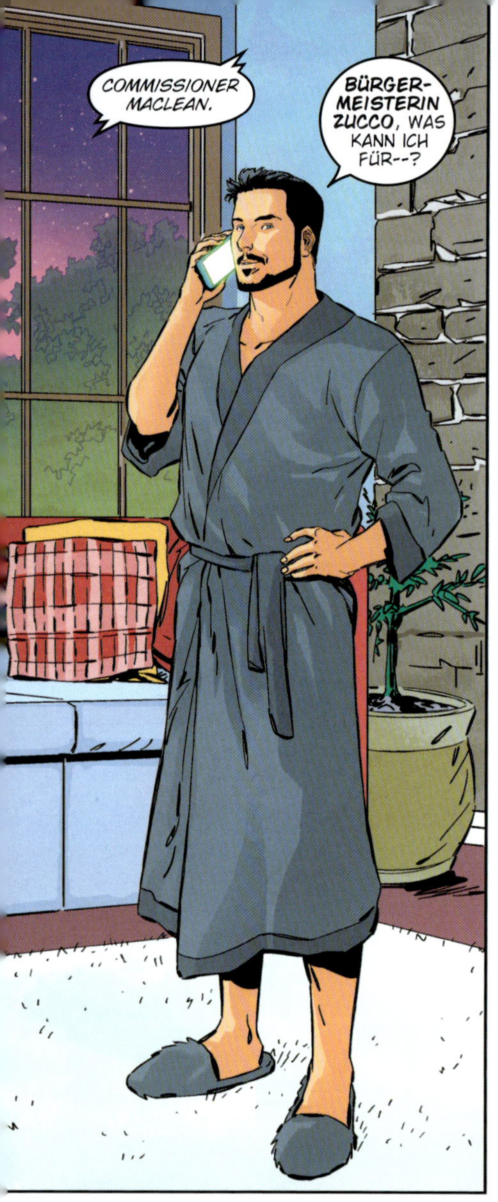
COMMISSIONER MACLEAN.
BÜRGER-MEISTERIN ZUCCO, WAS KANN ICH FÜR--?

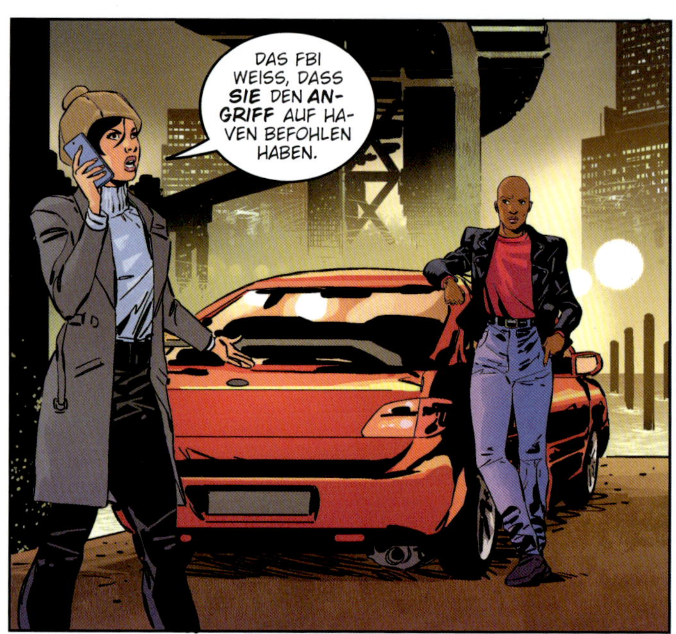
DAS FBI WEISS, DASS SIE DEN AN-GRIFF AUF HA-VEN BEFOHLEN HABEN.

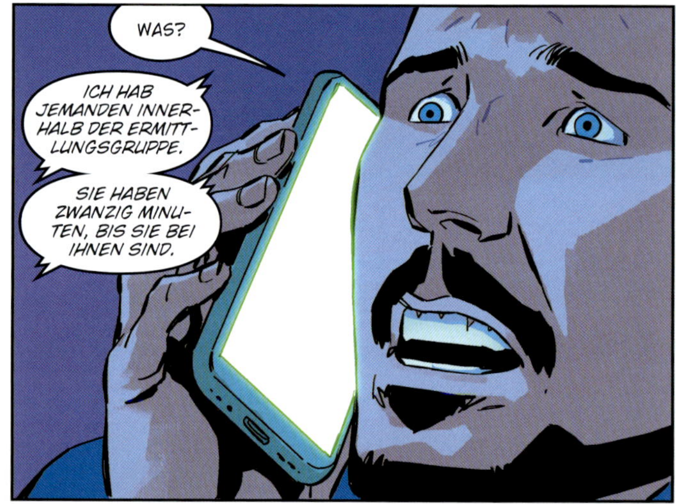
WAS?
ICH HAB JEMANDEN INNER-HALB DER ERMITT-LUNGSGRUPPE.
SIE HABEN ZWANZIG MINU-TEN, BIS SIE BEI IHNEN SIND.

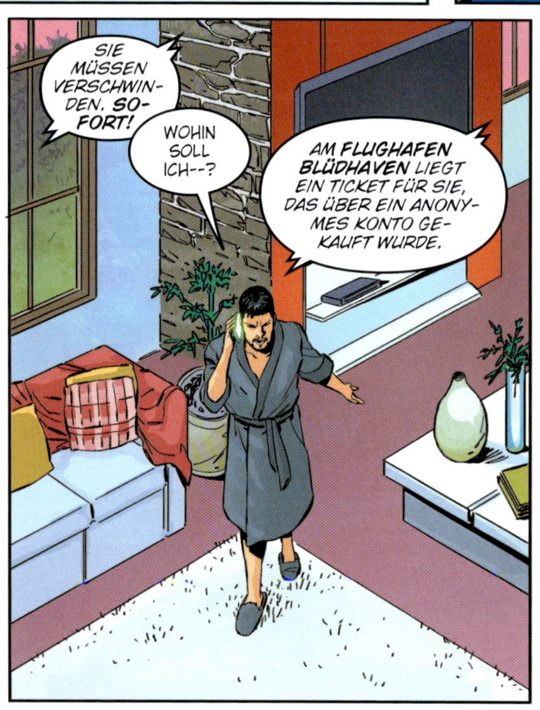
SIE MÜSSEN VERSCHWIN-DEN. SO-FORT!
WOHIN SOLL ICH--?
AM FLUGHAFEN BLÜDHAVEN LIEGT EIN TICKET FÜR SIE, DAS ÜBER EIN ANONY-MES KONTO GE-KAUFT WURDE.

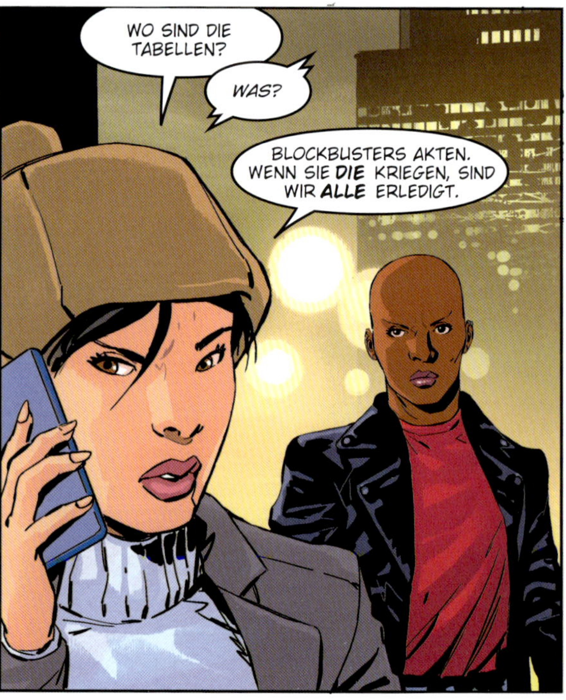
WO SIND DIE TABELLEN?
WAS?
BLOCKBUSTERS AKTEN. WENN SIE DIE KRIEGEN, SIND WIR ALLE ERLEDIGT.

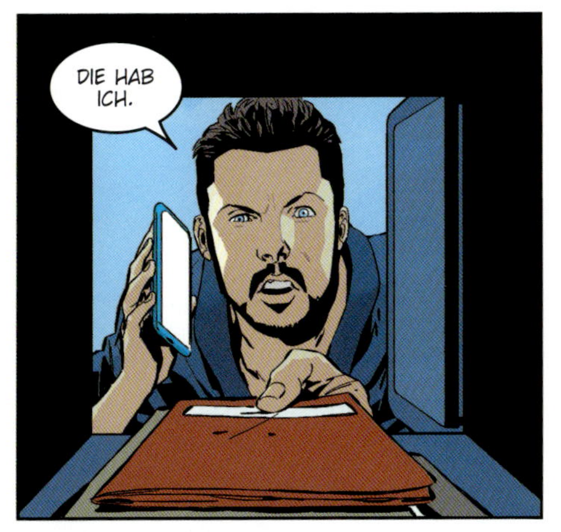
DIE HAB ICH.

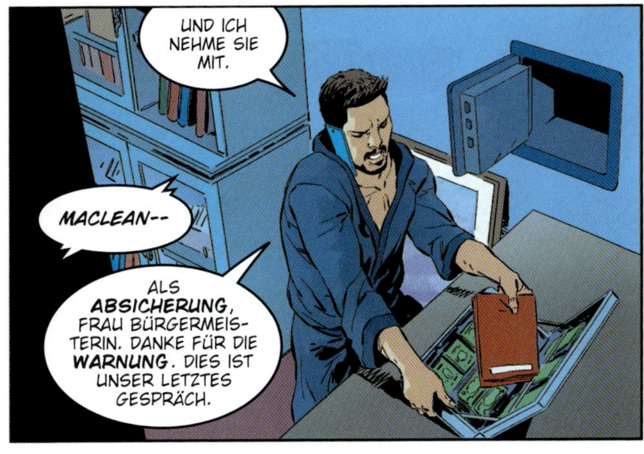
UND ICH NEHME SIE MIT.
MACLEAN--
ALS **ABSICHERUNG**, FRAU BÜRGERMEISTERIN. DANKE FÜR DIE **WARNUNG**. DIES IST UNSER LETZTES GESPRÄCH.

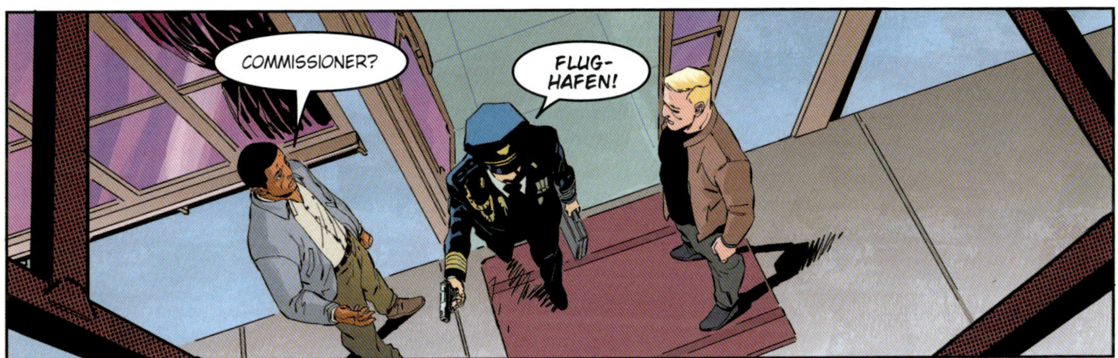
COMMISSIONER?
FLUGHAFEN!

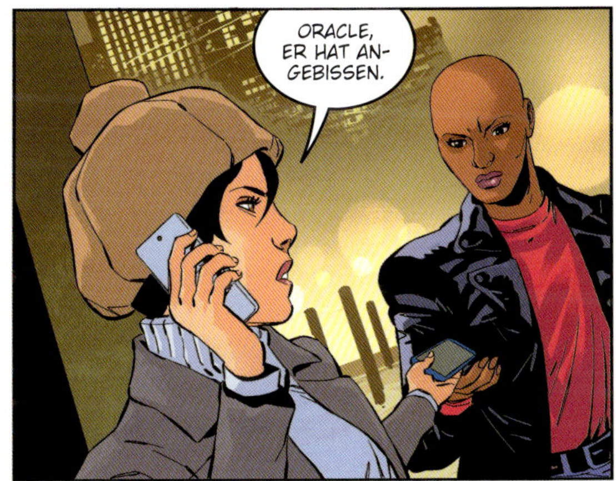
ORACLE, ER HAT ANGEBISSEN.

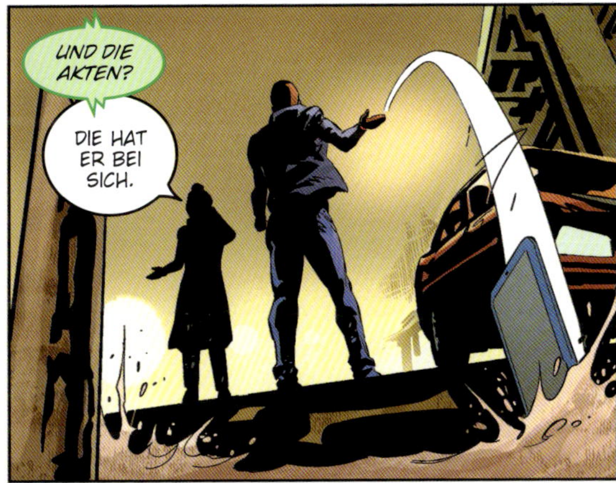
UND DIE AKTEN?
DIE HAT ER BEI SICH.

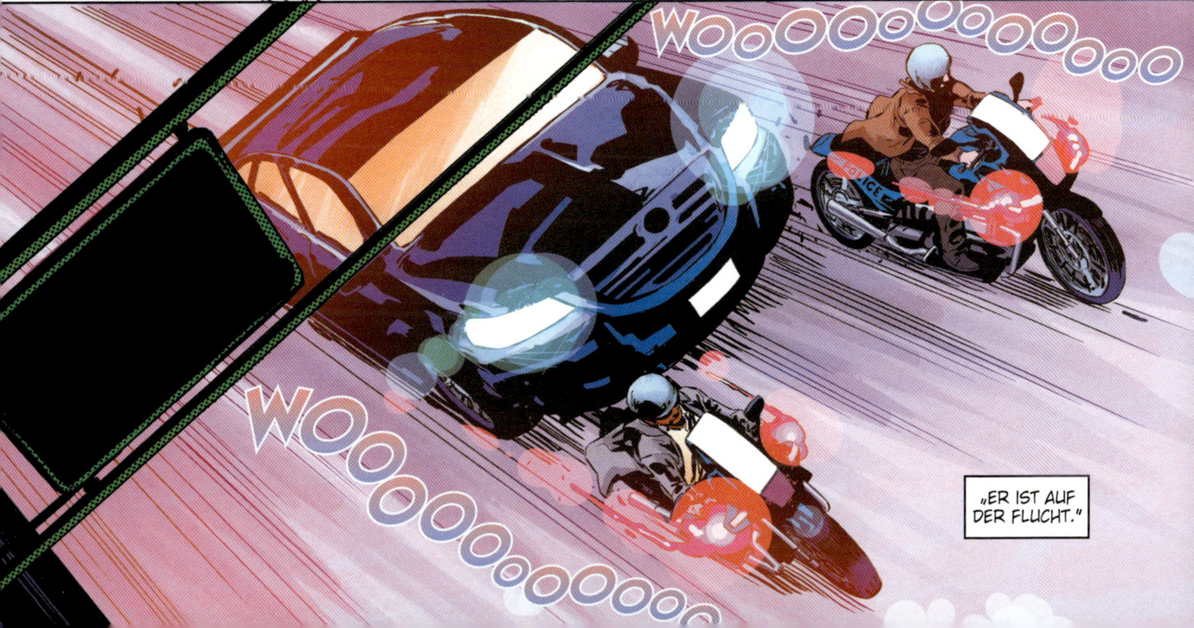
WOOOOOOOOOOOOOO
WOOOOOOOOOOOC
„ER IST AUF DER FLUCHT."

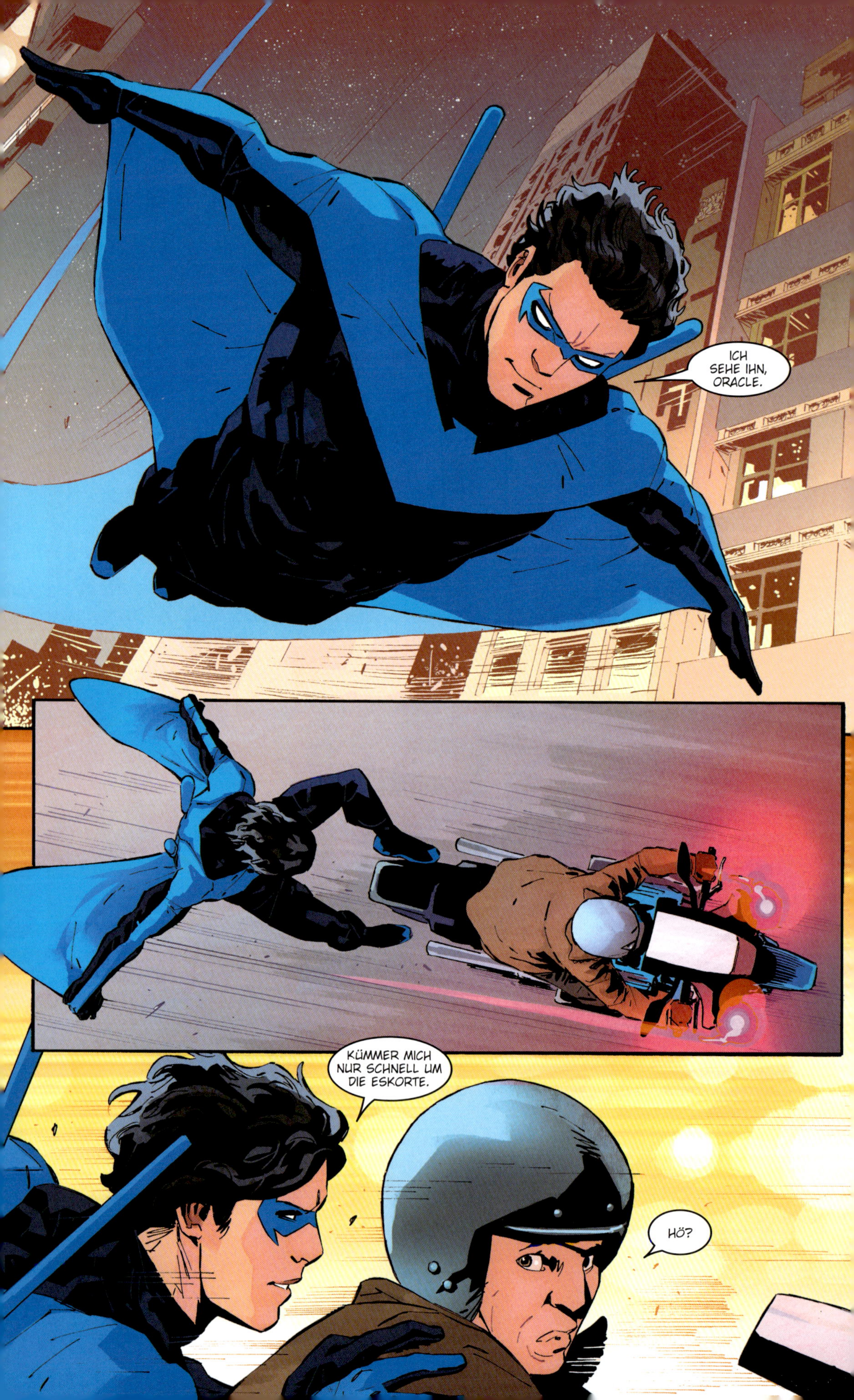
ICH SEHE IHN, ORACLE.
KÜMMER MICH NUR SCHNELL UM DIE ESKORTE.
HÖ?

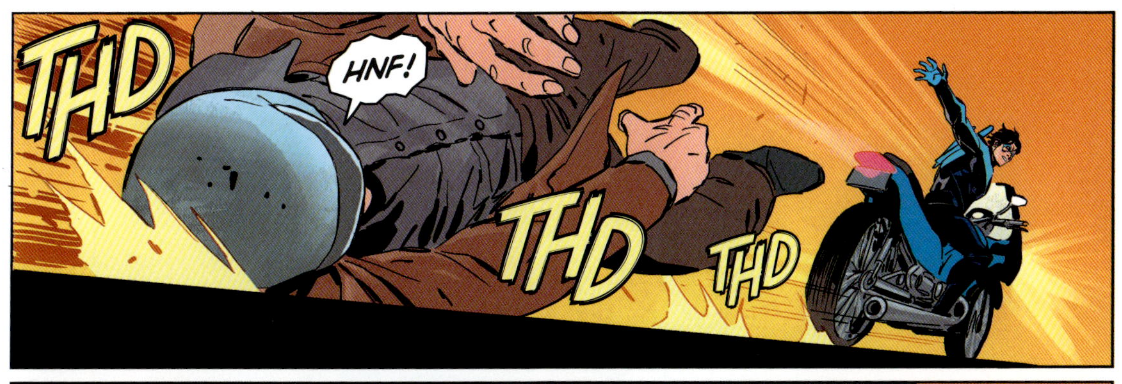
THD
HNF!
THD
THD

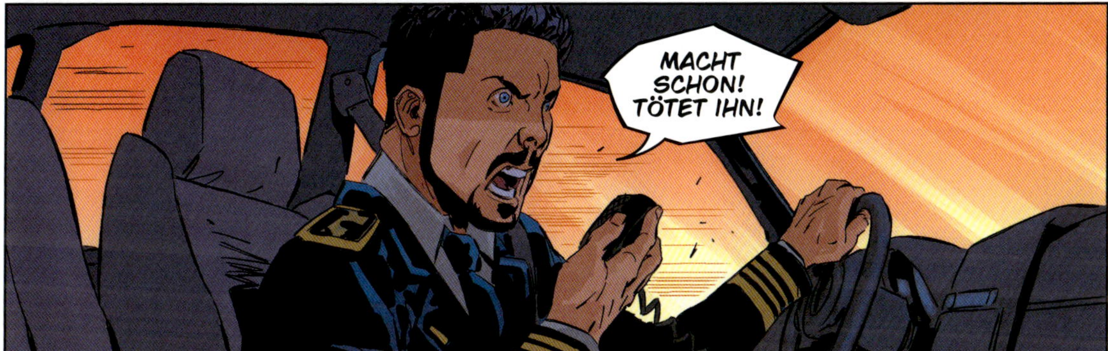
MACHT SCHON! TÖTET IHN!

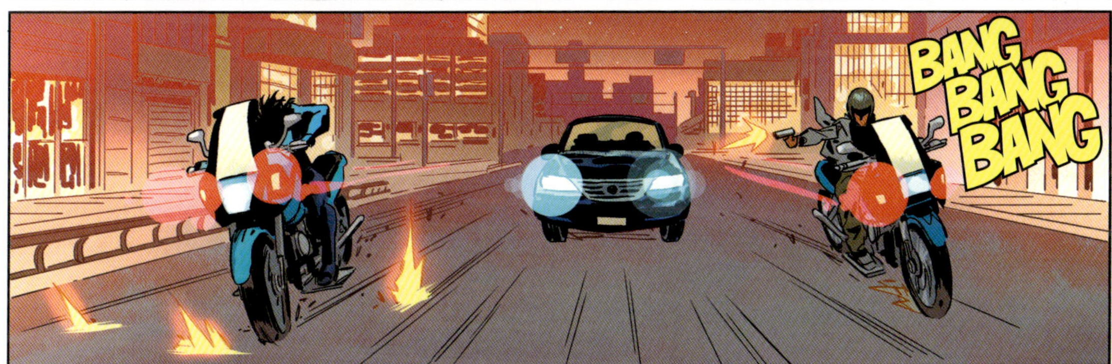
BANG BANG BANG

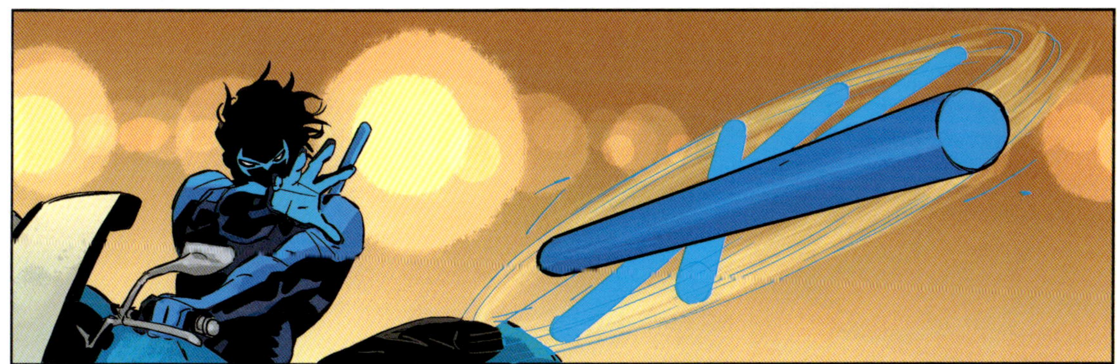

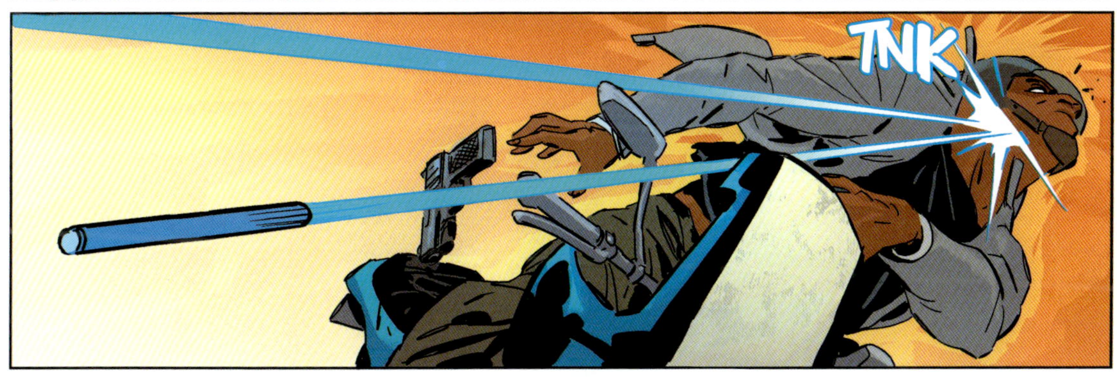
TNK

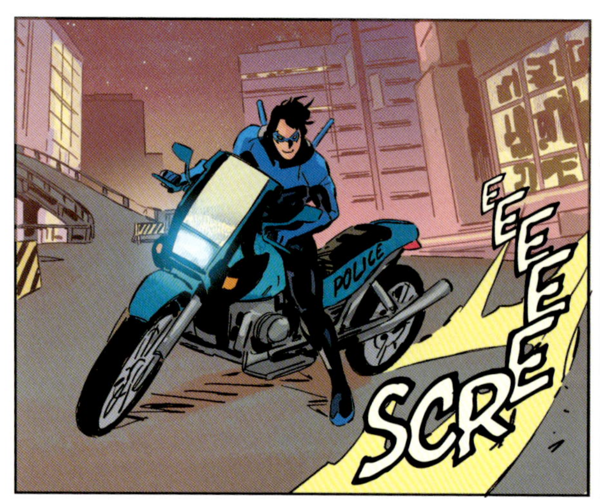

POLICE
SCREEEEE

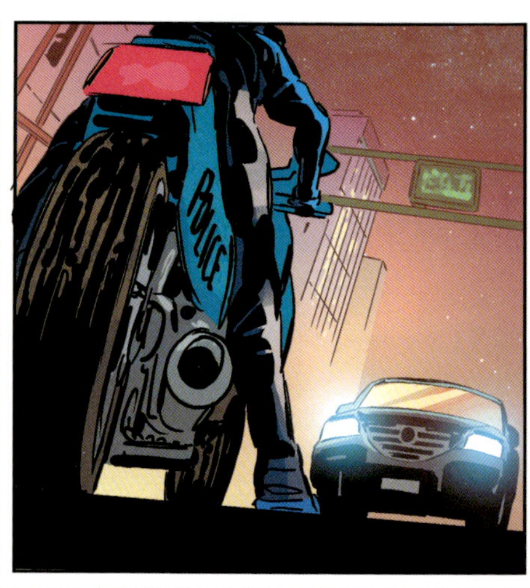

POLICE

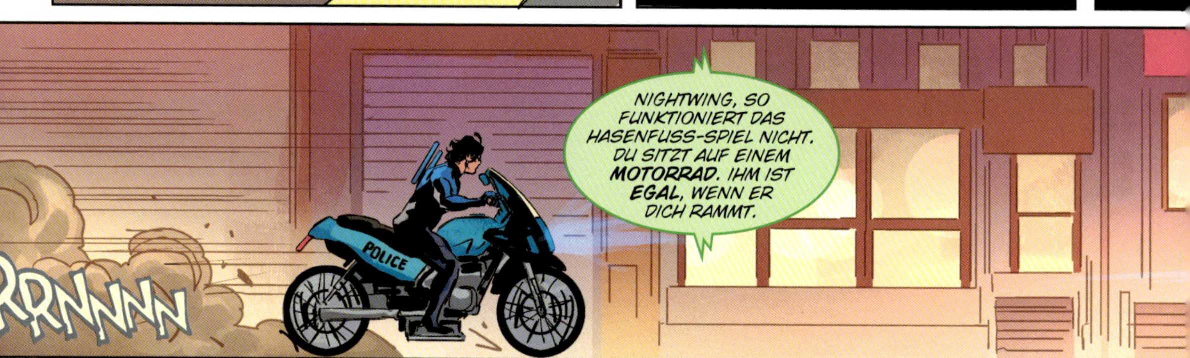

RRNNNNN
POLICE
NIGHTWING, SO FUNKTIONIERT DAS HASENFUSS-SPIEL NICHT. DU SITZT AUF EINEM **MOTORRAD**. IHM IST **EGAL**, WENN ER DICH RAMMT.

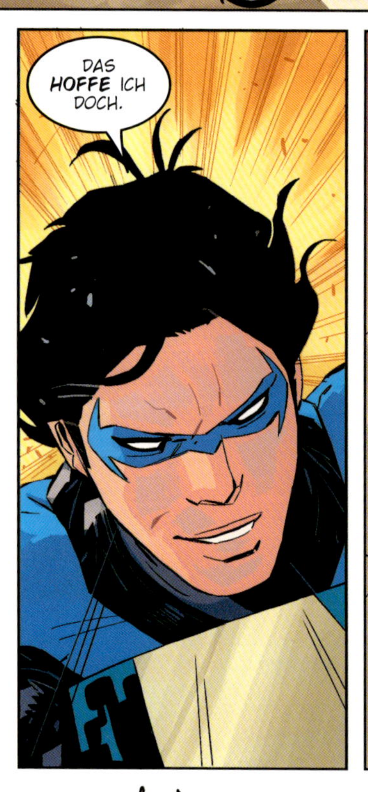

DAS **HOFFE** ICH DOCH.

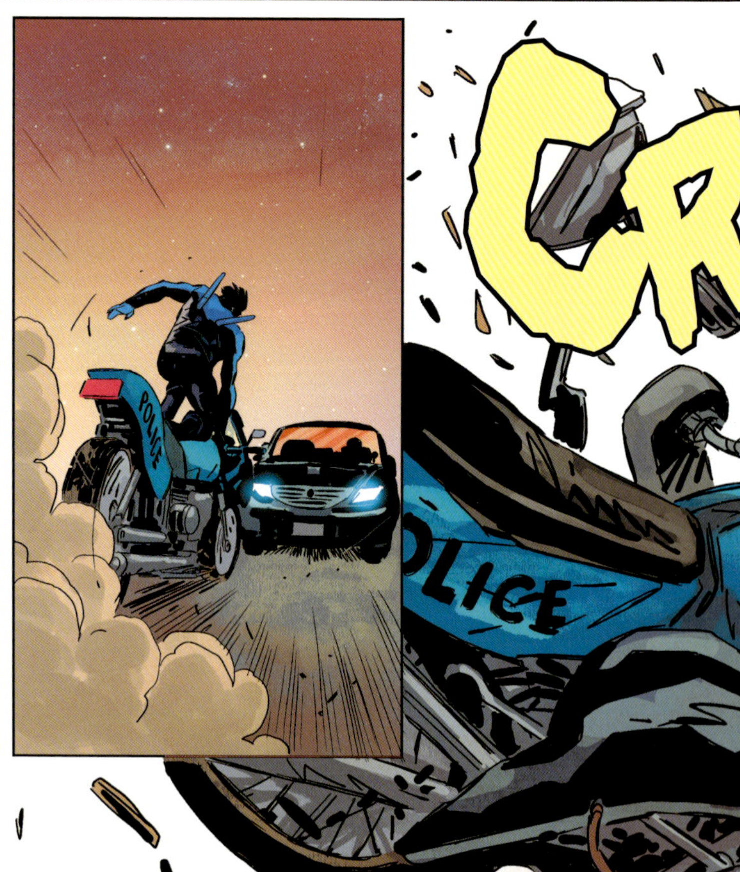

POLICE
CR
LICE

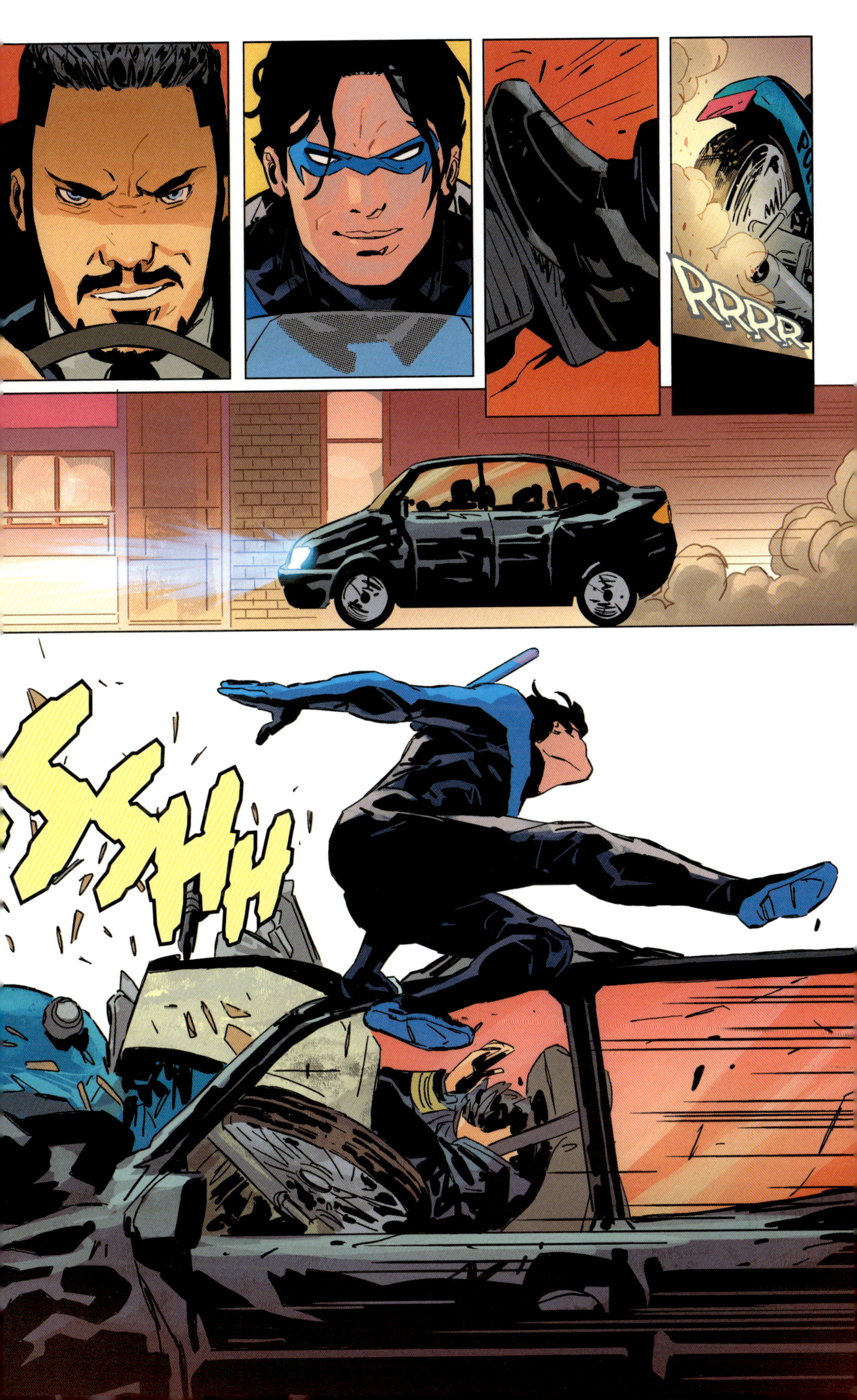
RRRR
SSHH

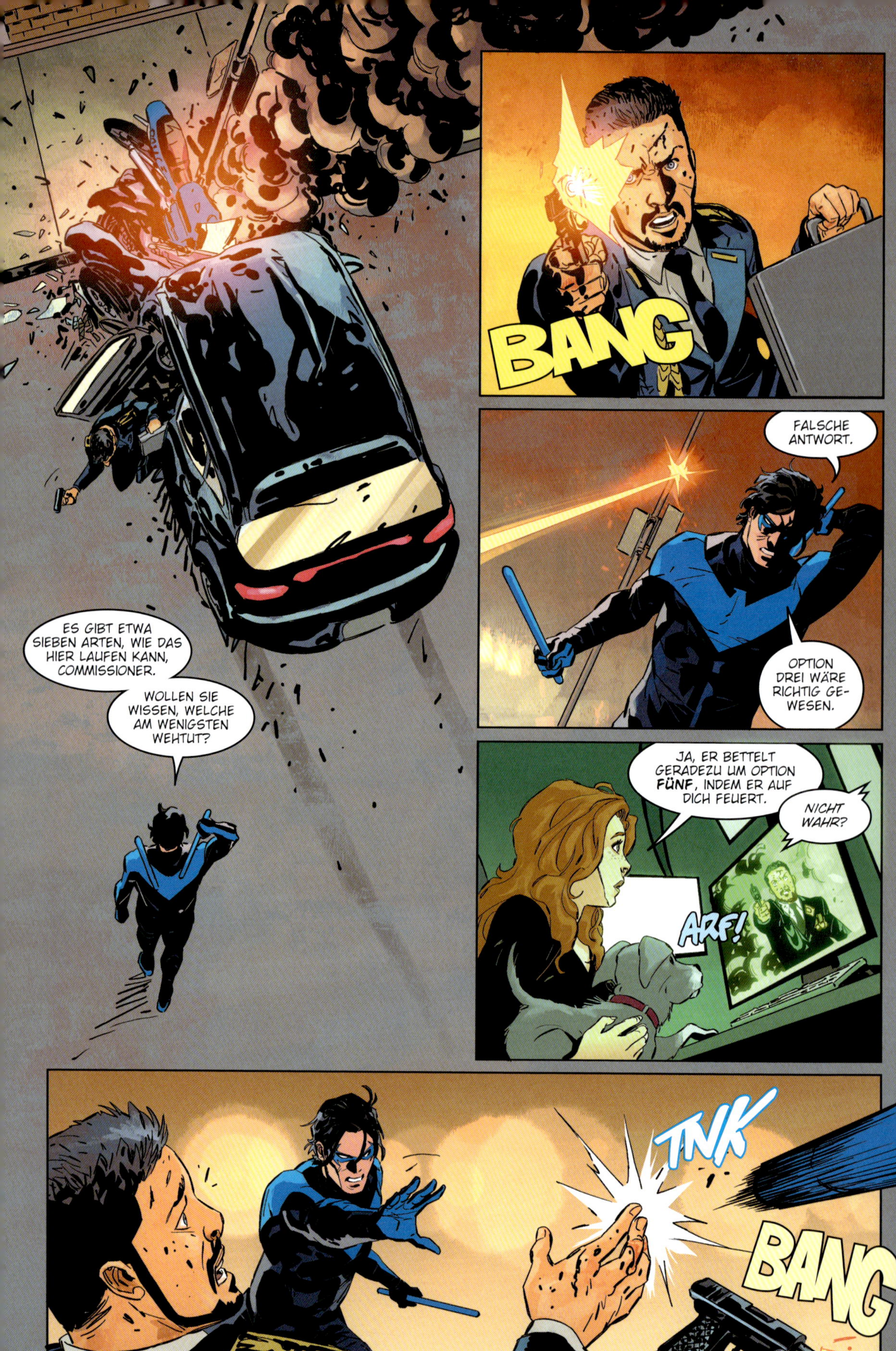
BANG
FALSCHE ANTWORT.
OPTION DREI WÄRE RICHTIG GE-WESEN.
ES GIBT ETWA SIEBEN ARTEN, WIE DAS HIER LAUFEN KANN, COMMISSIONER.
WOLLEN SIE WISSEN, WELCHE AM WENIGSTEN WEHTUT?
JA, ER BETTELT GERADEZU UM OPTION **FÜNF**, INDEM ER AUF DICH FEUERT.
NICHT WAHR?
ARF!
TNK
BANG

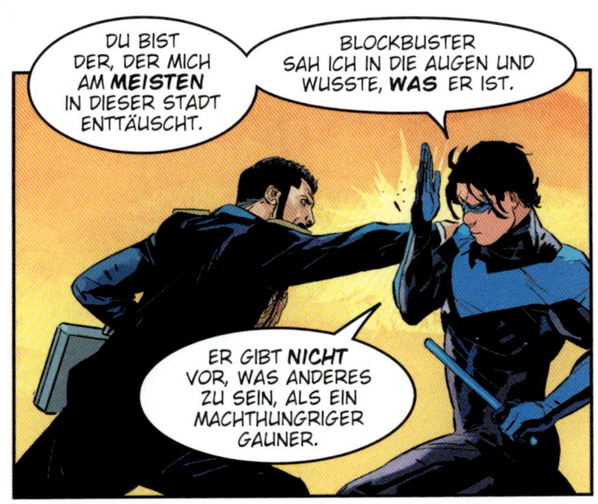
DU BIST DER, DER MICH AM **MEISTEN** IN DIESER STADT ENTTÄUSCHT.
BLOCKBUSTER SAH ICH IN DIE AUGEN UND WUSSTE, **WAS** ER IST.
ER GIBT **NICHT** VOR, WAS ANDERES ZU SEIN, ALS EIN MACHTHUNGRIGER GAUNER.

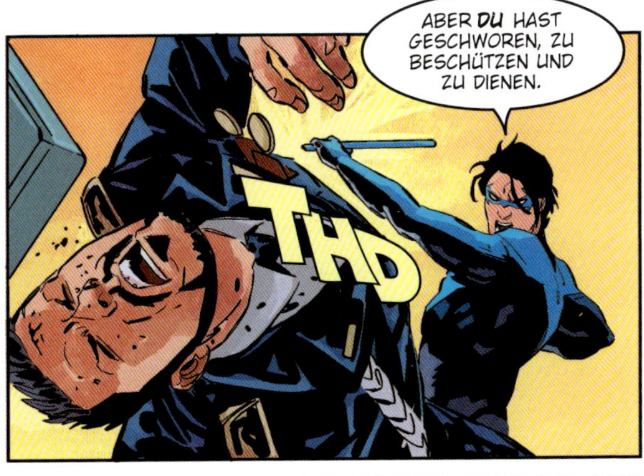
ABER **DU** HAST GESCHWOREN, ZU BESCHÜTZEN UND ZU DIENEN.
THD

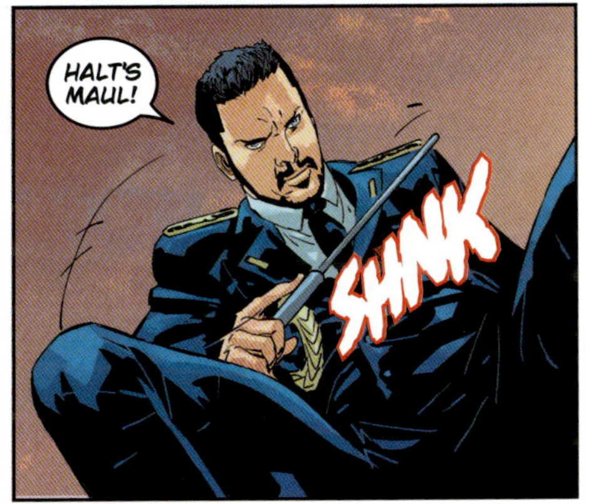
HALT'S MAUL!
SHNK

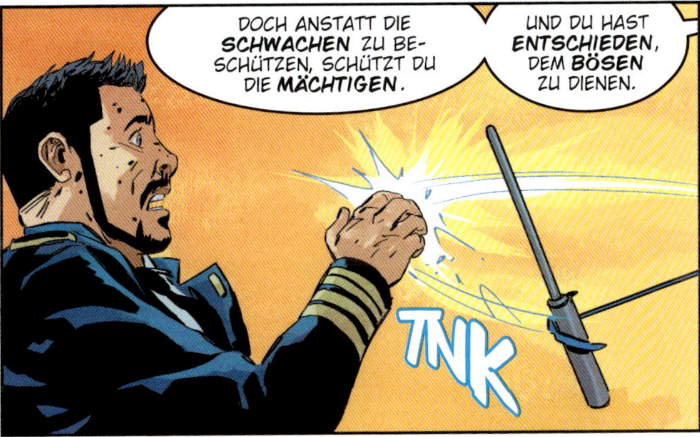
DOCH ANSTATT DIE **SCHWACHEN** ZU BESCHÜTZEN, SCHÜTZT DU DIE **MÄCHTIGEN**.
UND DU HAST **ENTSCHIEDEN**, DEM **BÖSEN** ZU DIENEN.
TNK

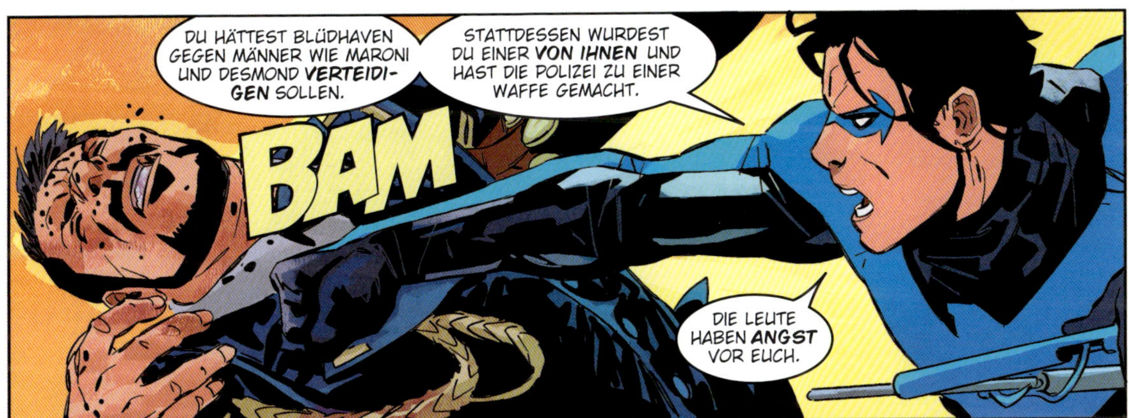
DU HÄTTEST BLÜDHAVEN GEGEN MÄNNER WIE MARONI UND DESMOND **VERTEIDIGEN** SOLLEN.
STATTDESSEN WURDEST DU EINER **VON IHNEN** UND HAST DIE POLIZEI ZU EINER WAFFE GEMACHT.
BAM
DIE LEUTE HABEN **ANGST** VOR EUCH.

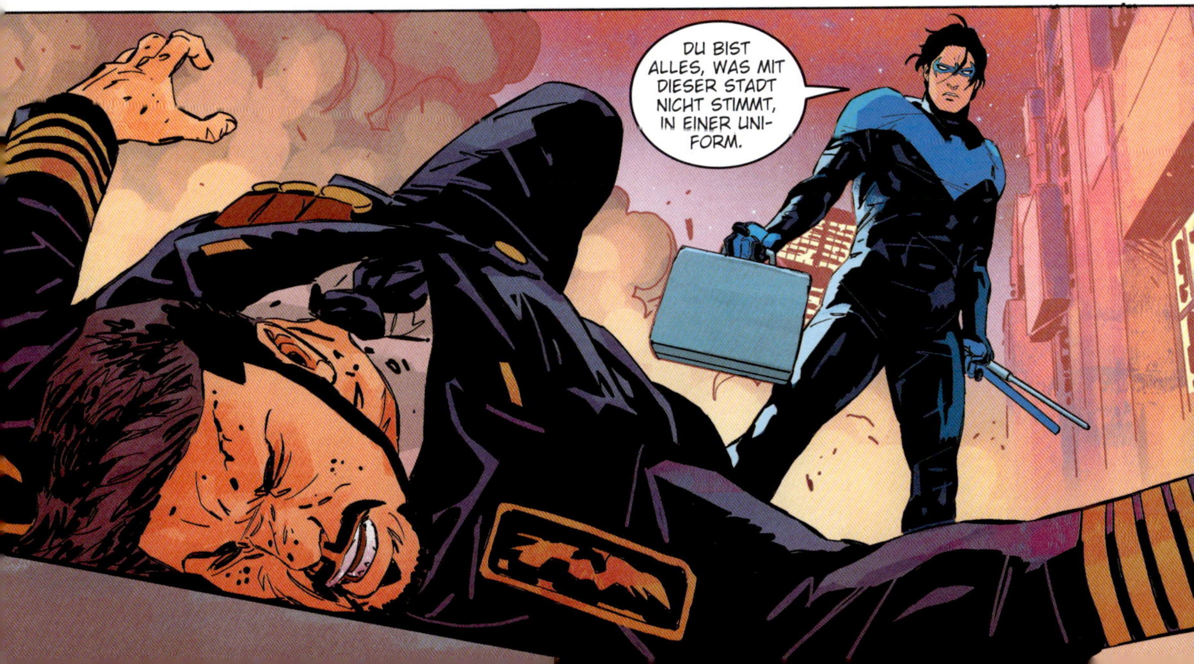
DU BIST ALLES, WAS MIT DIESER STADT NICHT STIMMT, IN EINER UNIFORM.

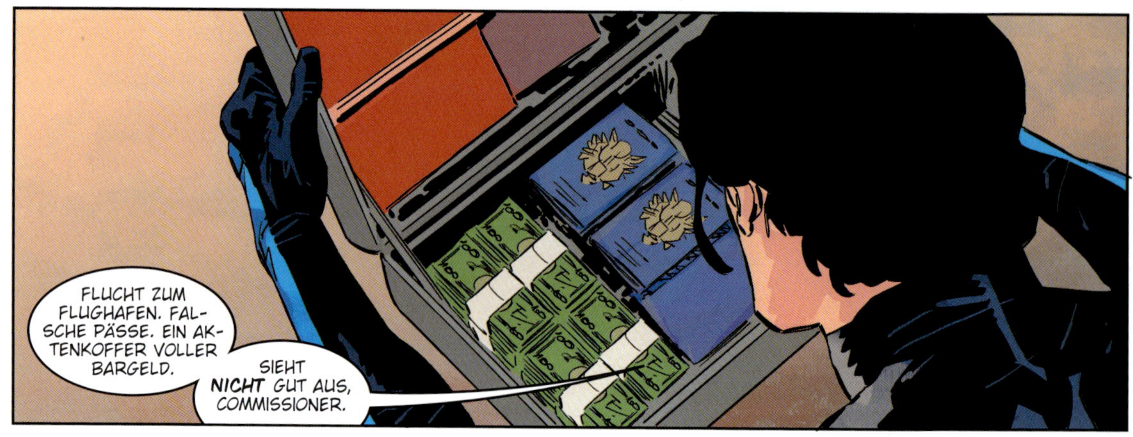
FLUCHT ZUM FLUGHAFEN. FALSCHE PÄSSE. EIN AKTENKOFFER VOLLER BARGELD.
SIEHT **NICHT** GUT AUS, COMMISSIONER.

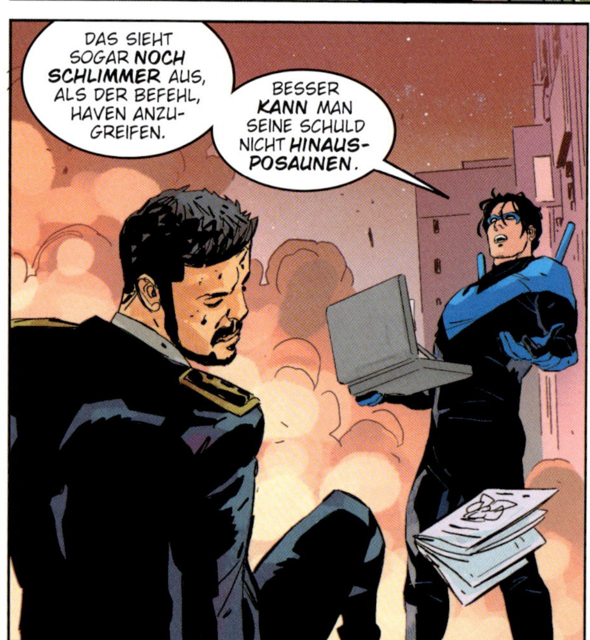
DAS SIEHT SOGAR **NOCH SCHLIMMER** AUS, ALS DER BEFEHL, HAVEN ANZUGREIFEN.
BESSER **KANN** MAN SEINE SCHULD NICHT **HINAUSPOSAUNEN**.

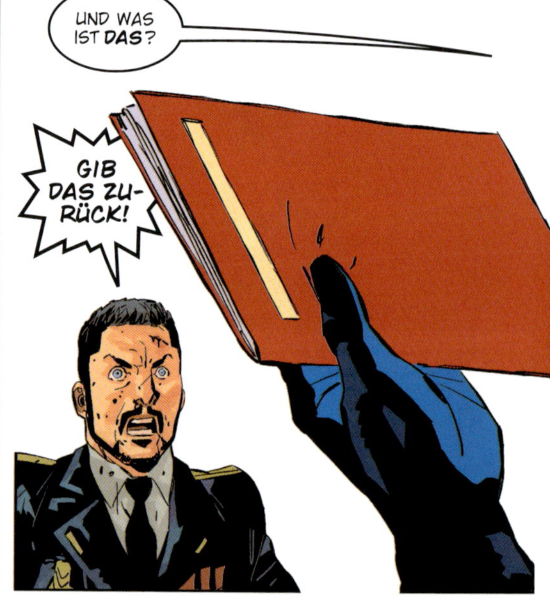
UND WAS IST **DAS**?
GIB DAS ZURÜCK!

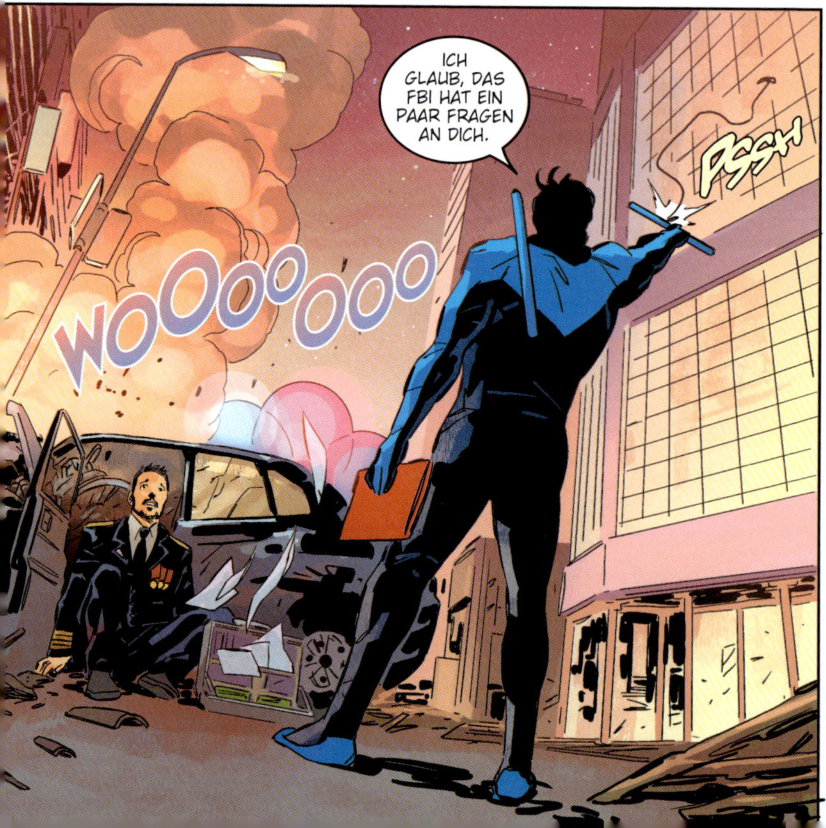
ICH GLAUB, DAS FBI HAT EIN PAAR FRAGEN AN DICH.
PSSH
WOOOOOOO

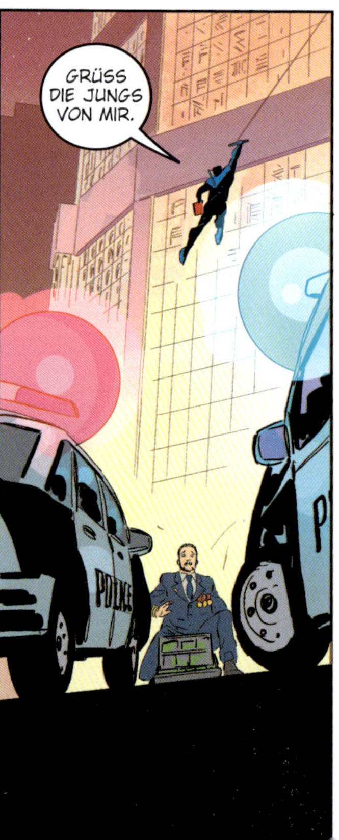
GRÜSS DIE JUNGS VON MIR.
POLICE

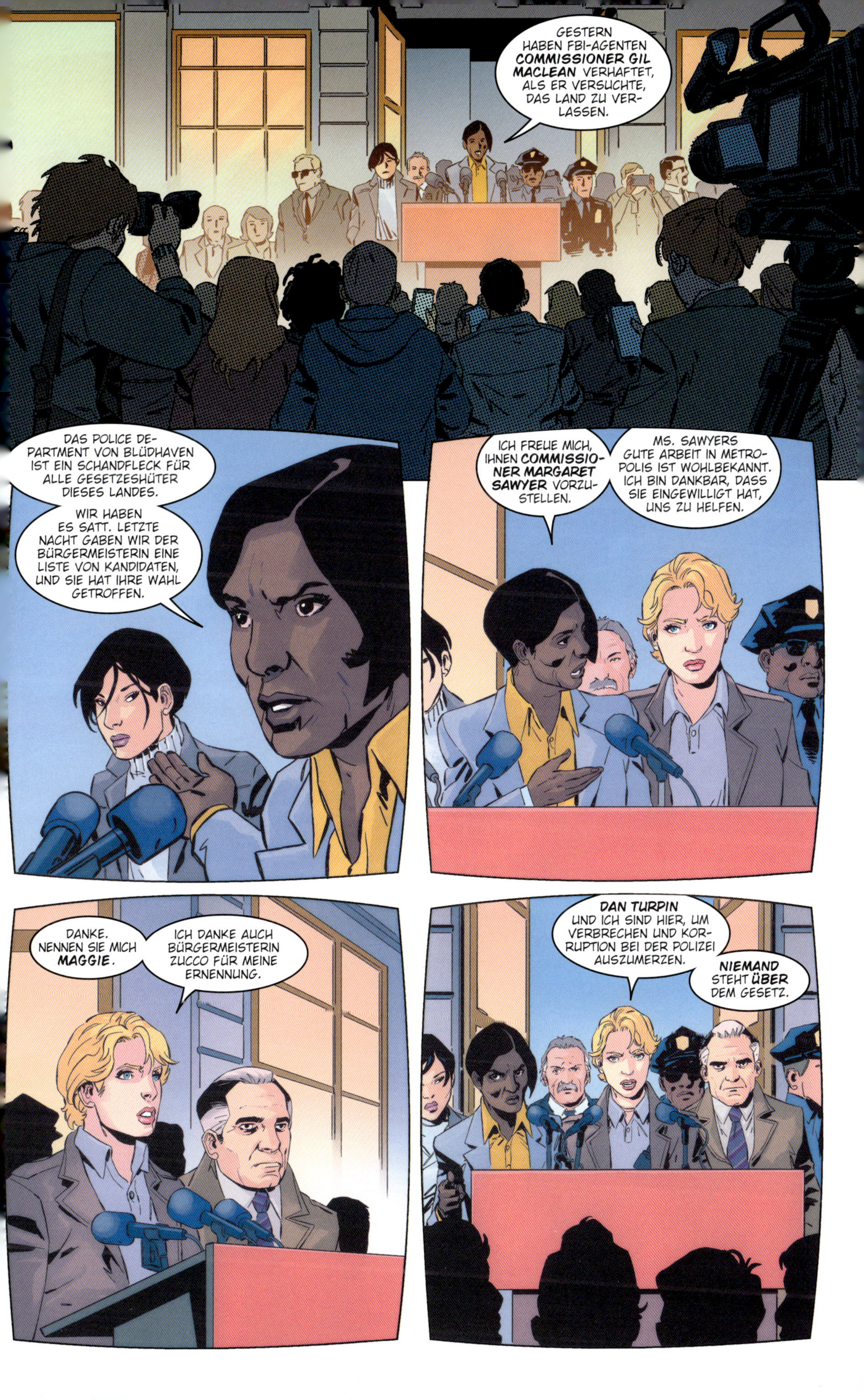

GESTERN HABEN FBI-AGENTEN **COMMISSIONER GIL MACLEAN** VERHAFTET, ALS ER VERSUCHTE, DAS LAND ZU VERLASSEN.

DAS POLICE DEPARTMENT VON BLÜDHAVEN IST EIN SCHANDFLECK FÜR ALLE GESETZESHÜTER DIESES LANDES.

WIR HABEN ES SATT. LETZTE NACHT GABEN WIR DER BÜRGERMEISTERIN EINE LISTE VON KANDIDATEN, UND SIE HAT IHRE WAHL GETROFFEN.

ICH FREUE MICH, IHNEN **COMMISSIONER MARGARET SAWYER** VORZUSTELLEN.

MS. SAWYERS GUTE ARBEIT IN METROPOLIS IST WOHLBEKANNT. ICH BIN DANKBAR, DASS SIE EINGEWILLIGT HAT, UNS ZU HELFEN.

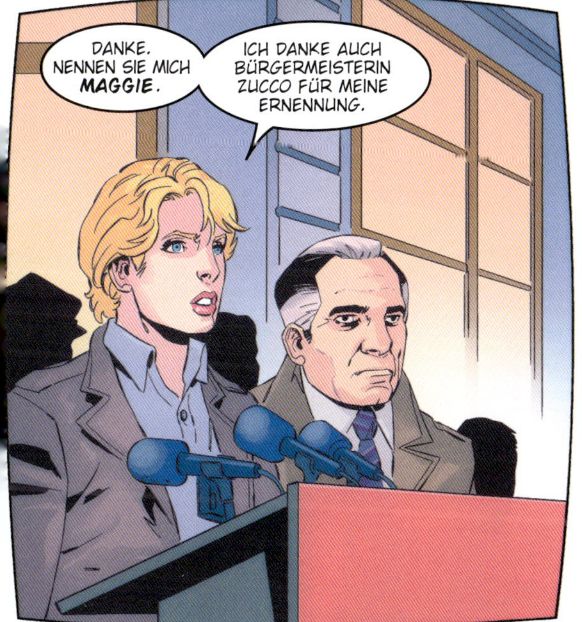

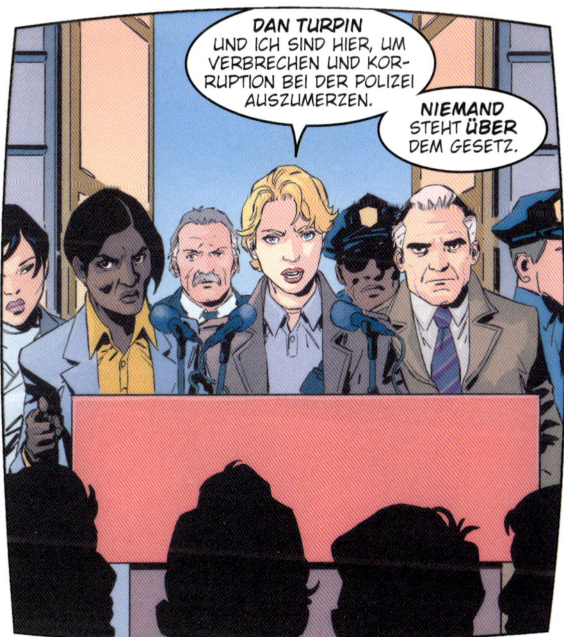

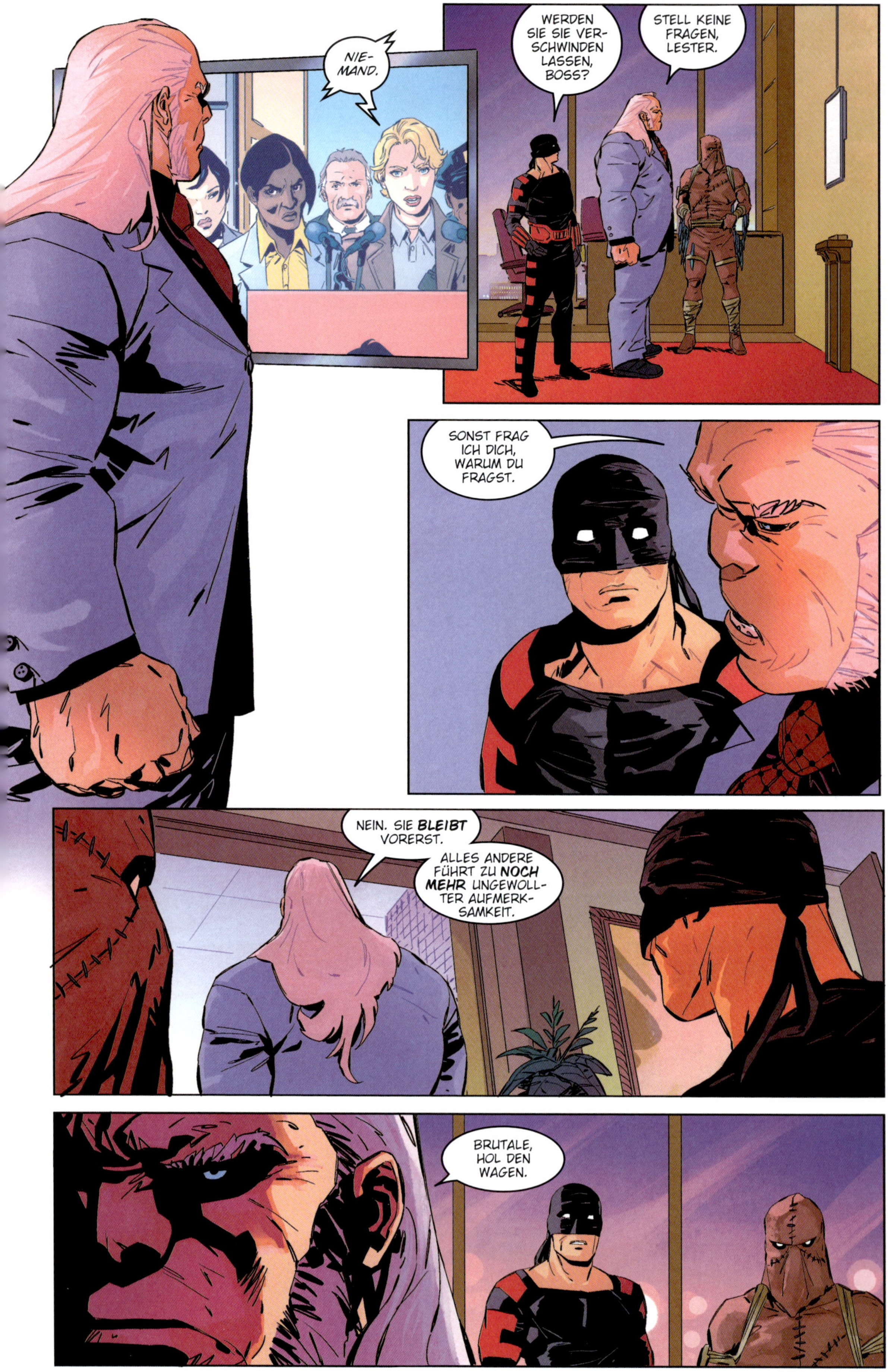

NIE-
MAND.

WERDEN SIE SIE VERSCHWINDEN LASSEN, BOSS?

STELL KEINE FRAGEN, LESTER.

SONST FRAG ICH DICH, WARUM DU FRAGST.

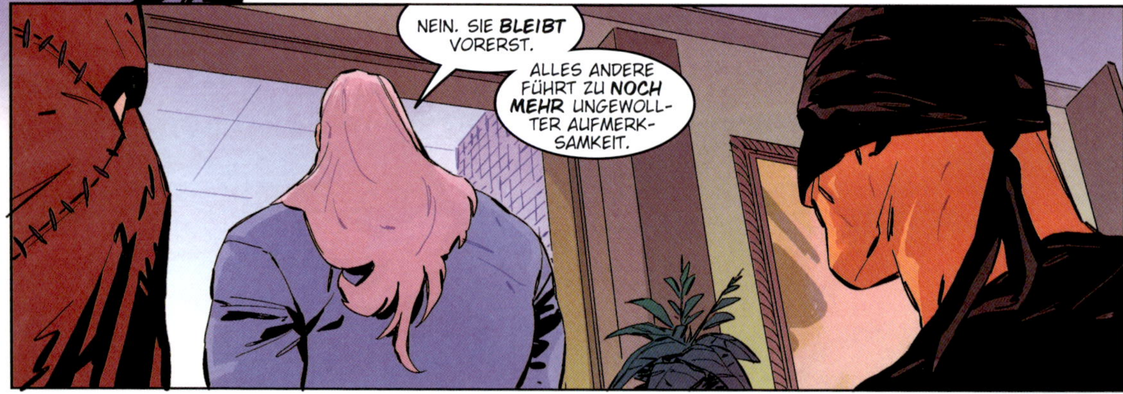

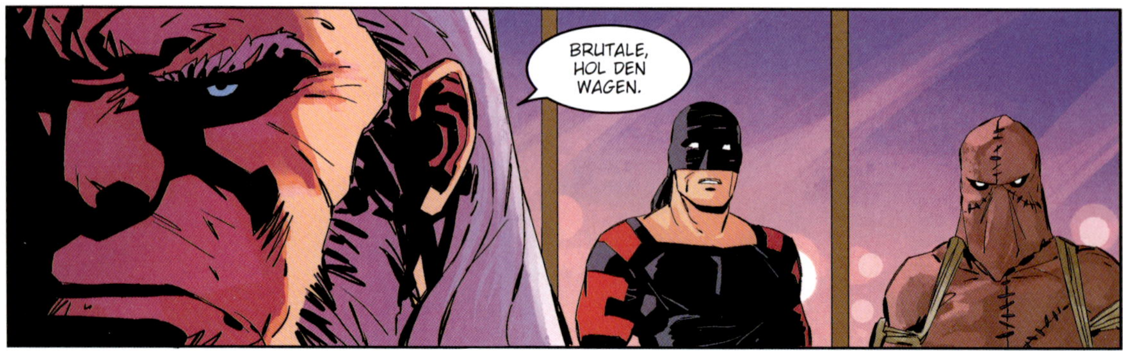

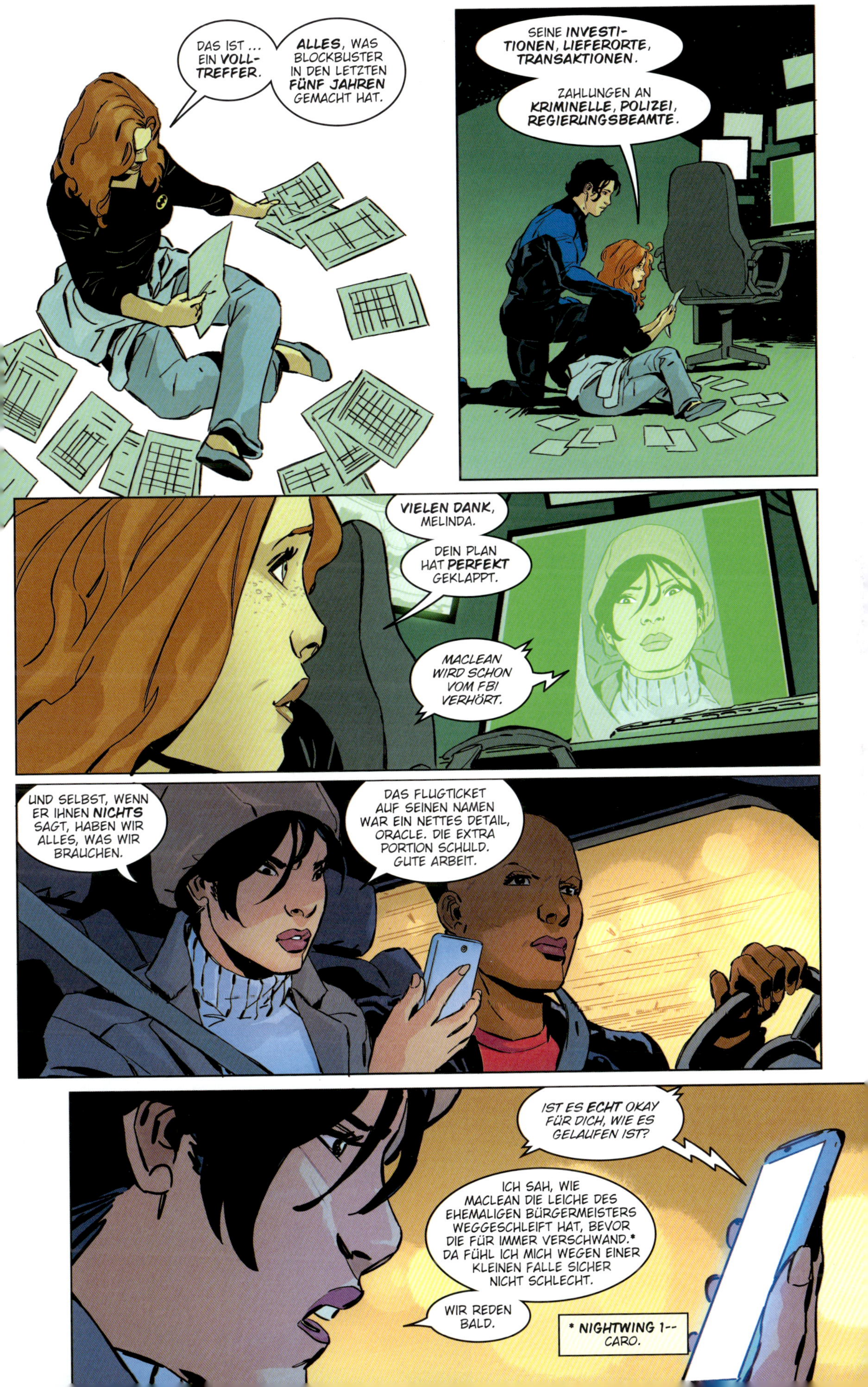

DAS IST ... EIN **VOLLTREFFER**.
ALLES, WAS BLOCKBUSTER IN DEN LETZTEN **FÜNF JAHREN** GEMACHT HAT.
SEINE **INVESTITIONEN, LIEFERORTE, TRANSAKTIONEN**.
ZAHLUNGEN AN **KRIMINELLE, POLIZEI, REGIERUNGSBEAMTE**.
VIELEN DANK, MELINDA.
DEIN PLAN HAT **PERFEKT** GEKLAPPT.
MACLEAN WIRD SCHON VOM FBI VERHÖRT.
UND SELBST, WENN ER IHNEN **NICHTS** SAGT, HABEN WIR ALLES, WAS WIR BRAUCHEN.
DAS FLUGTICKET AUF SEINEN NAMEN WAR EIN NETTES DETAIL, ORACLE. DIE EXTRA PORTION SCHULD. GUTE ARBEIT.

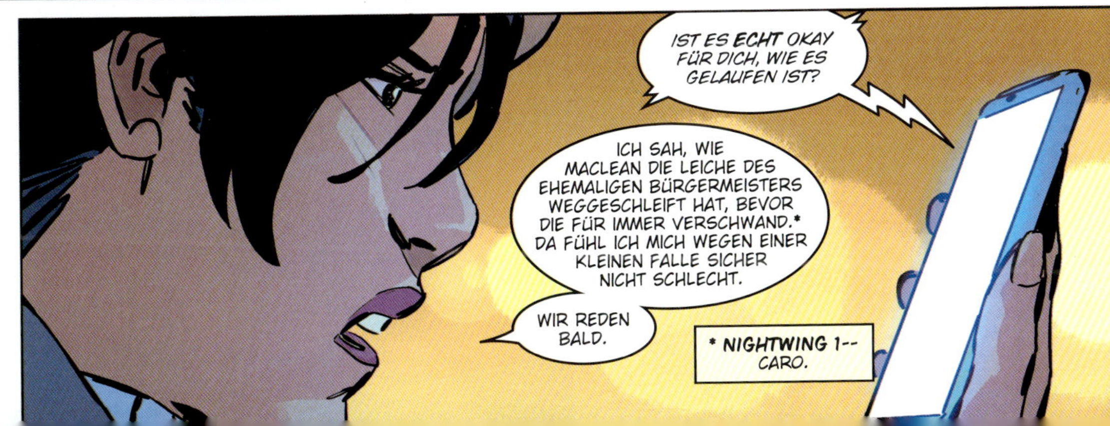

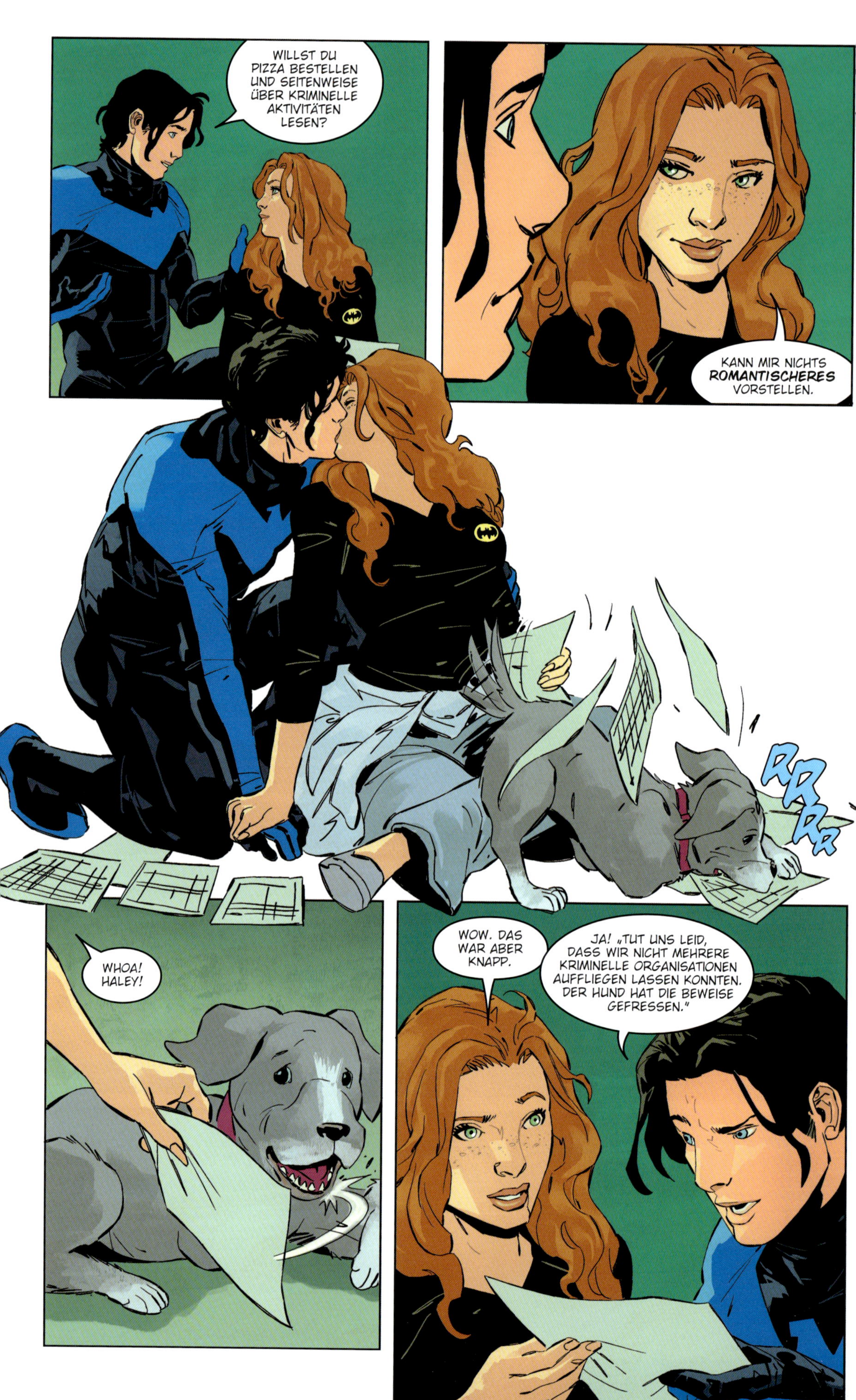
WILLST DU PIZZA BESTELLEN UND SEITENWEISE ÜBER KRIMINELLE AKTIVITÄTEN LESEN?
KANN MIR NICHTS **ROMANTISCHERES** VORSTELLEN.
RRRR
WHOA! HALEY!
WOW. DAS WAR ABER KNAPP.
JA! „TUT UNS LEID, DASS WIR NICHT MEHRERE KRIMINELLE ORGANISATIONEN AUFFLIEGEN LASSEN KONNTEN. DER HUND HAT DIE BEWEISE GEFRESSEN."

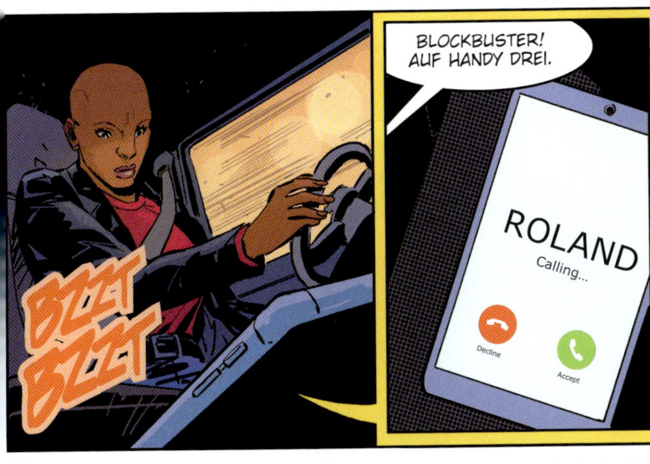
BZZT
BZZT

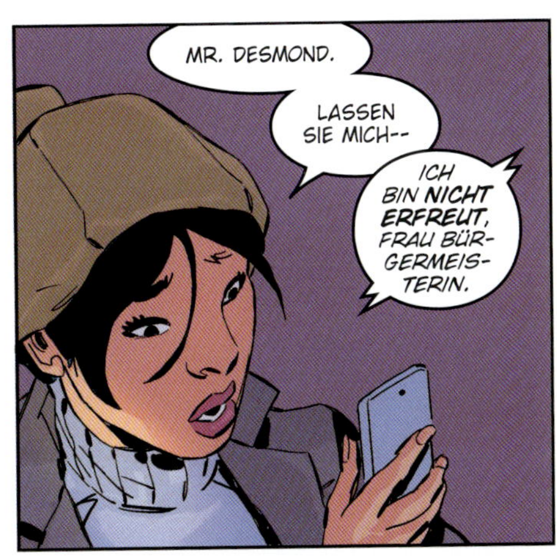
BLOCKBUSTER! AUF HANDY DREI.
ROLAND
Calling...
Decline
Accept
MR. DESMOND.
LASSEN SIE MICH--
ICH BIN **NICHT ERFREUT,** FRAU BÜRGERMEISTERIN.

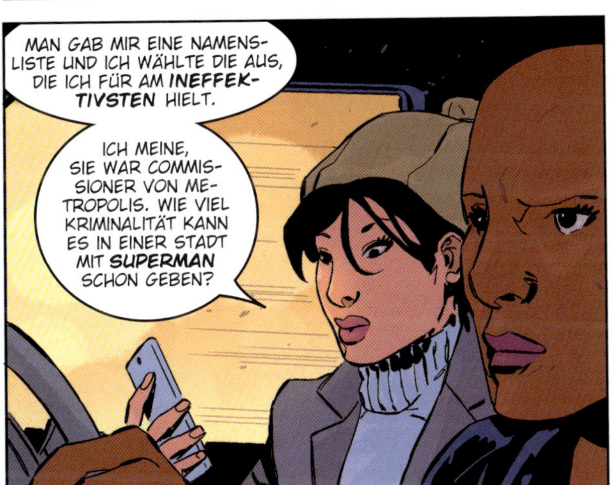
MAN GAB MIR EINE NAMENSLISTE UND ICH WÄHLTE DIE AUS, DIE ICH FÜR AM **INEFFEKTIVSTEN** HIELT.
ICH MEINE, SIE WAR COMMISSIONER VON METROPOLIS. WIE VIEL KRIMINALITÄT KANN ES IN EINER STADT MIT **SUPERMAN** SCHON GEBEN?

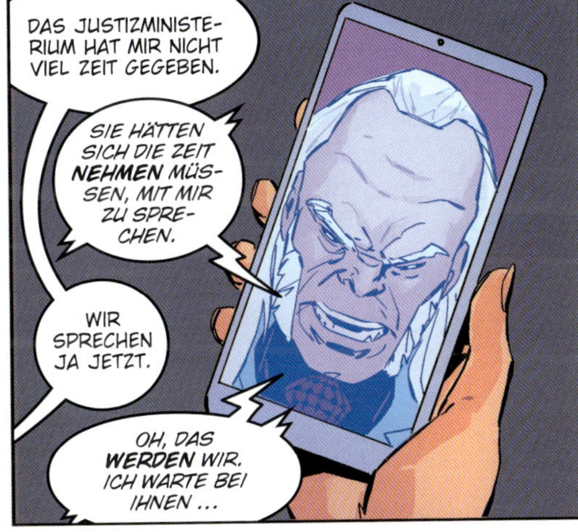
DAS JUSTIZMINISTERIUM HAT MIR NICHT VIEL ZEIT GEGEBEN.
SIE HÄTTEN SICH DIE ZEIT **NEHMEN** MÜSSEN, MIT MIR ZU SPRECHEN.
WIR SPRECHEN JA JETZT.
OH, DAS **WERDEN** WIR. ICH WARTE BEI IHNEN ...

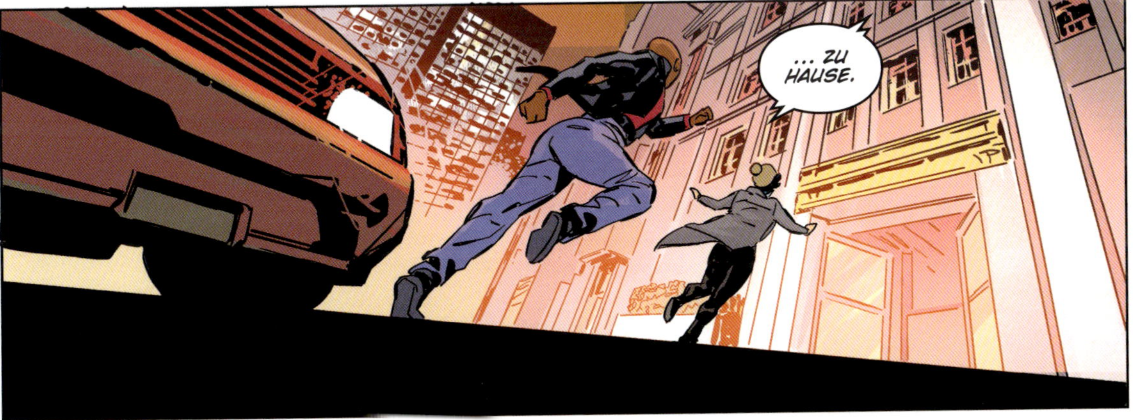
... ZU HAUSE.

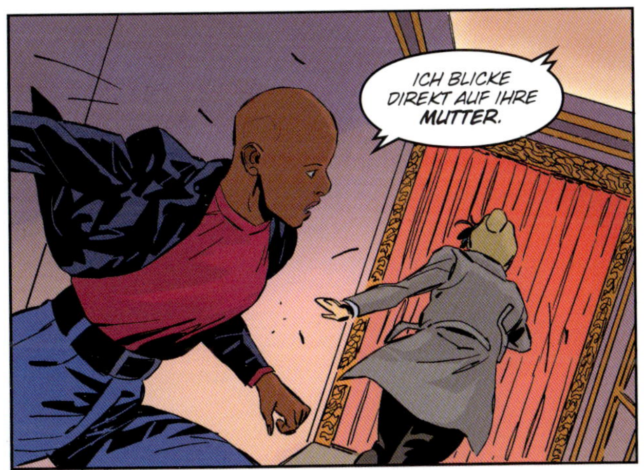
ICH BLICKE DIREKT AUF IHRE **MUTTER.**

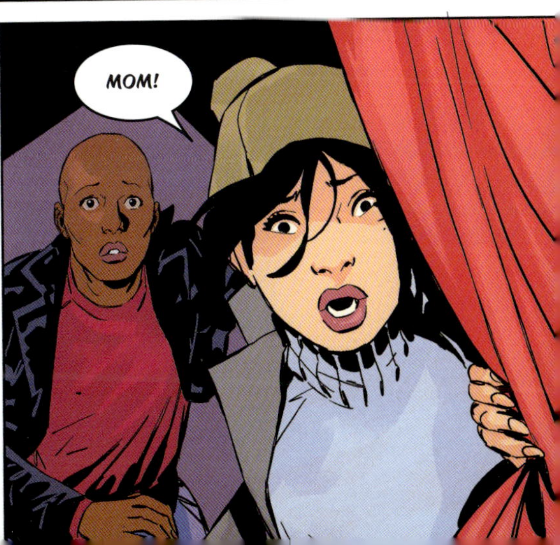
MOM!

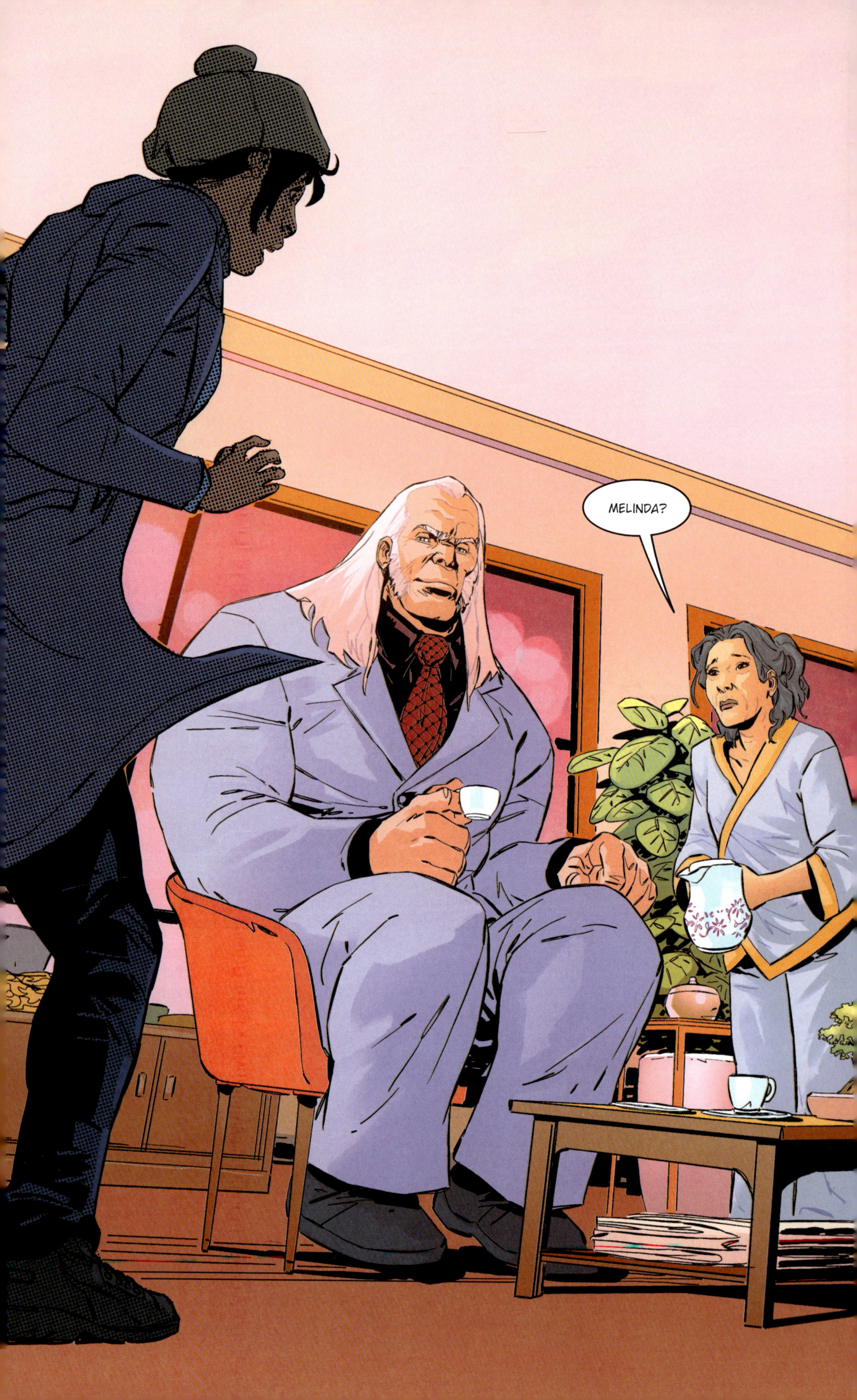
MELINDA?

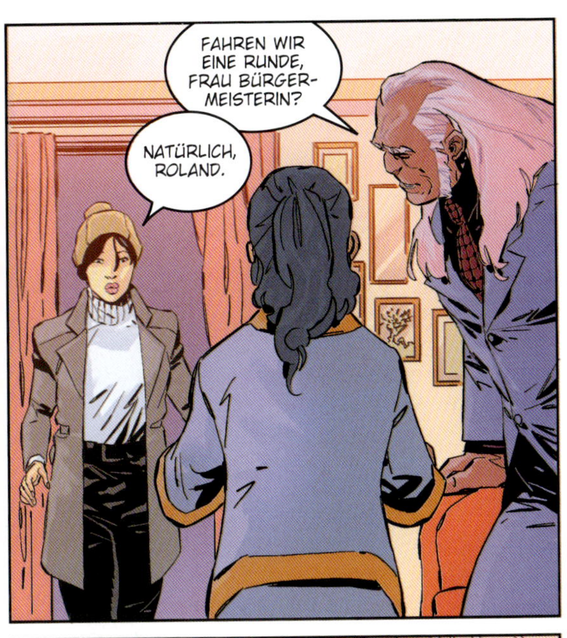
FAHREN WIR EINE RUNDE, FRAU BÜRGERMEISTERIN?
NATÜRLICH, ROLAND.

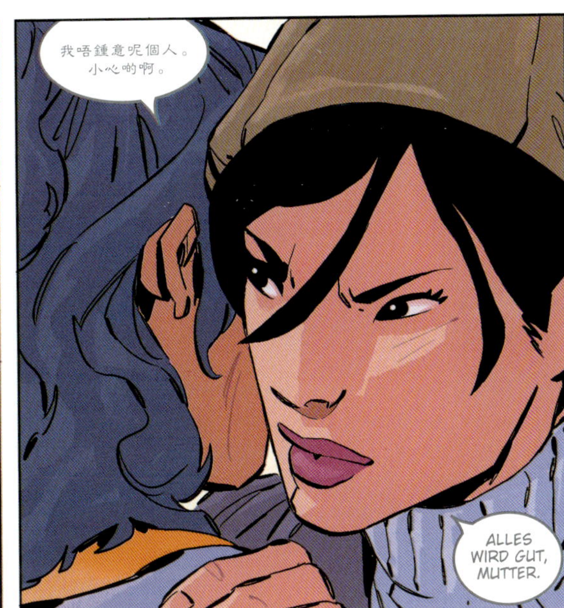
我唔鍾意呢個人。小心啲啊。
ALLES WIRD GUT, MUTTER.

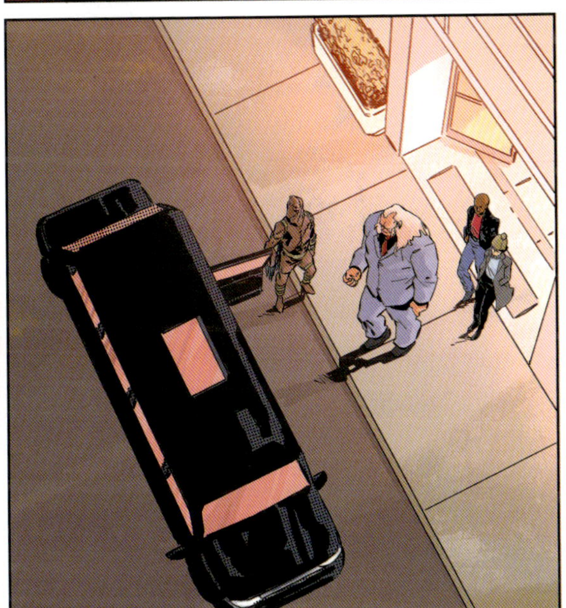

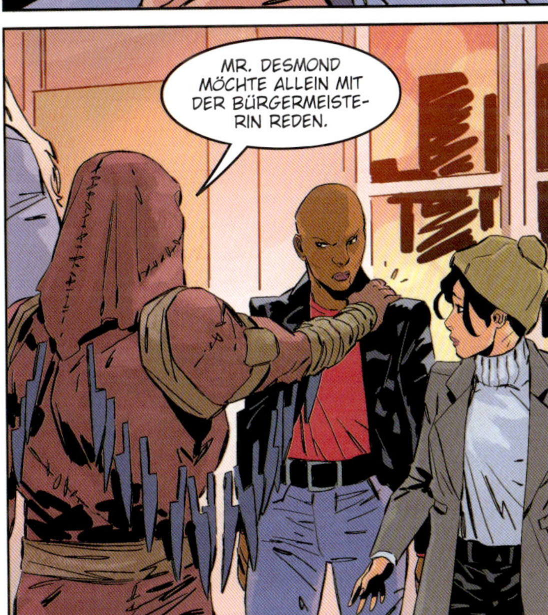
MR. DESMOND MÖCHTE ALLEIN MIT DER BÜRGERMEISTERIN REDEN.

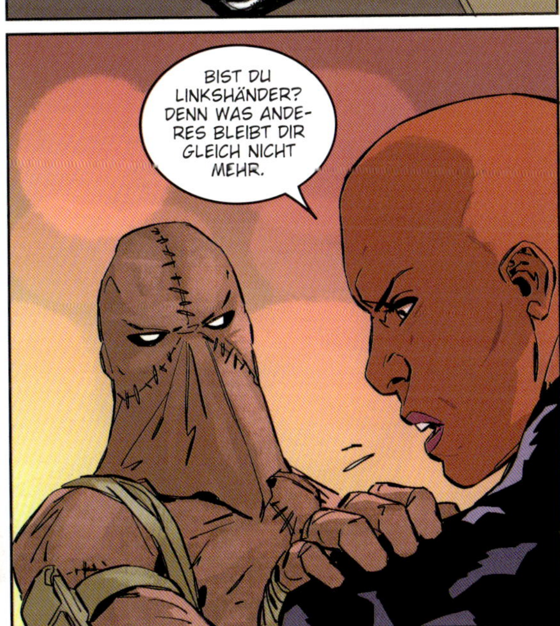
BIST DU LINKSHÄNDER? DENN WAS ANDERES BLEIBT DIR GLEICH NICHT MEHR.

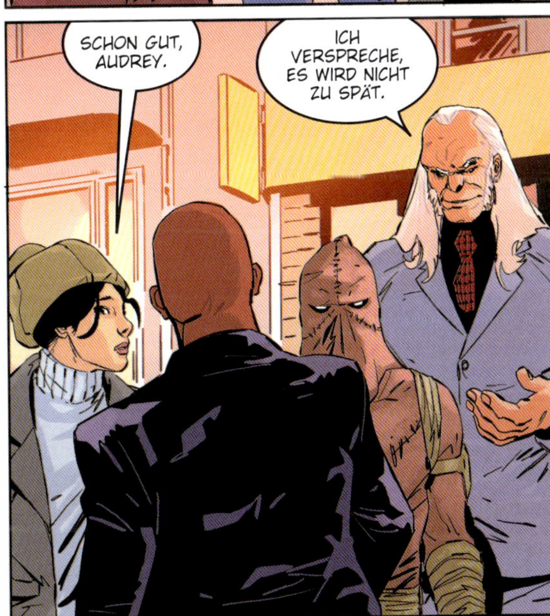
SCHON GUT, AUDREY.
ICH VERSPRECHE, ES WIRD NICHT ZU SPÄT.

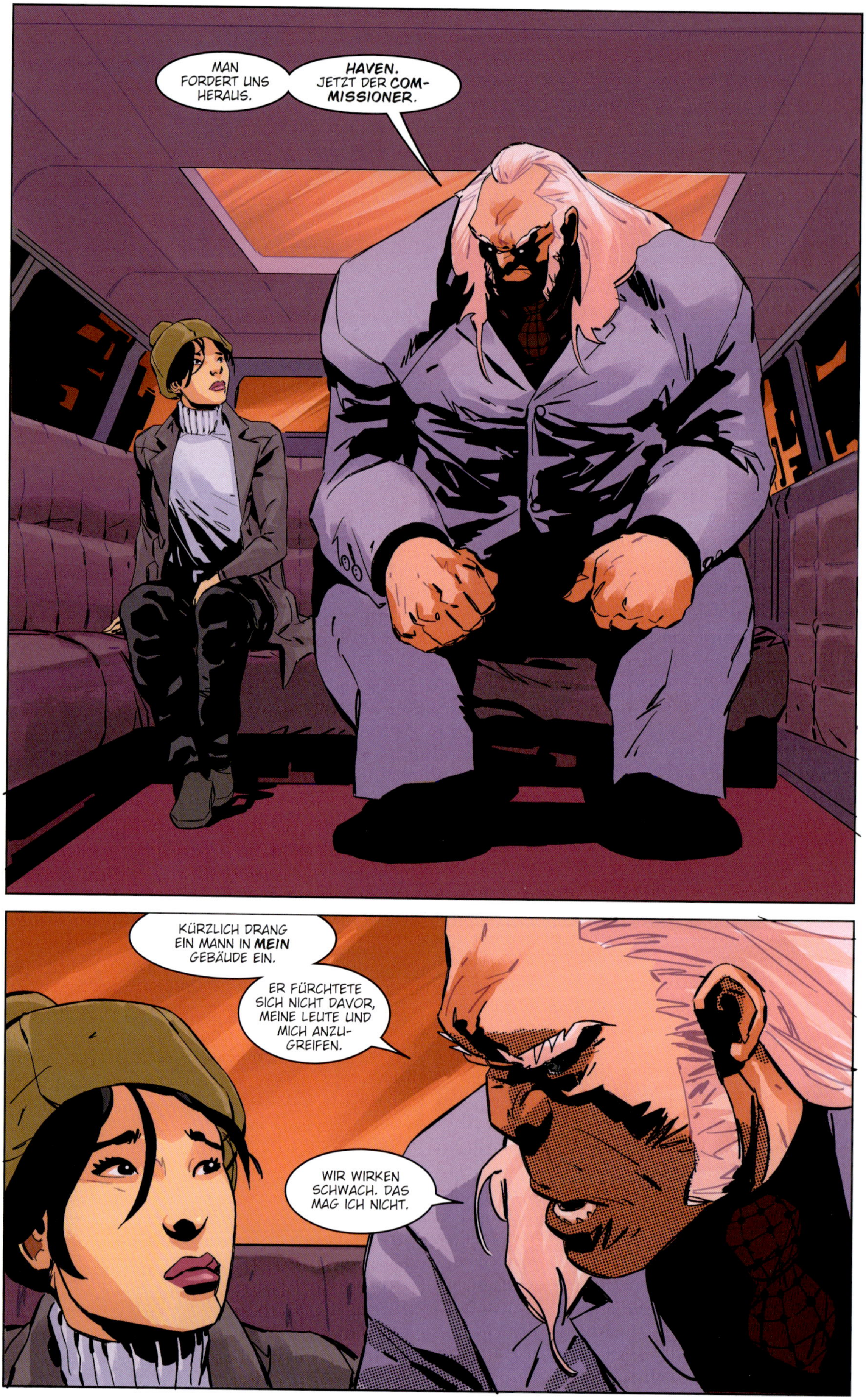

MAN FORDERT UNS HERAUS.
HAVEN. JETZT DER COMMISSIONER.

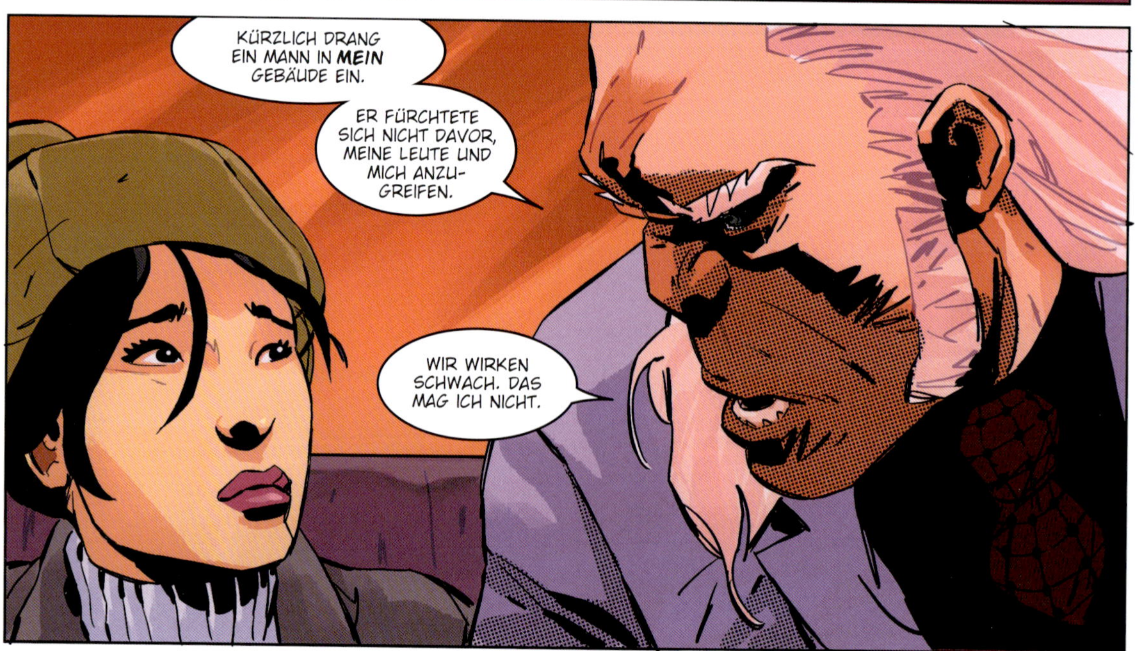

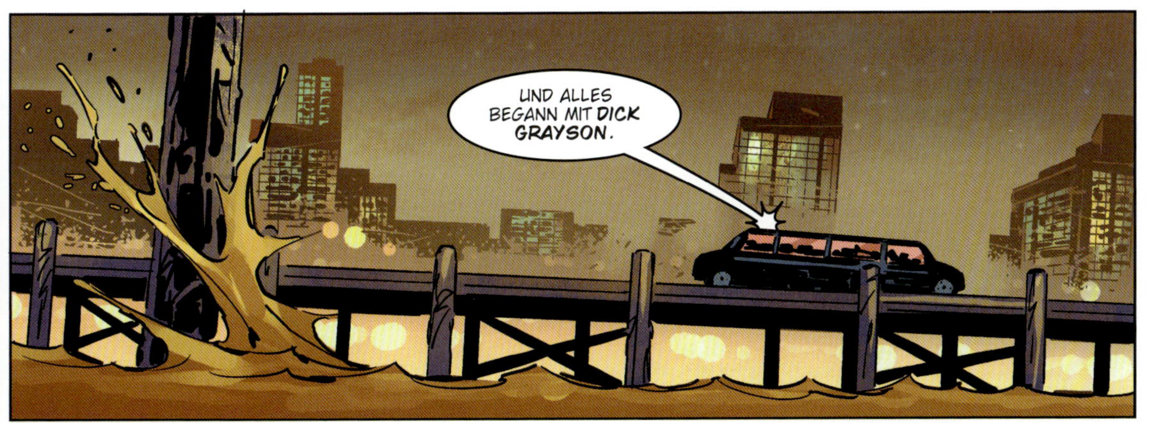
UND ALLES BEGANN MIT DICK GRAYSON.

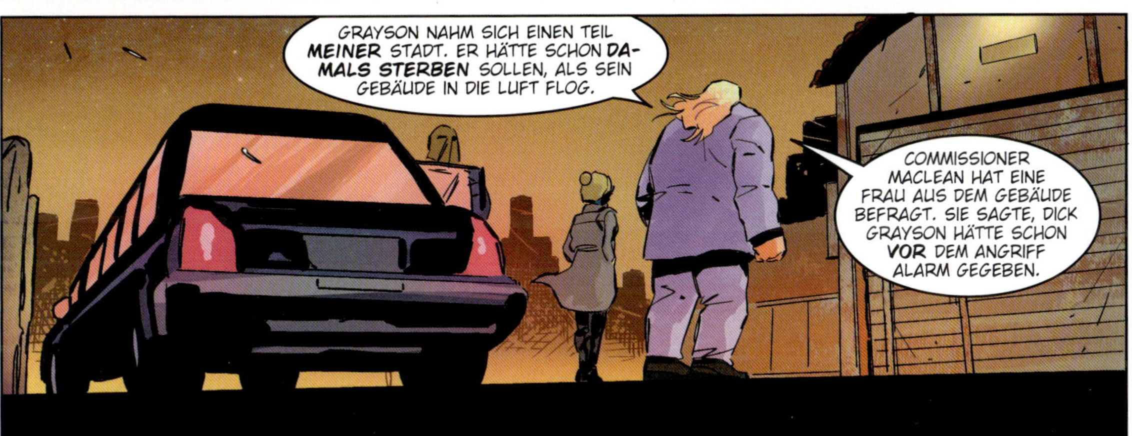
GRAYSON NAHM SICH EINEN TEIL MEINER STADT. ER HÄTTE SCHON DAMALS STERBEN SOLLEN, ALS SEIN GEBÄUDE IN DIE LUFT FLOG.
COMMISSIONER MACLEAN HAT EINE FRAU AUS DEM GEBÄUDE BEFRAGT. SIE SAGTE, DICK GRAYSON HÄTTE SCHON VOR DEM ANGRIFF ALARM GEGEBEN.

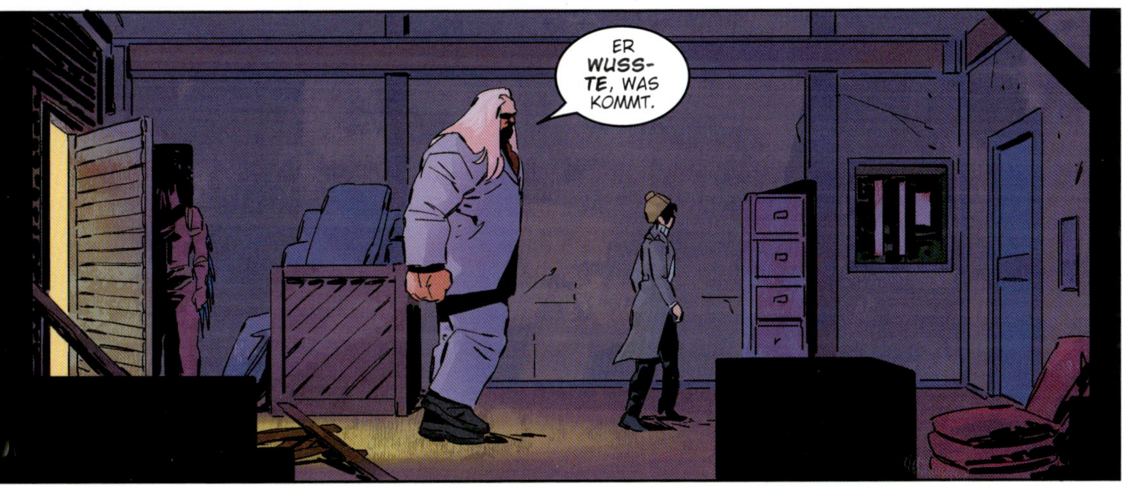
ER WUSSTE, WAS KOMMT.

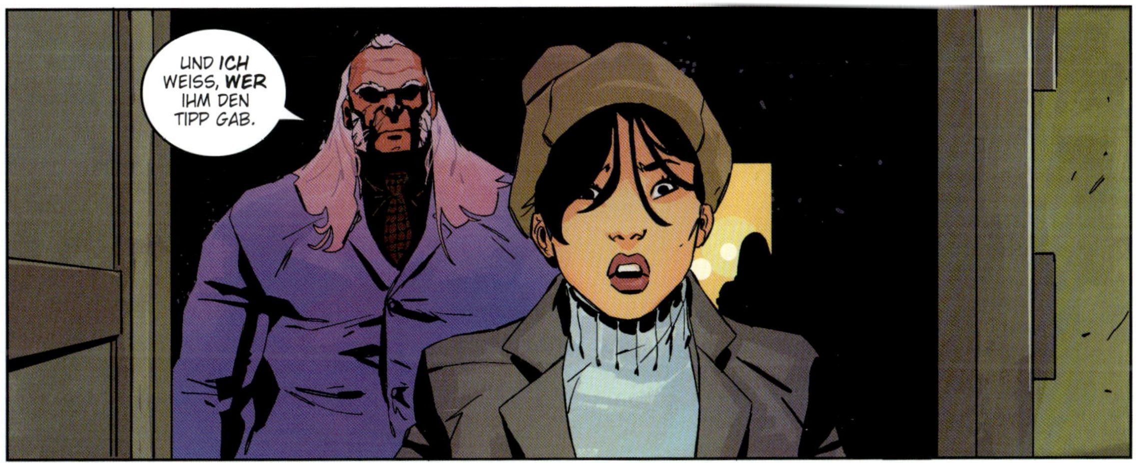
UND ICH WEISS, WER IHM DEN TIPP GAB.

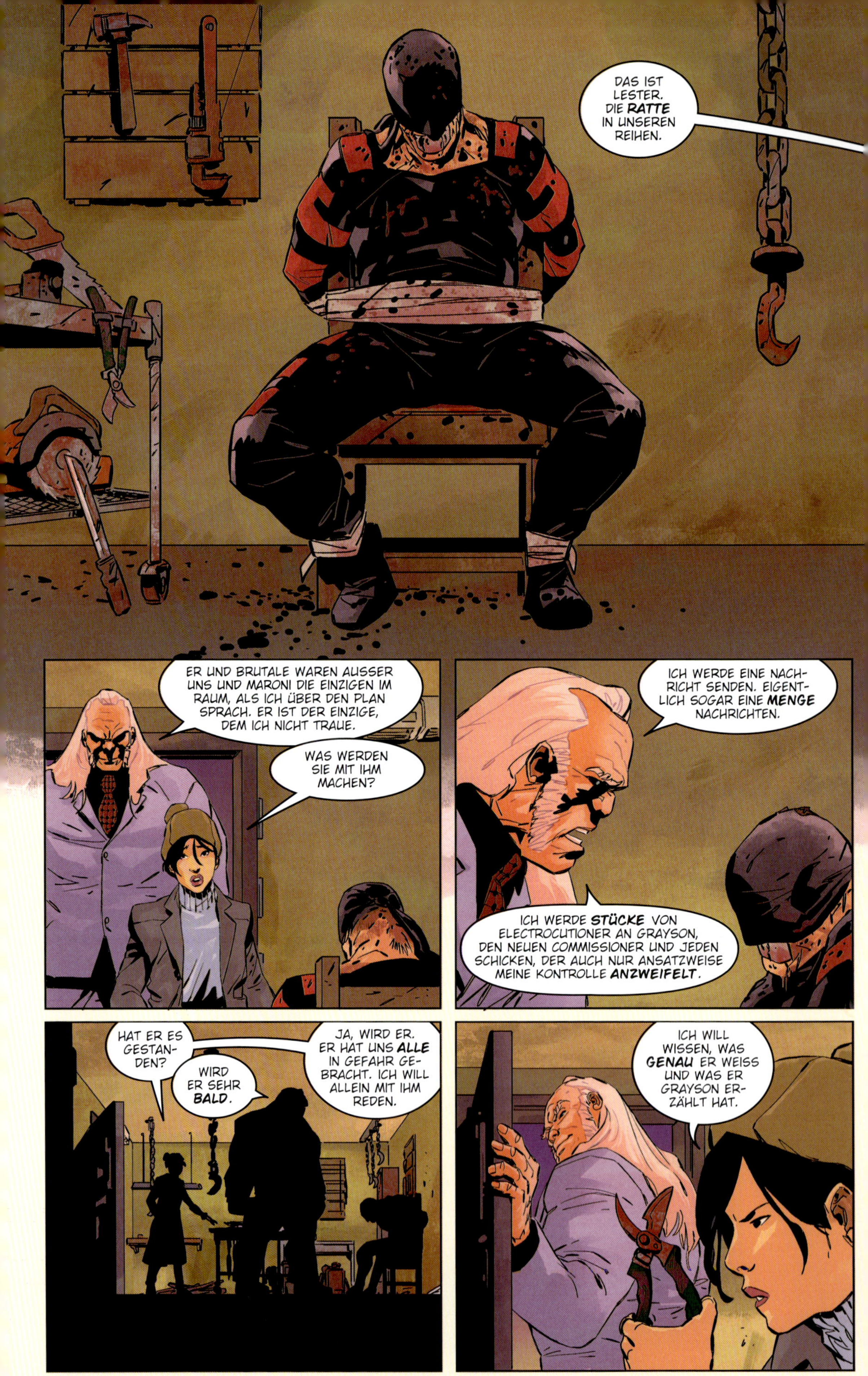

DAS IST LESTER. DIE **RATTE** IN UNSEREN REIHEN.

ER UND BRUTALE WAREN AUSSER UNS UND MARONI DIE EINZIGEN IM RAUM, ALS ICH ÜBER DEN PLAN SPRACH. ER IST DER EINZIGE, DEM ICH NICHT TRAUE.

WAS WERDEN SIE MIT IHM MACHEN?

ICH WERDE EINE NACHRICHT SENDEN. EIGENTLICH SOGAR EINE **MENGE** NACHRICHTEN.

ICH WERDE **STÜCKE** VON ELECTROCUTIONER AN GRAYSON, DEN NEUEN COMMISSIONER UND JEDEN SCHICKEN, DER AUCH NUR ANSATZWEISE MEINE KONTROLLE **ANZWEIFELT**.

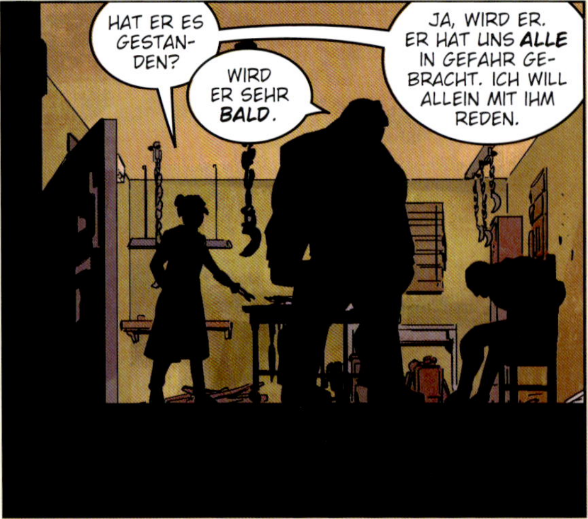

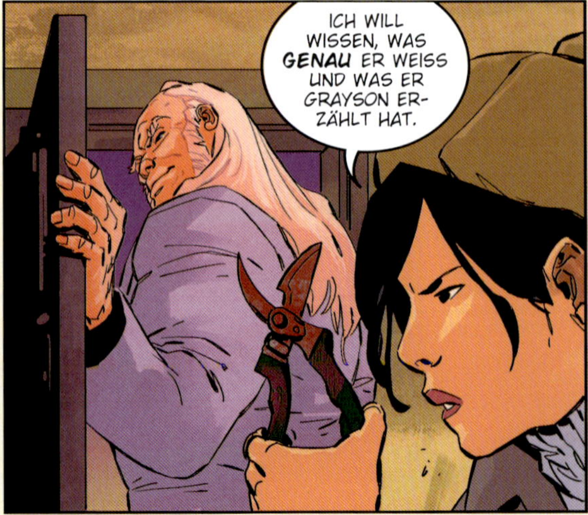

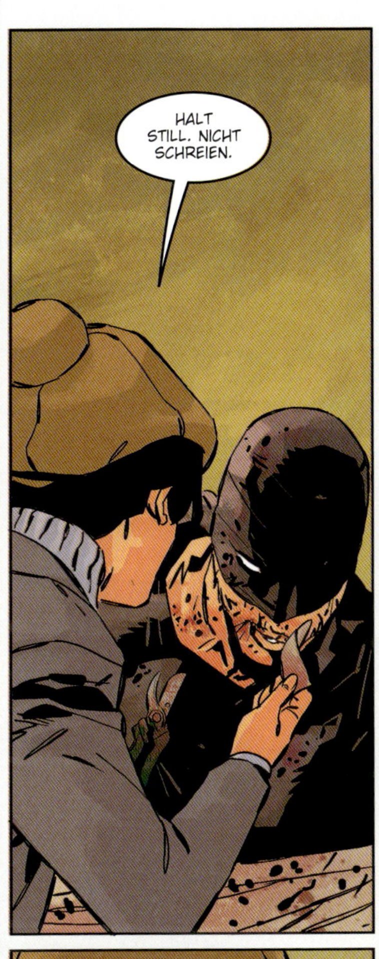
HALT STILL. NICHT SCHREIEN.

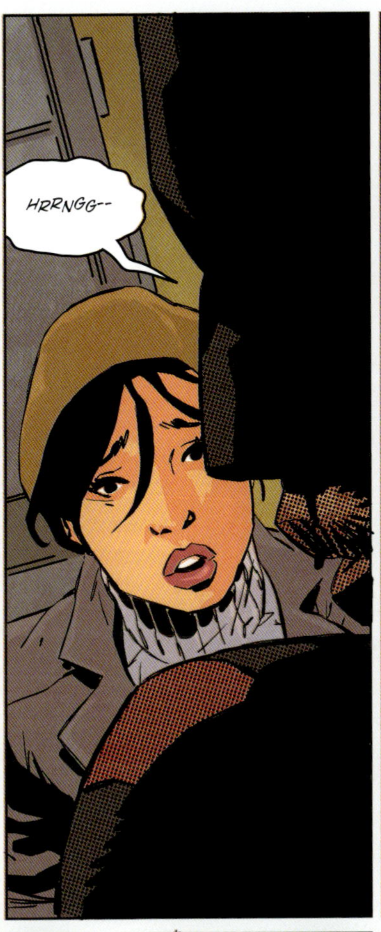
HRRNGG--

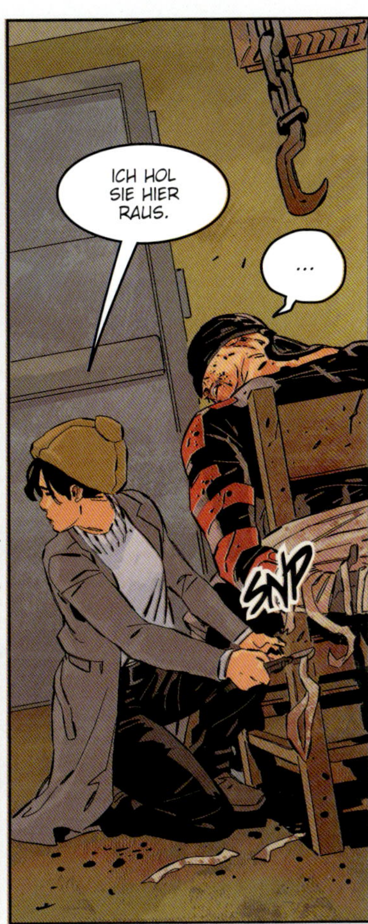
ICH HOL SIE HIER RAUS.
...
SNIP

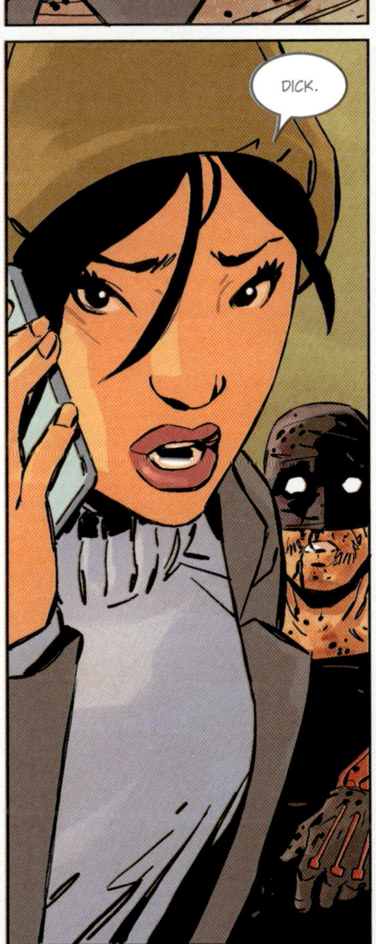
DICK.

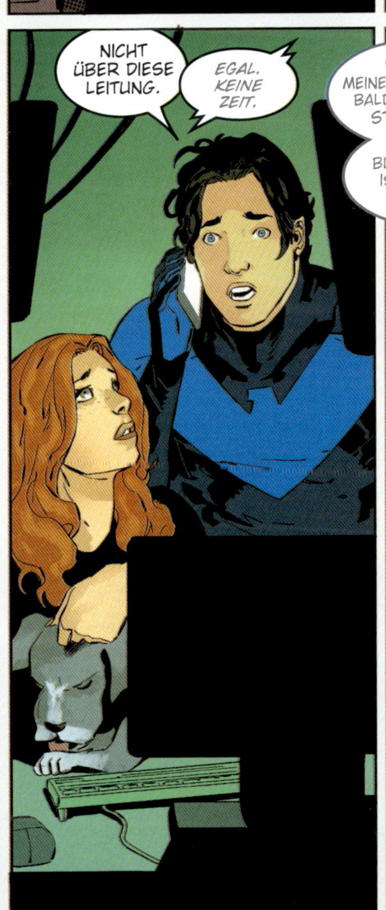
NICHT ÜBER DIESE LEITUNG.
EGAL. KEINE ZEIT.

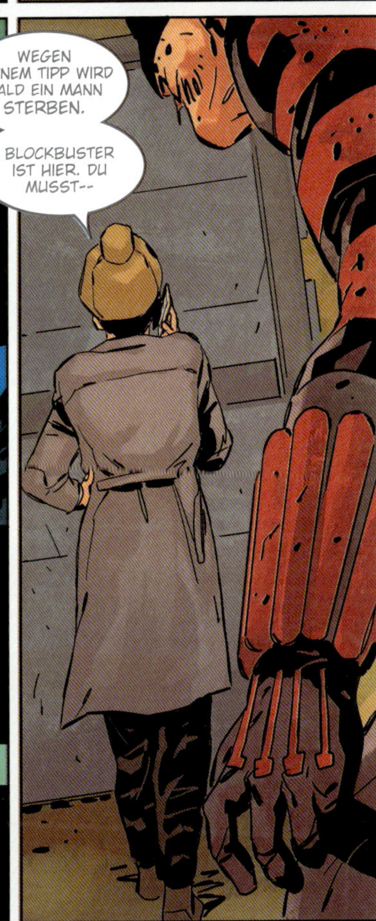
WEGEN MEINEM TIPP WIRD BALD EIN MANN STERBEN.
BLOCKBUSTER IST HIER. DU MUSST--

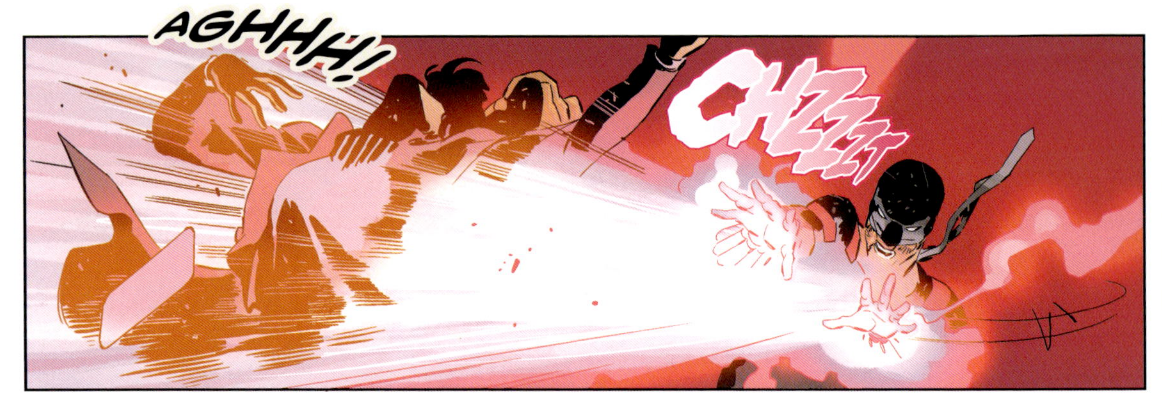

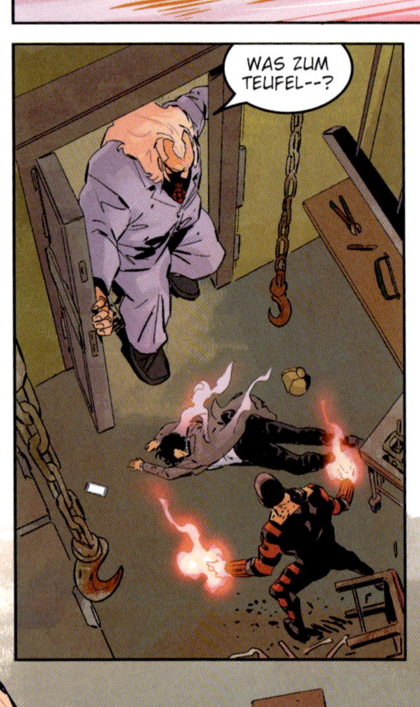

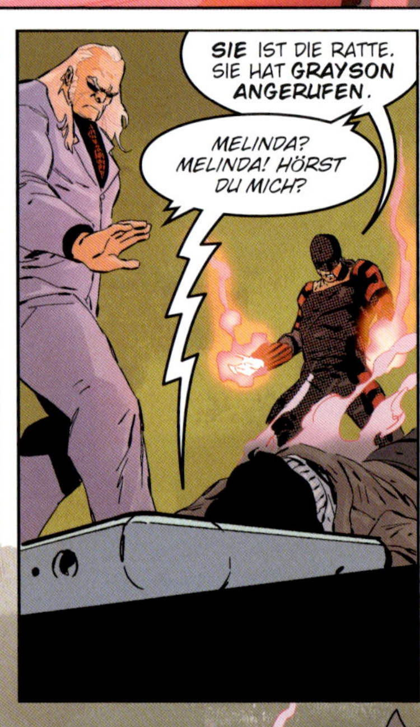

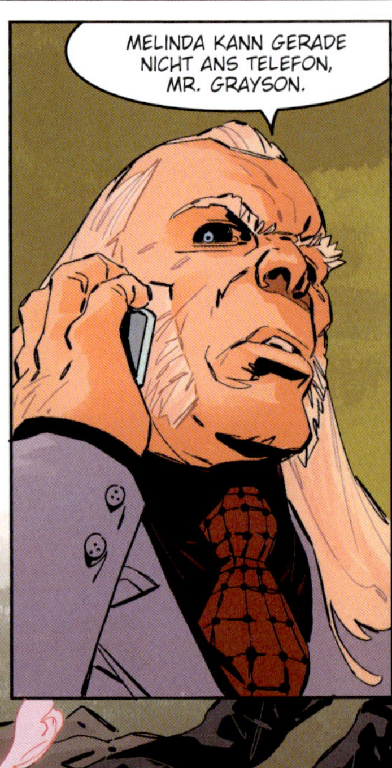

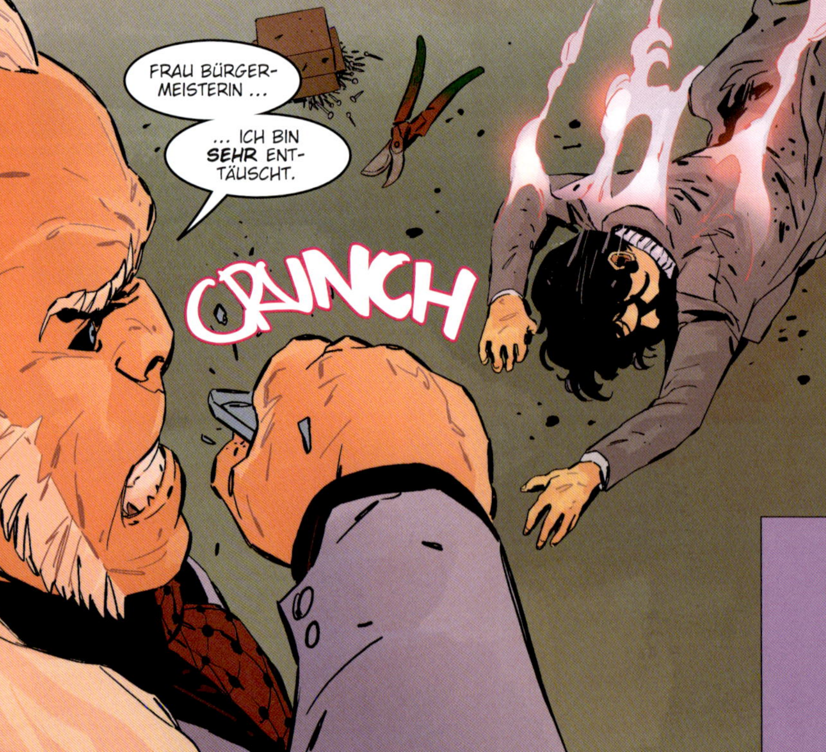

DAS HERZ VON BLÜDHAVEN

KAPITEL 3

TOM TAYLOR Story
GERALDO BORGES Zeichnungen
ADRIANO LUCAS Farben
CAROLIN HIDALGO Übersetzung
STUDIO RAM Lettering

JESSICA CHEN, JESSICA BERBEY & BEN ABERNATHY Redaktion USA

NIGHTWING geschaffen von MARV WOLFMAN & GEORGE PÉREZ.

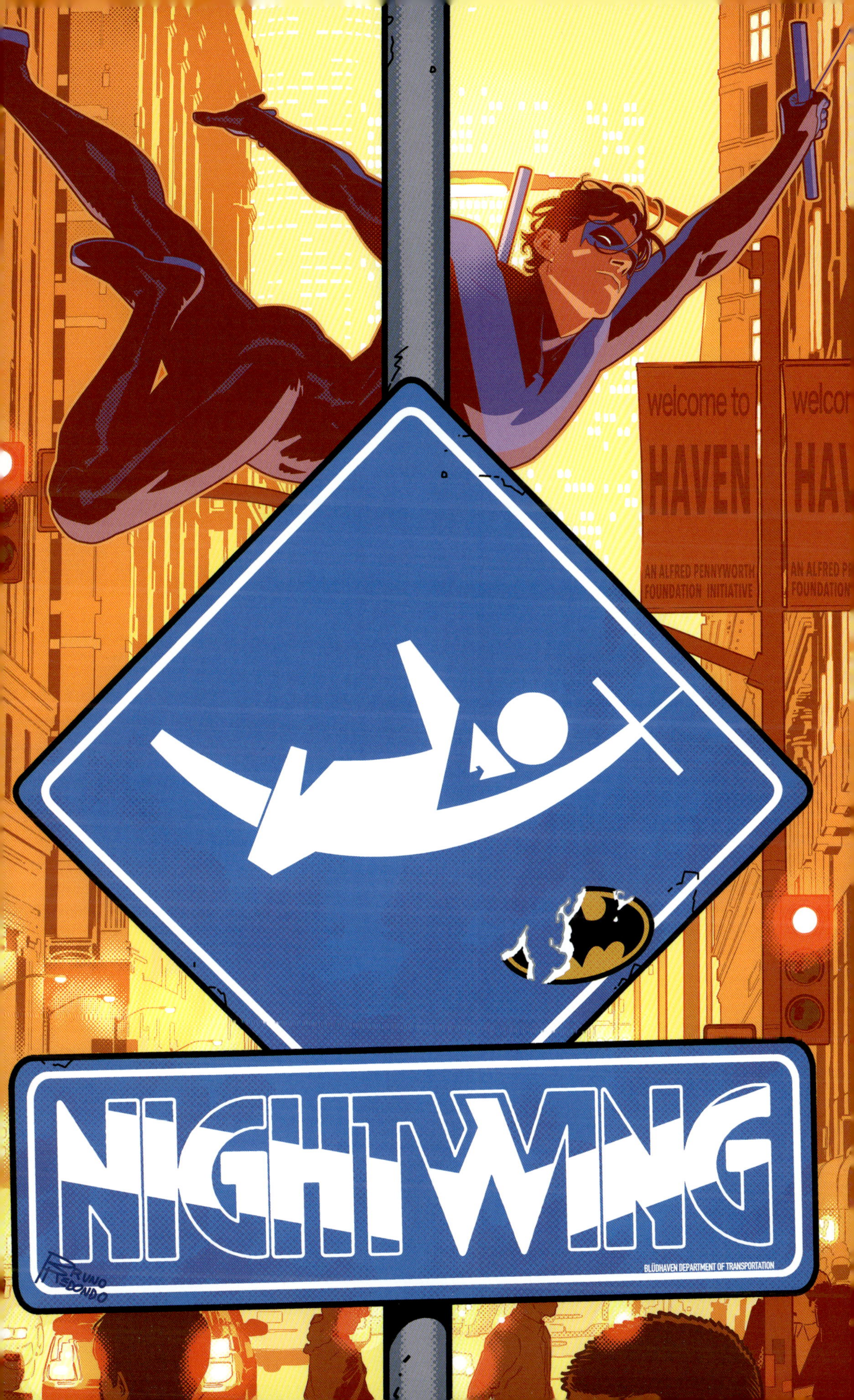
welcome to
HAVEN
AN ALFRED PENNYWORTH
FOUNDATION INITIATIVE
NIGHTWING
BLÜDHAVEN DEPARTMENT OF TRANSPORTATION
BRUNO REDONDO

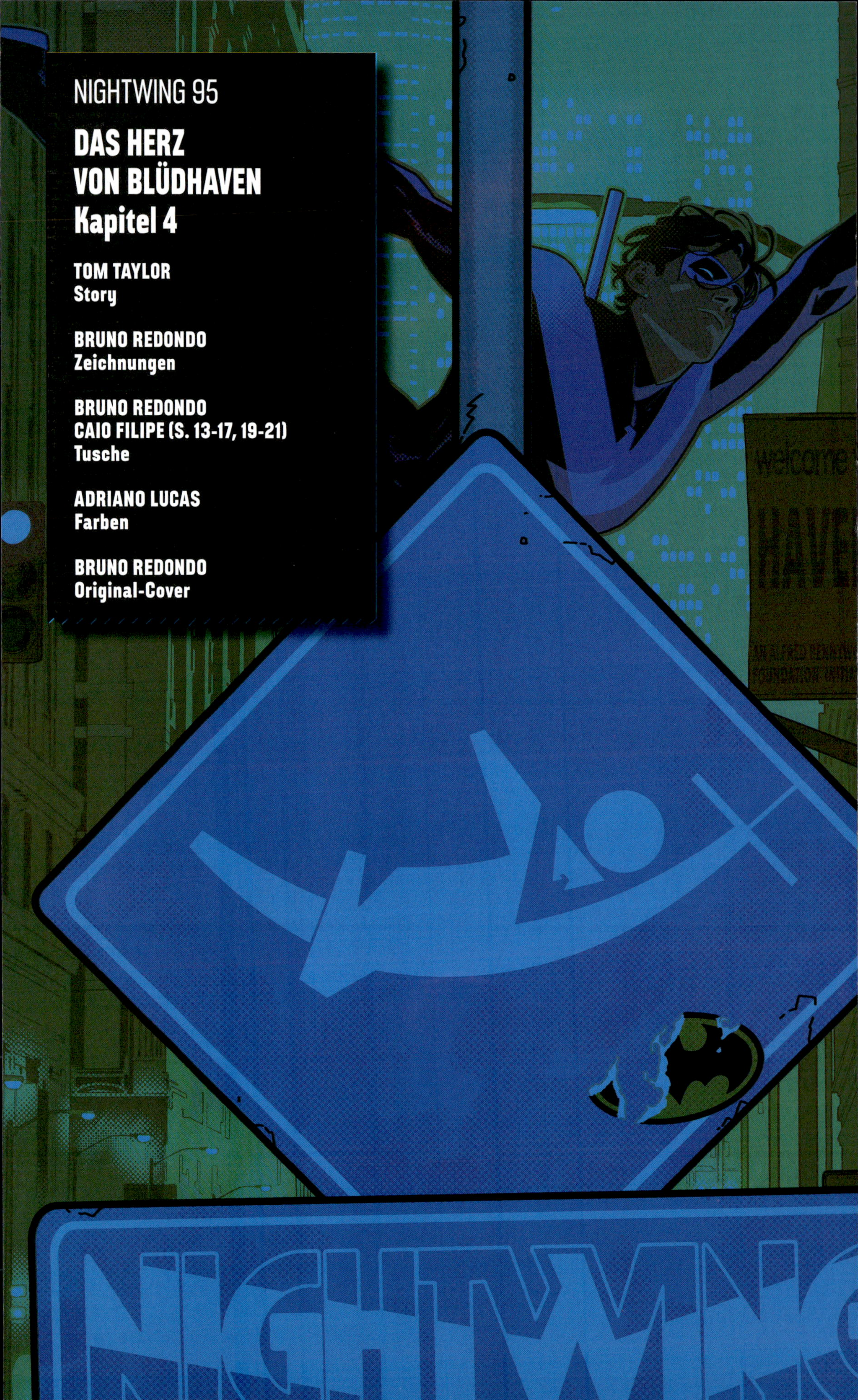
NIGHTWING 95
DAS HERZ
VON BLÜDHAVEN
Kapitel 4
TOM TAYLOR
Story
BRUNO REDONDO
Zeichnungen
BRUNO REDONDO
CAIO FILIPE (S. 13-17, 19-21)
Tusche
ADRIANO LUCAS
Farben
BRUNO REDONDO
Original-Cover
welcome

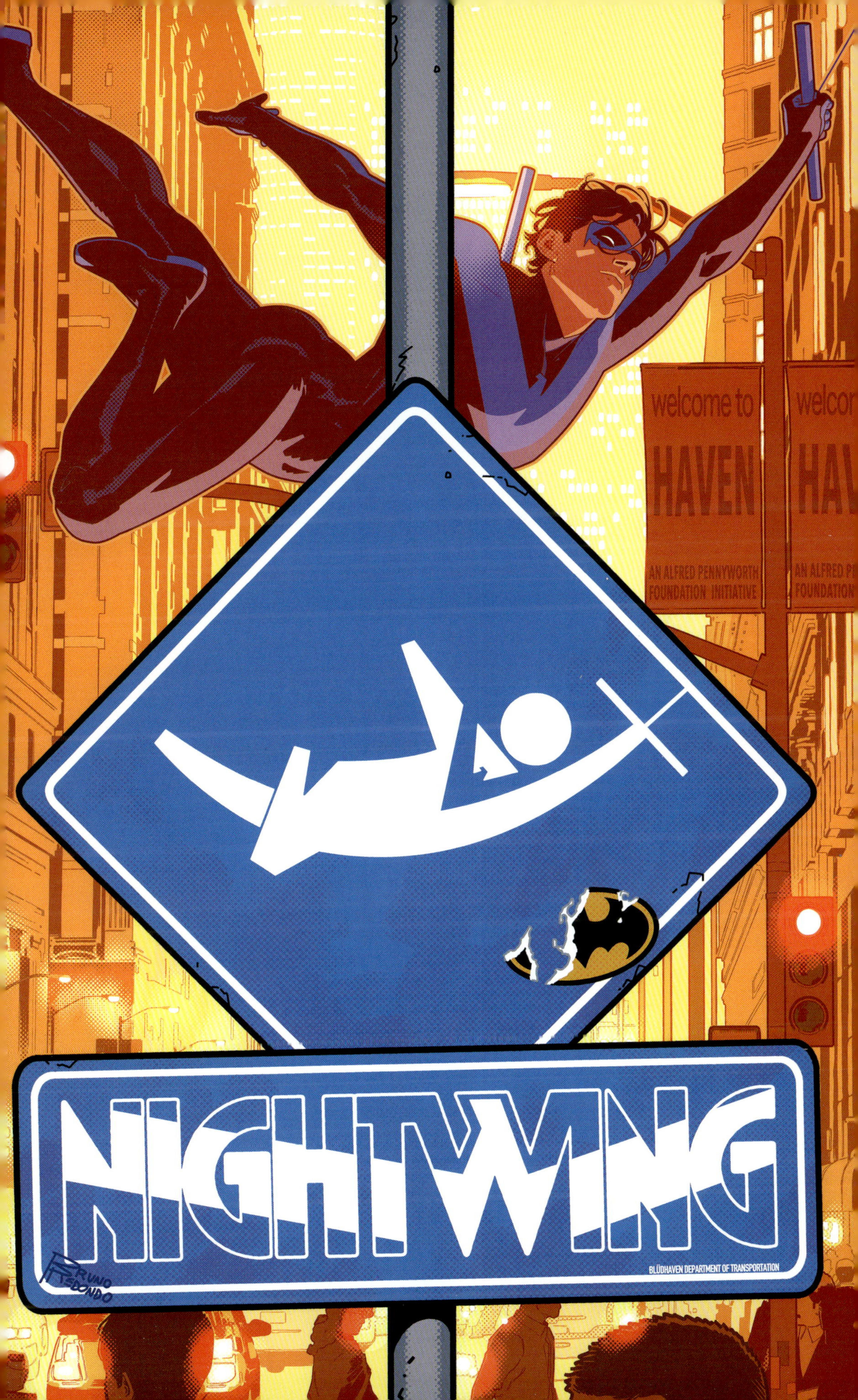
welcome to
HAVEN
AN ALFRED PENNYWORTH
FOUNDATION INITIATIVE
NIGHTWING
BLÜDHAVEN DEPARTMENT OF TRANSPORTATION
BRUNO
REDONDO

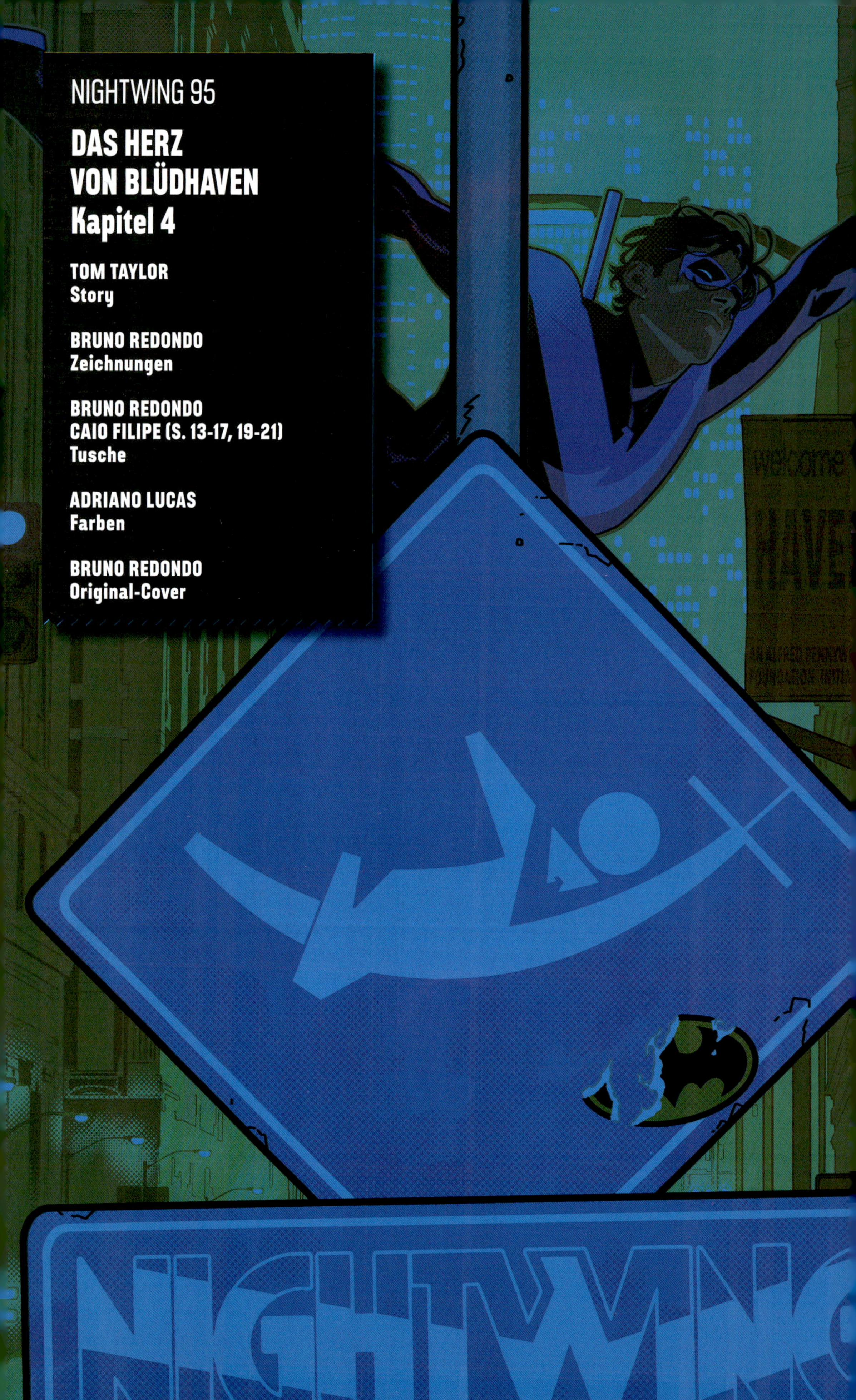

NIGHTWING 95

DAS HERZ VON BLÜDHAVEN Kapitel 4

TOM TAYLOR
Story

BRUNO REDONDO
Zeichnungen

BRUNO REDONDO
CAIO FILIPE (S. 13-17, 19-21)
Tusche

ADRIANO LUCAS
Farben

BRUNO REDONDO
Original-Cover

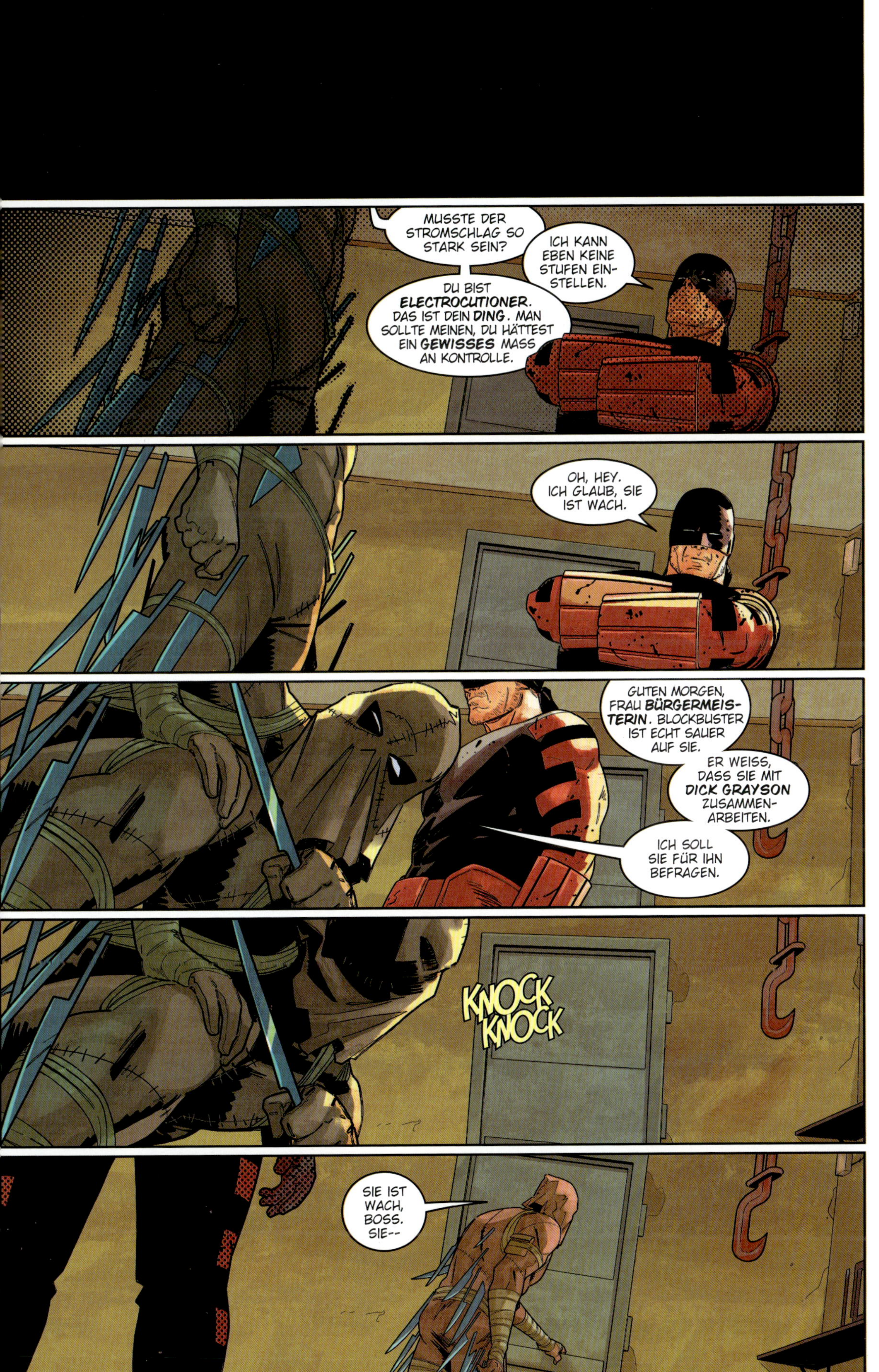

MUSSTE DER STROMSCHLAG SO STARK SEIN?
ICH KANN EBEN KEINE STUFEN EIN-STELLEN.
DU BIST ELECTROCUTIONER. DAS IST DEIN DING. MAN SOLLTE MEINEN, DU HÄTTEST EIN GEWISSES MASS AN KONTROLLE.
OH, HEY. ICH GLAUB, SIE IST WACH.
GUTEN MORGEN, FRAU BÜRGERMEIS-TERIN. BLOCKBUSTER IST ECHT SAUER AUF SIE.
ER WEISS, DASS SIE MIT DICK GRAYSON ZUSAMMEN-ARBEITEN.
ICH SOLL SIE FÜR IHN BEFRAGEN.
KNOCK KNOCK
SIE IST WACH, BOSS. SIE--

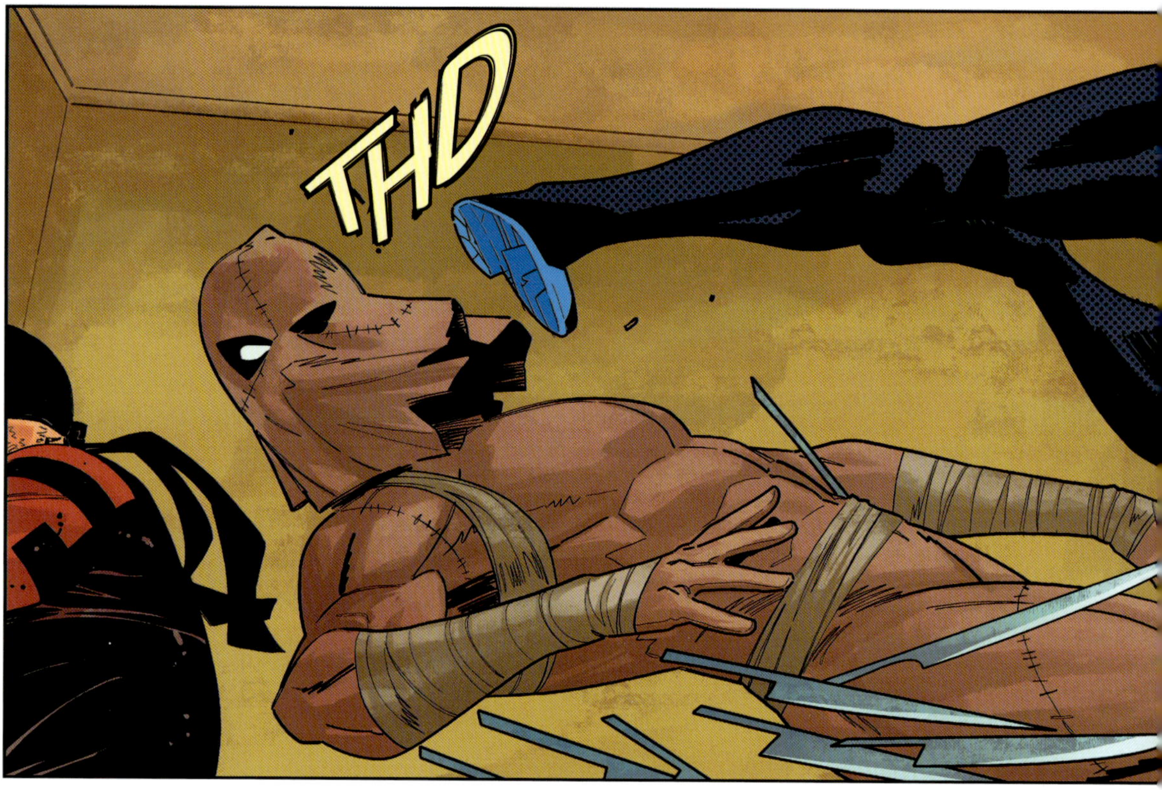

NIGHTWING

DAS HERZ VON BLÜDHAVEN KAPITEL 4

TOM TAYLOR
Story
BRUNO REDONDO
Zeichnungen

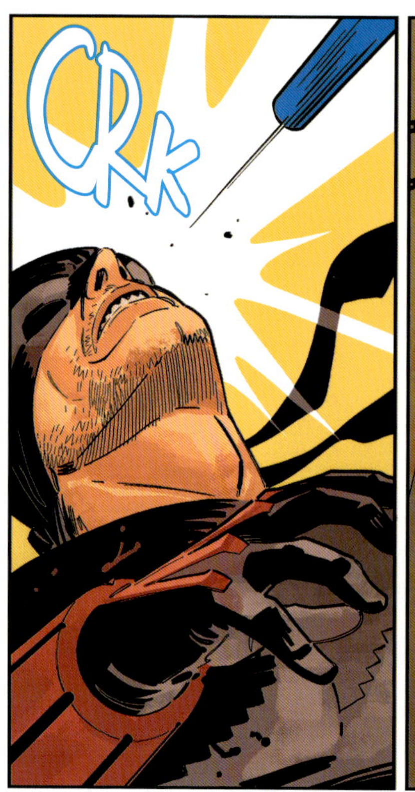

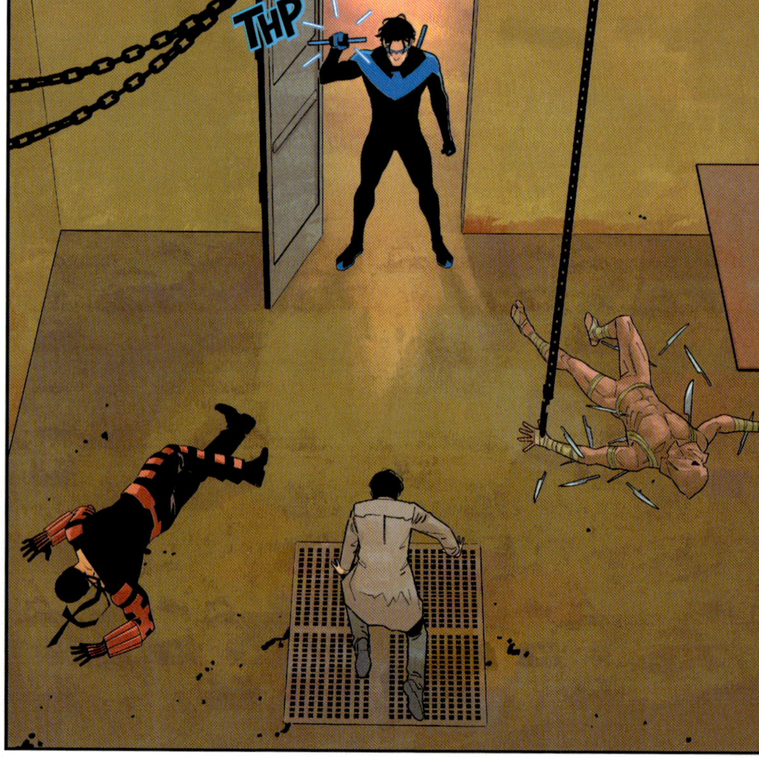

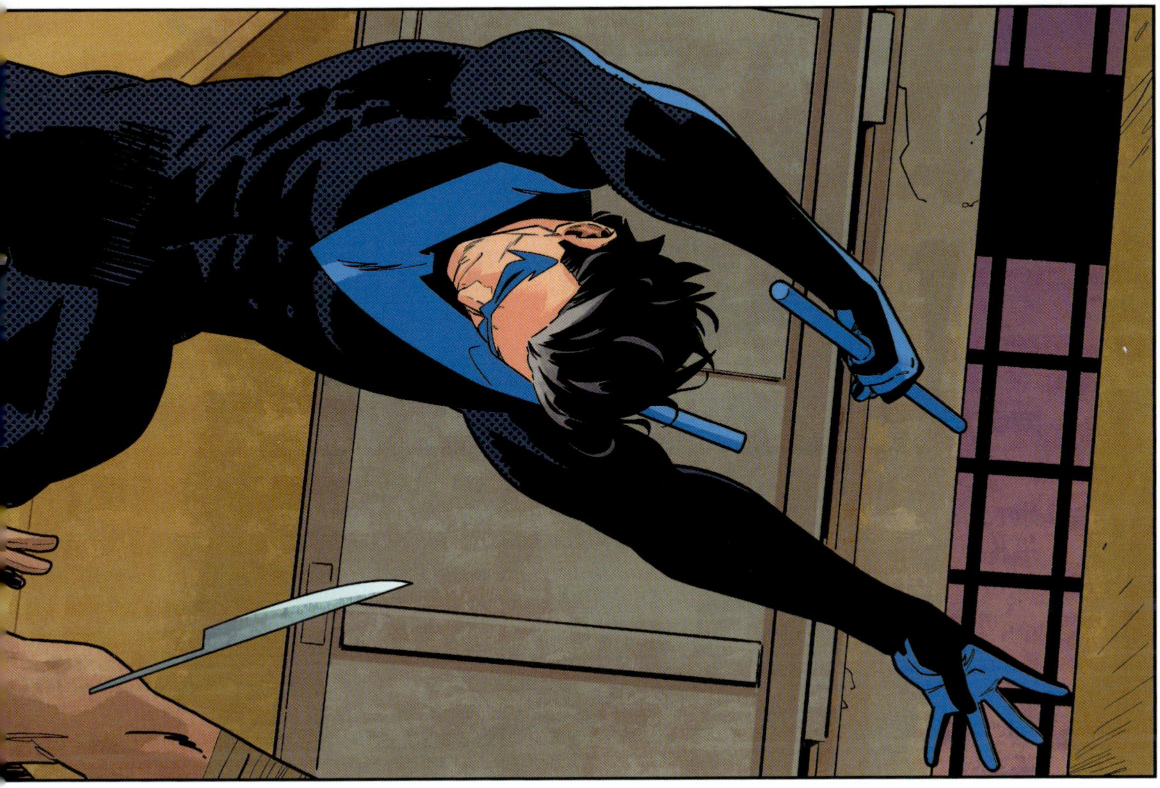

CAIO FILIPE Tusche (S. 13-17, 19-21) **ADRIANO LUCAS** Farben
CAROLIN HIDALDO Übersetzung **STUDIO RAM** Lettering
JESSICA CHEN, JESSICA BERBEY & BEN ABERNATHY Redaktion USA

NIGHTWING geschaffen von **MARV WOLFMAN & GEORGE PÉREZ.**

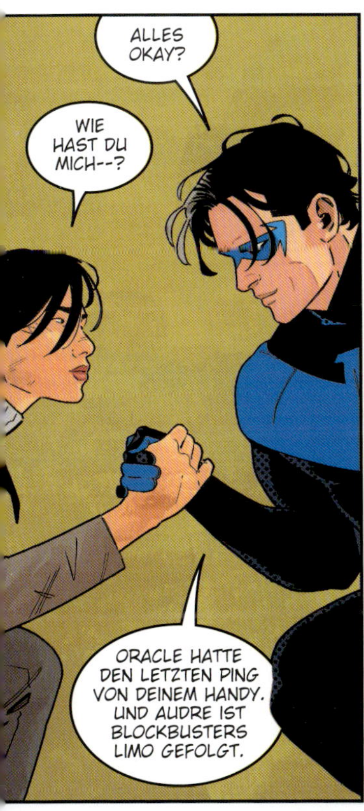

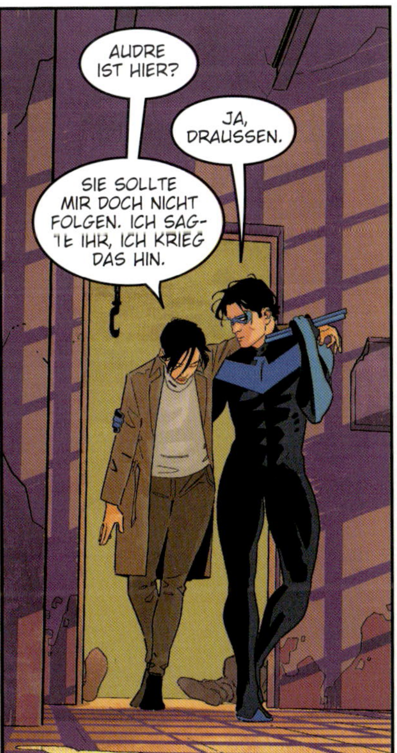

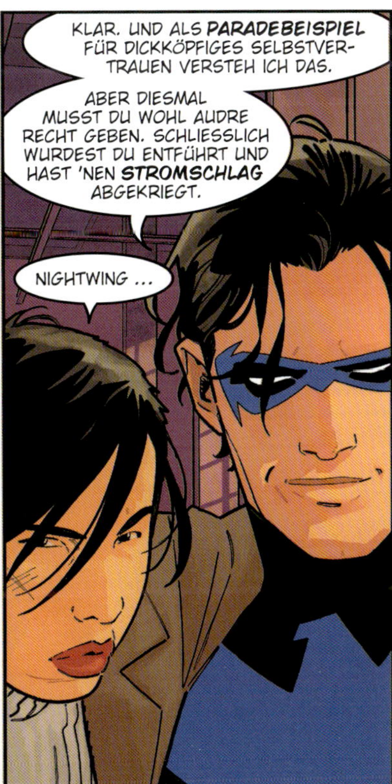

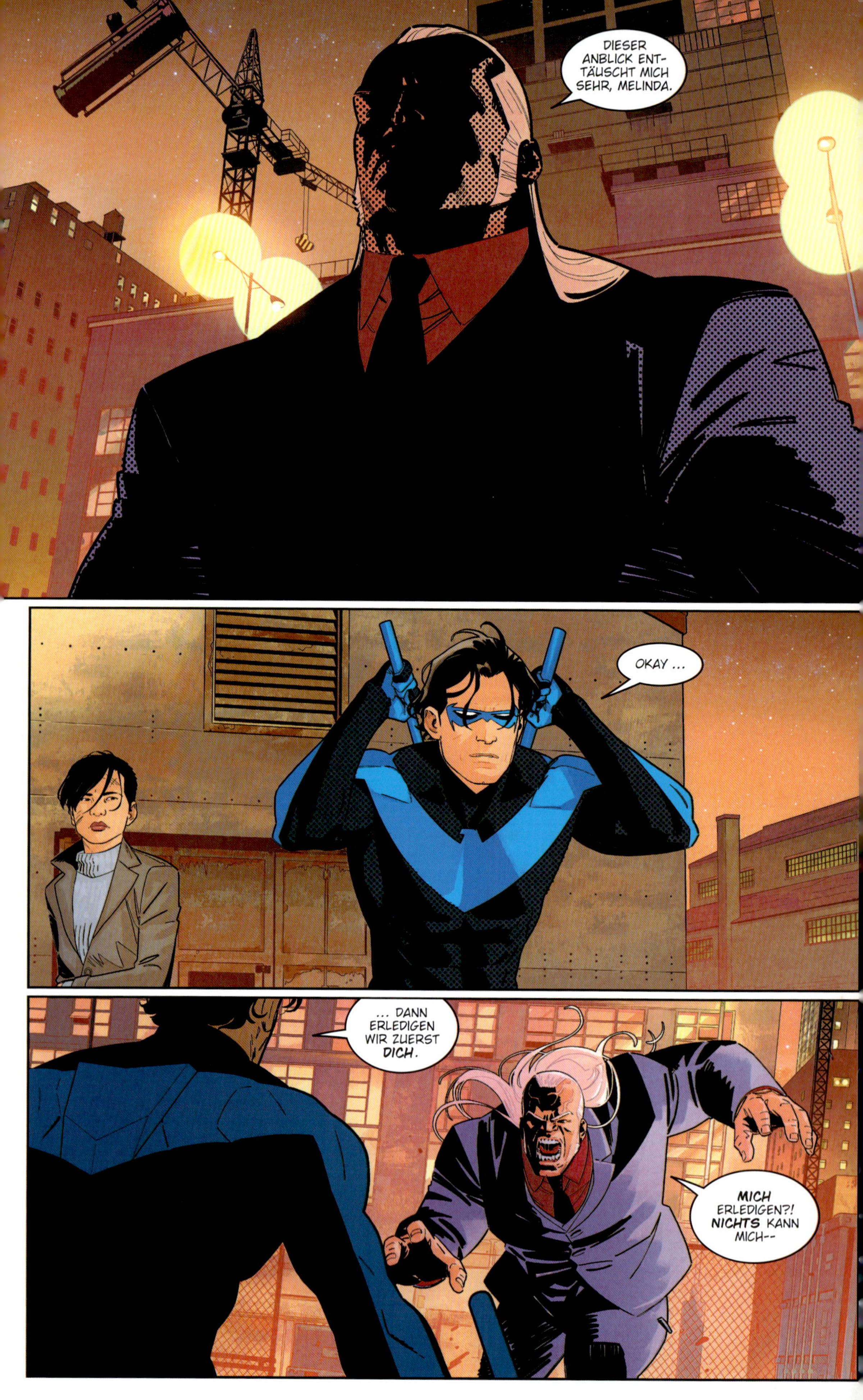
DIESER ANBLICK ENTTÄUSCHT MICH SEHR, MELINDA.
OKAY ...
... DANN ERLEDIGEN WIR ZUERST **DICH**.
MICH ERLEDIGEN?! **NICHTS** KANN MICH--

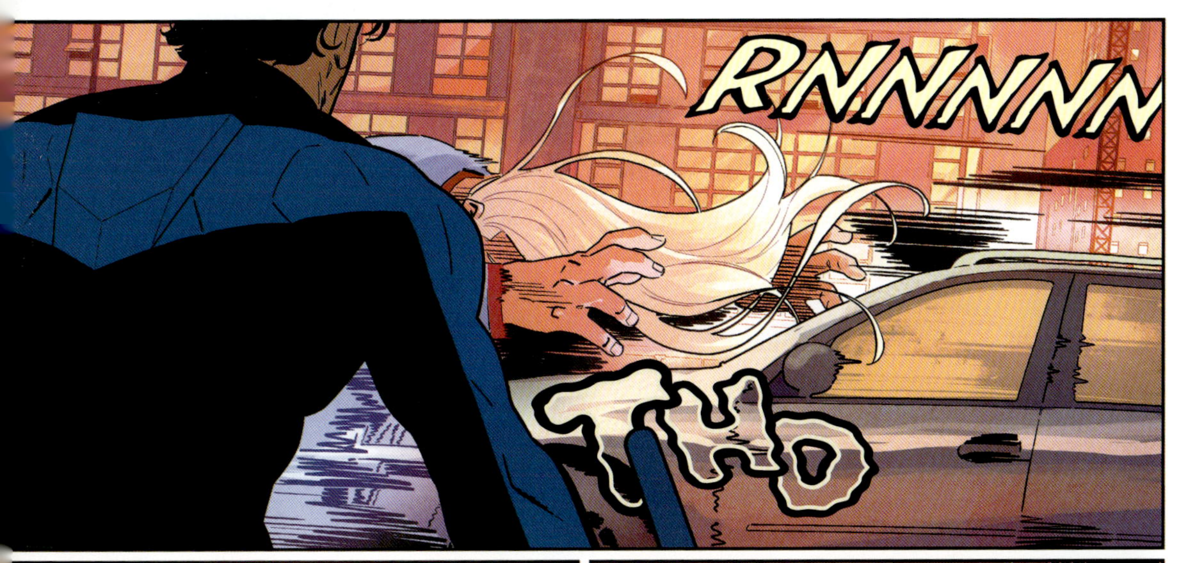
RNNNNN
THD

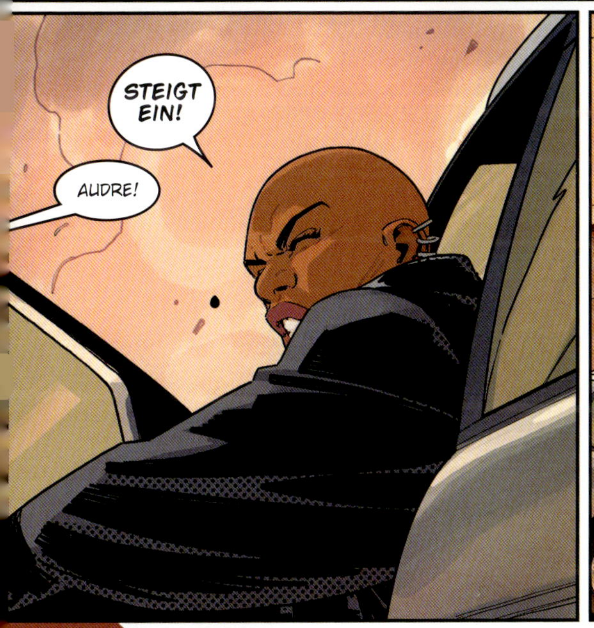
STEIGT EIN!
AUDRE!

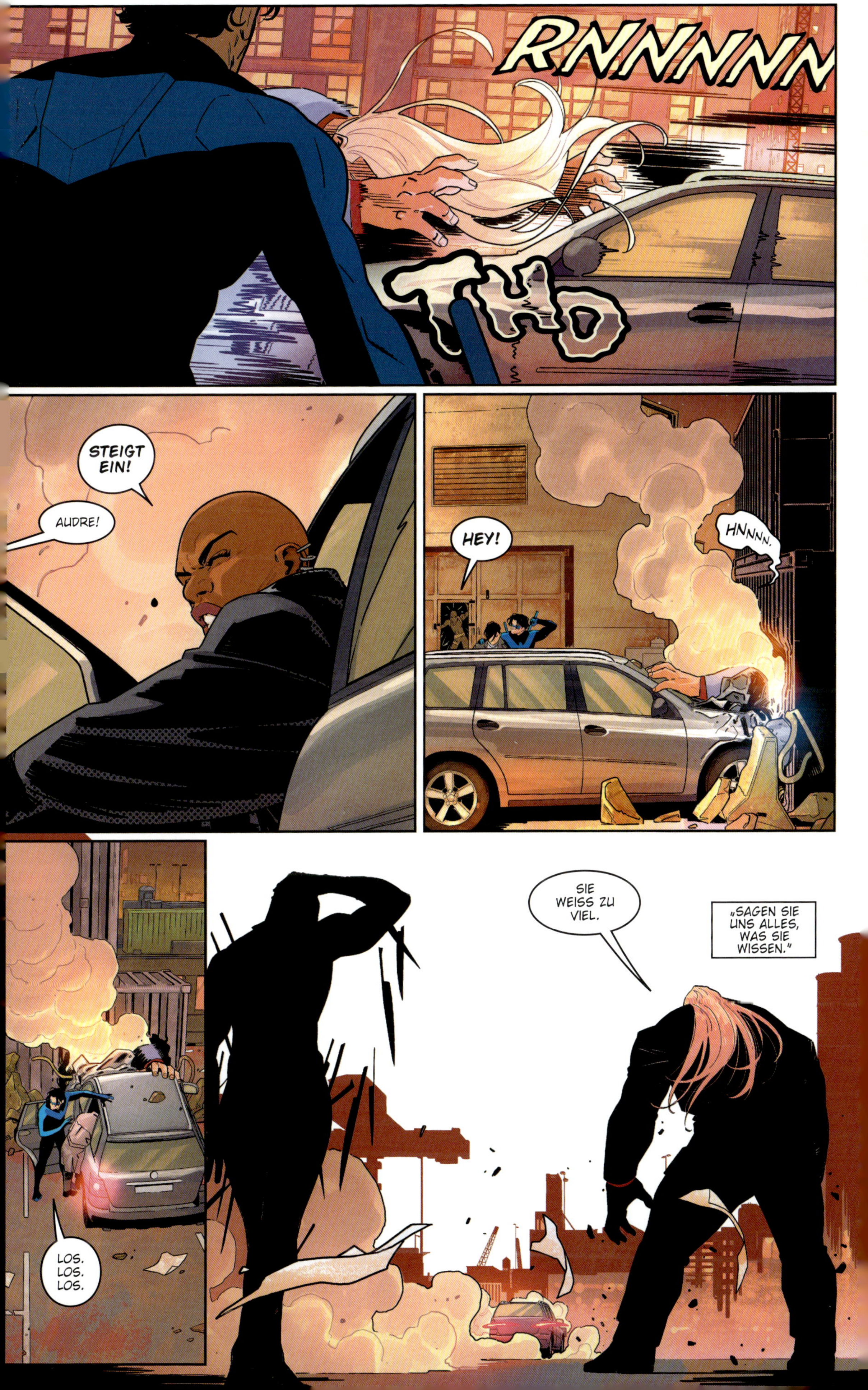

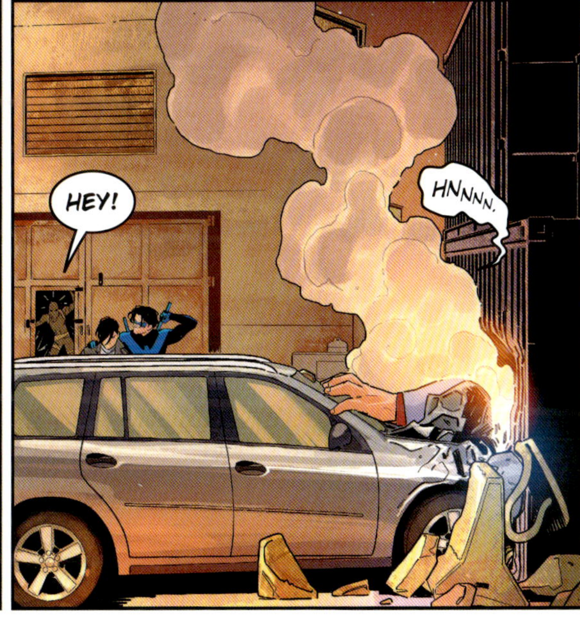
HEY!
HNNNN.

LOS. LOS. LOS.
SIE WEISS ZU VIEL.
„SAGEN SIE UNS ALLES, WAS SIE WISSEN."

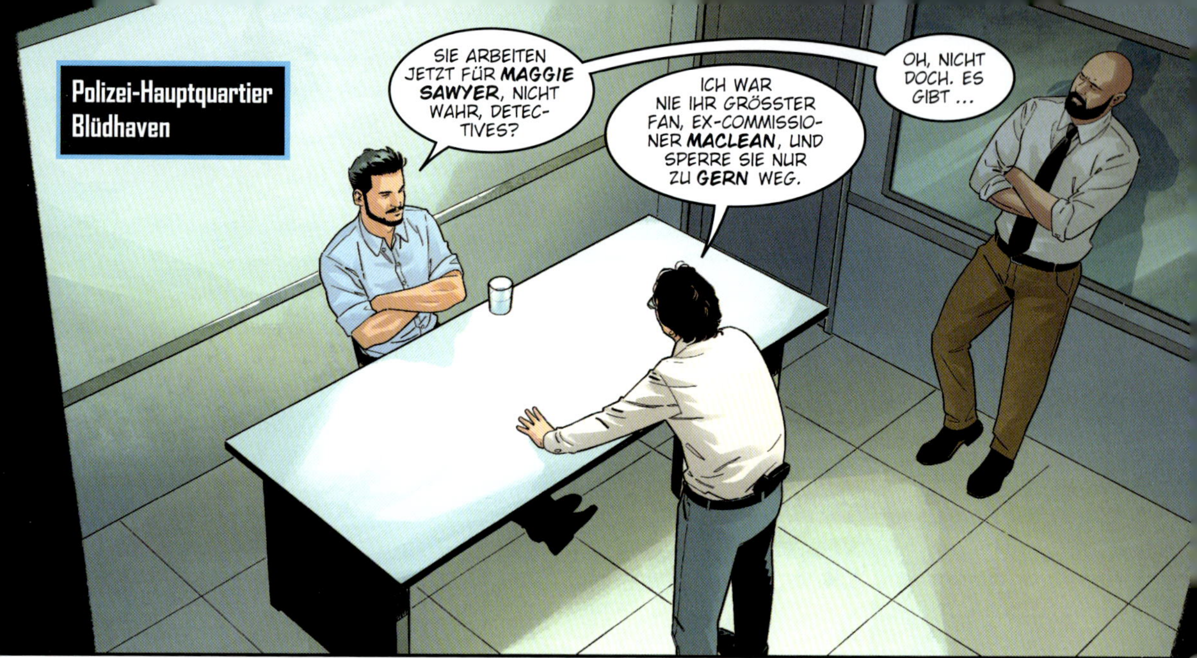
Polizei-Hauptquartier
Blüdhaven
SIE ARBEITEN JETZT FÜR **MAGGIE SAWYER**, NICHT WAHR, DETECTIVES?
OH, NICHT DOCH. ES GIBT ...
ICH WAR NIE IHR GRÖSSTER FAN, EX-COMMISSIONER **MACLEAN**, UND SPERRE SIE NUR ZU **GERN** WEG.

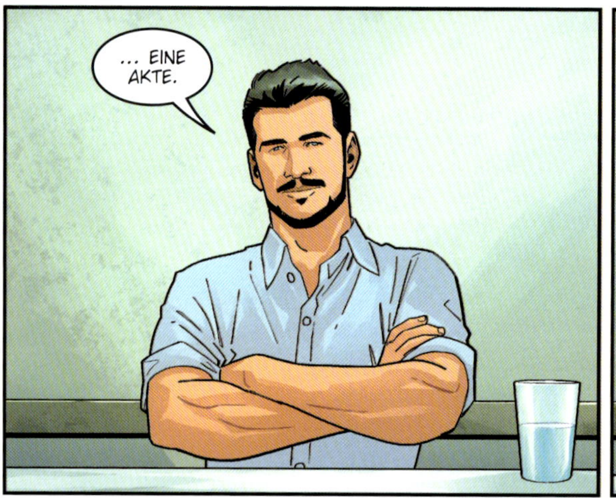
... EINE AKTE.

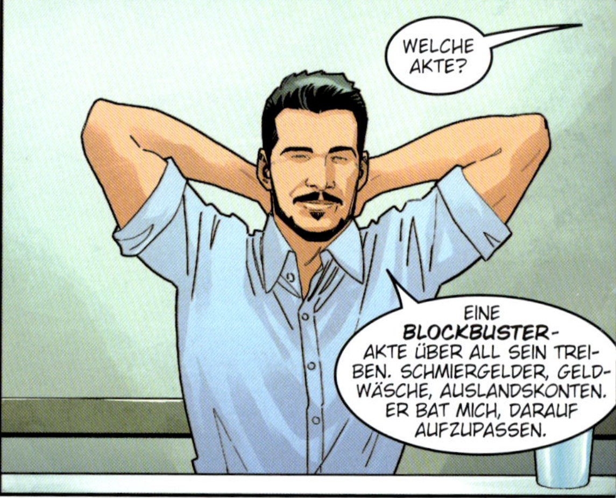
WELCHE AKTE?
EINE **BLOCKBUSTER**-AKTE ÜBER ALL SEIN TREIBEN. SCHMIERGELDER, GELDWÄSCHE, AUSLANDSKONTEN. ER BAT MICH, DARAUF AUFZUPASSEN.

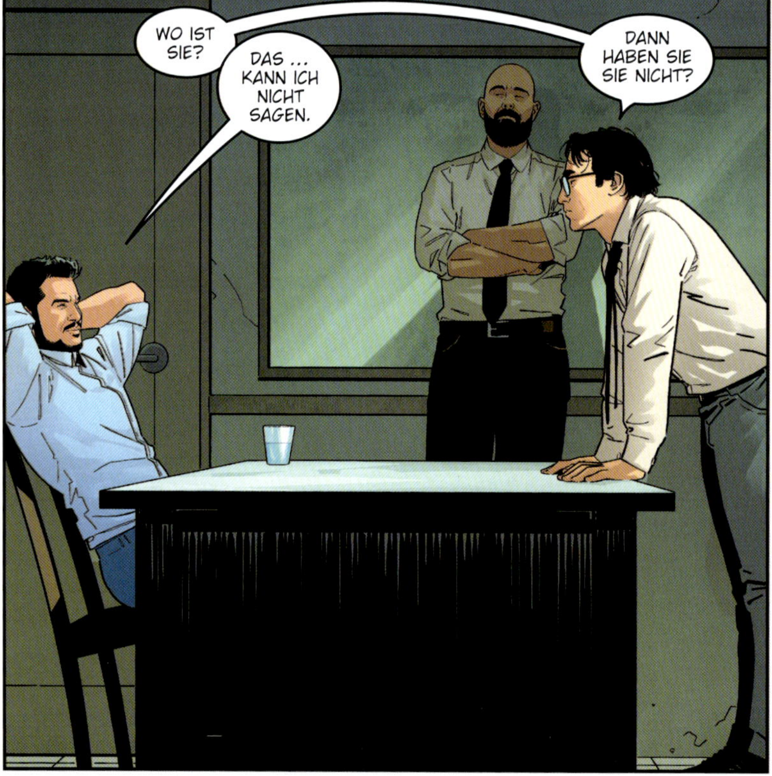
WO IST SIE?
DAS ... KANN ICH NICHT SAGEN.
DANN HABEN SIE SIE NICHT?

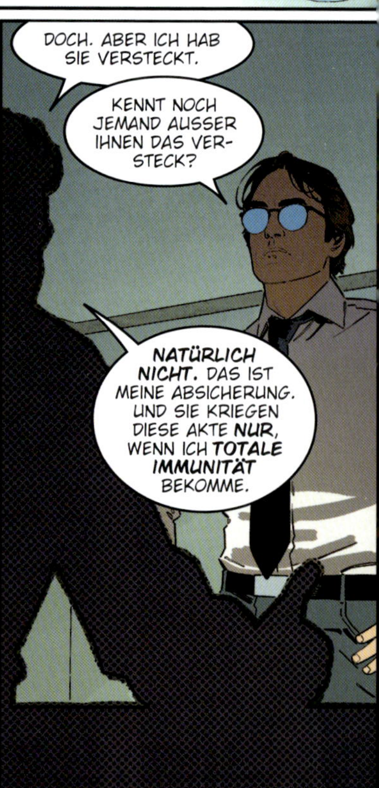
DOCH. ABER ICH HAB SIE VERSTECKT.
KENNT NOCH JEMAND AUSSER IHNEN DAS VERSTECK?
NATÜRLICH NICHT. DAS IST MEINE ABSICHERUNG. UND SIE KRIEGEN DIESE AKTE **NUR**, WENN ICH **TOTALE IMMUNITÄT** BEKOMME.

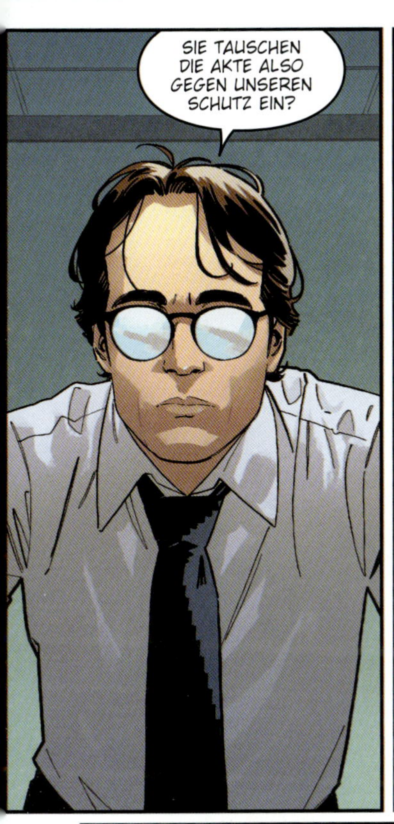
SIE TAUSCHEN DIE AKTE ALSO GEGEN UNSEREN SCHUTZ EIN?

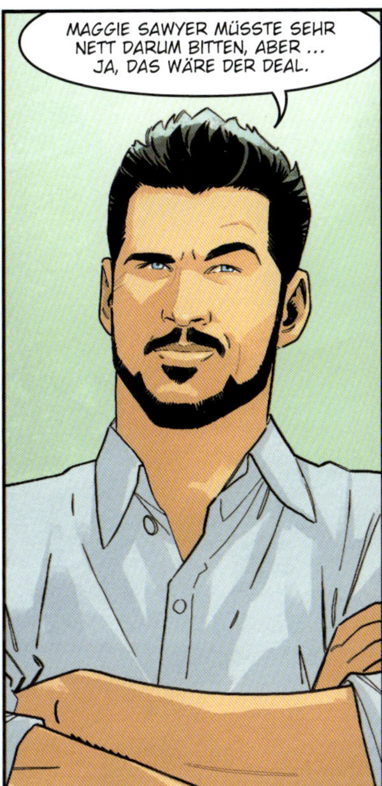
MAGGIE SAWYER MÜSSTE SEHR NETT DARUM BITTEN, ABER ... JA, DAS WÄRE DER DEAL.

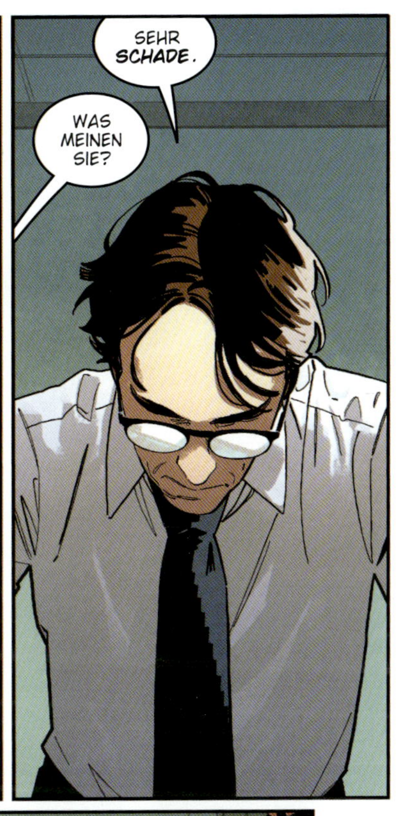
SEHR **SCHADE**.
WAS MEINEN SIE?

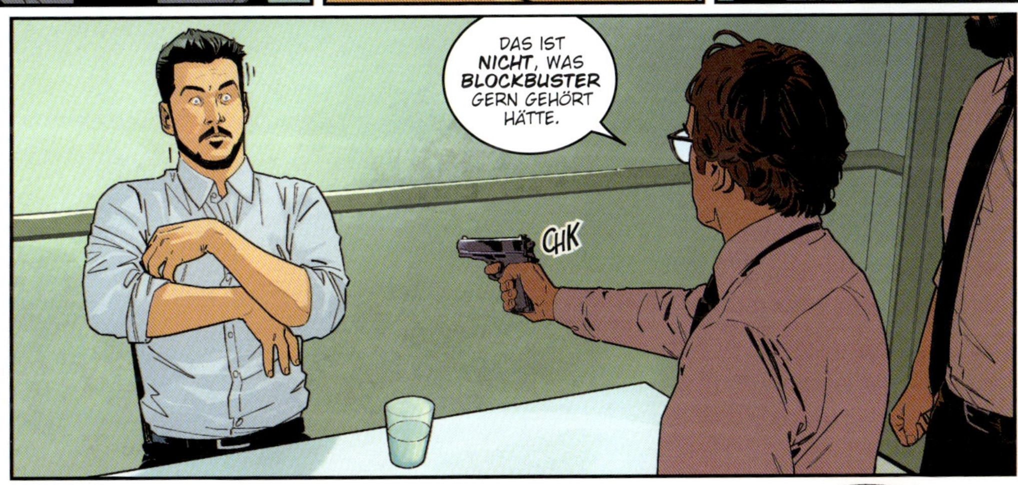
DAS IST **NICHT**, WAS **BLOCKBUSTER** GERN GEHÖRT HÄTTE.
CHK

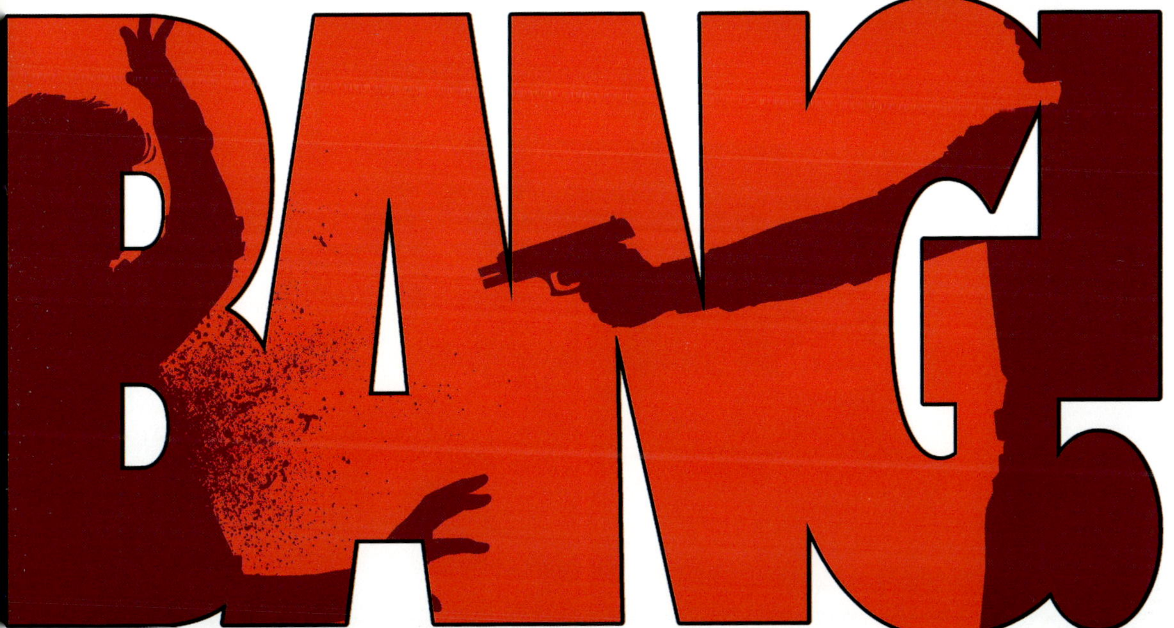
BANG!

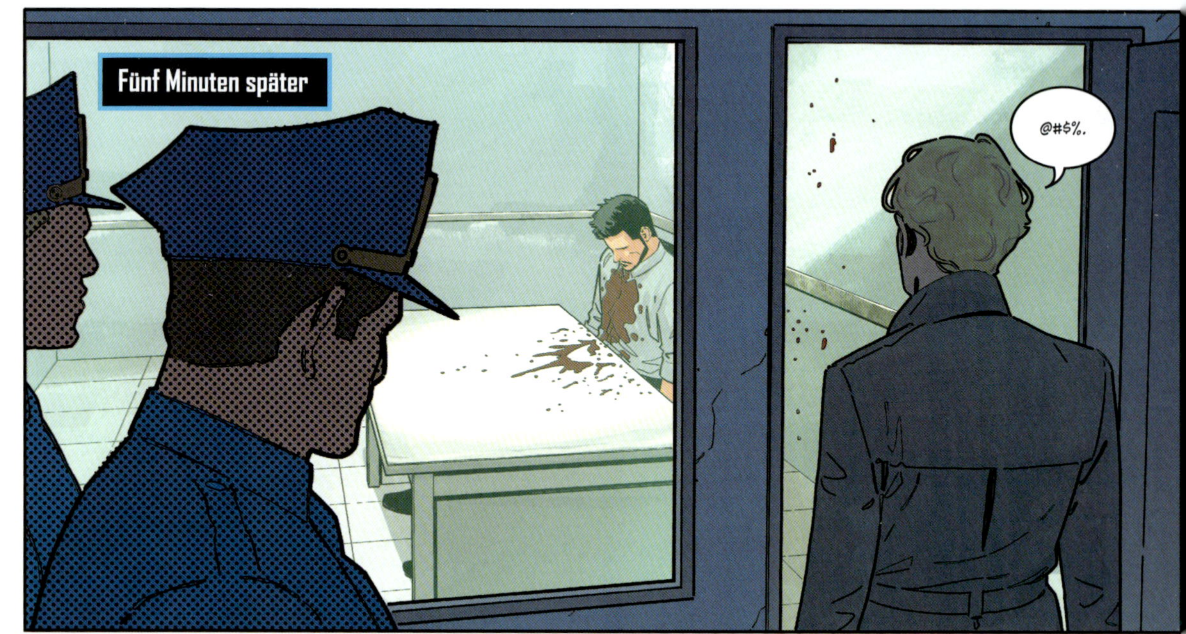
Fünf Minuten später
@#$%.

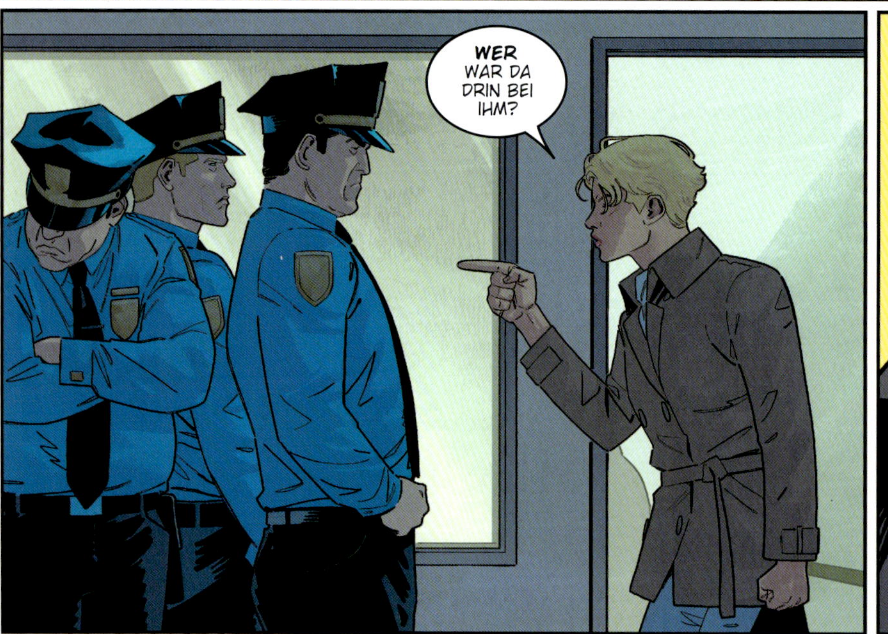
WER WAR DA DRIN BEI IHM?

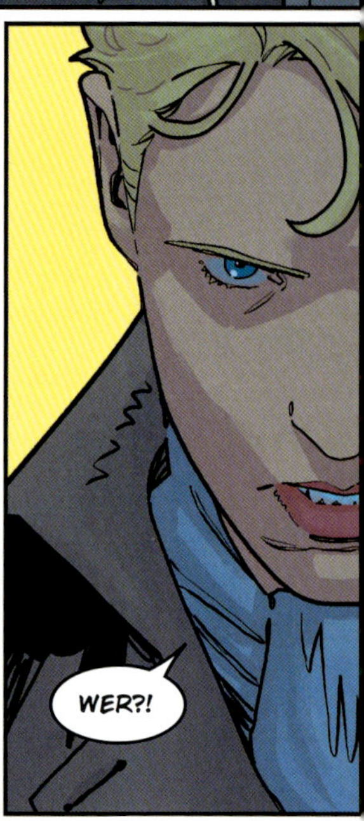
WER?!

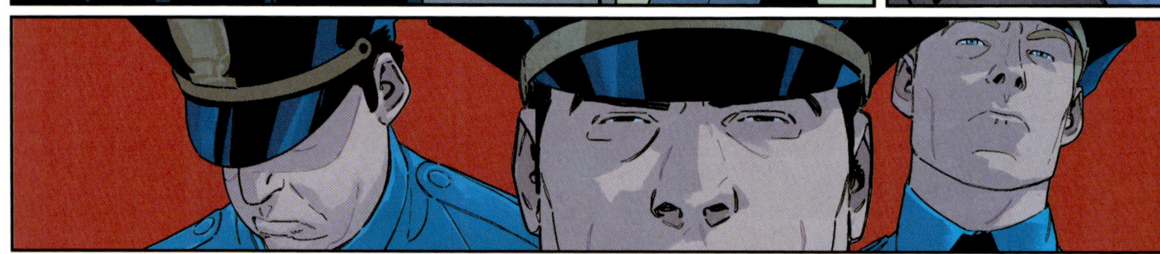

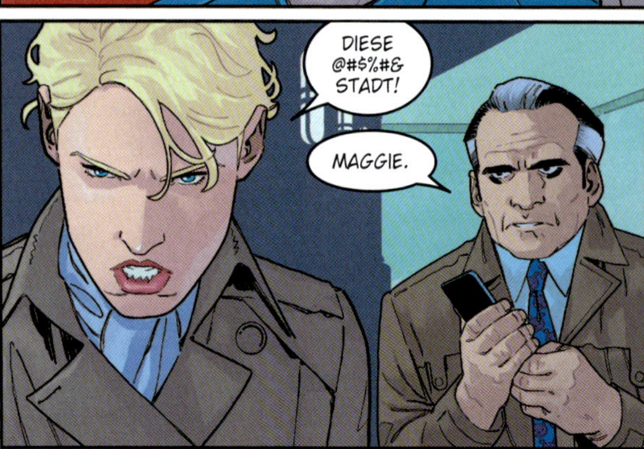
DIESE @#$%#& STADT!
MAGGIE.

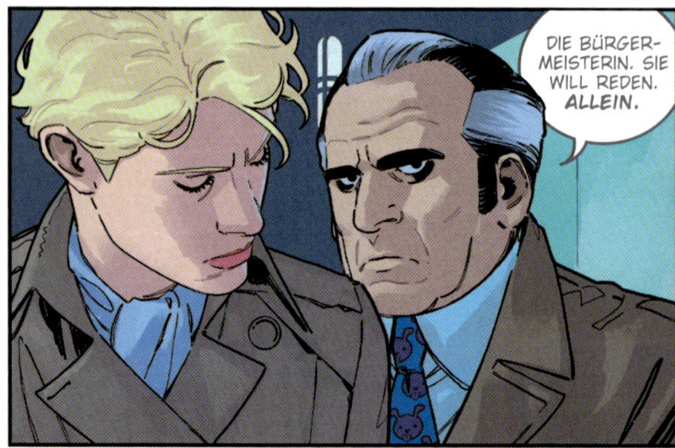
DIE BÜRGER-MEISTERIN. SIE WILL REDEN. ALLEIN.

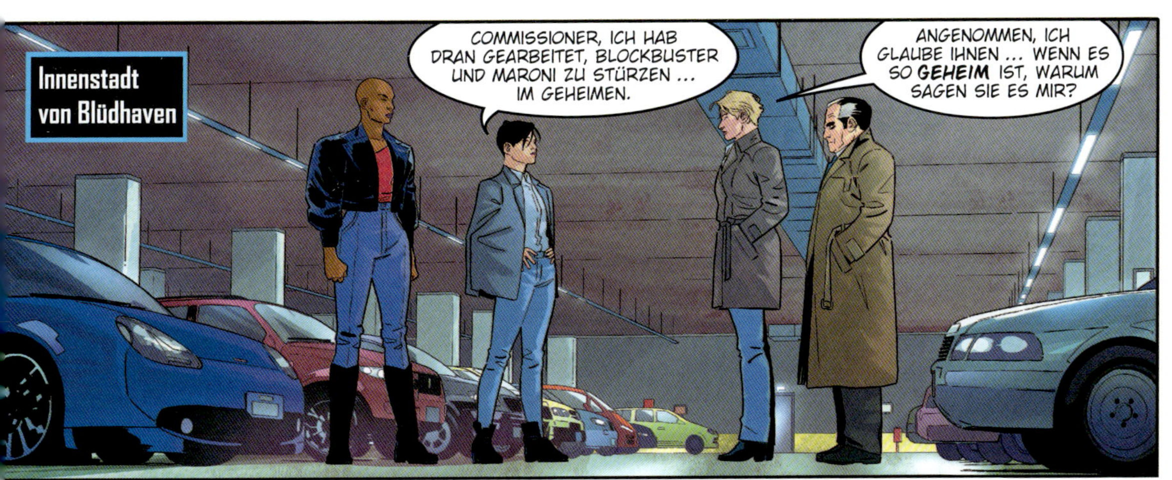
Innenstadt von Blüdhaven
COMMISSIONER, ICH HAB DRAN GEARBEITET, BLOCKBUSTER UND MARONI ZU STÜRZEN ... IM GEHEIMEN.
ANGENOMMEN, ICH GLAUBE IHNEN ... WENN ES SO **GEHEIM** IST, WARUM SAGEN SIE ES MIR?

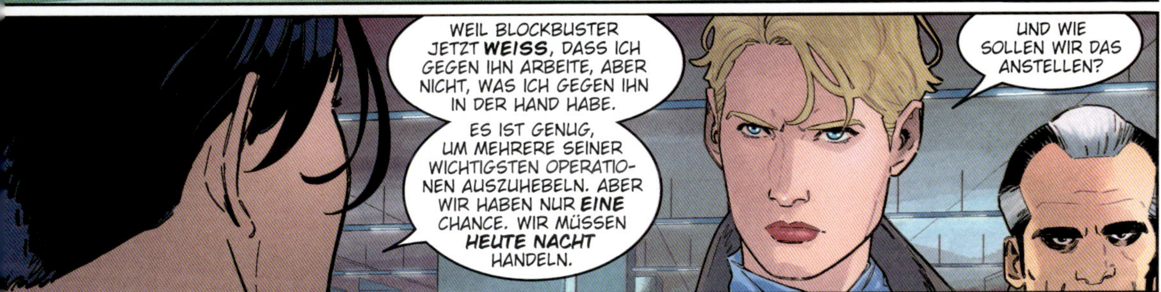
WEIL BLOCKBUSTER JETZT **WEISS**, DASS ICH GEGEN IHN ARBEITE, ABER NICHT, WAS ICH GEGEN IHN IN DER HAND HABE.
ES IST GENUG, UM MEHRERE SEINER WICHTIGSTEN OPERATIONEN AUSZUHEBELN. ABER WIR HABEN NUR **EINE** CHANCE. WIR MÜSSEN **HEUTE NACHT** HANDELN.
UND WIE SOLLEN WIR DAS ANSTELLEN?

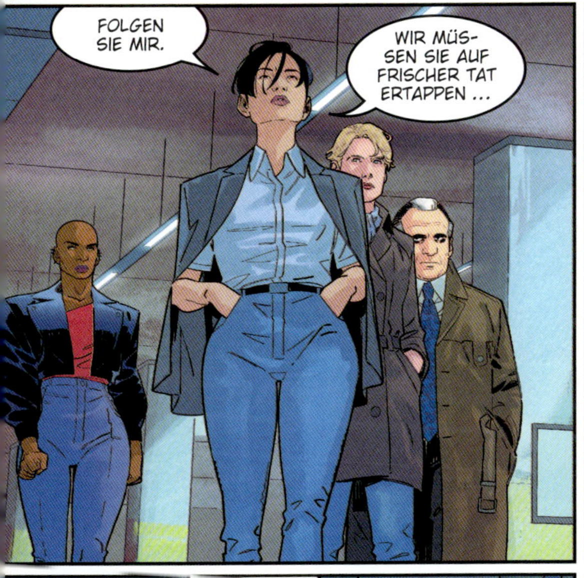
FOLGEN SIE MIR.
WIR MÜSSEN SIE AUF FRISCHER TAT ERTAPPEN ...

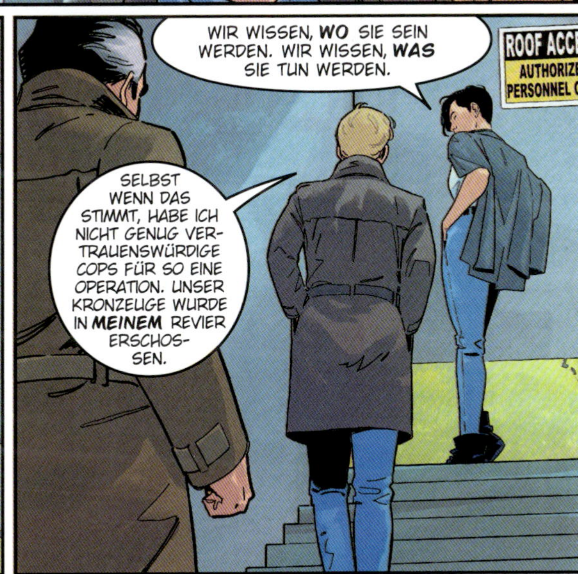
WIR WISSEN, **WO** SIE SEIN WERDEN. WIR WISSEN, **WAS** SIE TUN WERDEN.
ROOF ACCE
AUTHORIZE
PERSONNEL O
SELBST WENN DAS STIMMT, HABE ICH NICHT GENUG VERTRAUENSWÜRDIGE COPS FÜR SO EINE OPERATION. UNSER KRONZEUGE WURDE IN **MEINEM** REVIER ERSCHOSSEN.

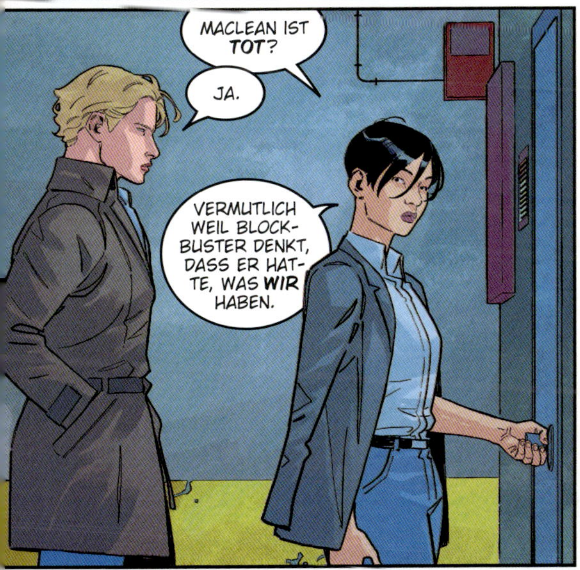
MACLEAN IST **TOT**?
JA.
VERMUTLICH WEIL BLOCKBUSTER DENKT, DASS ER HATTE, WAS **WIR** HABEN.

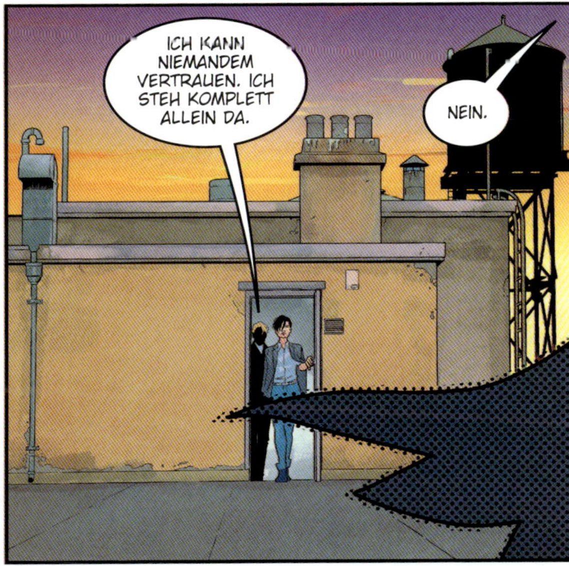
ICH KANN NIEMANDEM VERTRAUEN. ICH STEH KOMPLETT ALLEIN DA.
NEIN.

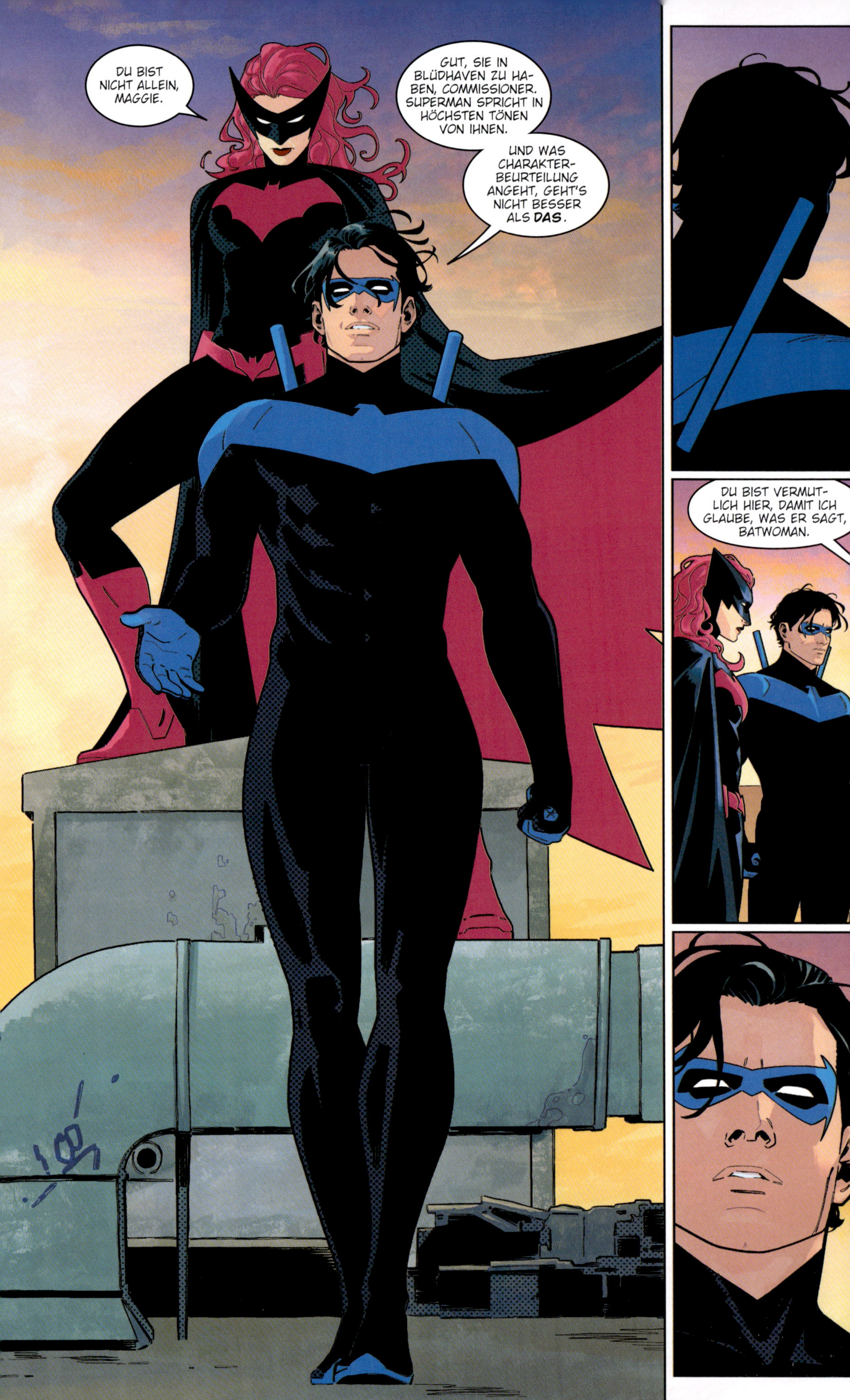
DU BIST NICHT ALLEIN, MAGGIE.
GUT, SIE IN BLÜDHAVEN ZU HABEN, COMMISSIONER. SUPERMAN SPRICHT IN HÖCHSTEN TÖNEN VON IHNEN.
UND WAS CHARAKTER-BEURTEILUNG ANGEHT, GEHT'S NICHT BESSER ALS **DAS**.
DU BIST VERMUTLICH HIER, DAMIT ICH GLAUBE, WAS ER SAGT, BATWOMAN.

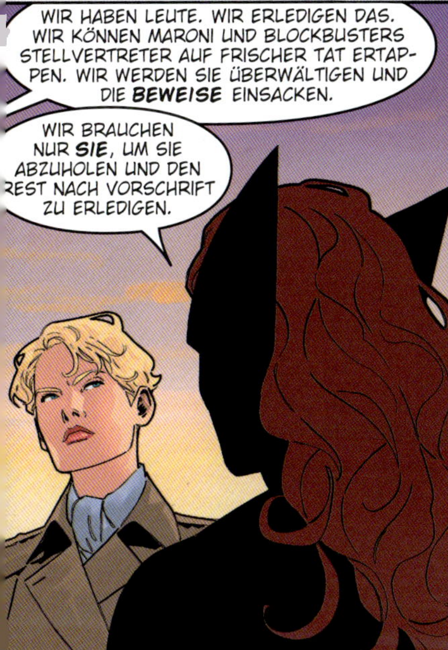
WIR HABEN LEUTE. WIR ERLEDIGEN DAS. WIR KÖNNEN MARONI UND BLOCKBUSTERS STELLVERTRETER AUF FRISCHER TAT ERTAPPEN. WIR WERDEN SIE ÜBERWÄLTIGEN UND DIE **BEWEISE** EINSACKEN.
WIR BRAUCHEN NUR **SIE**, UM SIE ABZUHOLEN UND DEN REST NACH VORSCHRIFT ZU ERLEDIGEN.

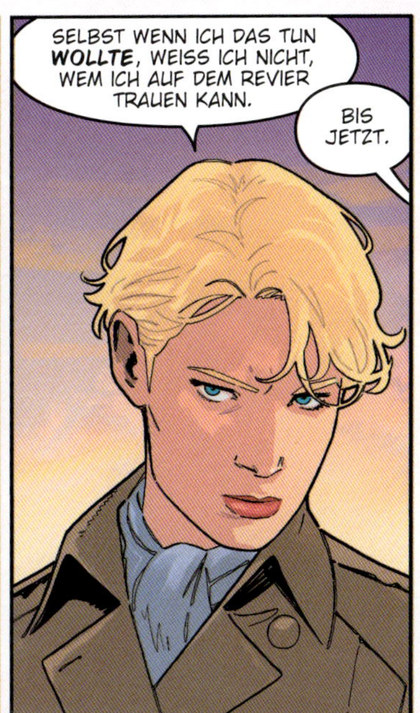
SELBST WENN ICH DAS TUN **WOLLTE**, WEISS ICH NICHT, WEM ICH AUF DEM REVIER TRAUEN KANN.
BIS JETZT.

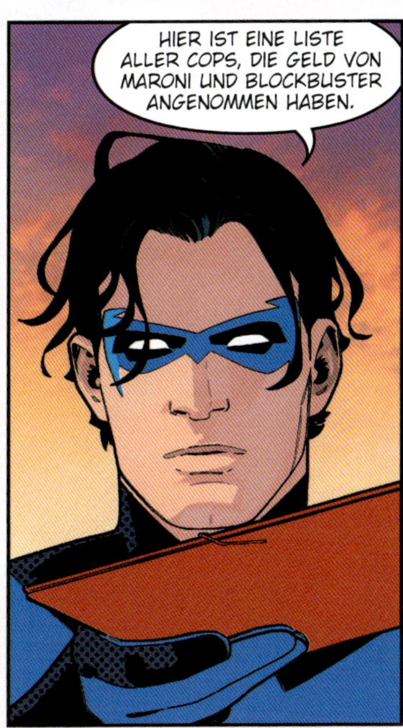
HIER IST EINE LISTE ALLER COPS, DIE GELD VON MARONI UND BLOCKBUSTER ANGENOMMEN HABEN.

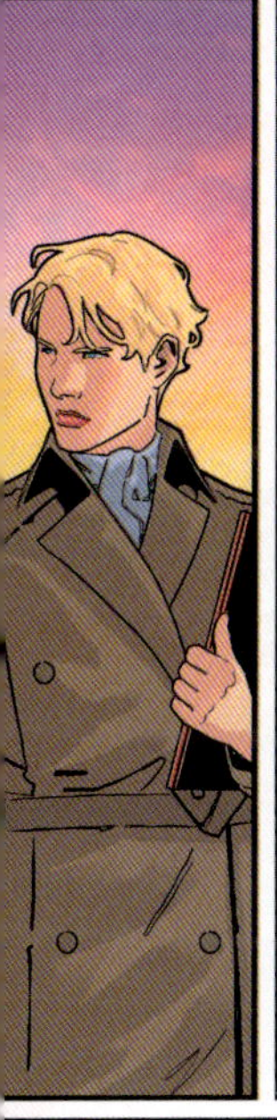

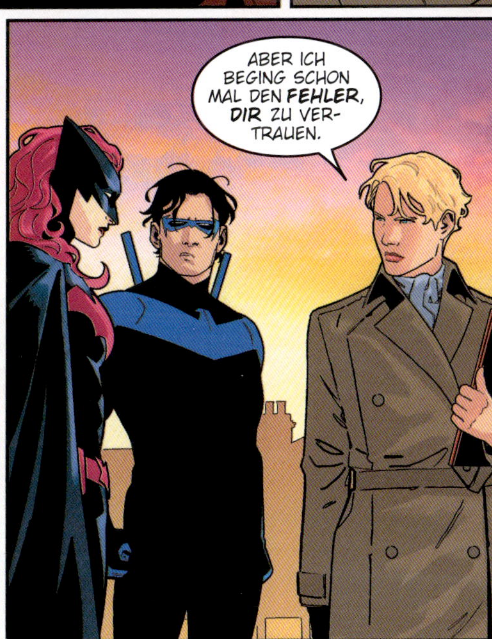
ABER ICH BEGING SCHON MAL DEN **FEHLER**, **DIR** ZU VERTRAUEN.

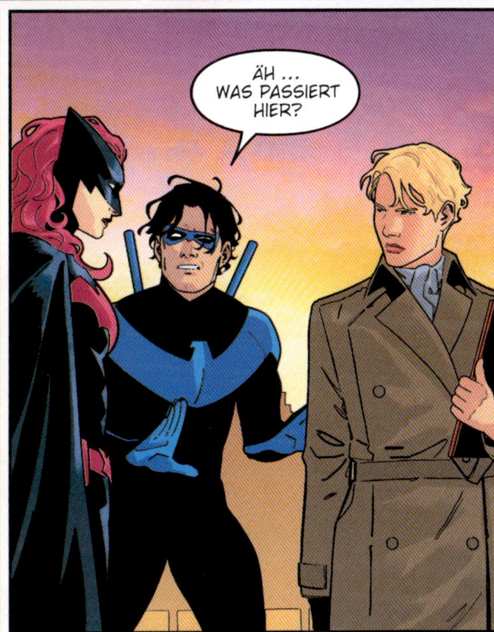
ÄH ... WAS PASSIERT HIER?

DIESE STADT WIRD VON KORRUPTEN SCHLÄGERN REGIERT, DIE GLAUBEN, IHR GELD UND IHRE MACHT STELLEN SIE ÜBER DAS GESETZ, GANZ OHNE **KONSEQUENZEN**.

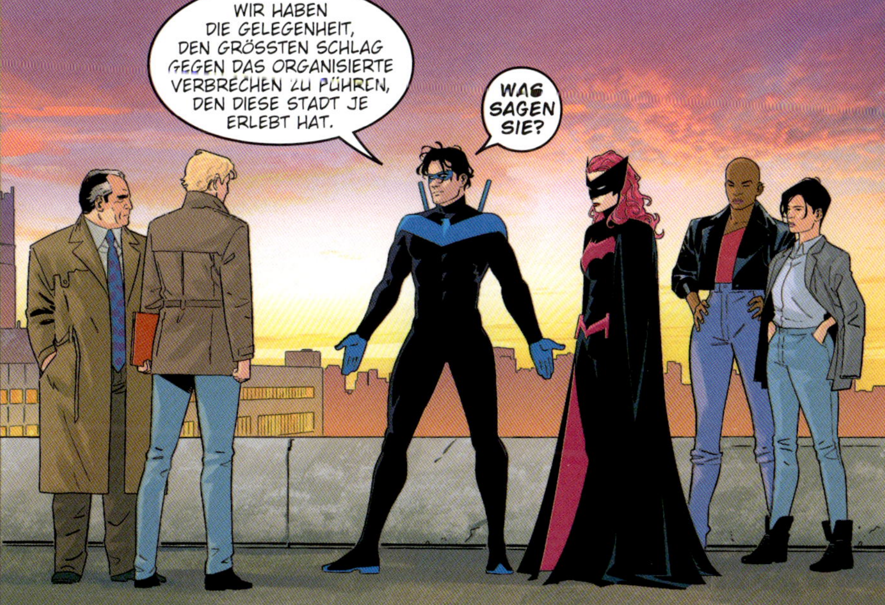
WIR HABEN DIE GELEGENHEIT, DEN GRÖSSTEN SCHLAG GEGEN DAS ORGANISIERTE VERBRECHEN ZU FÜHREN, DEN DIESE STADT JE ERLEBT HAT.
WAS SAGEN SIE?

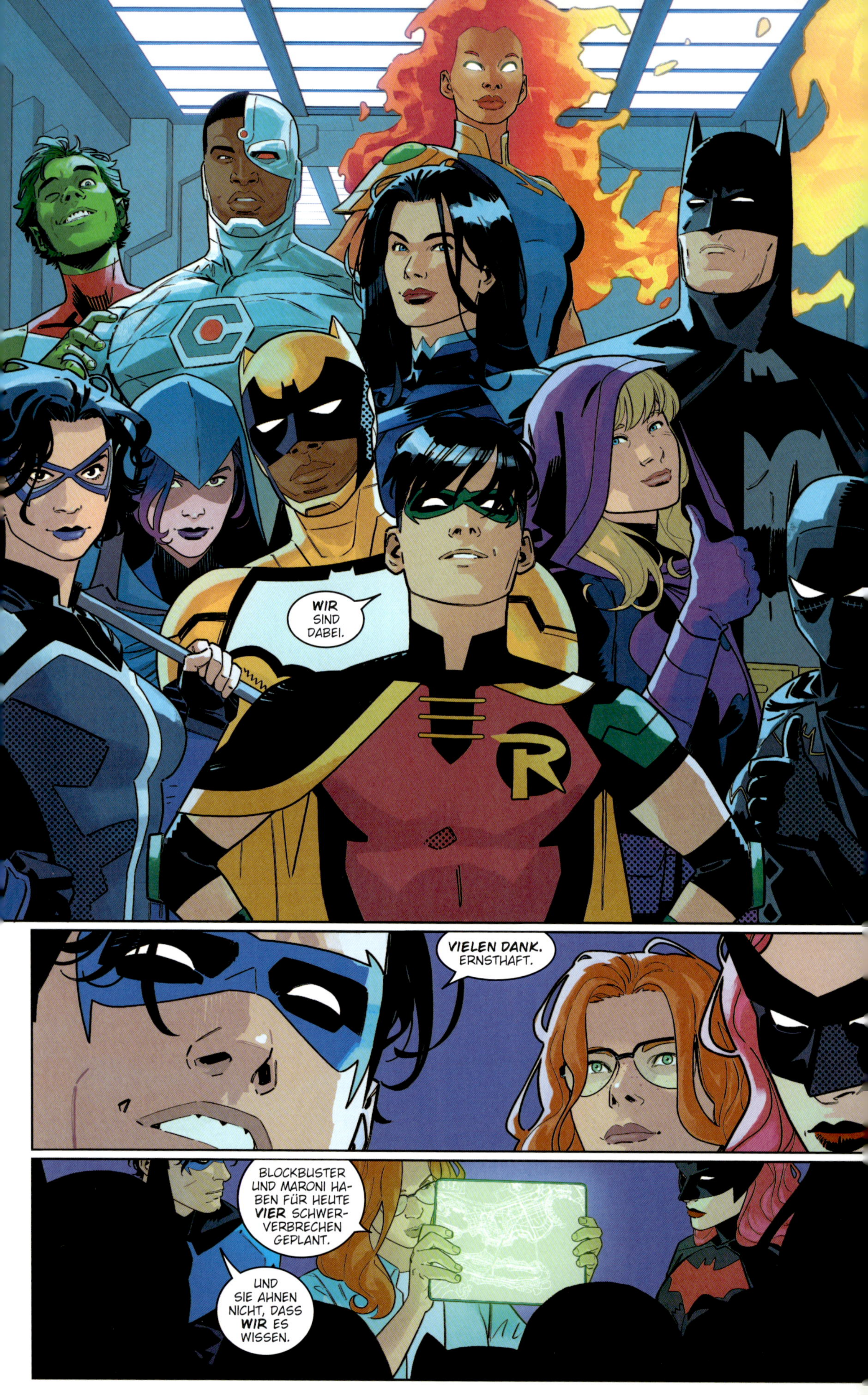
WIR SIND DABEI.
VIELEN DANK. ERNSTHAFT.
BLOCKBUSTER UND MARONI HABEN FÜR HEUTE VIER SCHWERVERBRECHEN GEPLANT.
UND SIE AHNEN NICHT, DASS WIR ES WISSEN.

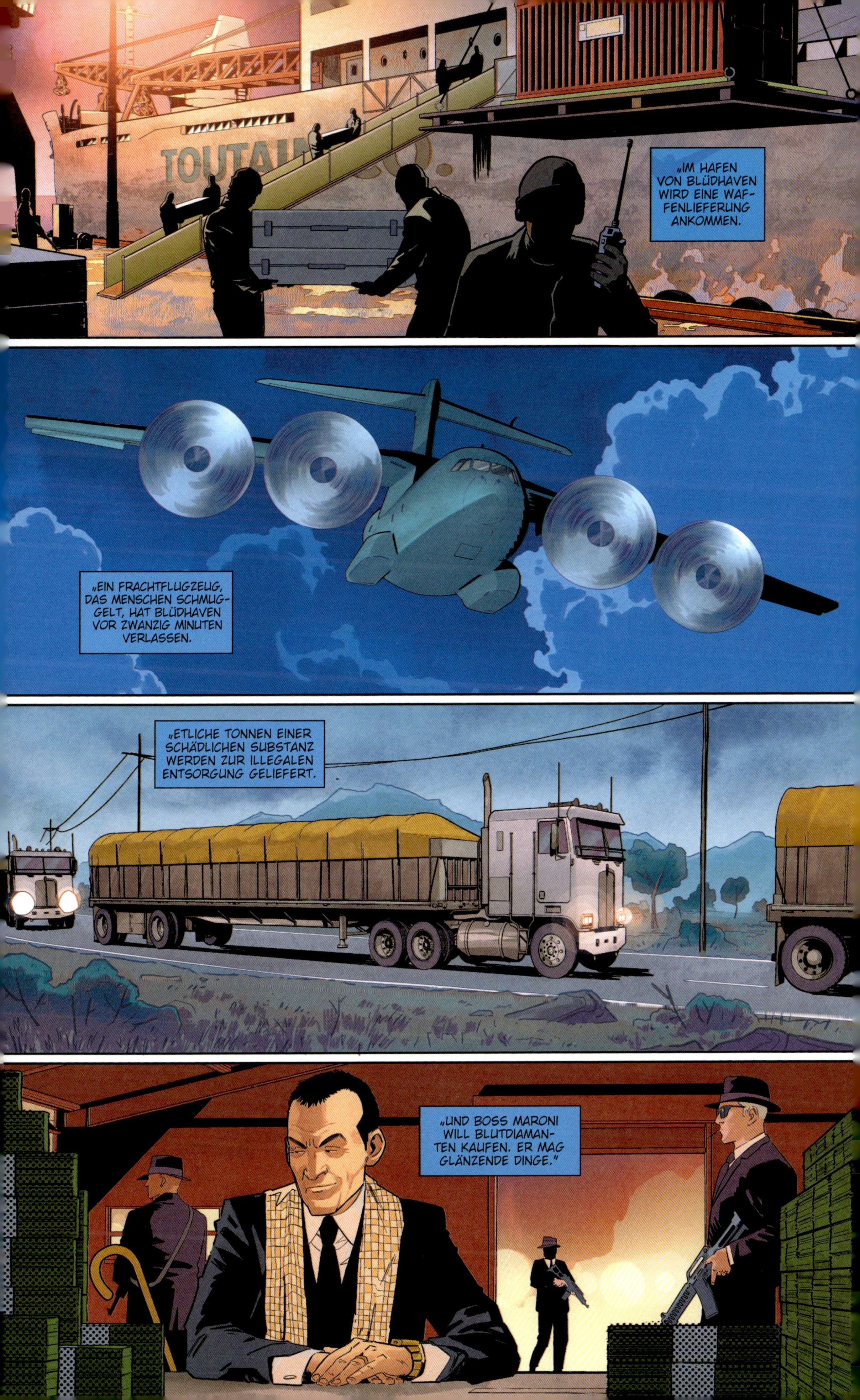

„IM HAFEN VON BLÜDHAVEN WIRD EINE WAFFENLIEFERUNG ANKOMMEN.

„EIN FRACHTFLUGZEUG, DAS MENSCHEN SCHMUGGELT, HAT BLÜDHAVEN VOR ZWANZIG MINUTEN VERLASSEN.

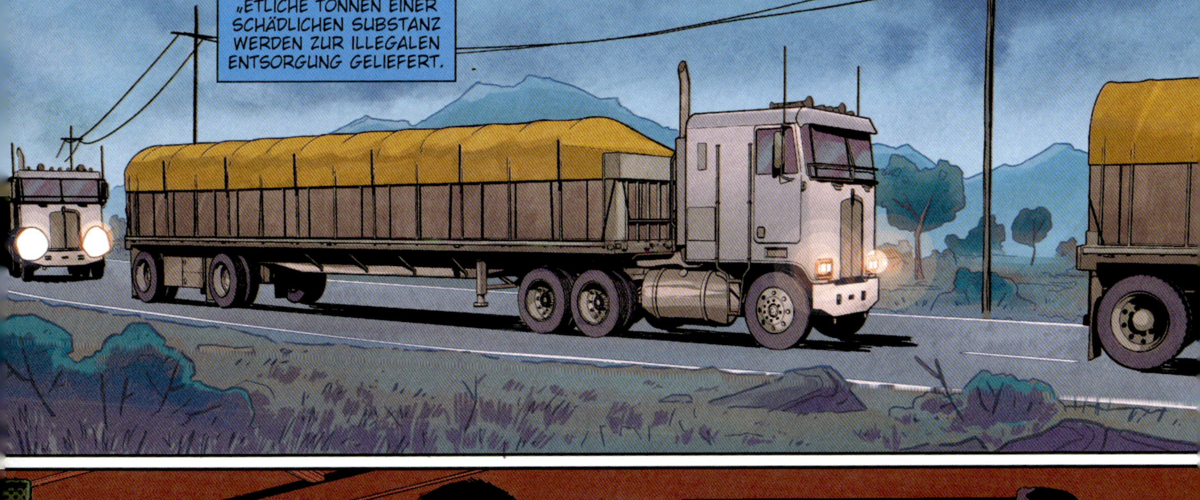

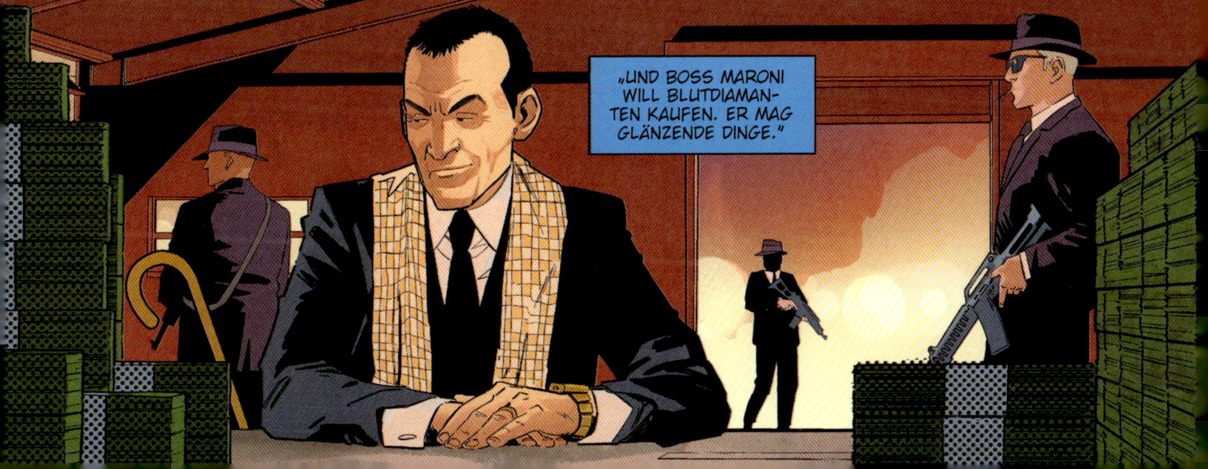

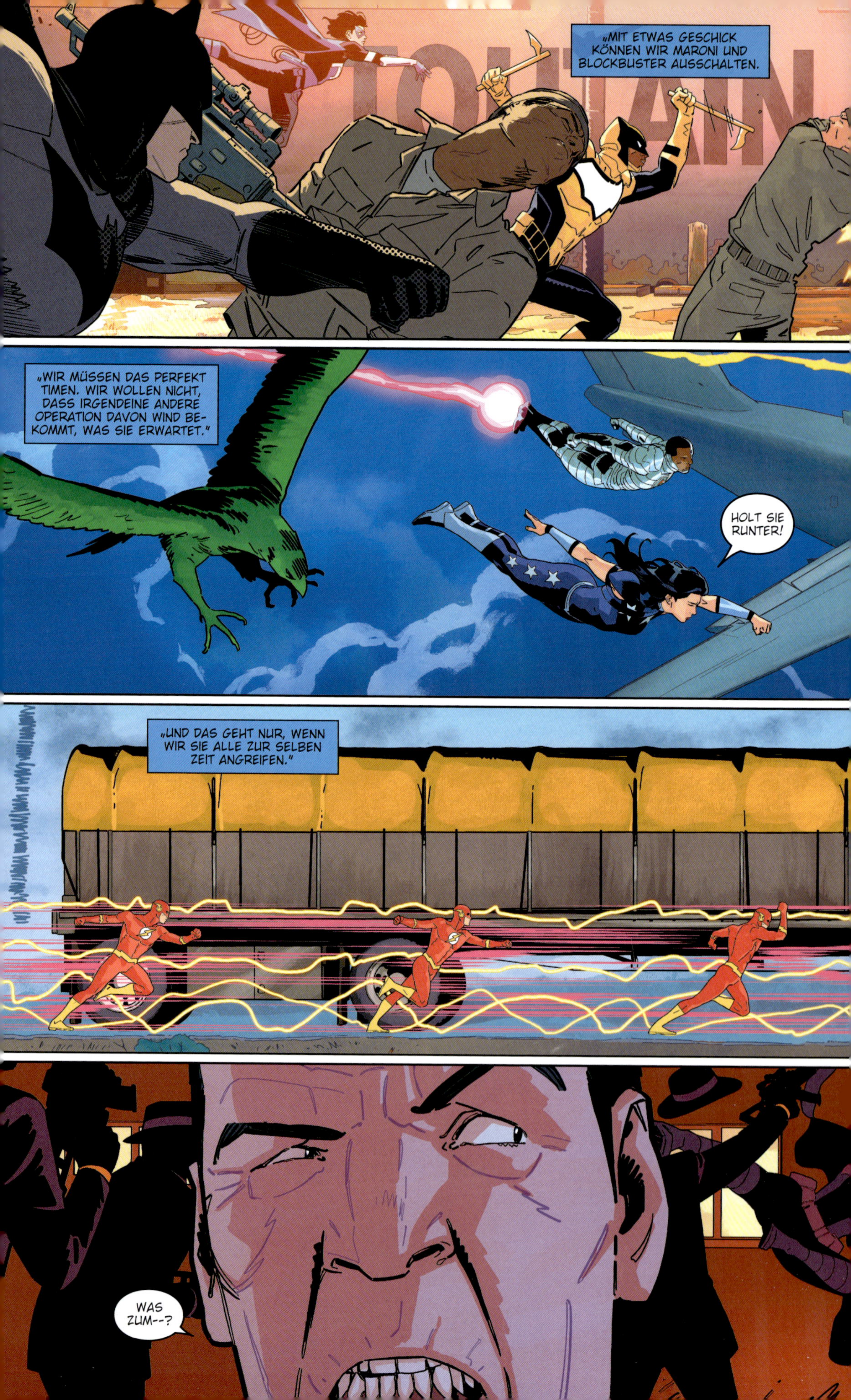
„MIT ETWAS GESCHICK KÖNNEN WIR MARONI UND BLOCKBUSTER AUSSCHALTEN.
„WIR MÜSSEN DAS PERFEKT TIMEN. WIR WOLLEN NICHT, DASS IRGENDEINE ANDERE OPERATION DAVON WIND BE-KOMMT, WAS SIE ERWARTET."
HOLT SIE RUNTER!
„UND DAS GEHT NUR, WENN WIR SIE ALLE ZUR SELBEN ZEIT ANGREIFEN."
WAS ZUM--?

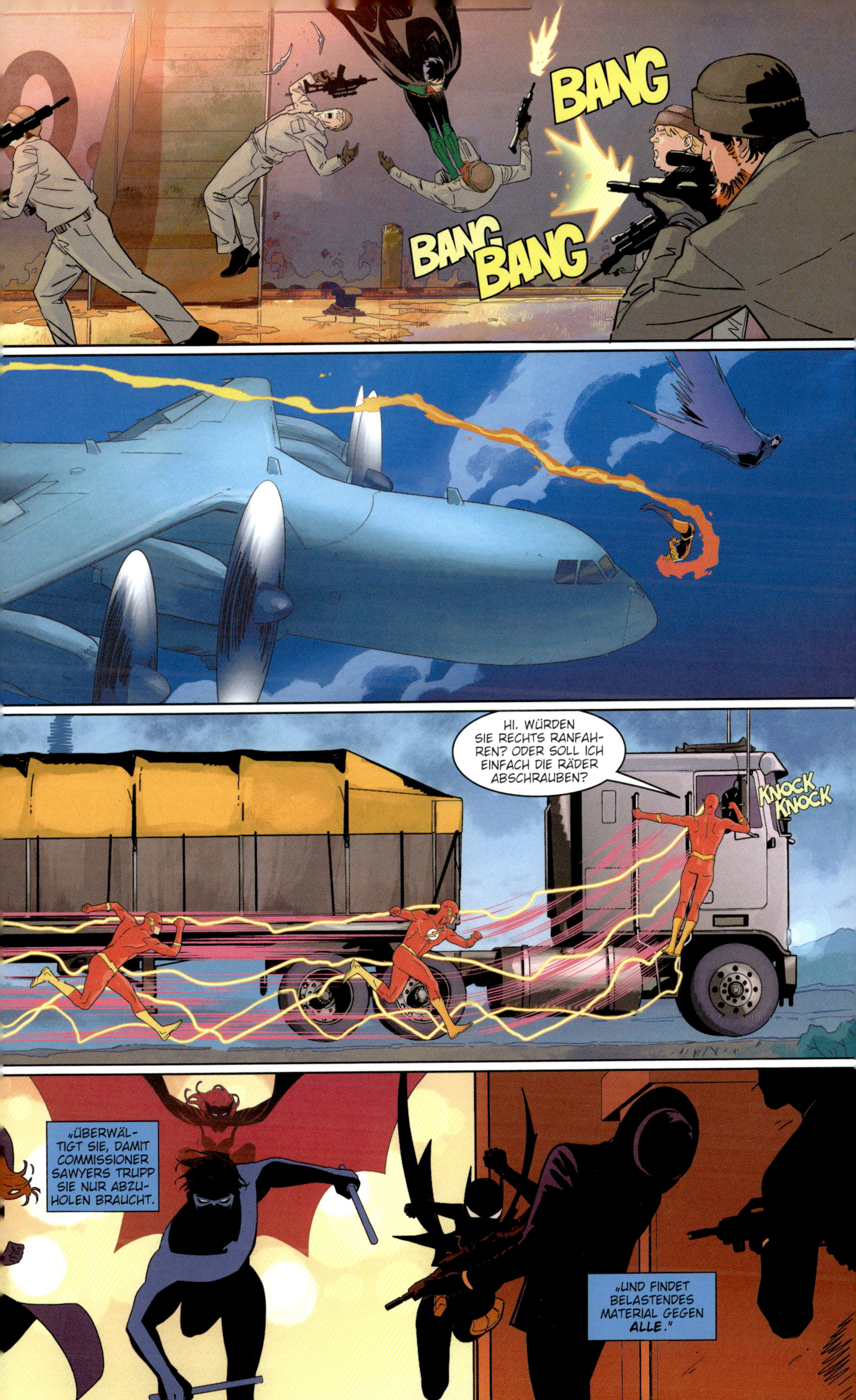
BANG
BANG
BANG
HI. WÜRDEN SIE RECHTS RANFAHREN? ODER SOLL ICH EINFACH DIE RÄDER ABSCHRAUBEN?
KNOCK KNOCK
„ÜBERWÄLTIGT SIE, DAMIT COMMISSIONER SAWYERS TRUPP SIE NUR ABZUHOLEN BRAUCHT.
„UND FINDET BELASTENDES MATERIAL GEGEN ALLE."

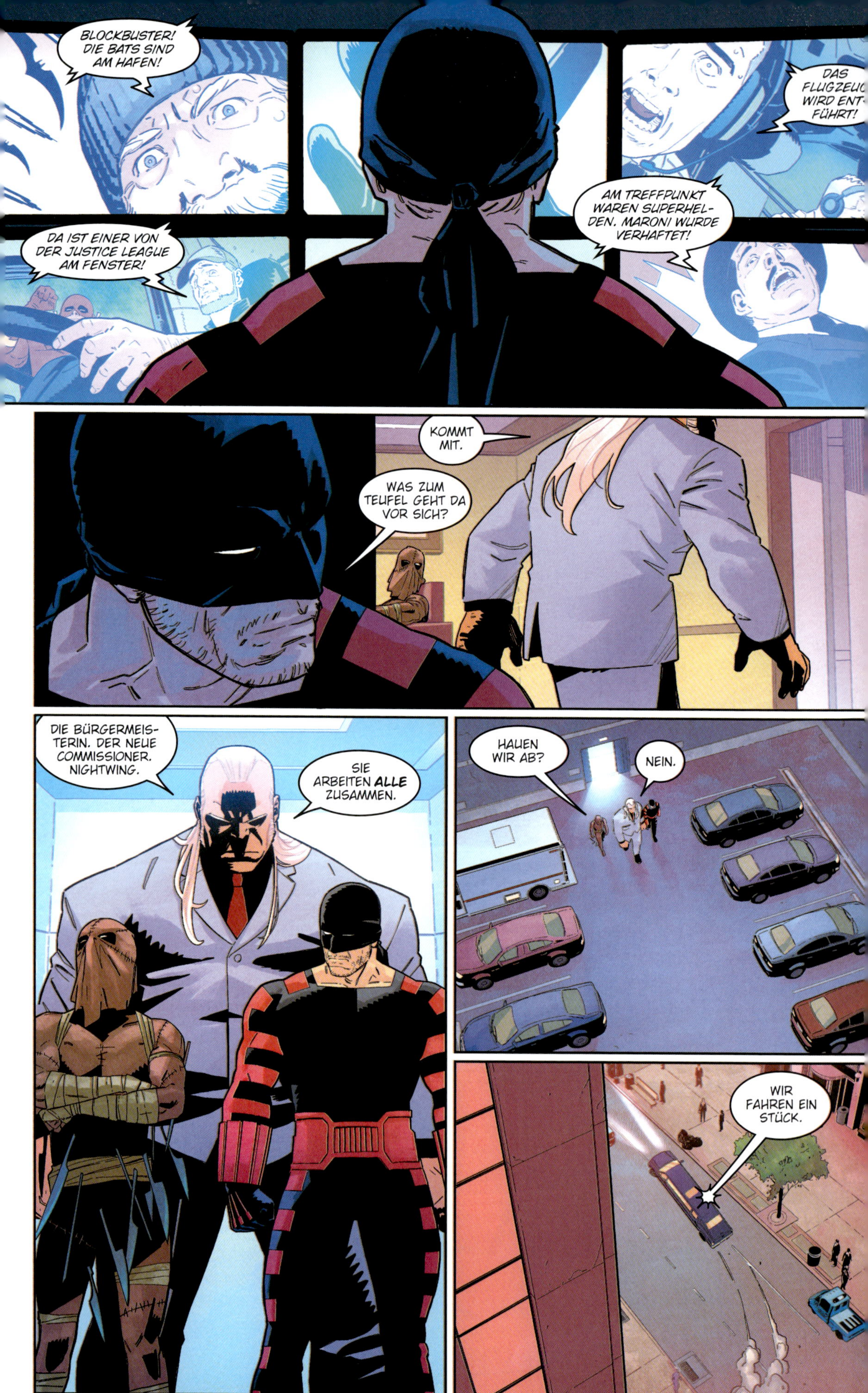
BLOCKBUSTER! DIE BATS SIND AM HAFEN!
DAS FLUGZEUG WIRD ENTFÜHRT!
DA IST EINER VON DER JUSTICE LEAGUE AM FENSTER!
AM TREFFPUNKT WAREN SUPERHELDEN. MARONI WURDE VERHAFTET!
KOMMT MIT.
WAS ZUM TEUFEL GEHT DA VOR SICH?
DIE BÜRGERMEISTERIN. DER NEUE COMMISSIONER. NIGHTWING.
SIE ARBEITEN ALLE ZUSAMMEN.
HAUEN WIR AB?
NEIN.
WIR FAHREN EIN STÜCK.

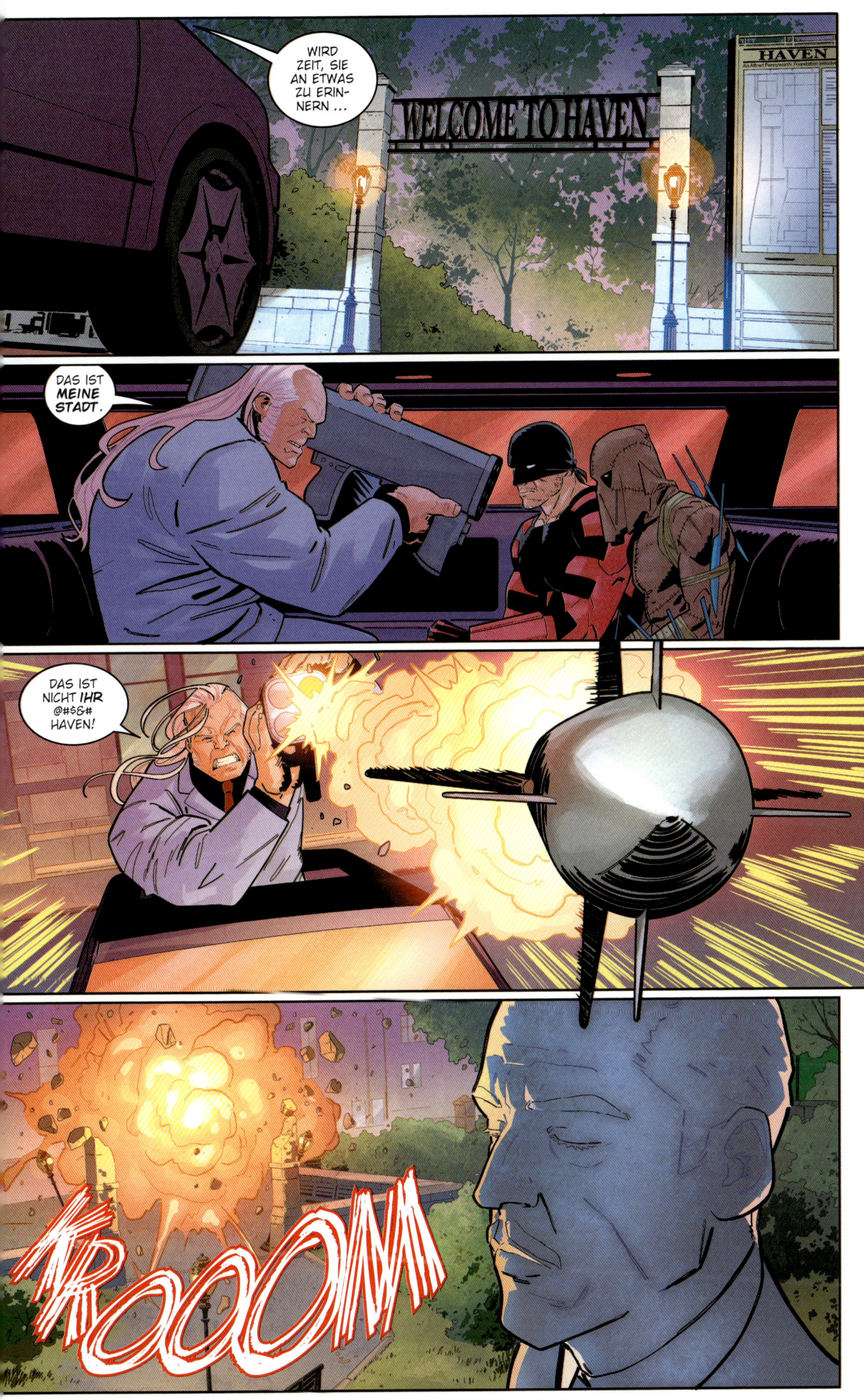
WIRD ZEIT, SIE AN ETWAS ZU ERIN-NERN ...
WELCOME TO HAVEN
HAVEN
DAS IST MEINE STADT.
DAS IST NICHT IHR @#$&# HAVEN!
KROOOM

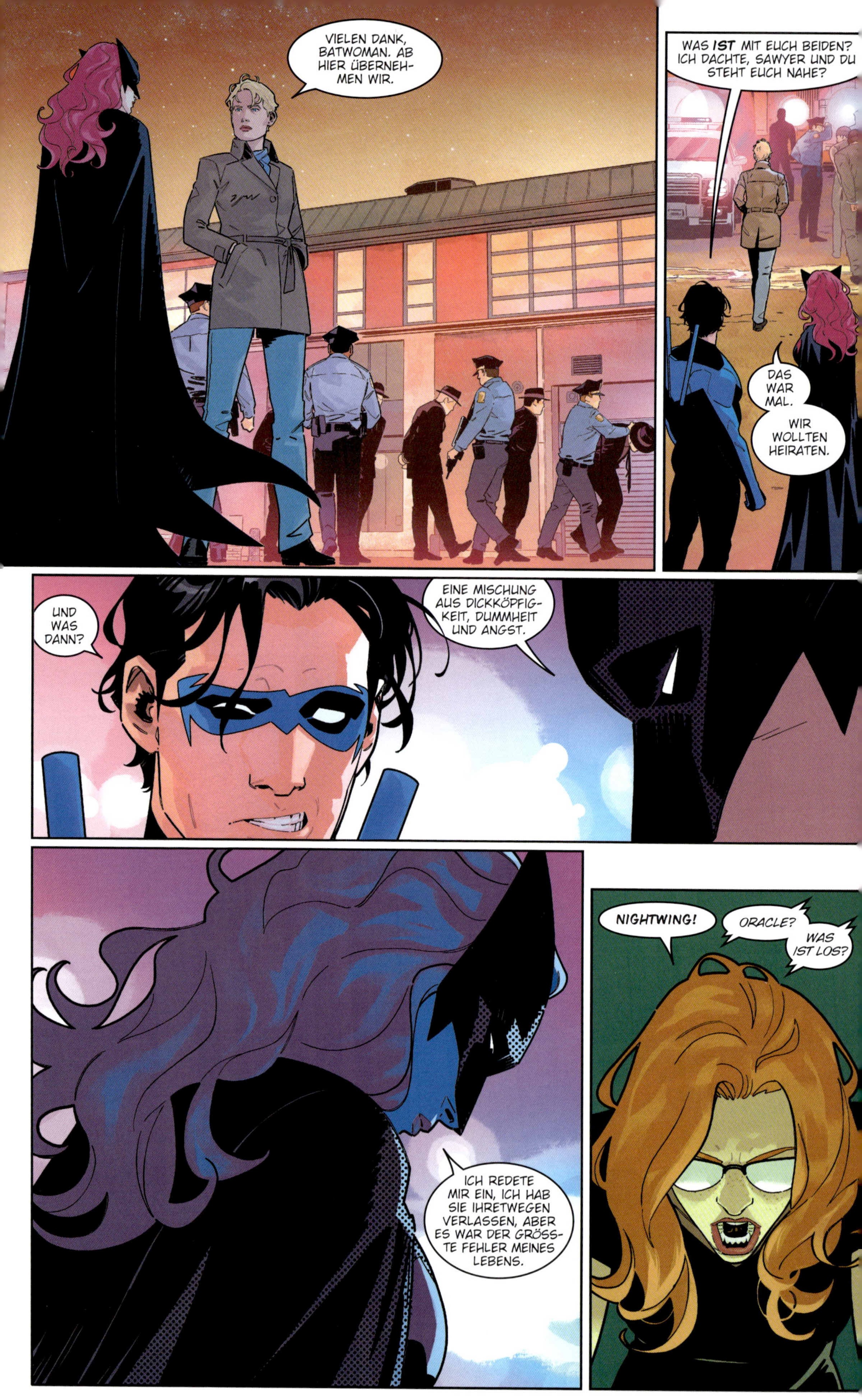

VIELEN DANK, BATWOMAN. AB HIER ÜBERNEHMEN WIR.

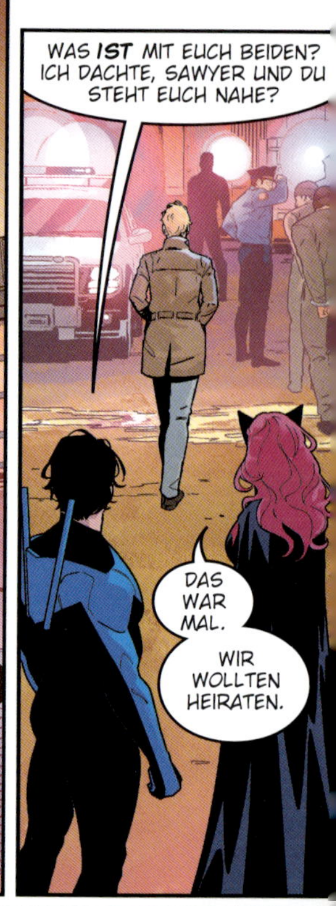

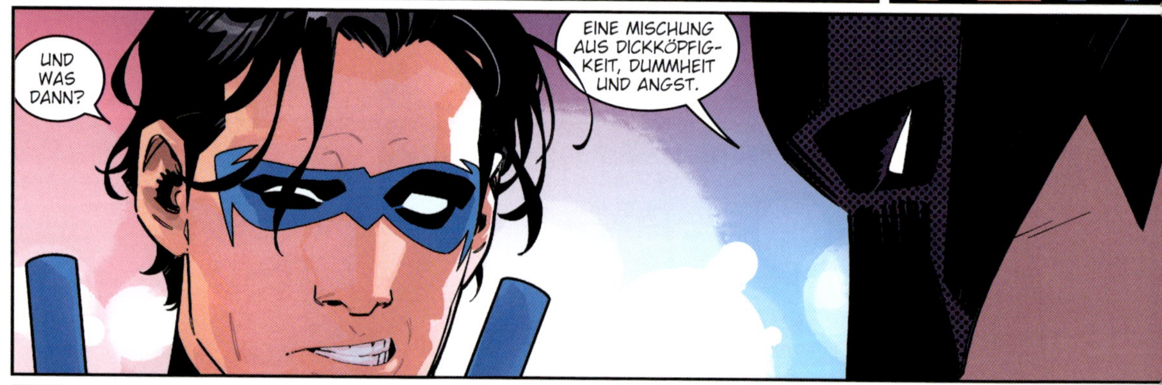

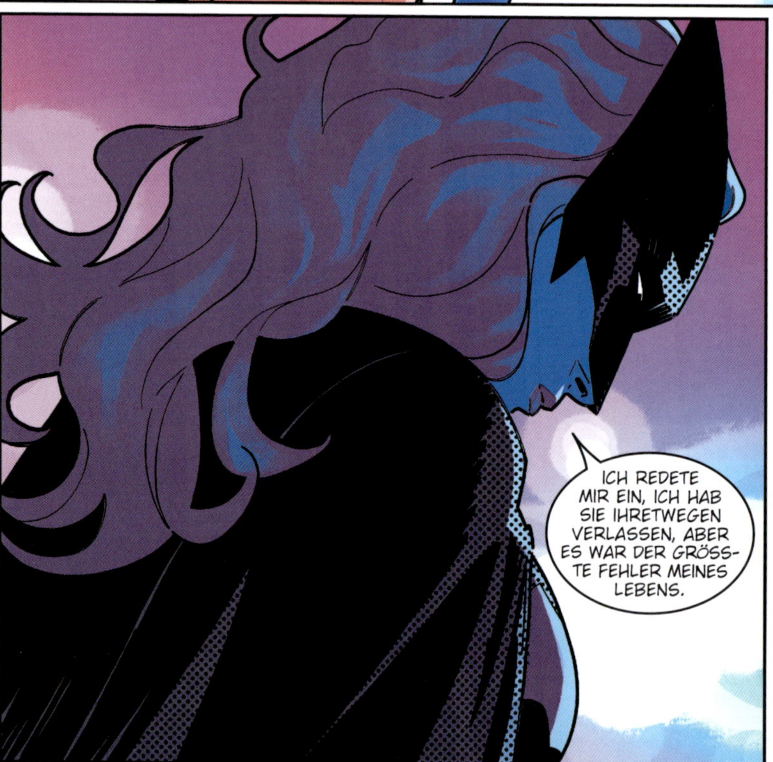

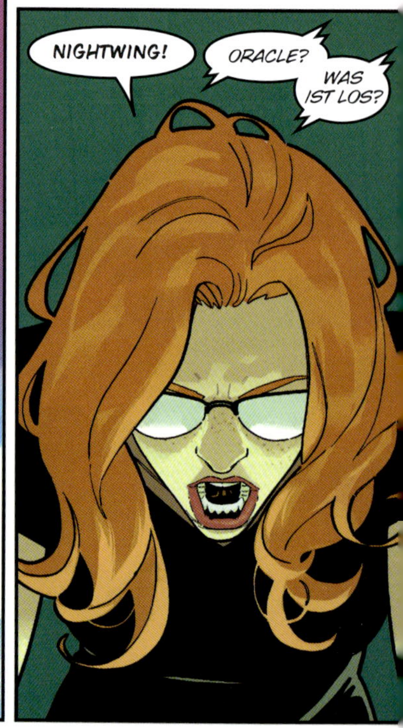

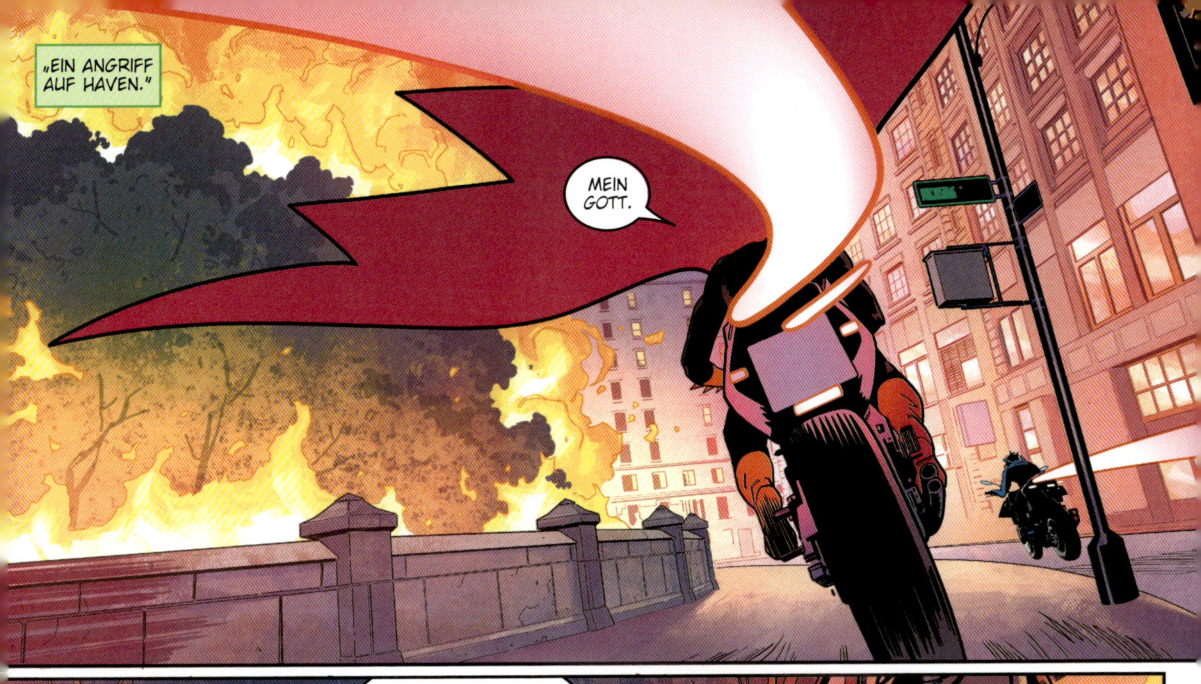
„EIN ANGRIFF AUF HAVEN."
MEIN GOTT.

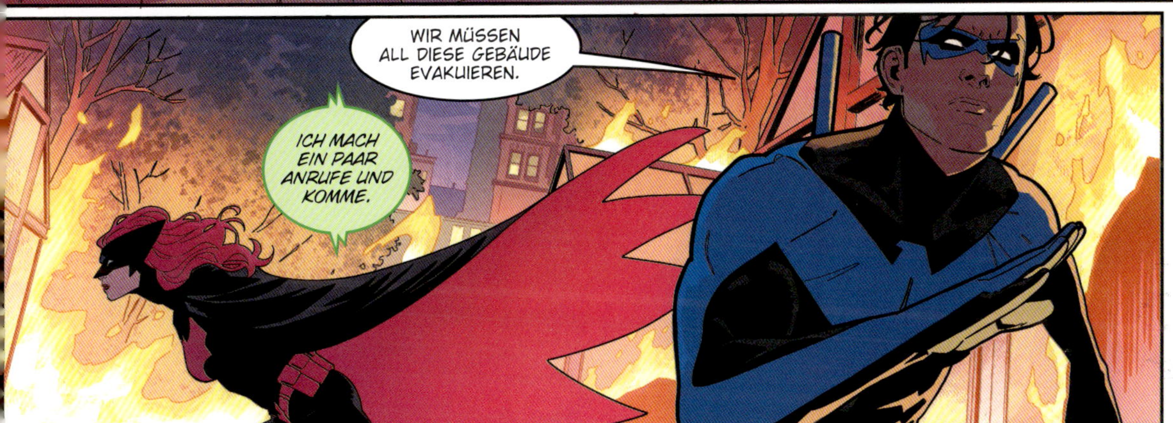
WIR MÜSSEN ALL DIESE GEBÄUDE EVAKUIEREN.
ICH MACH EIN PAAR ANRUFE UND KOMME.

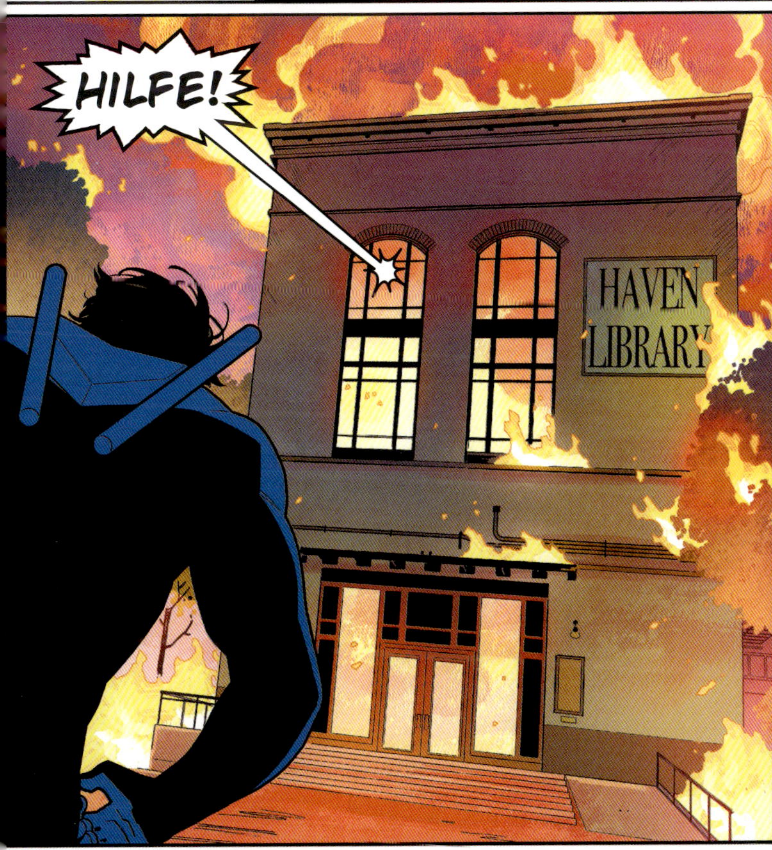
HILFE!
HAVEN LIBRARY

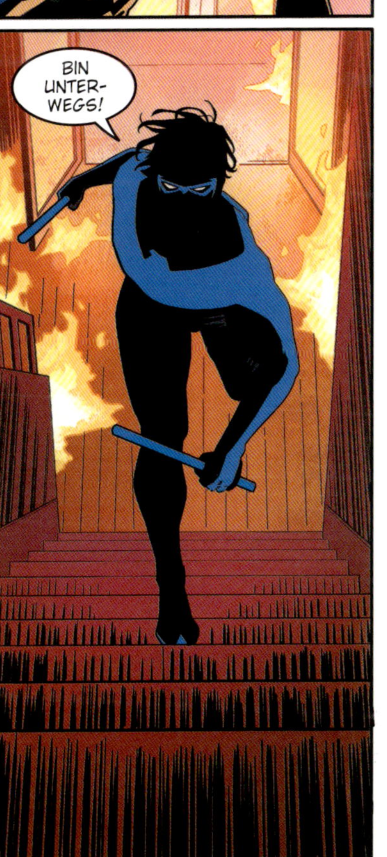
BIN UNTER-WEGS!

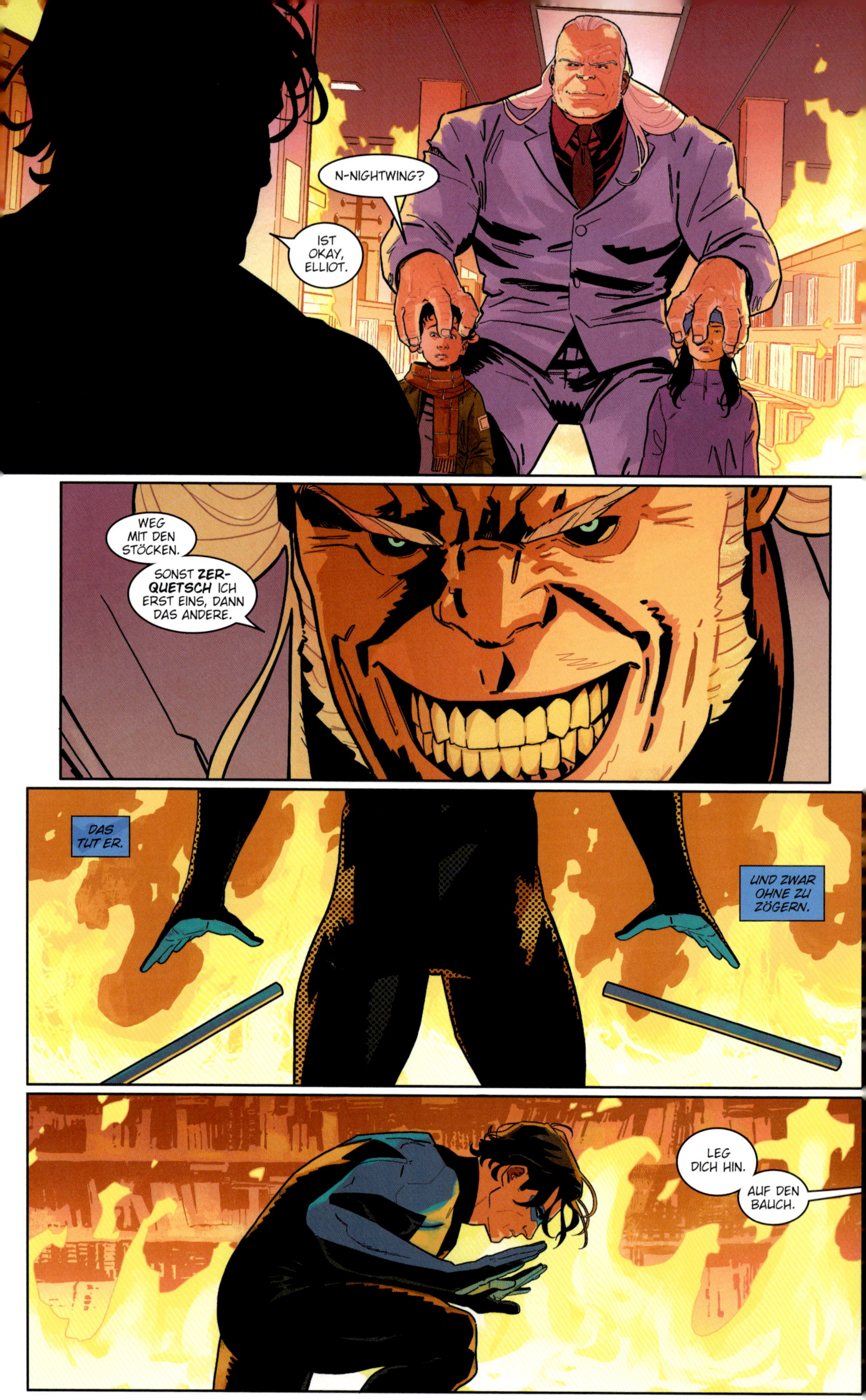

N-NIGHTWING?
IST OKAY, ELLIOT.

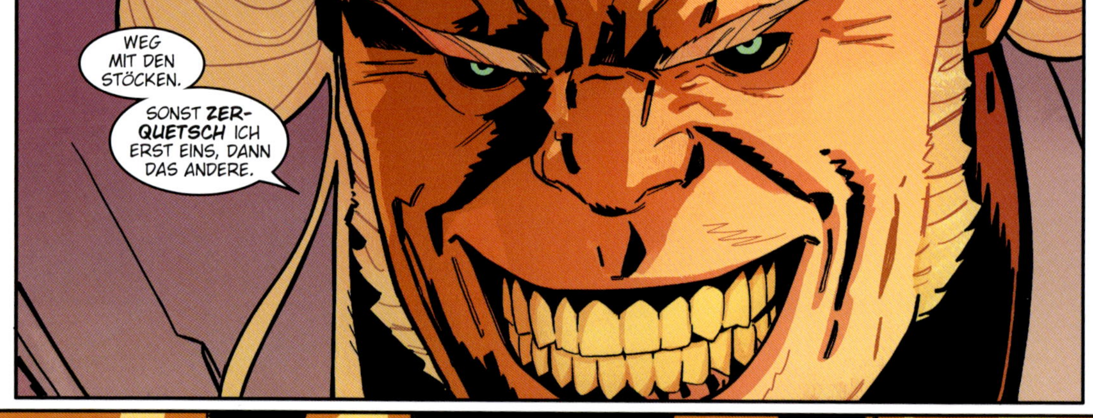

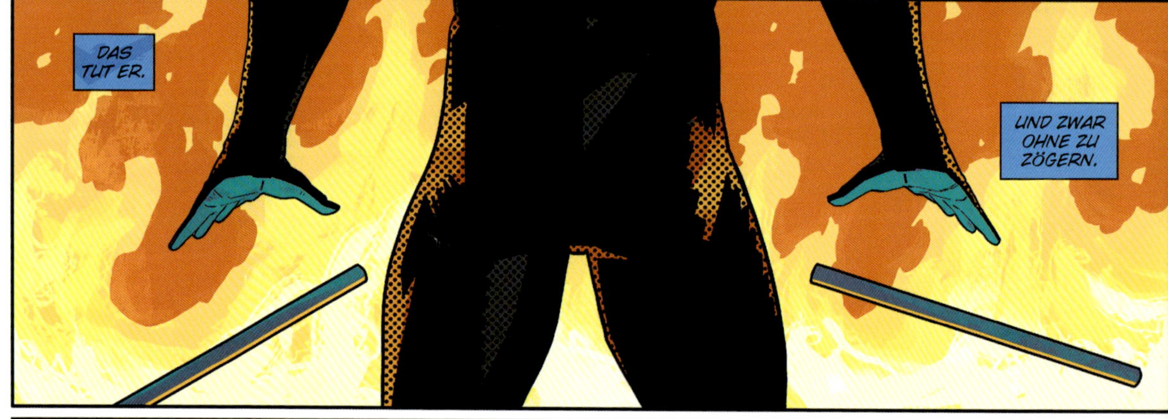

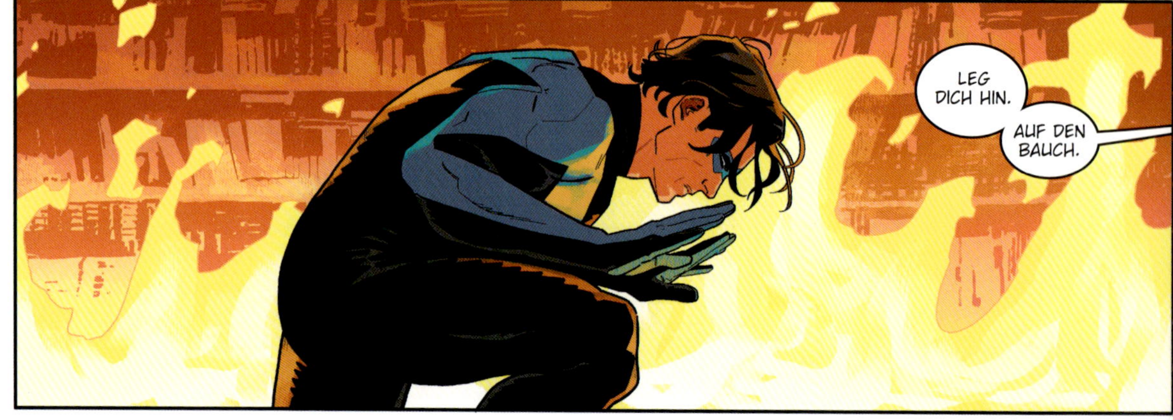

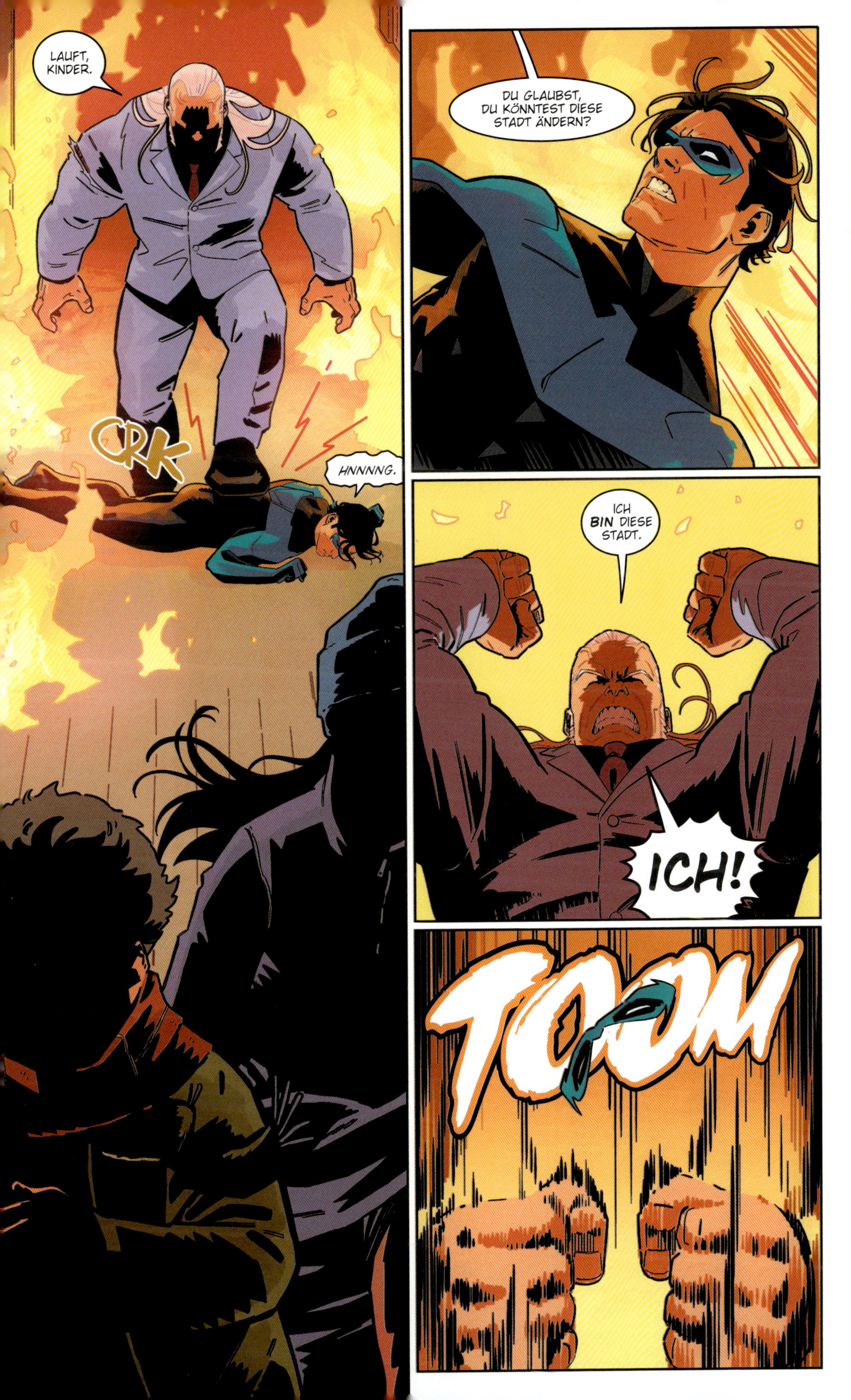

LAUFT, KINDER.
CRK
HNNNNG.

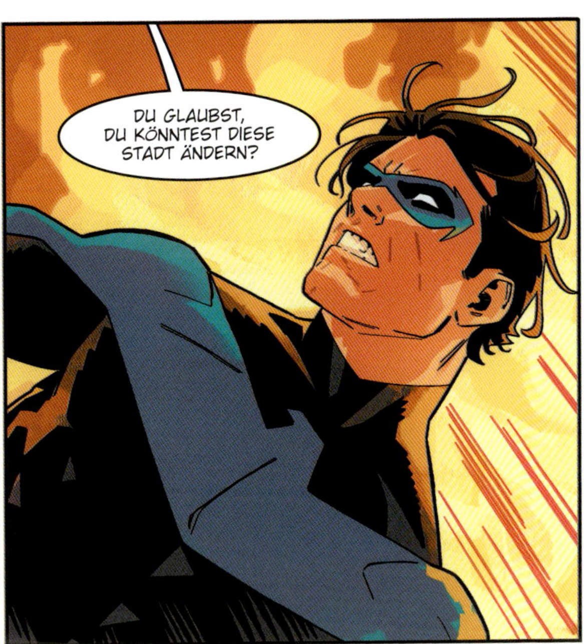
DU GLAUBST, DU KÖNNTEST DIESE STADT ÄNDERN?

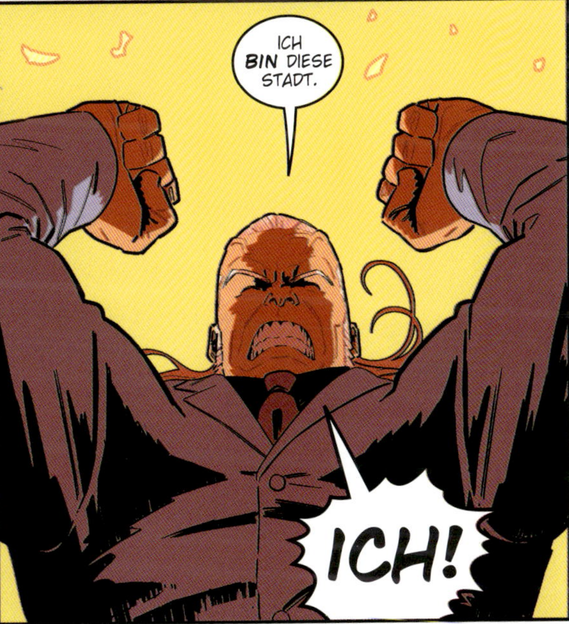
ICH **BIN** DIESE STADT.
ICH!

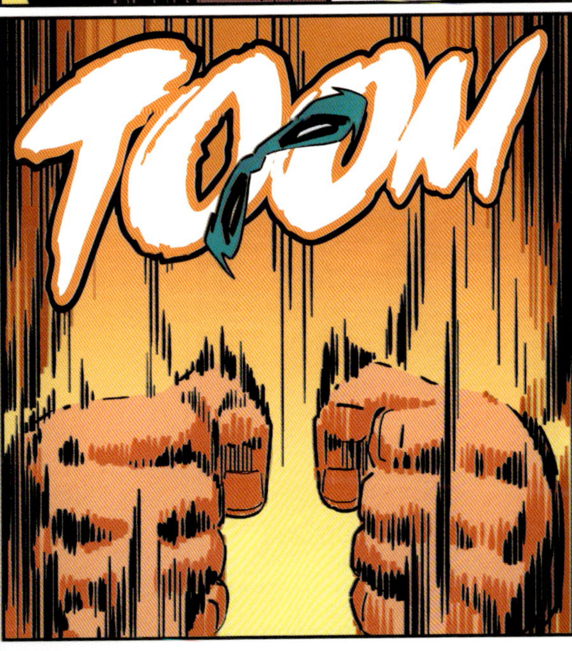
TOOM

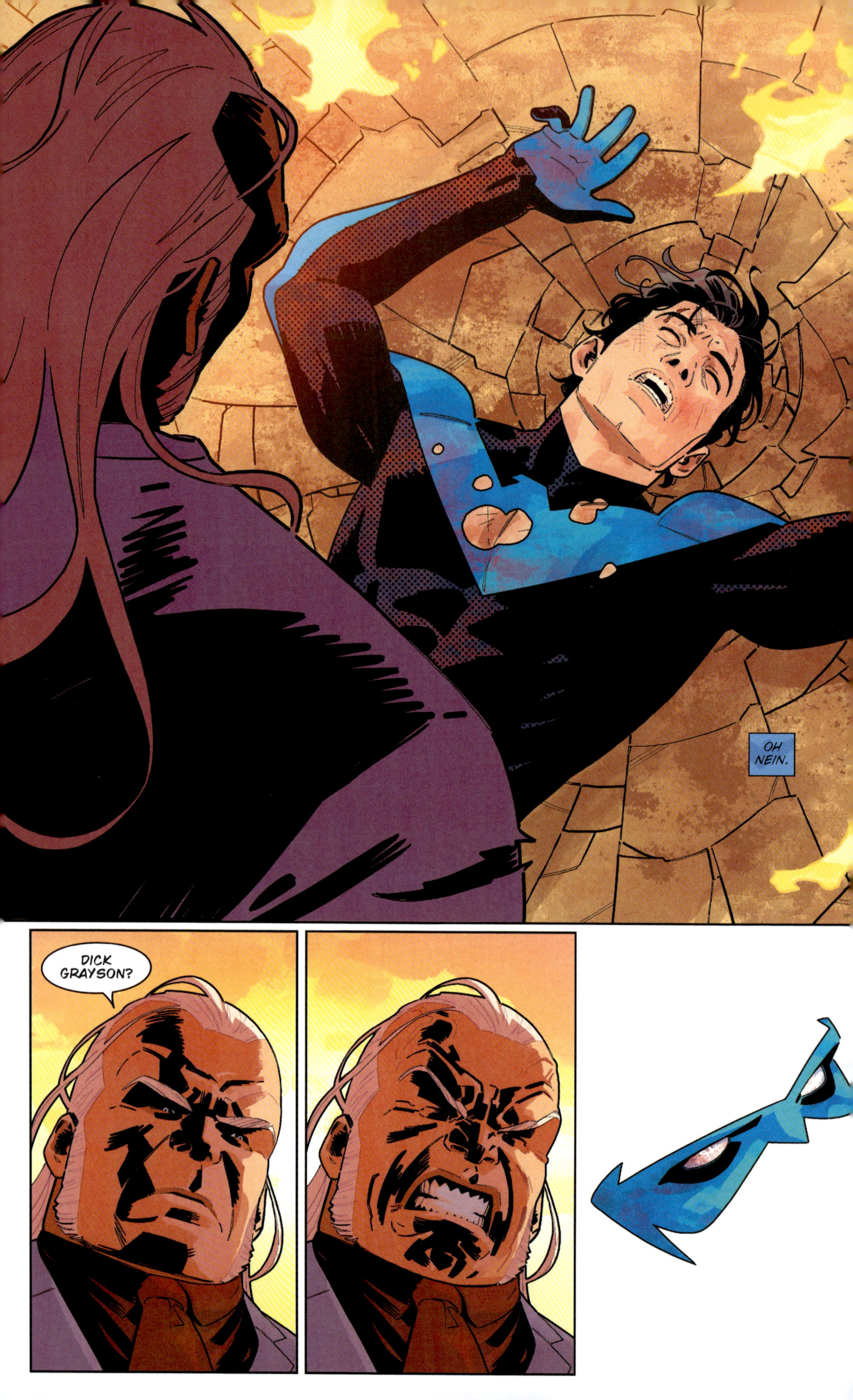

OH NEIN.

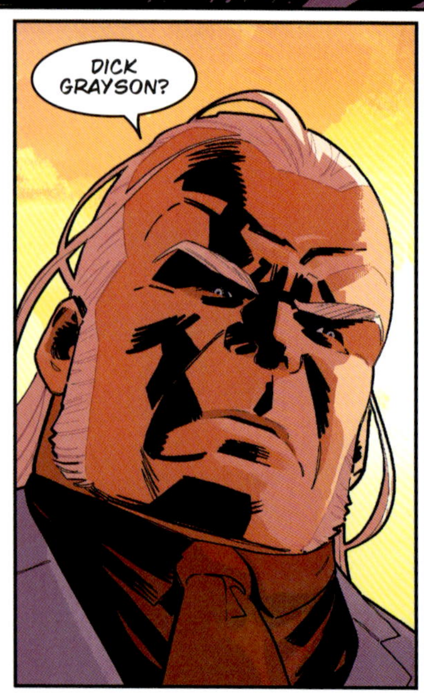

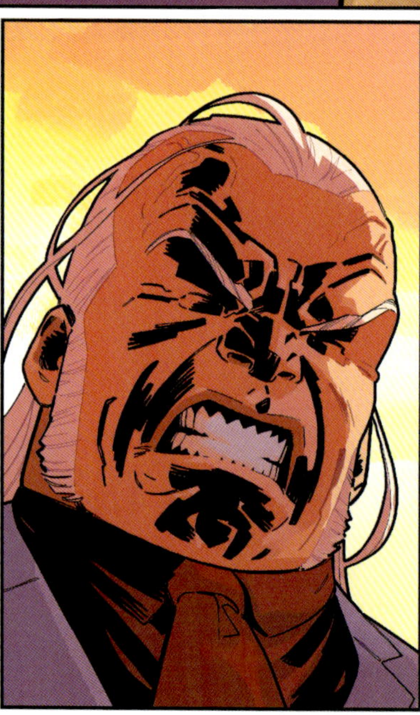

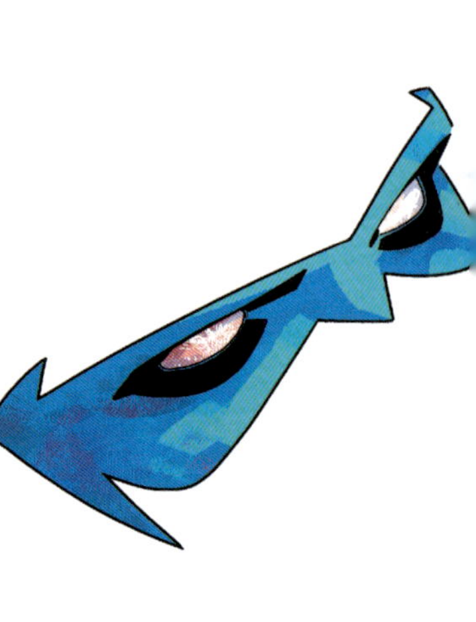

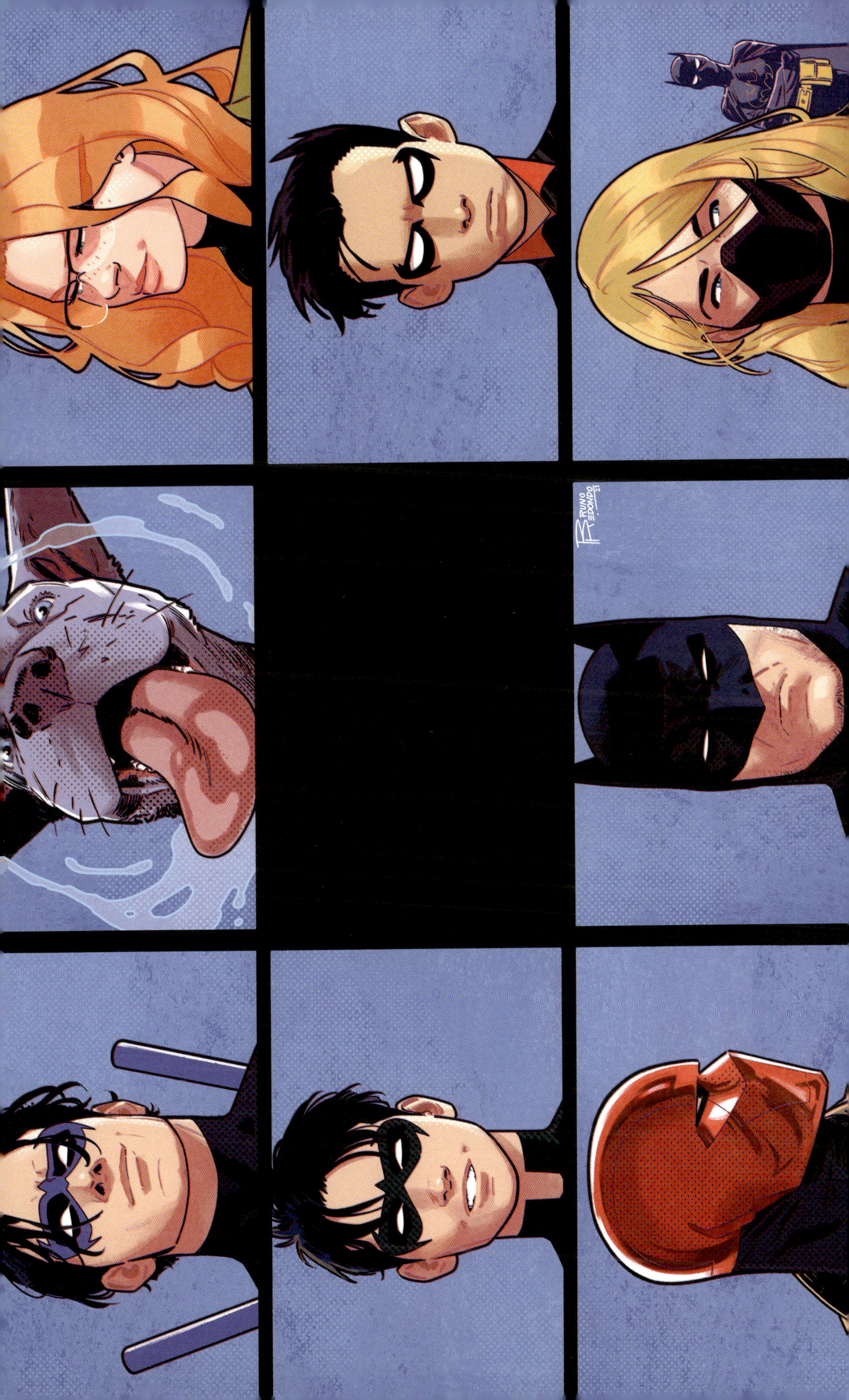

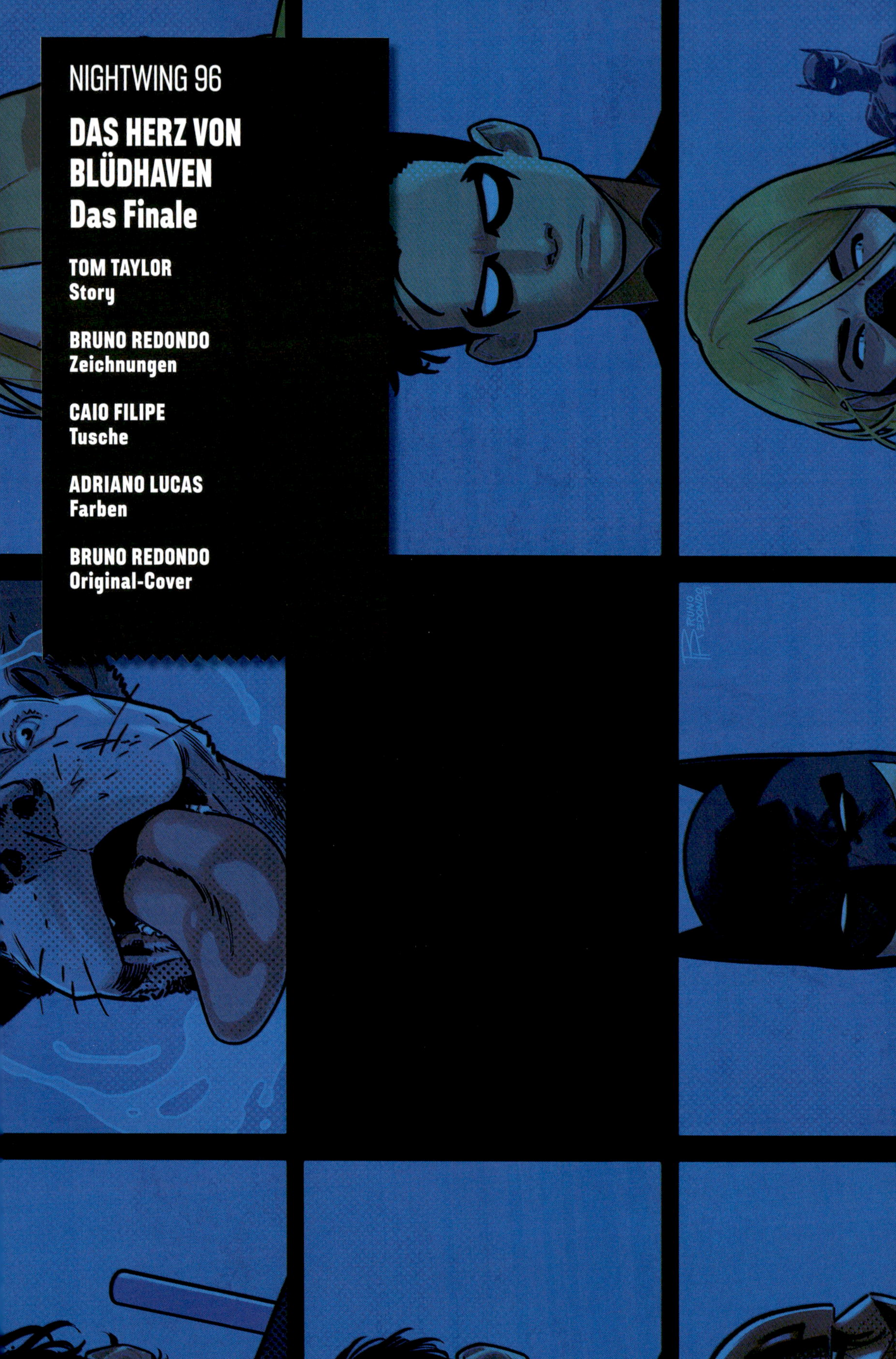

NIGHTWING 96

DAS HERZ VON BLÜDHAVEN
Das Finale

TOM TAYLOR
Story

BRUNO REDONDO
Zeichnungen

CAIO FILIPE
Tusche

ADRIANO LUCAS
Farben

BRUNO REDONDO
Original-Cover

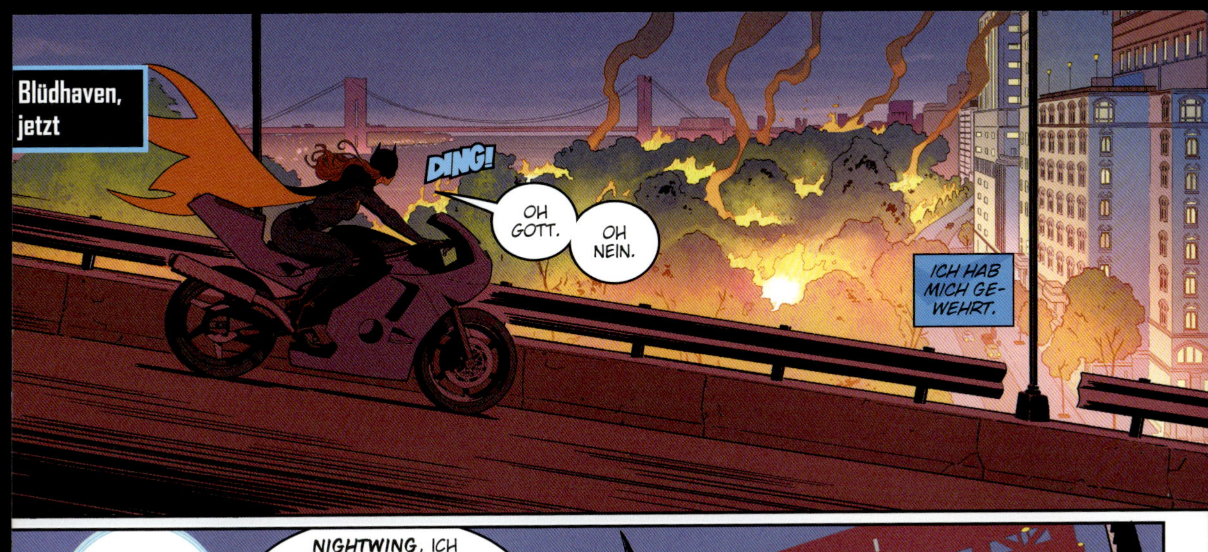
Blüdhaven, jetzt
DING!
OH GOTT.
OH NEIN.
ICH HAB MICH GE- WEHRT.

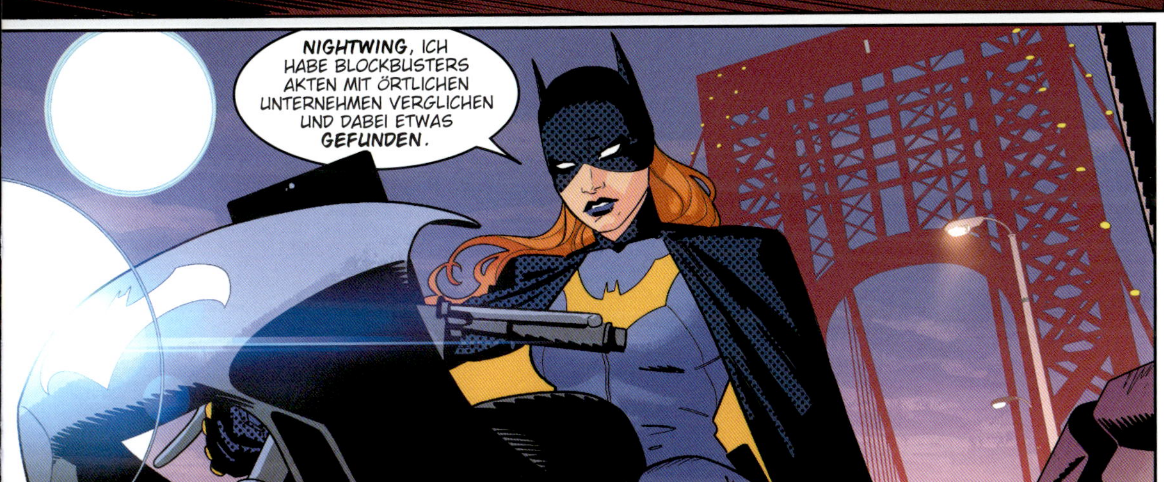
NIGHTWING, ICH HABE BLOCKBUSTERS AKTEN MIT ÖRTLICHEN UNTERNEHMEN VERGLICHEN UND DABEI ETWAS GEFUNDEN.

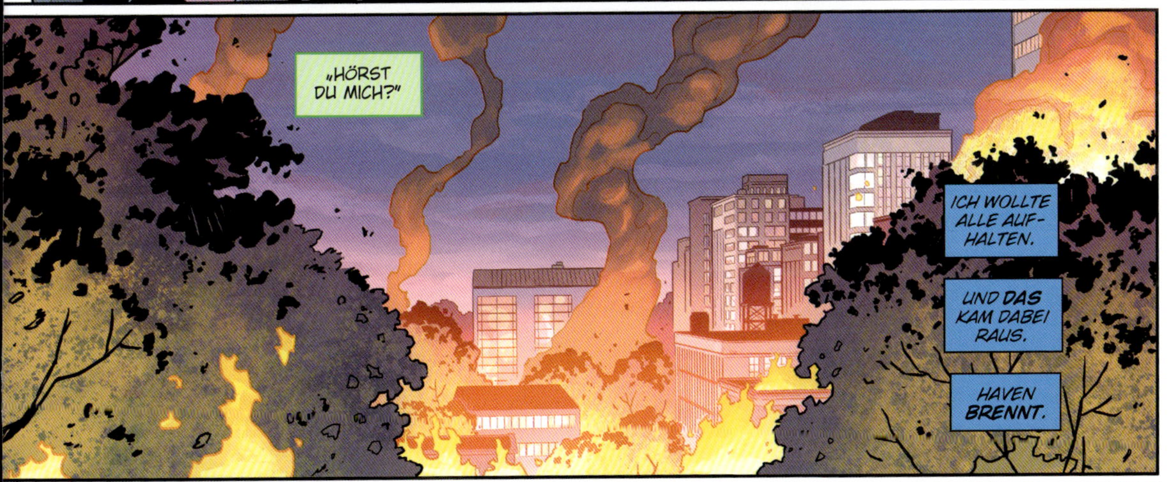
„HÖRST DU MICH?"
ICH WOLLTE ALLE AUF- HALTEN.
UND DAS KAM DABEI RAUS.
HAVEN BRENNT.

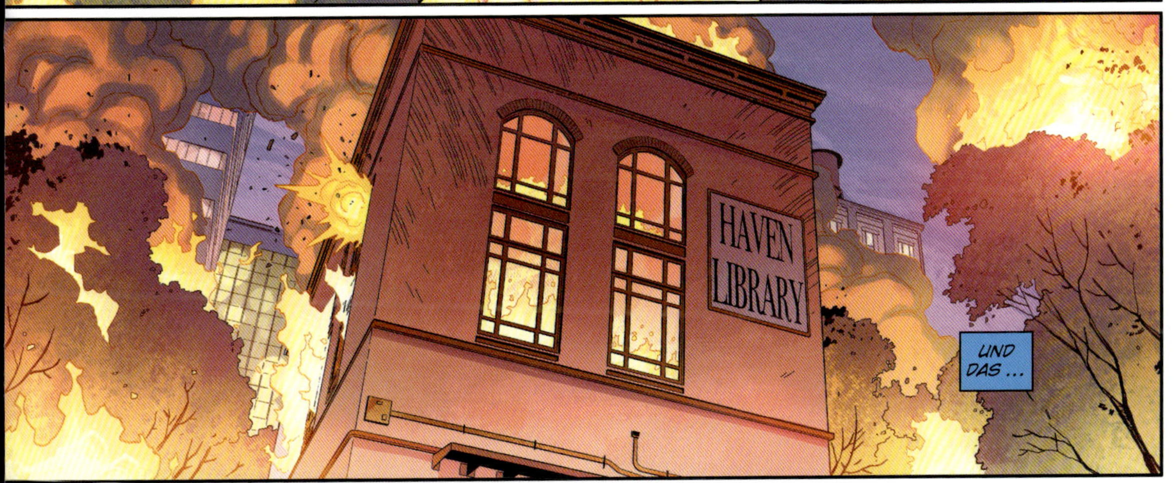
HAVEN LIBRARY
UND DAS ...

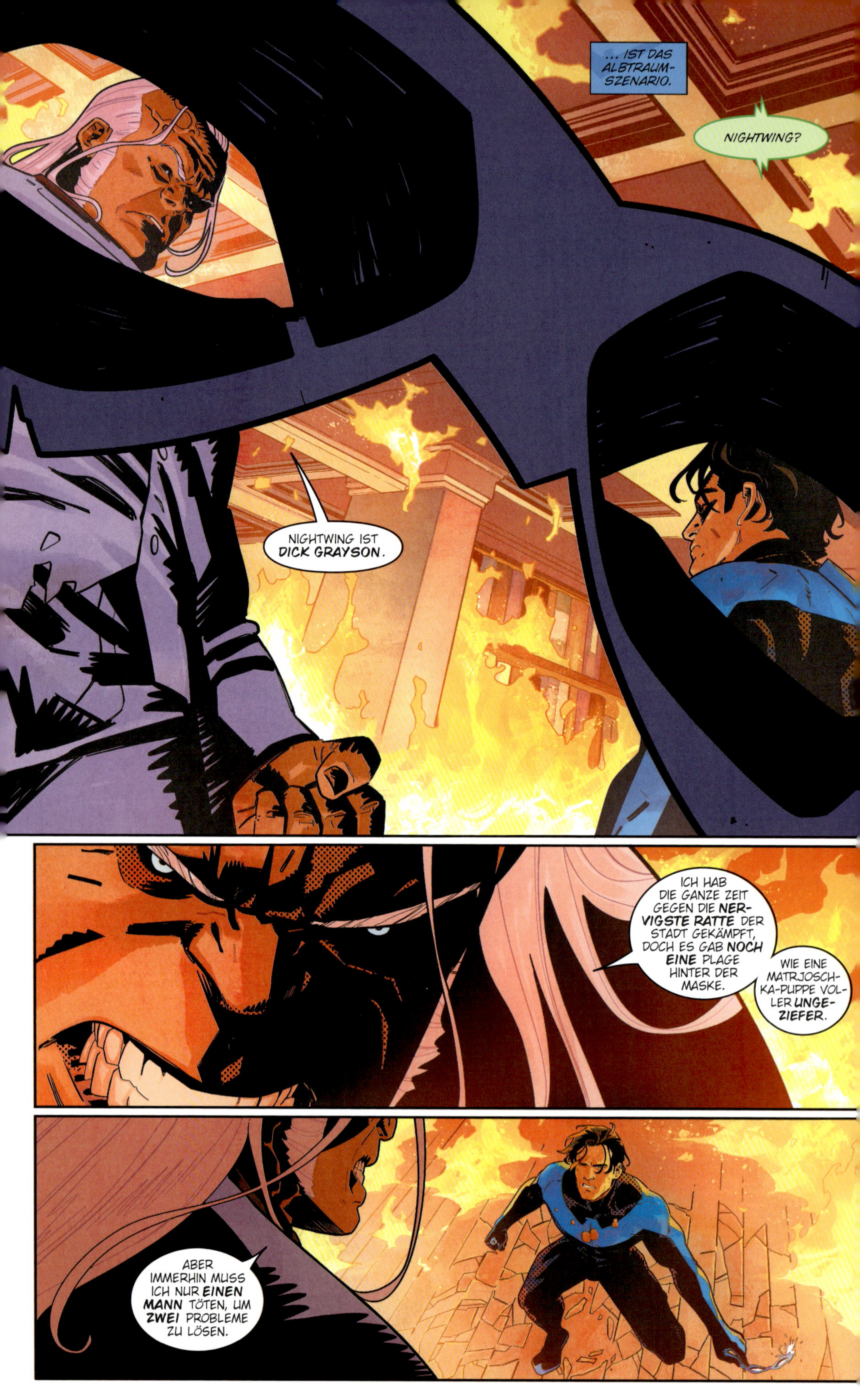
... IST DAS ALBTRAUM-SZENARIO.
NIGHTWING?
NIGHTWING IST DICK GRAYSON.
ICH HAB DIE GANZE ZEIT GEGEN DIE NER-VIGSTE RATTE DER STADT GEKÄMPFT, DOCH ES GAB NOCH EINE PLAGE HINTER DER MASKE.
WIE EINE MATRJOSCH-KA-PUPPE VOL-LER UNGE-ZIEFER.
ABER IMMERHIN MUSS ICH NUR EINEN MANN TÖTEN, UM ZWEI PROBLEME ZU LÖSEN.

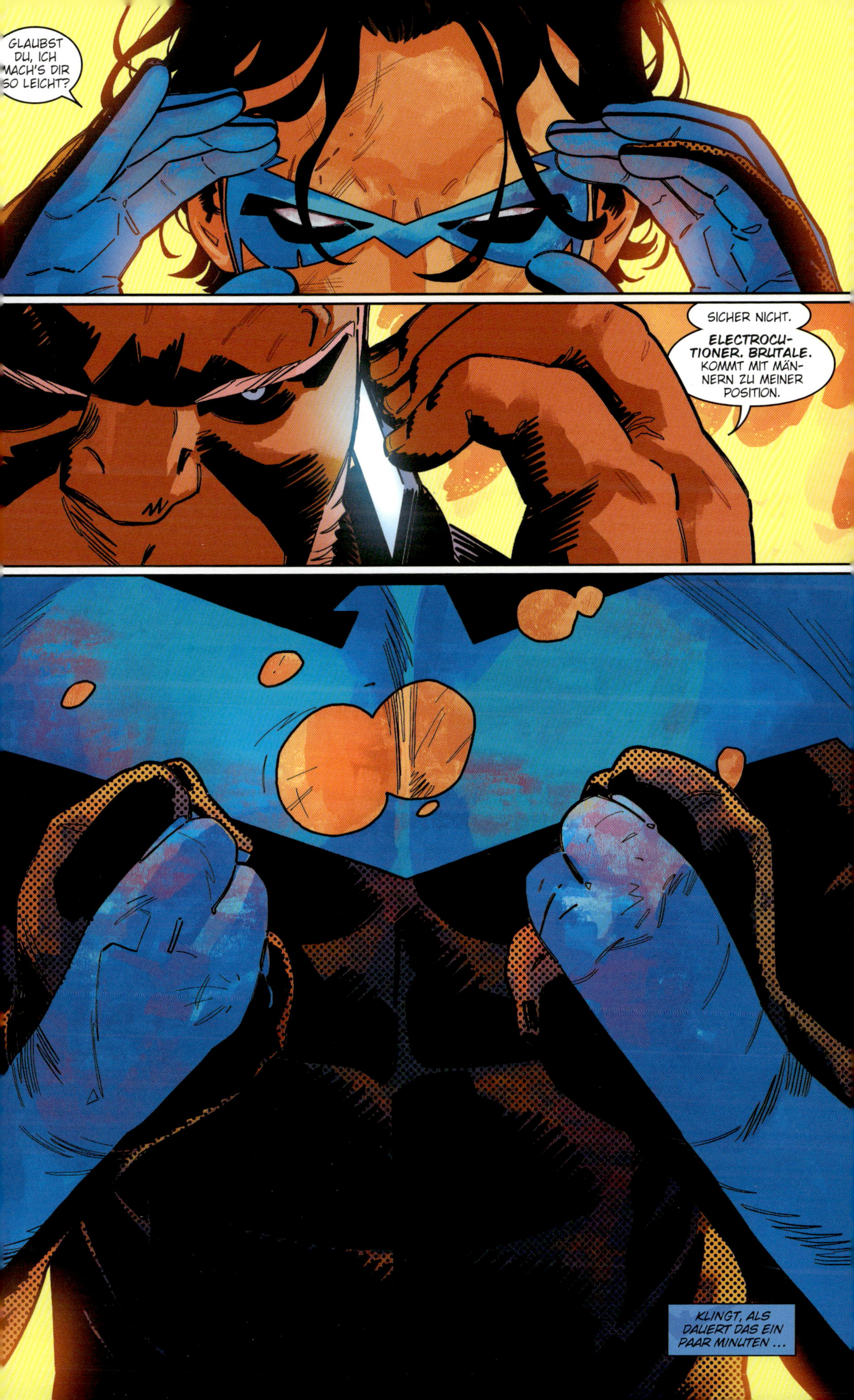
GLAUBST DU, ICH MACH'S DIR SO LEICHT?
SICHER NICHT.
ELECTROCUTIONER. BRUTALE. KOMMT MIT MÄNNERN ZU MEINER POSITION.
KLINGT, ALS DAUERT DAS EIN PAAR MINUTEN ...

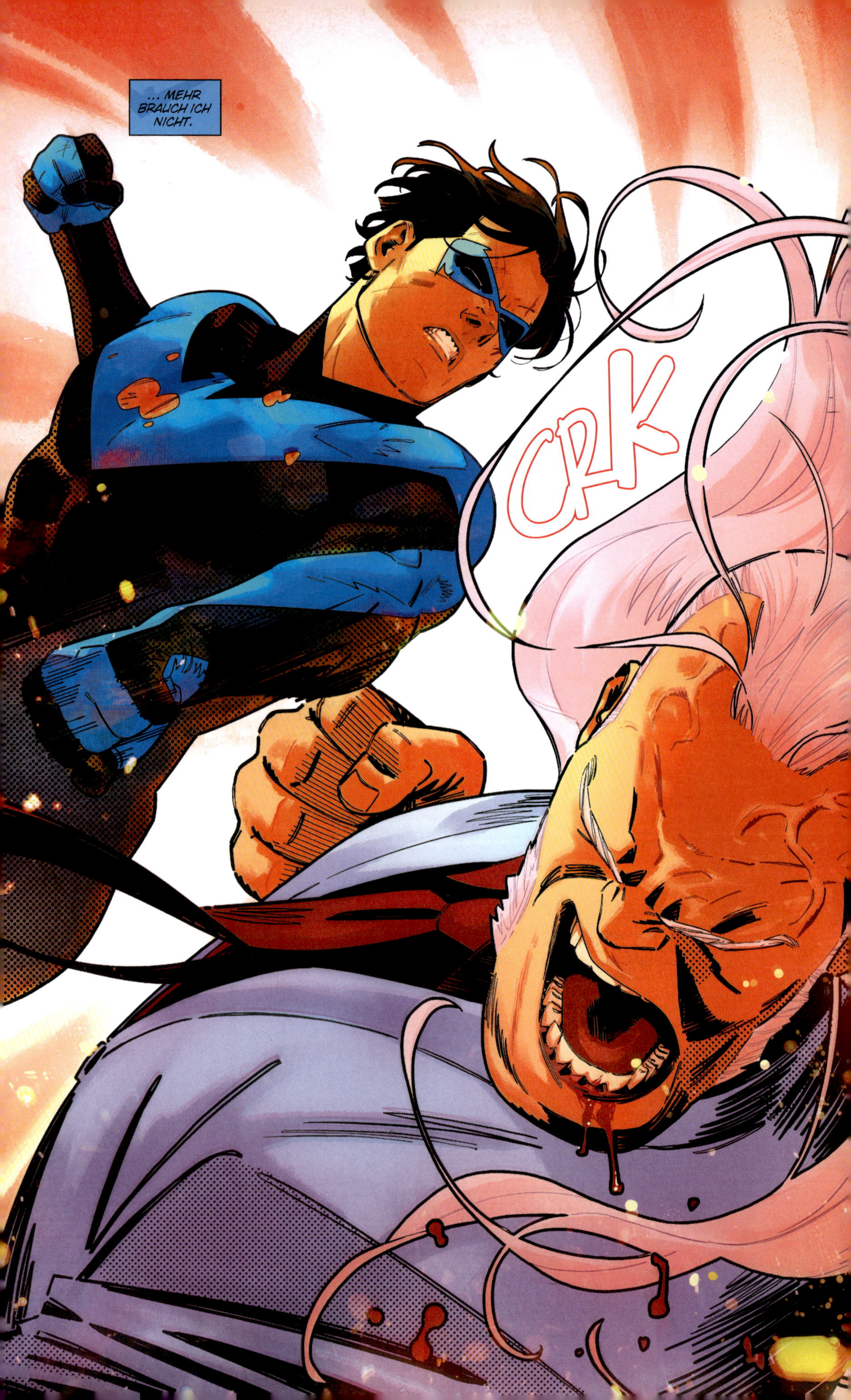
... MEHR BRAUCH ICH NICHT.
CRK

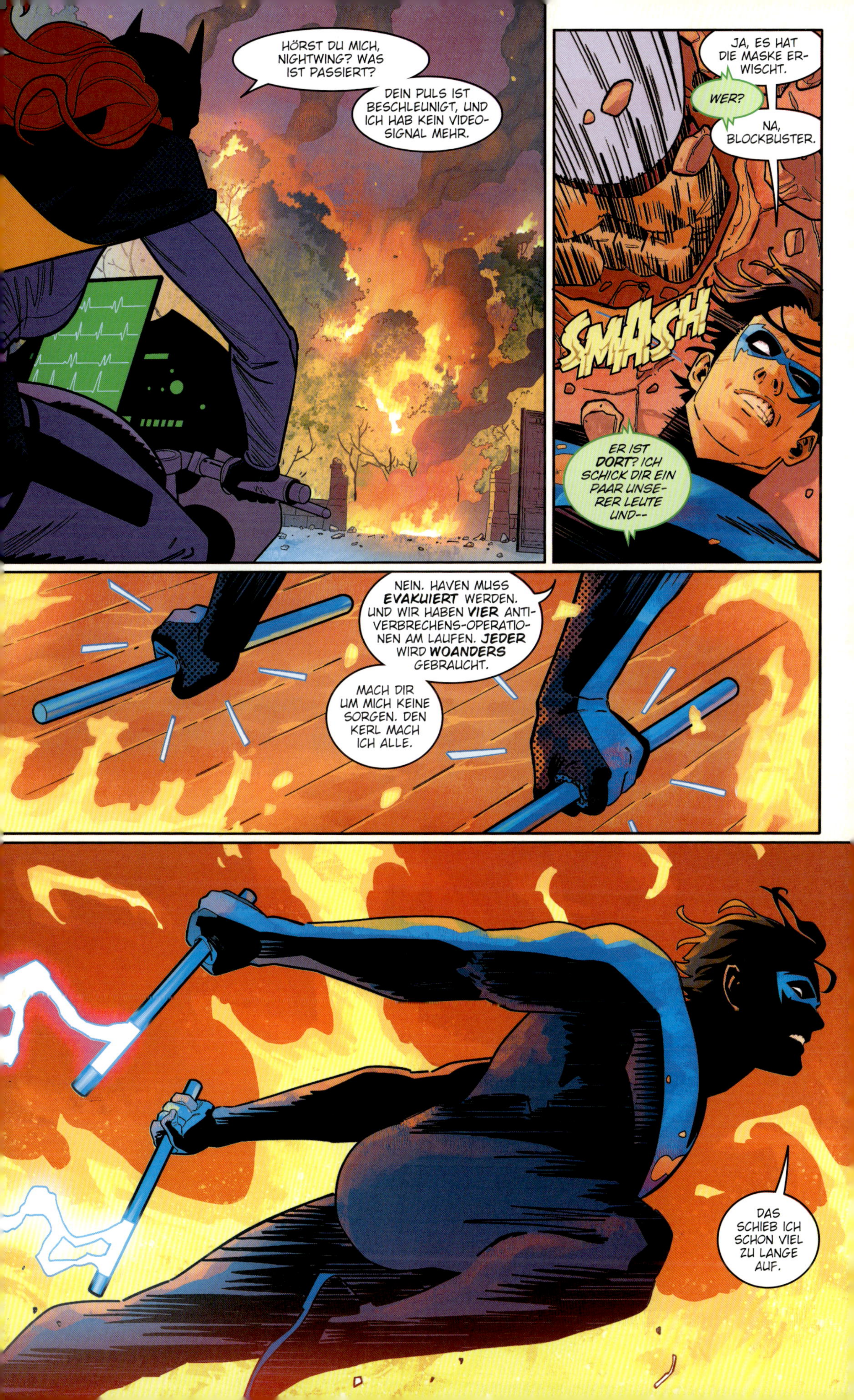

HÖRST DU MICH, NIGHTWING? WAS IST PASSIERT?

DEIN PULS IST BESCHLEUNIGT, UND ICH HAB KEIN VIDEO-SIGNAL MEHR.

JA, ES HAT DIE MASKE ER-WISCHT.

WER?

NA, BLOCKBUSTER.

SMASH

ER IST **DORT**? ICH SCHICK DIR EIN PAAR UNSE-RER LEUTE UND--

NEIN. HAVEN MUSS **EVAKUIERT** WERDEN. UND WIR HABEN **VIER** ANTI-VERBRECHENS-OPERATIO-NEN AM LAUFEN. **JEDER** WIRD **WOANDERS** GEBRAUCHT.

MACH DIR UM MICH KEINE SORGEN. DEN KERL MACH ICH ALLE.

DAS SCHIEB ICH SCHON VIEL ZU LANGE AUF.

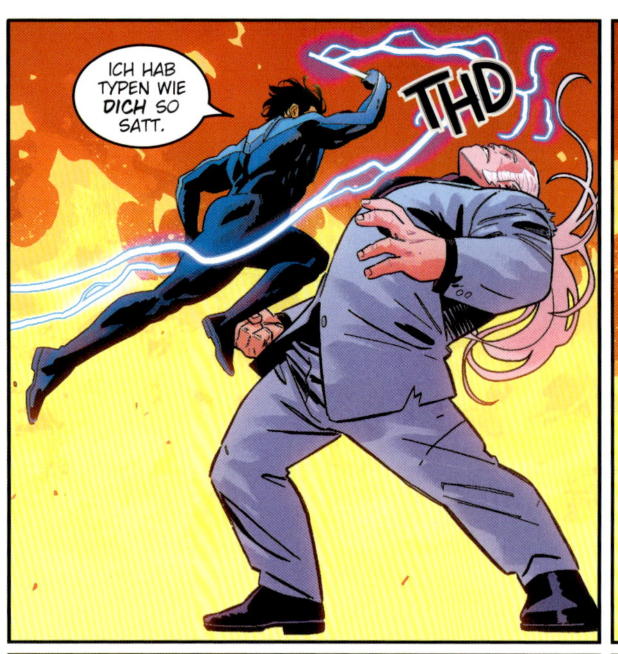
ICH HAB TYPEN WIE DICH SO SATT.
THD

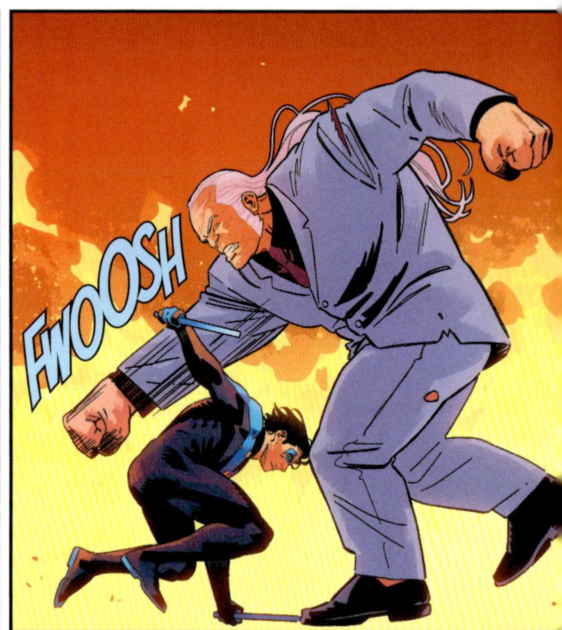
FWOOSH

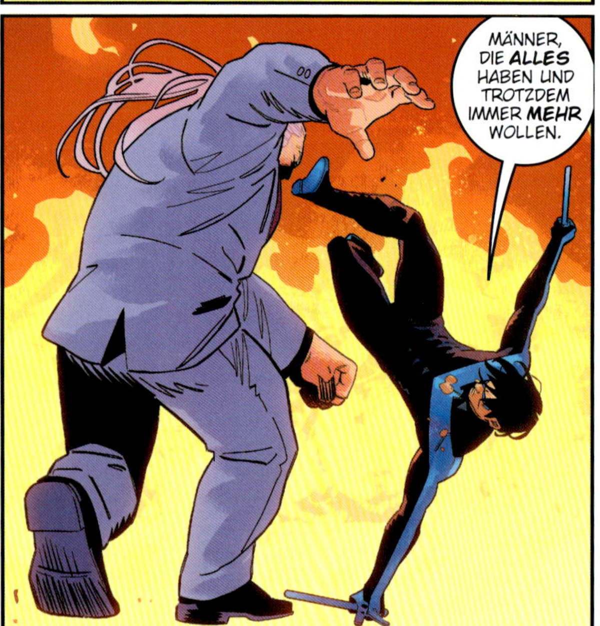
MÄNNER, DIE ALLES HABEN UND TROTZDEM IMMER MEHR WOLLEN.

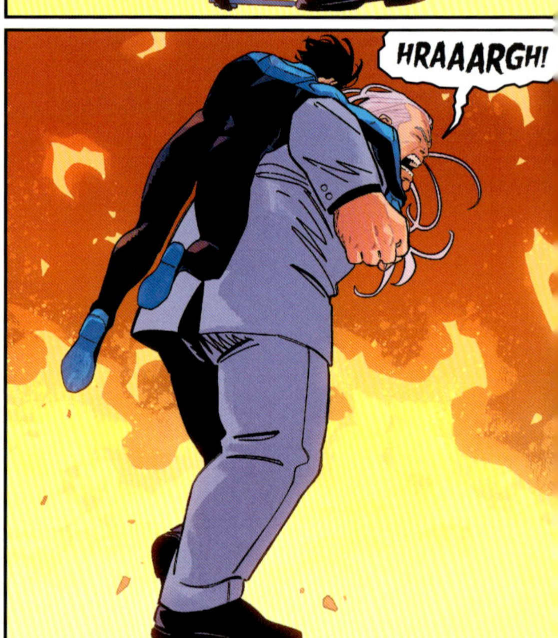
HRAAARGH!

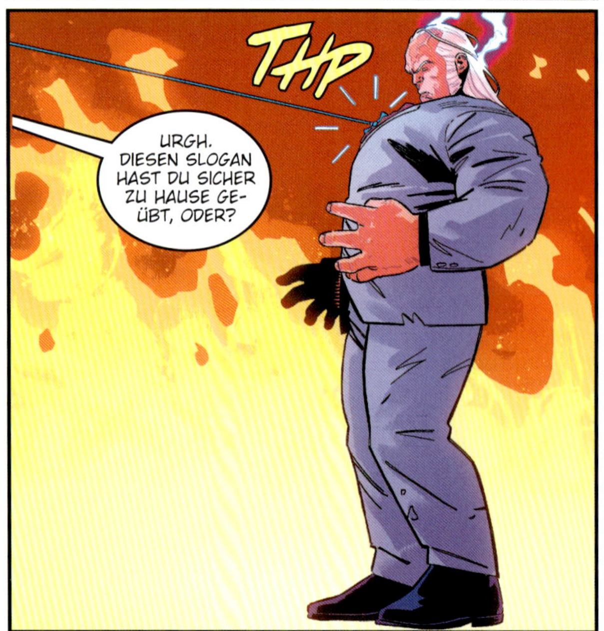
THP
URGH. DIESEN SLOGAN HAST DU SICHER ZU HAUSE GE-ÜBT, ODER?

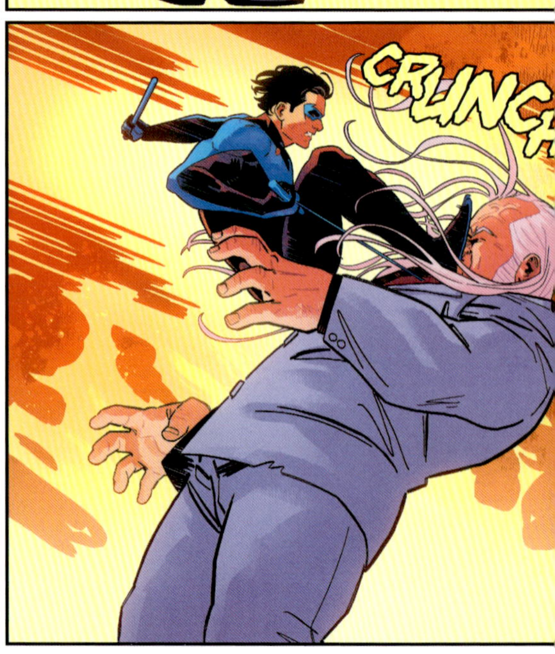
CRUNCH

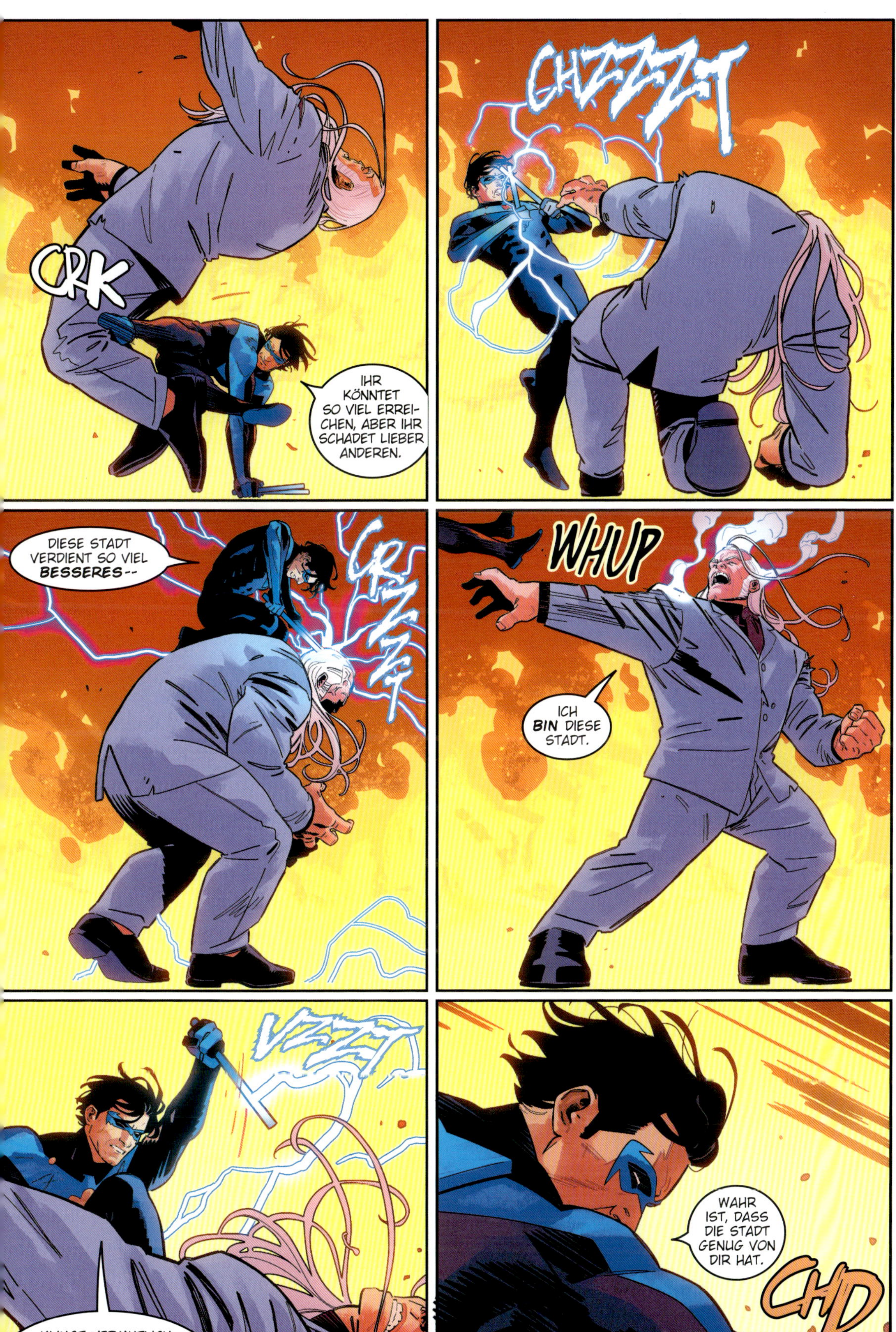
CRK
IHR KÖNNTET SO VIEL ERREICHEN, ABER IHR SCHADET LIEBER ANDEREN.
CHZZZZT
DIESE STADT VERDIENT SO VIEL **BESSERES**--
CRZZZT
WHUP
ICH **BIN** DIESE STADT.
VZZT
KLINGT VERMUTLICH ÜBERZEUGEND, WENN DU AUS DER DUSCHE KOMMST UND ES IN DEN SPIEGEL SAGST ... ABER DAS MACHT ES NICHT **WAHR**.
WAHR IST, DASS DIE STADT GENUG VON DIR HAT.
CHD

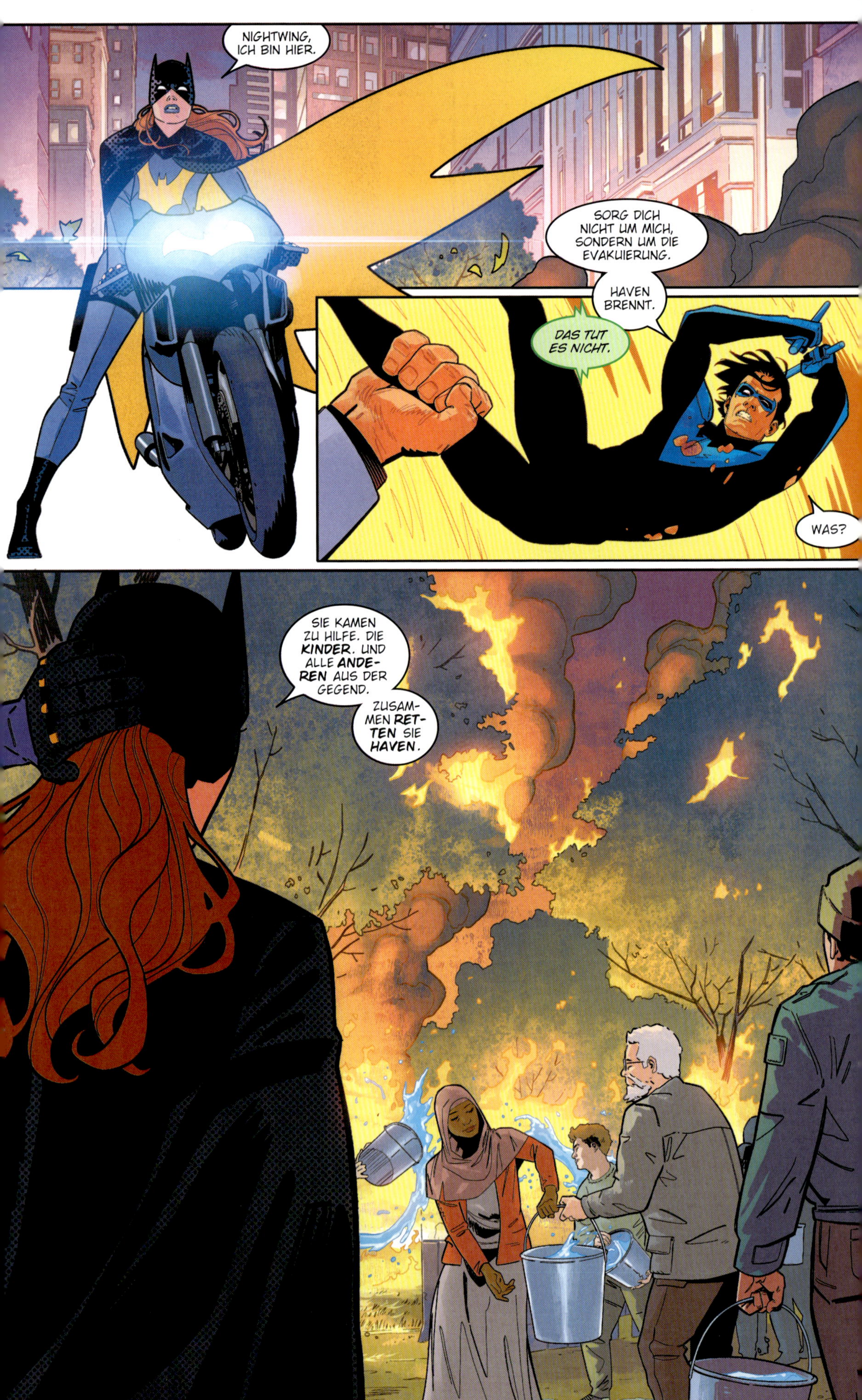
NIGHTWING, ICH BIN HIER.
SORG DICH NICHT UM MICH, SONDERN UM DIE EVAKUIERUNG.
HAVEN BRENNT.
DAS TUT ES NICHT.
WAS?
SIE KAMEN ZU HILFE. DIE KINDER. UND ALLE ANDEREN AUS DER GEGEND.
ZUSAMMEN RETTEN SIE HAVEN.

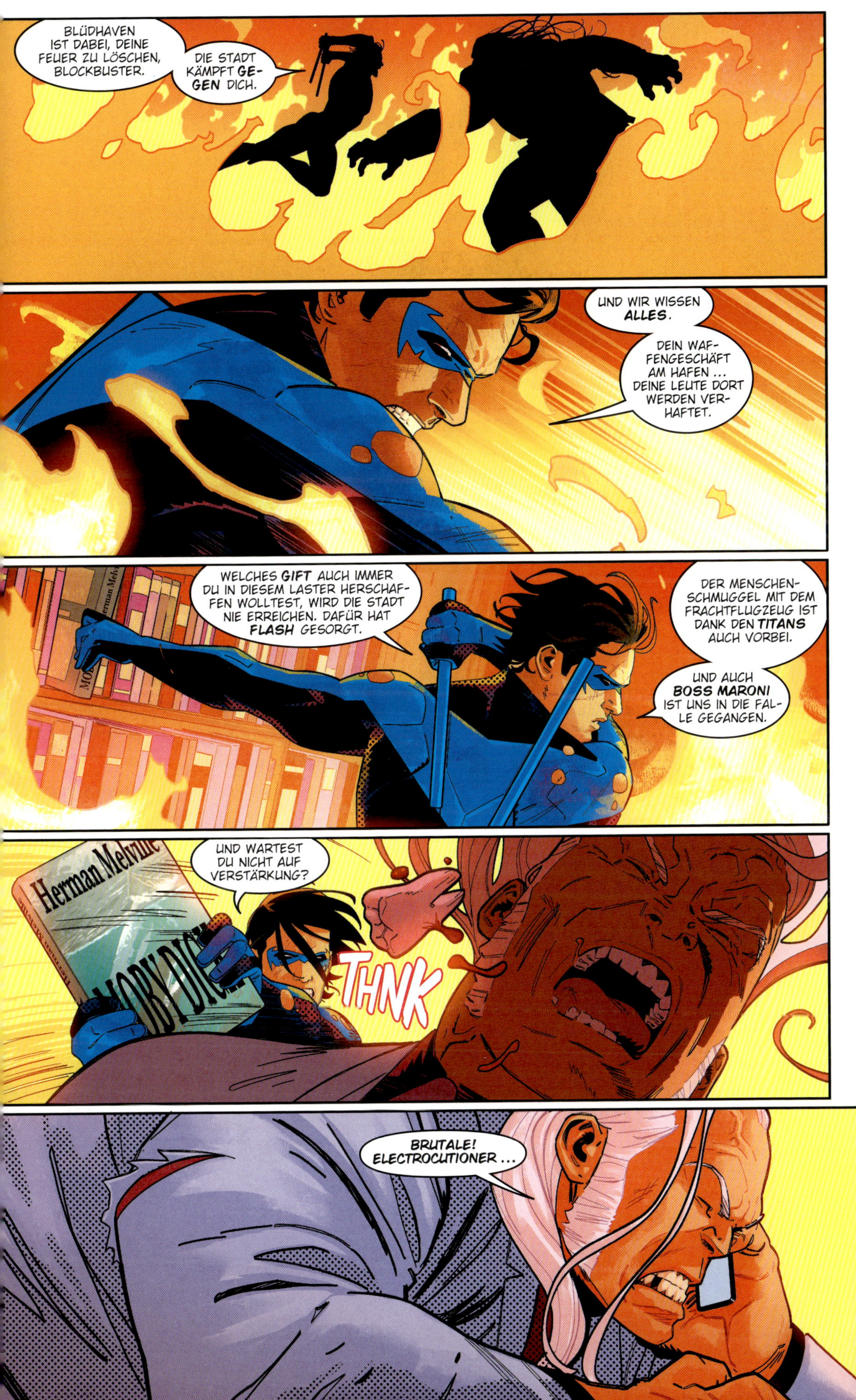
BLÜDHAVEN IST DABEI, DEINE FEUER ZU LÖSCHEN, BLOCKBUSTER.
DIE STADT KÄMPFT GEGEN DICH.
UND WIR WISSEN ALLES.
DEIN WAFFENGESCHÄFT AM HAFEN ... DEINE LEUTE DORT WERDEN VERHAFTET.
WELCHES GIFT AUCH IMMER DU IN DIESEM LASTER HERSCHAFFEN WOLLTEST, WIRD DIE STADT NIE ERREICHEN. DAFÜR HAT FLASH GESORGT.
DER MENSCHENSCHMUGGEL MIT DEM FRACHTFLUGZEUG IST DANK DEN TITANS AUCH VORBEI.
UND AUCH BOSS MARONI IST UNS IN DIE FALLE GEGANGEN.
Herman Melville
UND WARTEST DU NICHT AUF VERSTÄRKUNG?
THNK
BRUTALE! ELECTROCUTIONER ...

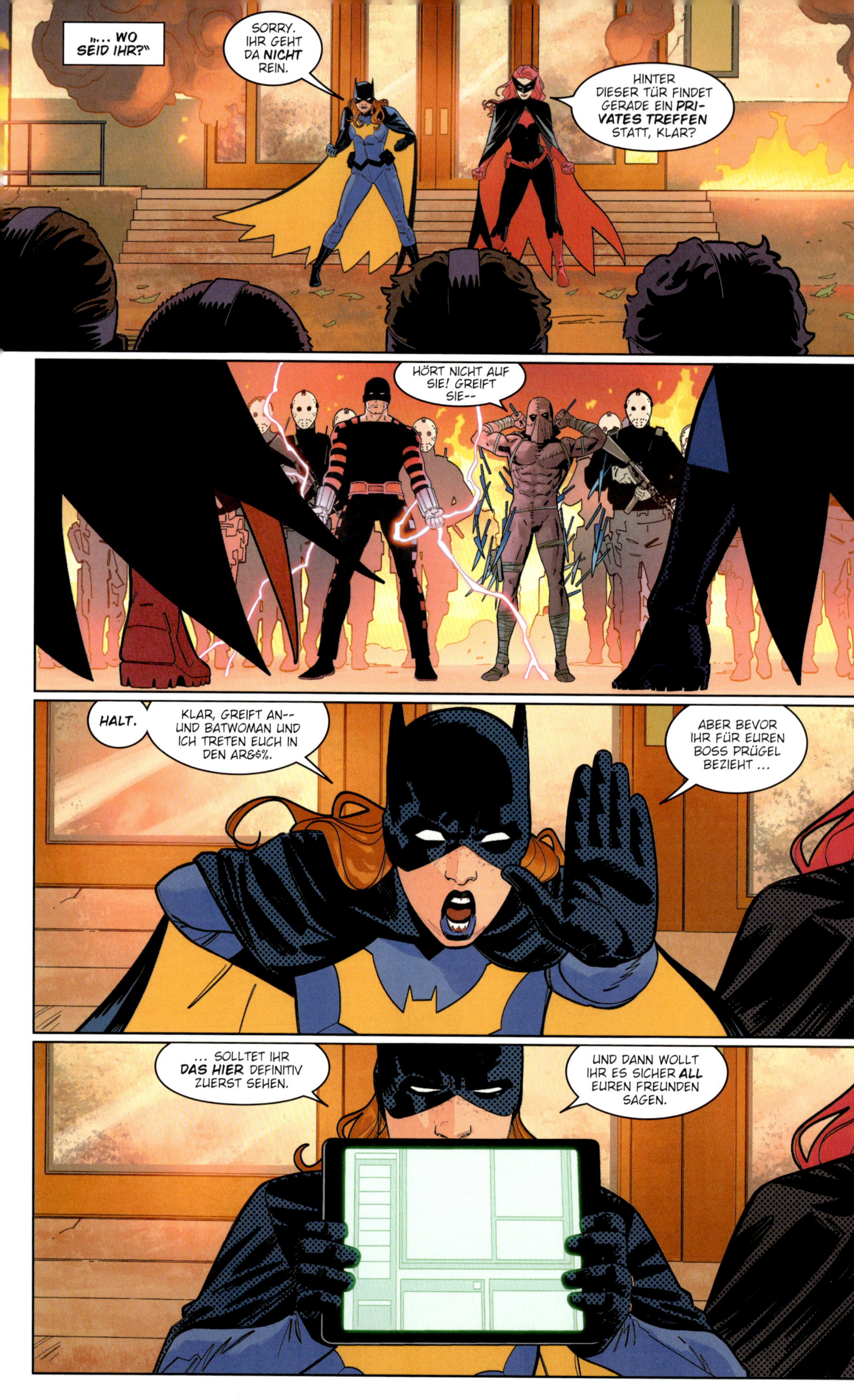
„... WO SEID IHR?"
SORRY. IHR GEHT DA NICHT REIN.
HINTER DIESER TÜR FINDET GERADE EIN PRIVATES TREFFEN STATT, KLAR?
HÖRT NICHT AUF SIE! GREIFT SIE--
HALT.
KLAR, GREIFT AN-- UND BATWOMAN UND ICH TRETEN EUCH IN DEN AR&$%.
ABER BEVOR IHR FÜR EUREN BOSS PRÜGEL BEZIEHT ...
... SOLLTET IHR DAS HIER DEFINITIV ZUERST SEHEN.
UND DANN WOLLT IHR ES SICHER ALL EUREN FREUNDEN SAGEN.

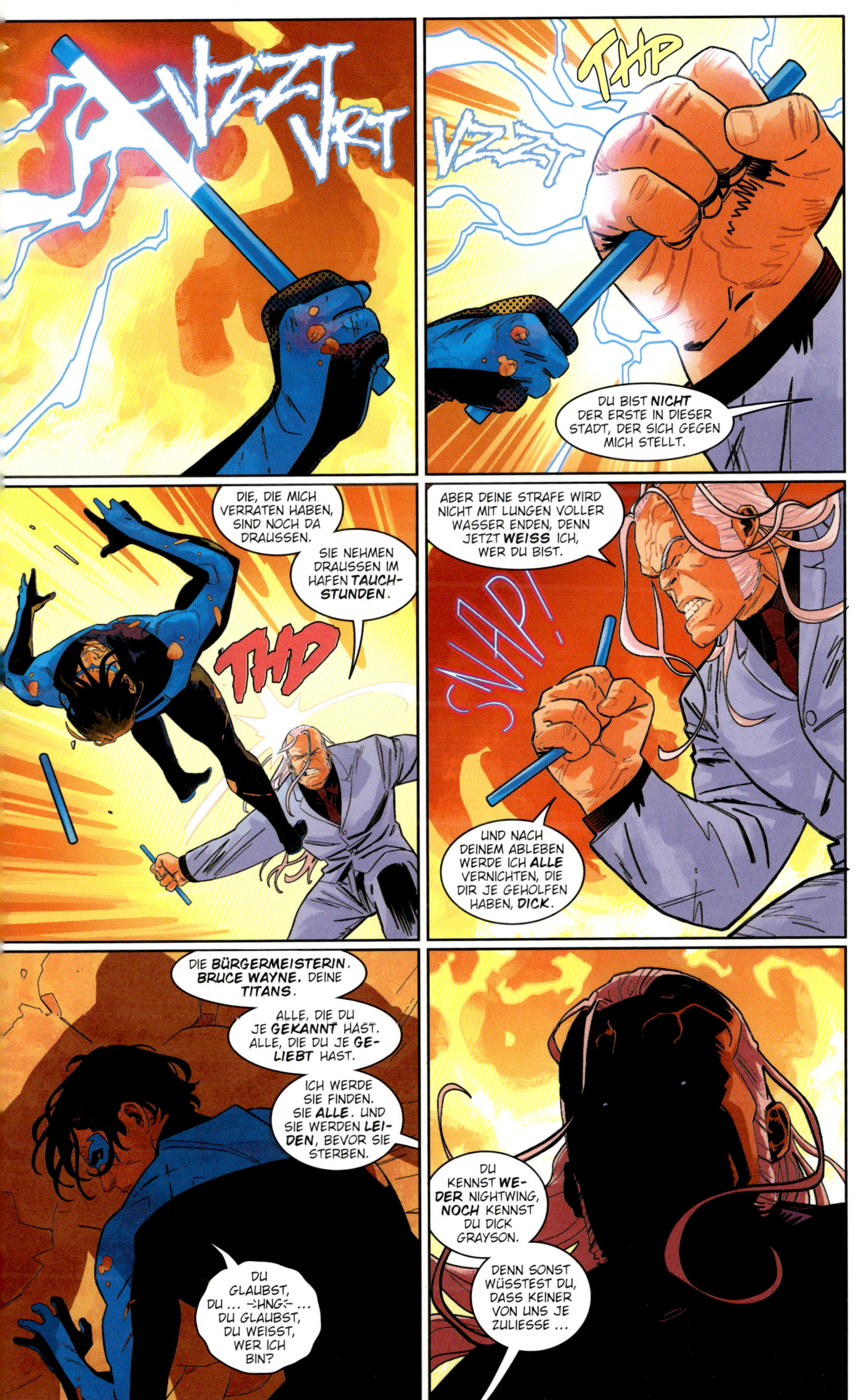
VZZZT
VRT
VZZZT
THP
DU BIST NICHT DER ERSTE IN DIESER STADT, DER SICH GEGEN MICH STELLT.
DIE, DIE MICH VERRATEN HABEN, SIND NOCH DA DRAUSSEN.
SIE NEHMEN DRAUSSEN IM HAFEN TAUCH-STUNDEN.
THD
ABER DEINE STRAFE WIRD NICHT MIT LUNGEN VOLLER WASSER ENDEN, DENN JETZT WEISS ICH, WER DU BIST.
SNAP!
UND NACH DEINEM ABLEBEN WERDE ICH ALLE VERNICHTEN, DIE DIR JE GEHOLFEN HABEN, DICK.
DIE BÜRGERMEISTERIN. BRUCE WAYNE. DEINE TITANS.
ALLE, DIE DU JE GEKANNT HAST. ALLE, DIE DU JE GE-LIEBT HAST.
ICH WERDE SIE FINDEN. SIE ALLE. UND SIE WERDEN LEI-DEN, BEVOR SIE STERBEN.
DU GLAUBST, DU ... HNG ... DU GLAUBST, DU WEISST, WER ICH BIN?
DU KENNST WE-DER NIGHTWING, NOCH KENNST DU DICK GRAYSON.
DENN SONST WÜSSTEST DU, DASS KEINER VON UNS JE ZULIESSE ...

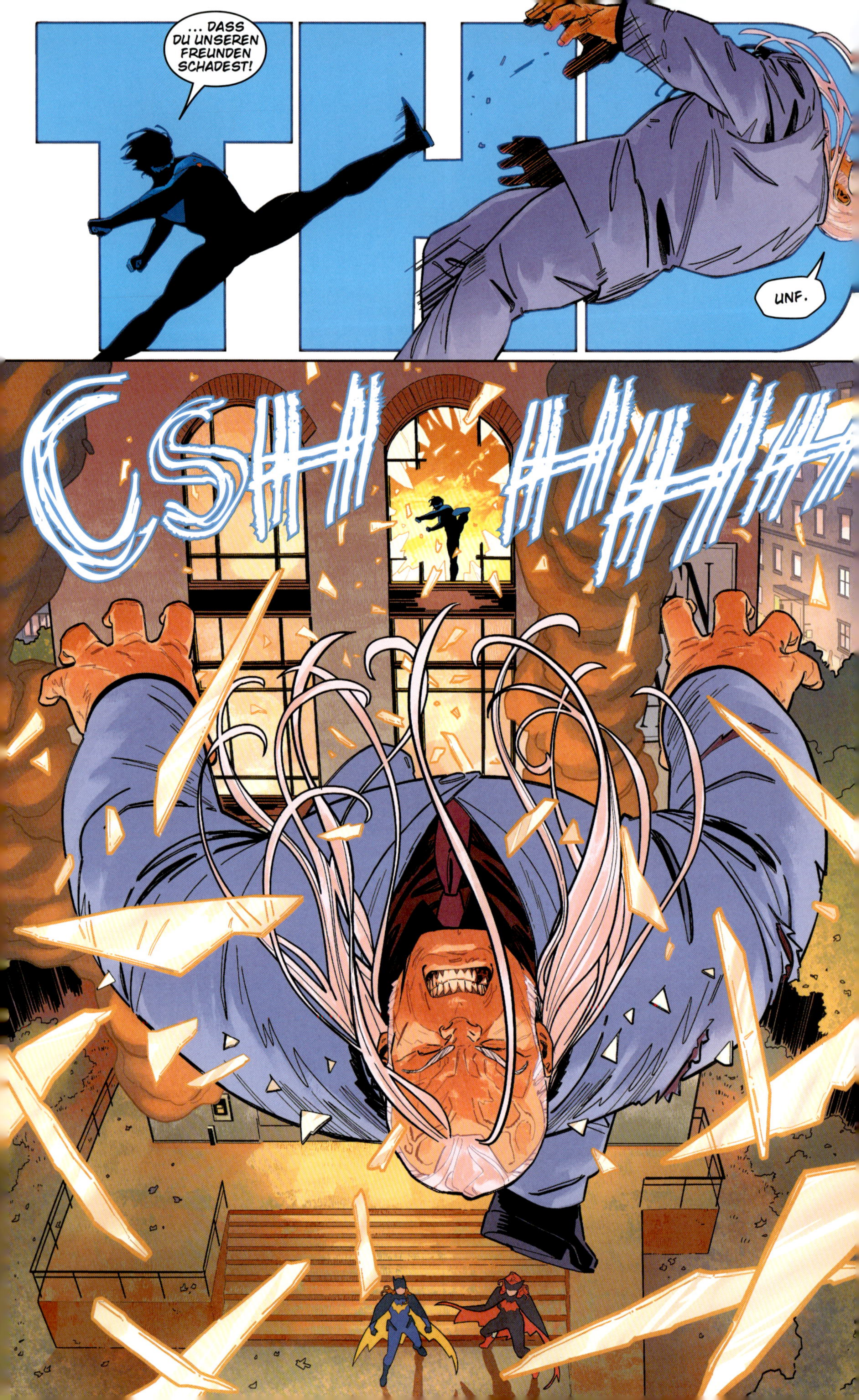
... DASS DU UNSEREN FREUNDEN SCHADEST!
THD
UNF.
CSHHHHHHH

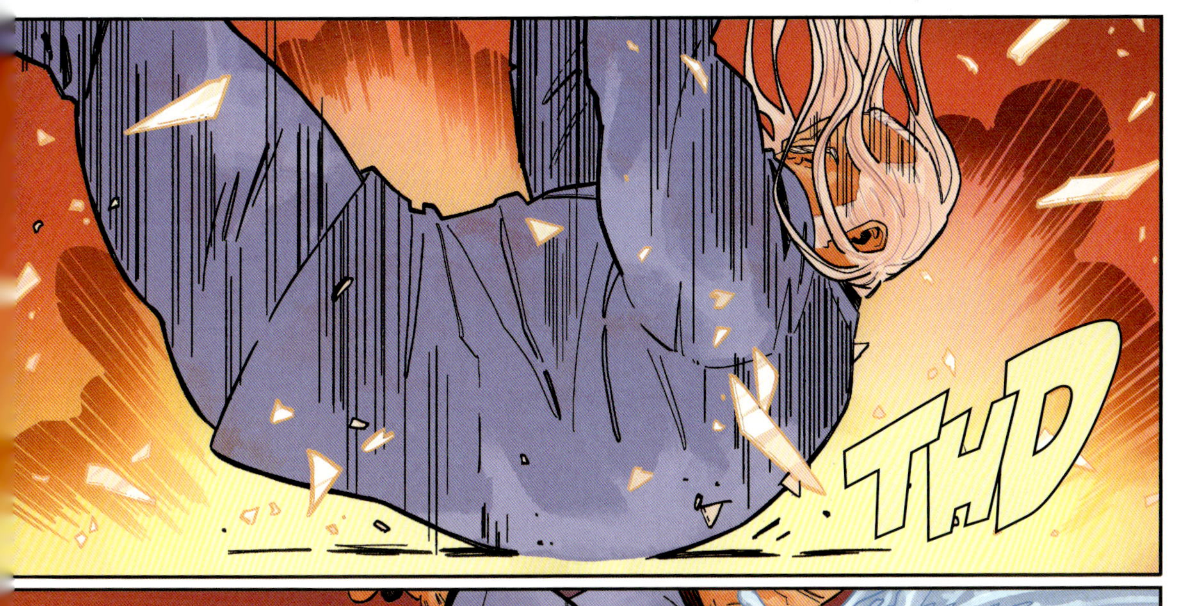
THD

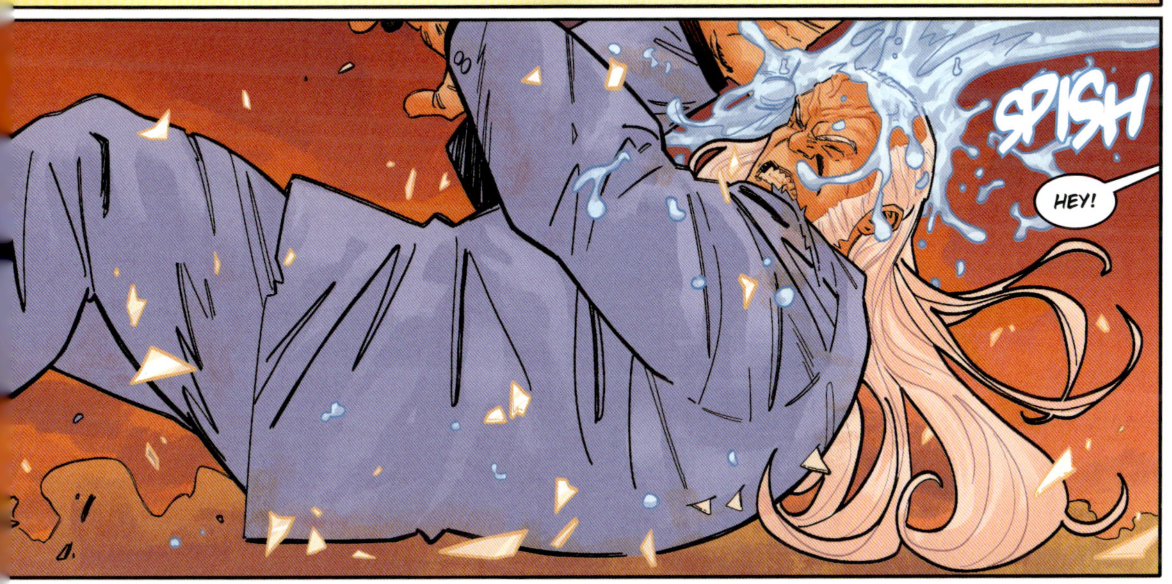
SPISH
HEY!

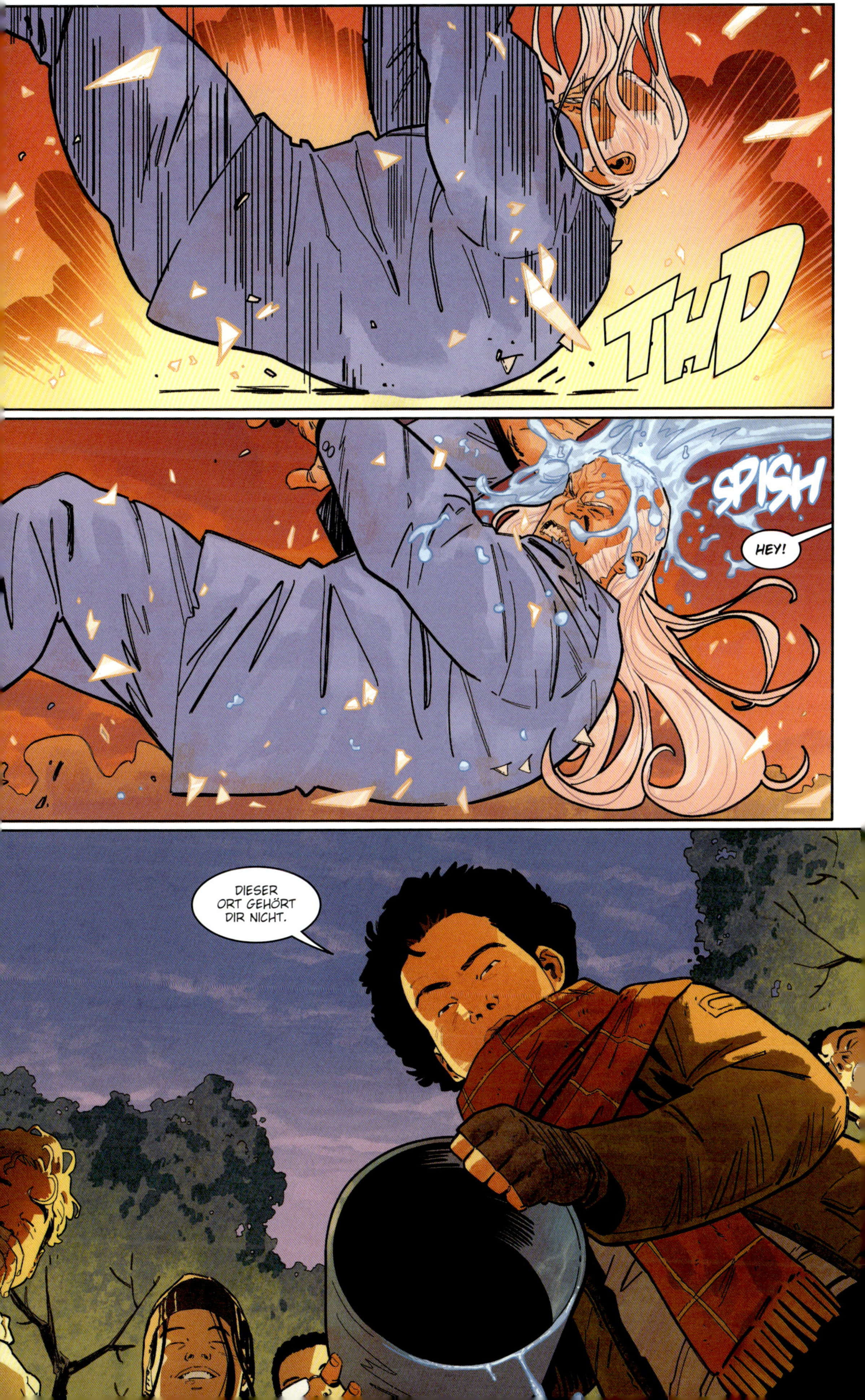

DIESER ORT GEHÖRT DIR NICHT.

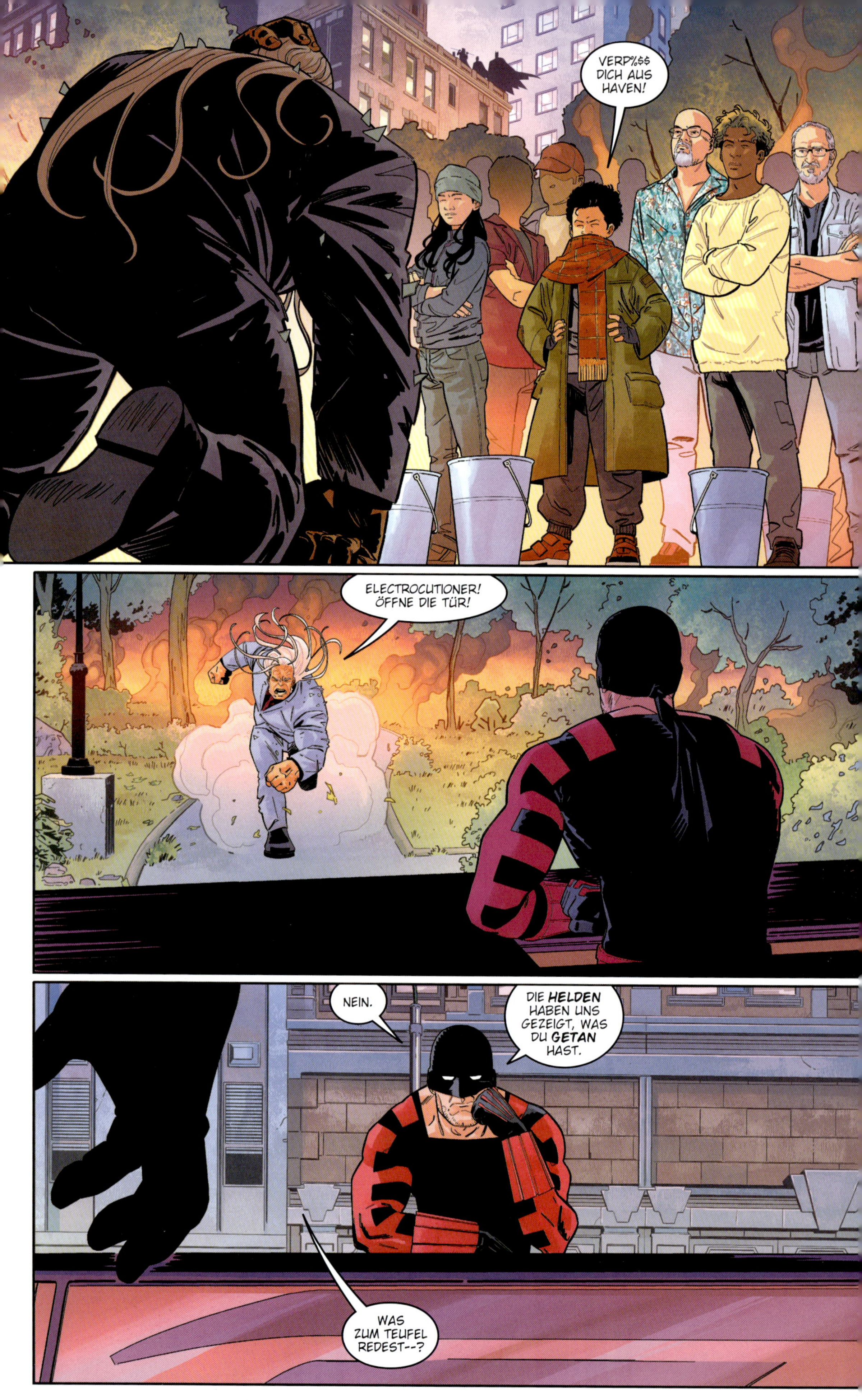

VERP%$$ DICH AUS HAVEN!

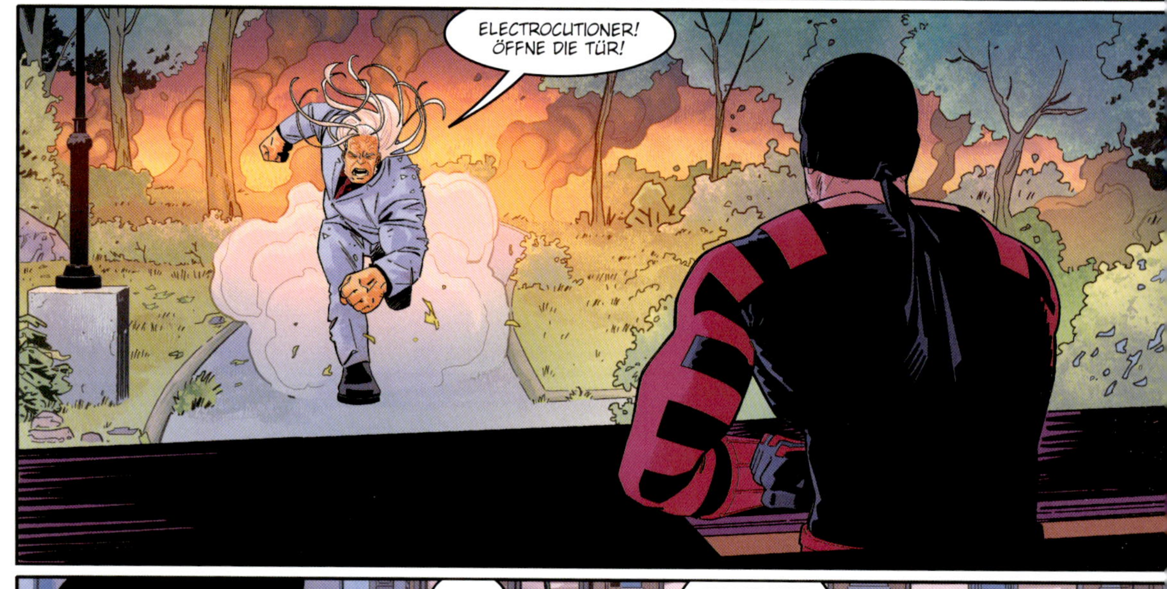
ELECTROCUTIONER! ÖFFNE DIE TÜR!

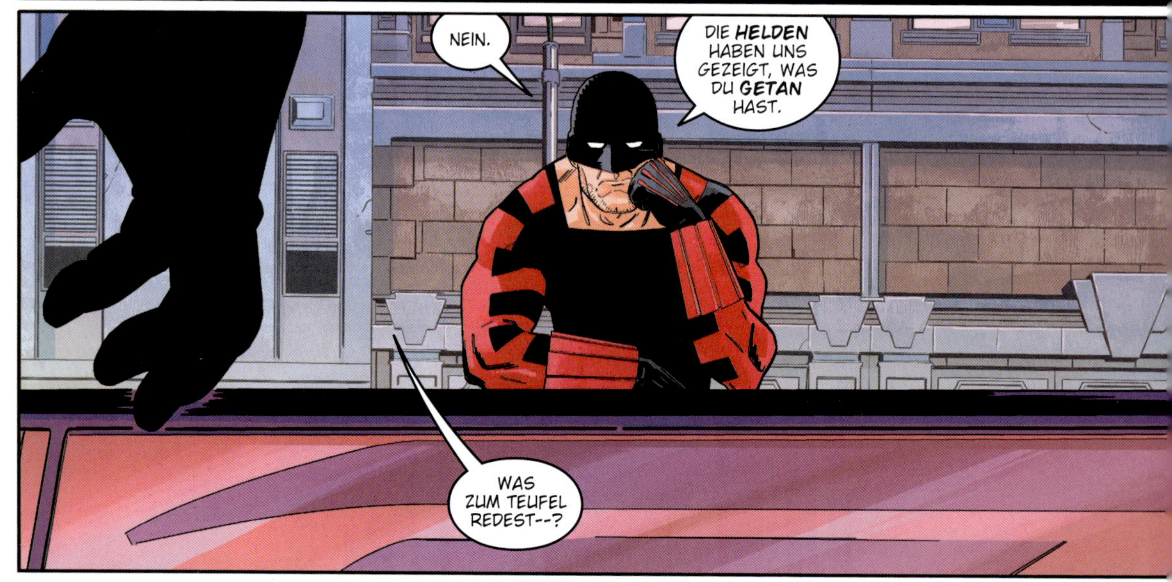
NEIN.
DIE **HELDEN** HABEN UNS GEZEIGT, WAS DU **GETAN** HAST.
WAS ZUM TEUFEL REDEST--?

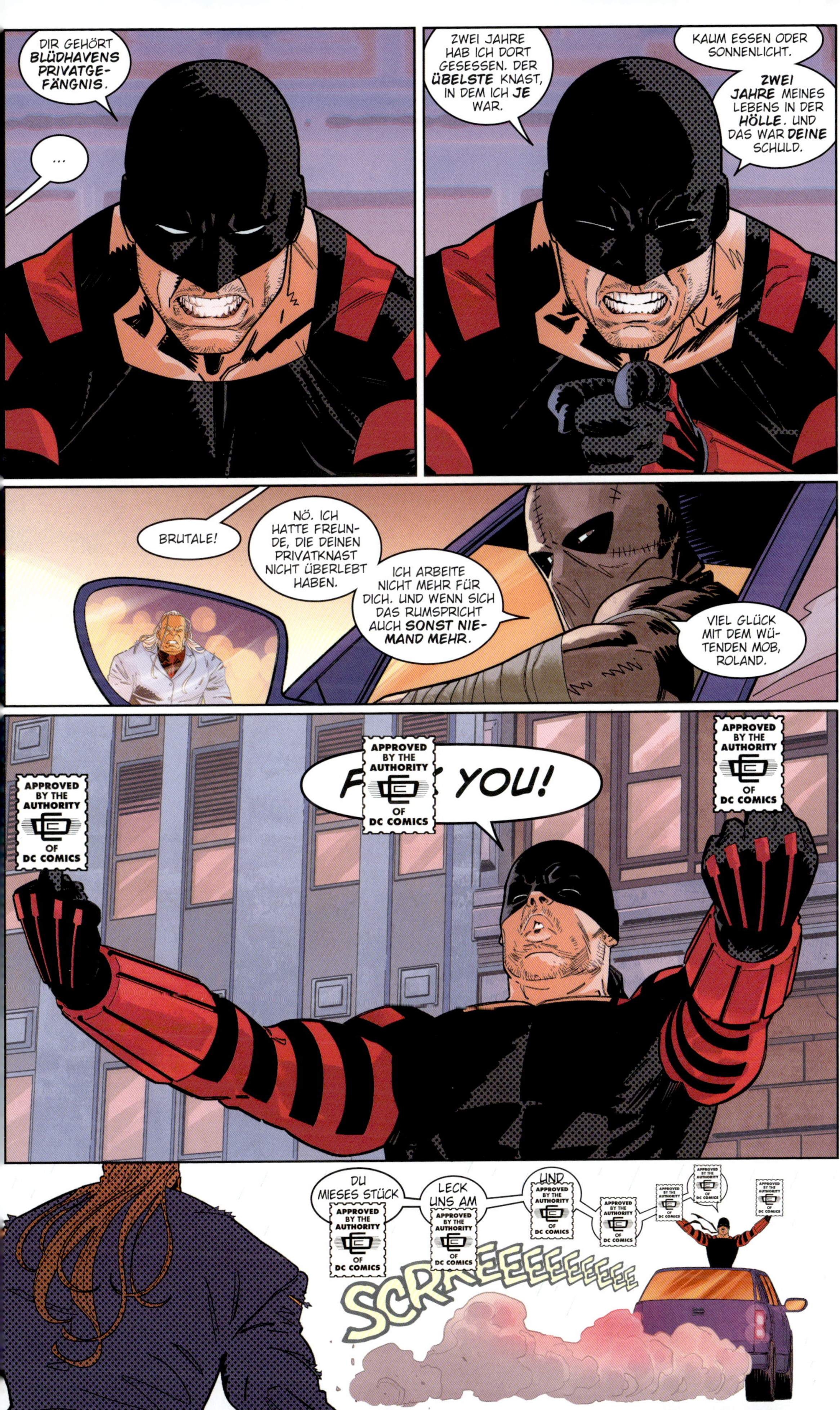
DIR GEHÖRT **BLÜDHAVENS PRIVATGE-FÄNGNIS**.
...
ZWEI JAHRE HAB ICH DORT GESESSEN. DER **ÜBELSTE** KNAST, IN DEM ICH **JE** WAR.
KAUM ESSEN ODER SONNENLICHT.
ZWEI JAHRE MEINES LEBENS IN DER **HÖLLE**. UND DAS WAR **DEINE** SCHULD.
BRUTALE!
NÖ. ICH HATTE FREUN-DE, DIE DEINEN PRIVATKNAST NICHT ÜBERLEBT HABEN.
ICH ARBEITE NICHT MEHR FÜR DICH. UND WENN SICH DAS RUMSPRICHT AUCH **SONST NIE-MAND MEHR**.
VIEL GLÜCK MIT DEM WÜ-TENDEN MOB, ROLAND.
APPROVED BY THE AUTHORITY OF DC COMICS
F APPROVED BY THE AUTHORITY OF DC COMICS YOU!
APPROVED BY THE AUTHORITY OF DC COMICS
DU MIESES STÜCK
APPROVED BY THE AUTHORITY OF DC COMICS
LECK UNS AM
APPROVED BY THE AUTHORITY OF DC COMICS
UND
APPROVED BY THE AUTHORITY OF DC COMICS
APPROVED BY THE AUTHORITY OF DC COMICS
SCREEEEEEEEEE

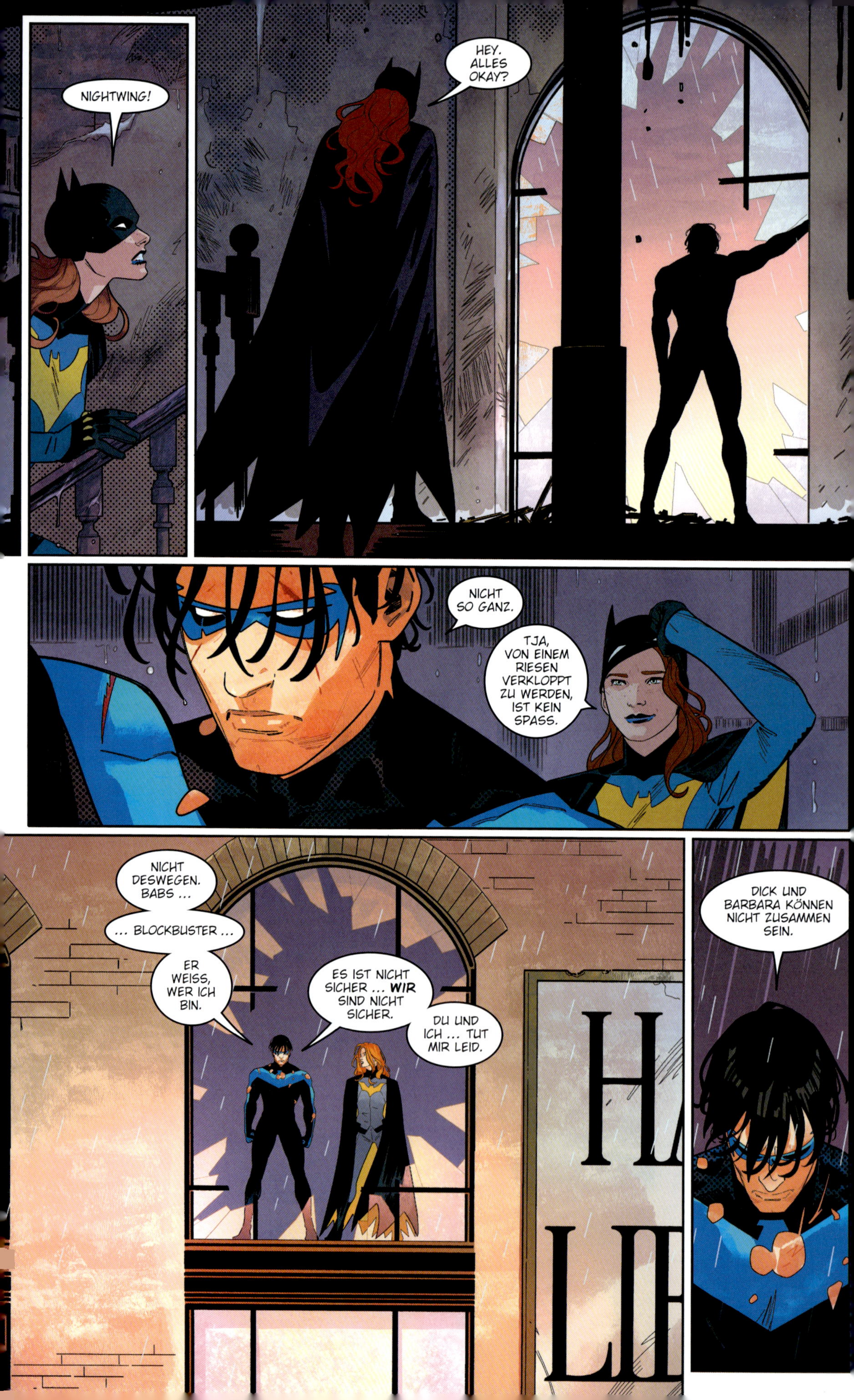

NIGHTWING!

HEY. ALLES OKAY?

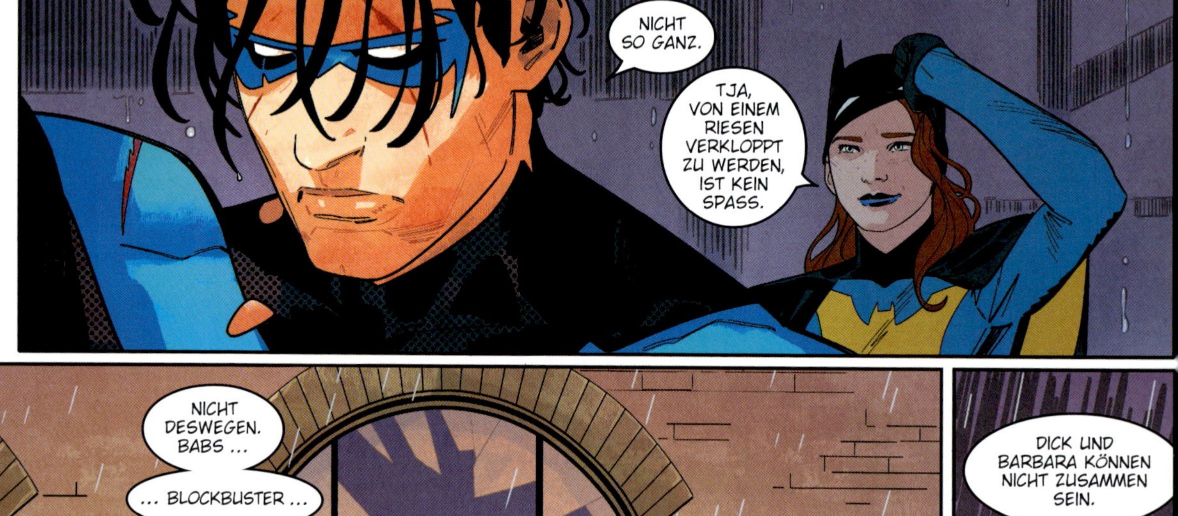

NICHT DESWEGEN. BABS ...

... BLOCKBUSTER ...

ER WEISS, WER ICH BIN.

ES IST NICHT SICHER ... **WIR** SIND NICHT SICHER.

DU UND ICH ... TUT MIR LEID.

DICK UND BARBARA KÖNNEN NICHT ZUSAMMEN SEIN.

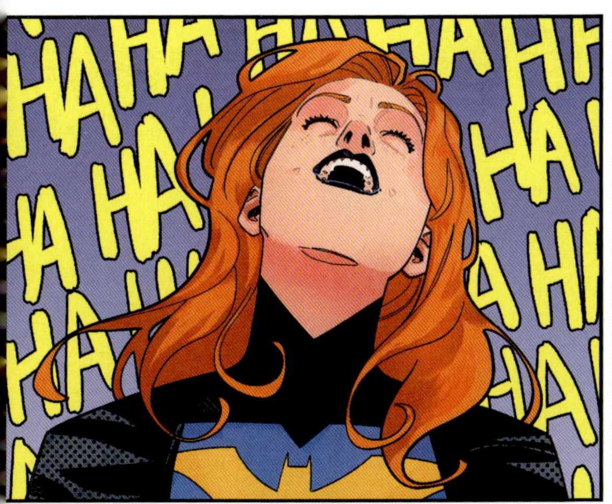
HAHA HAHA HA HA HA HA HA HA HA HA HA

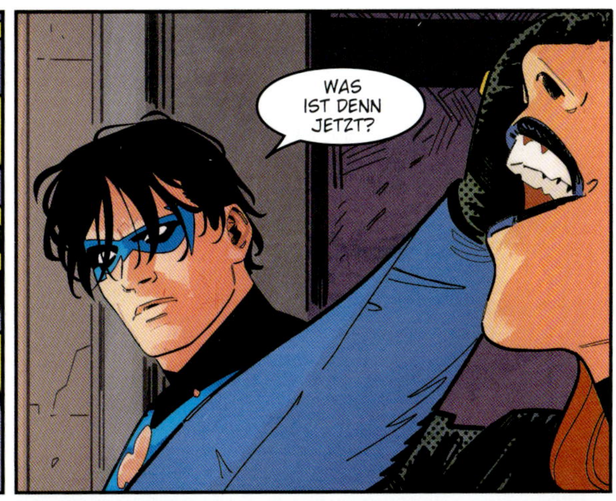
WAS IST DENN JETZT?

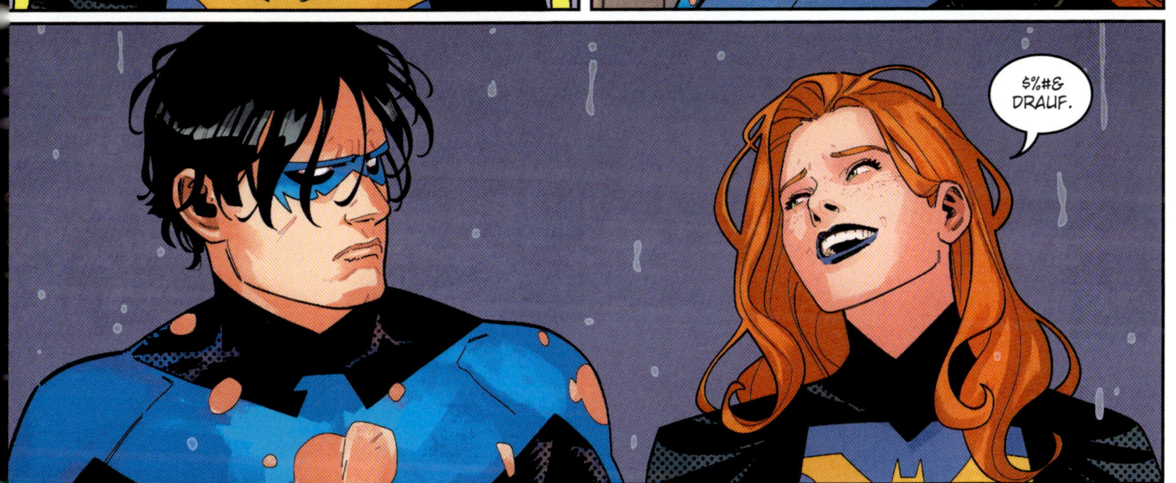
$%#& DRAUF.

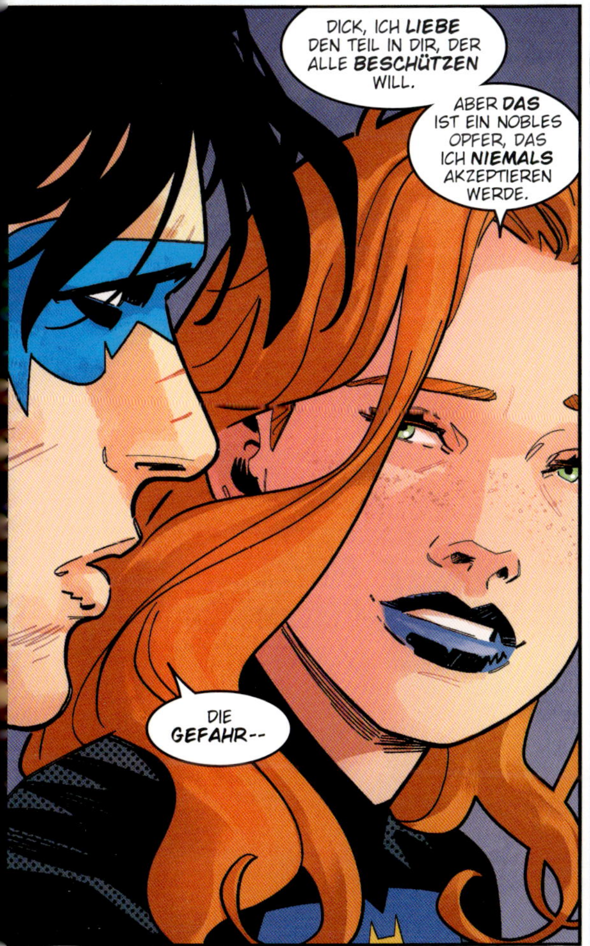
DICK, ICH **LIEBE** DEN TEIL IN DIR, DER ALLE **BESCHÜTZEN** WILL.
ABER **DAS** IST EIN NOBLES OPFER, DAS ICH **NIEMALS** AKZEPTIEREN WERDE.
DIE **GEFAHR--**

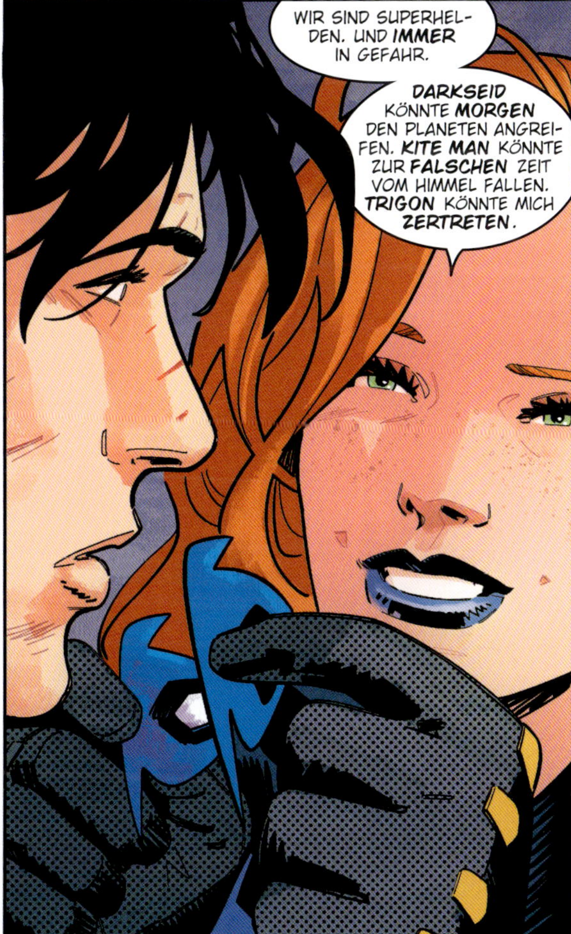
WIR SIND SUPERHELDEN. UND **IMMER** IN GEFAHR.
DARKSEID KÖNNTE **MORGEN** DEN PLANETEN ANGREIFEN. **KITE MAN** KÖNNTE ZUR **FALSCHEN** ZEIT VOM HIMMEL FALLEN. **TRIGON** KÖNNTE MICH **ZERTRETEN**.

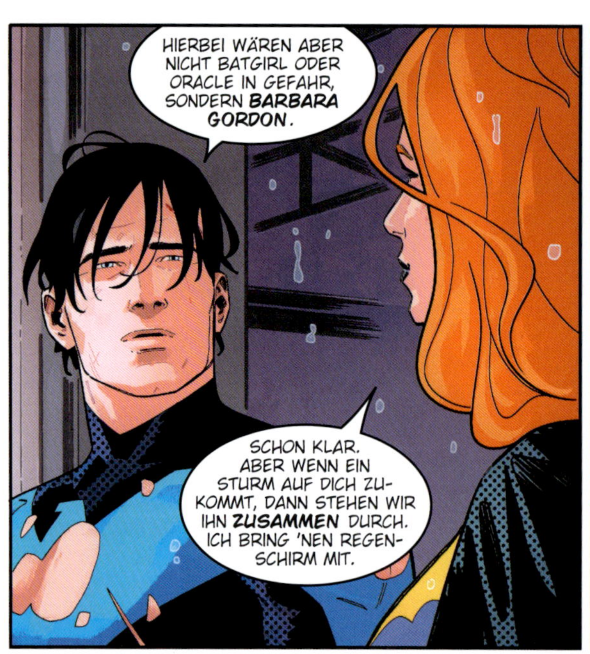
HIERBEI WÄREN ABER NICHT BATGIRL ODER ORACLE IN GEFAHR, SONDERN **BARBARA GORDON**.
SCHON KLAR. ABER WENN EIN STURM AUF DICH ZU-KOMMT, DANN STEHEN WIR IHN **ZUSAMMEN** DURCH. ICH BRING 'NEN REGEN-SCHIRM MIT.

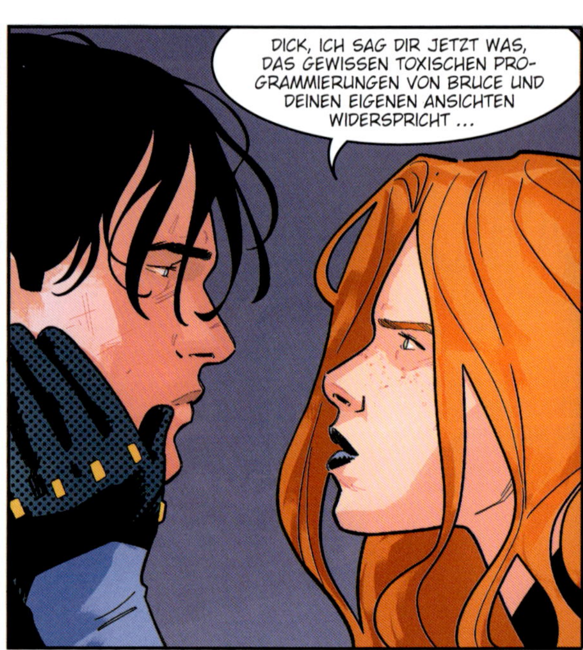
DICK, ICH SAG DIR JETZT WAS, DAS GEWISSEN TOXISCHEN PRO-GRAMMIERUNGEN VON BRUCE UND DEINEN EIGENEN ANSICHTEN WIDERSPRICHT ...

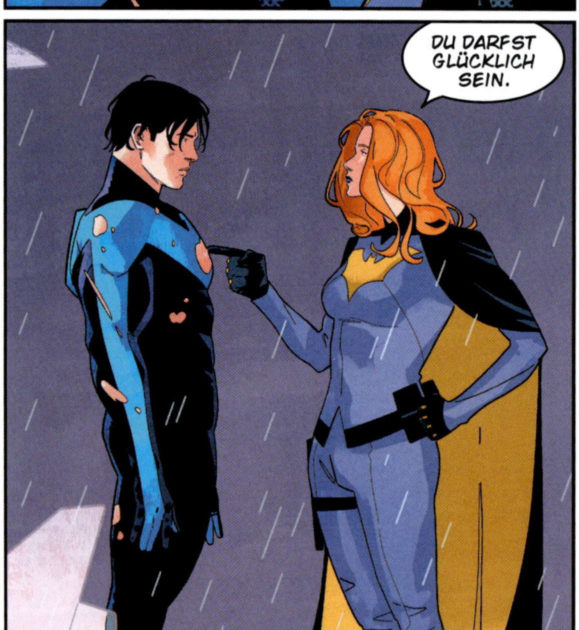
DU DARFST GLÜCKLICH SEIN.

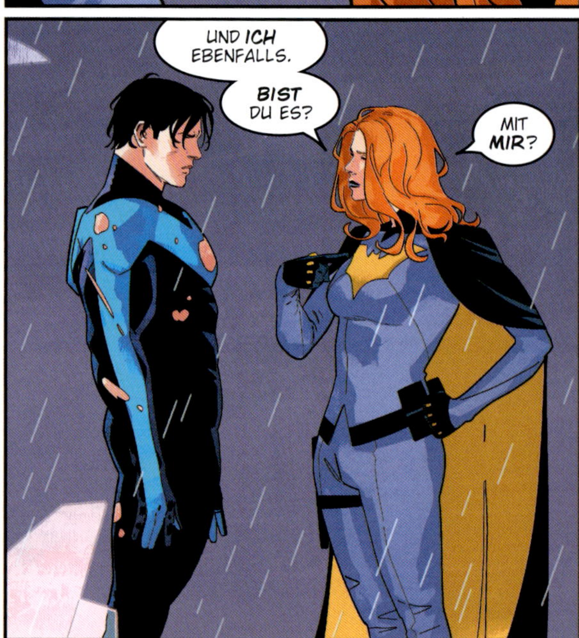
UND **ICH** EBENFALLS.
BIST DU ES?
MIT **MIR**?

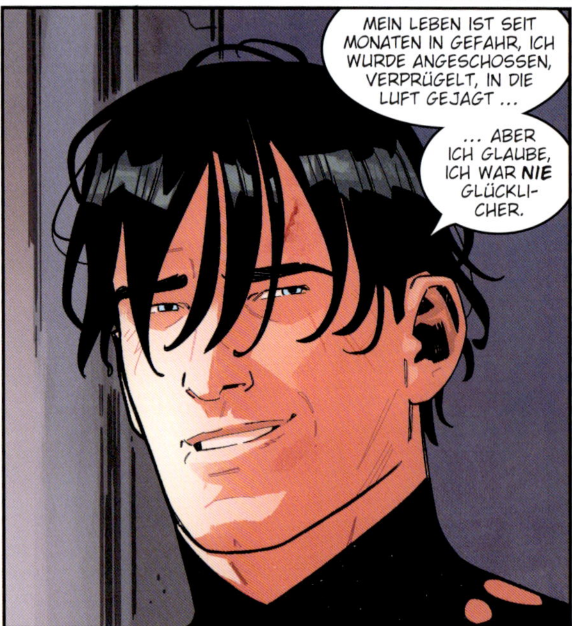
MEIN LEBEN IST SEIT MONATEN IN GEFAHR, ICH WURDE ANGESCHOSSEN, VERPRÜGELT, IN DIE LUFT GEJAGT ...
... ABER ICH GLAUBE, ICH WAR **NIE** GLÜCKLI-CHER.

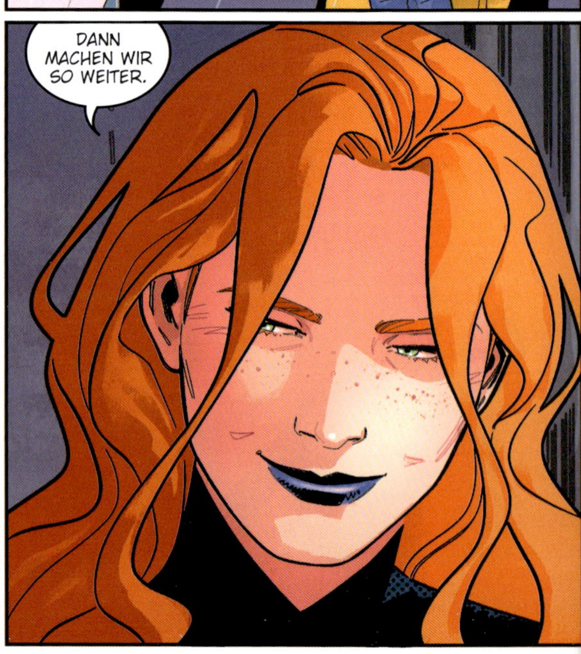
DANN MACHEN WIR SO WEITER.

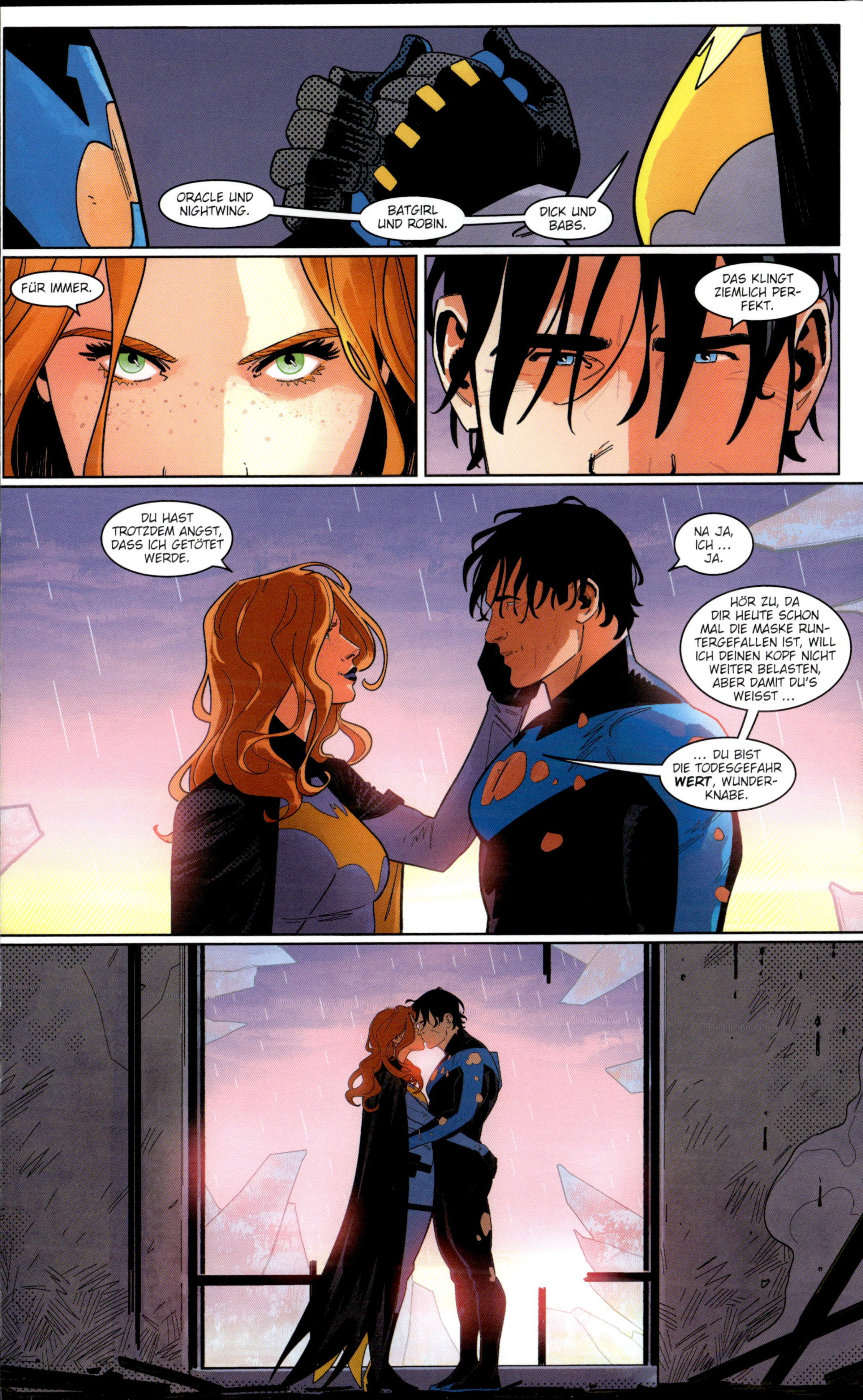
ORACLE UND NIGHTWING.
BATGIRL UND ROBIN.
DICK UND BABS.
FÜR IMMER.
DAS KLINGT ZIEMLICH PER-FEKT.
DU HAST TROTZDEM ANGST, DASS ICH GETÖTET WERDE.
NA JA, ICH ... JA.
HÖR ZU, DA DIR HEUTE SCHON MAL DIE MASKE RUN-TERGEFALLEN IST, WILL ICH DEINEN KOPF NICHT WEITER BELASTEN, ABER DAMIT DU'S WEISST ...
... DU BIST DIE TODESGEFAHR **WERT**, WUNDER-KNABE.

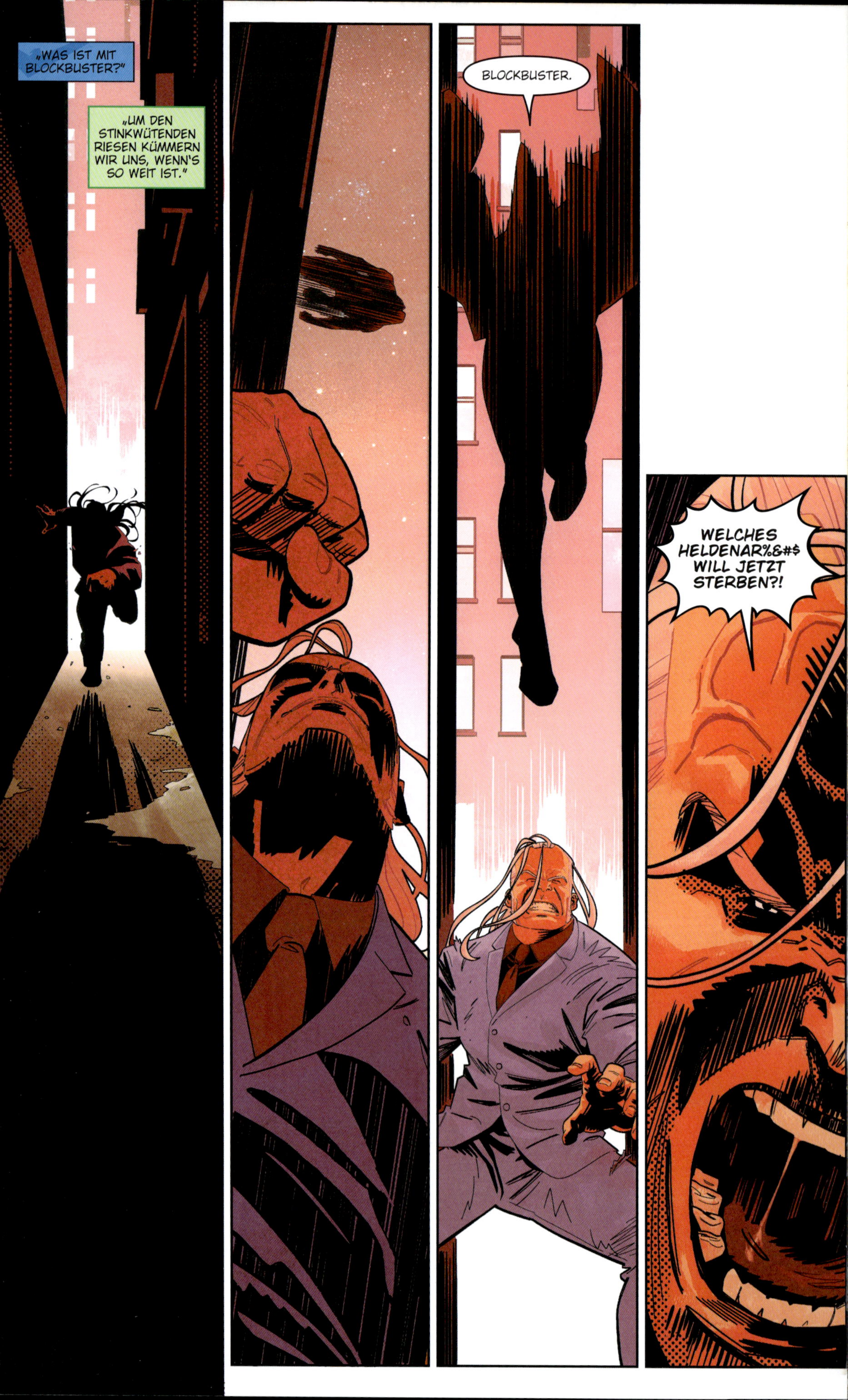

„WAS IST MIT BLOCKBUSTER?"

„UM DEN STINKWÜTENDEN RIESEN KÜMMERN WIR UNS, WENN'S SO WEIT IST."

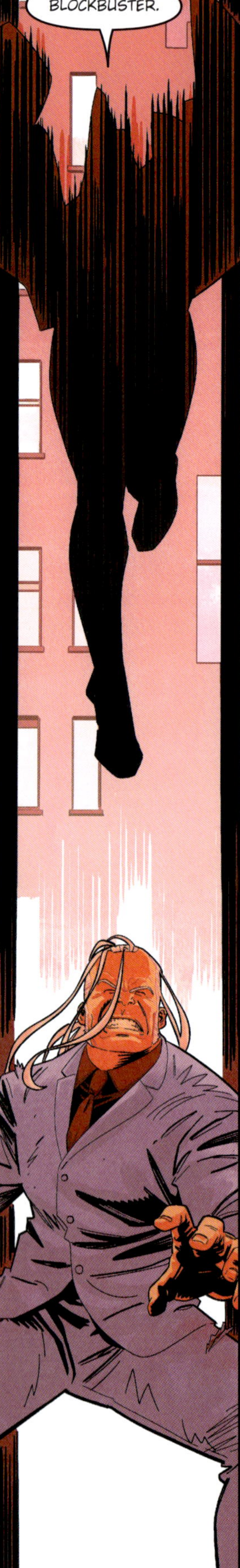

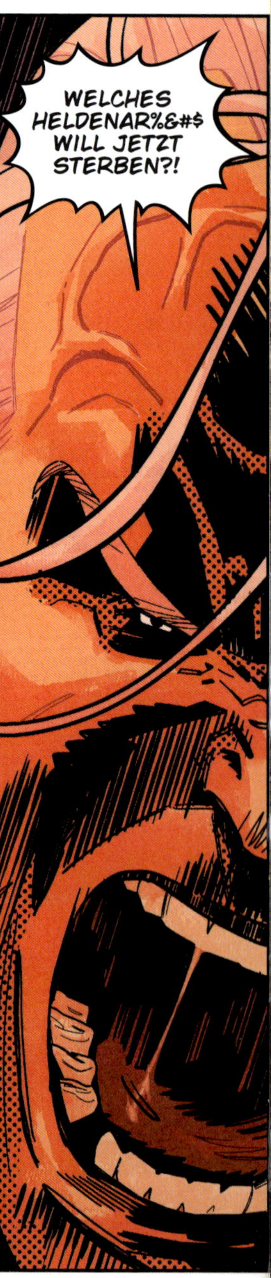

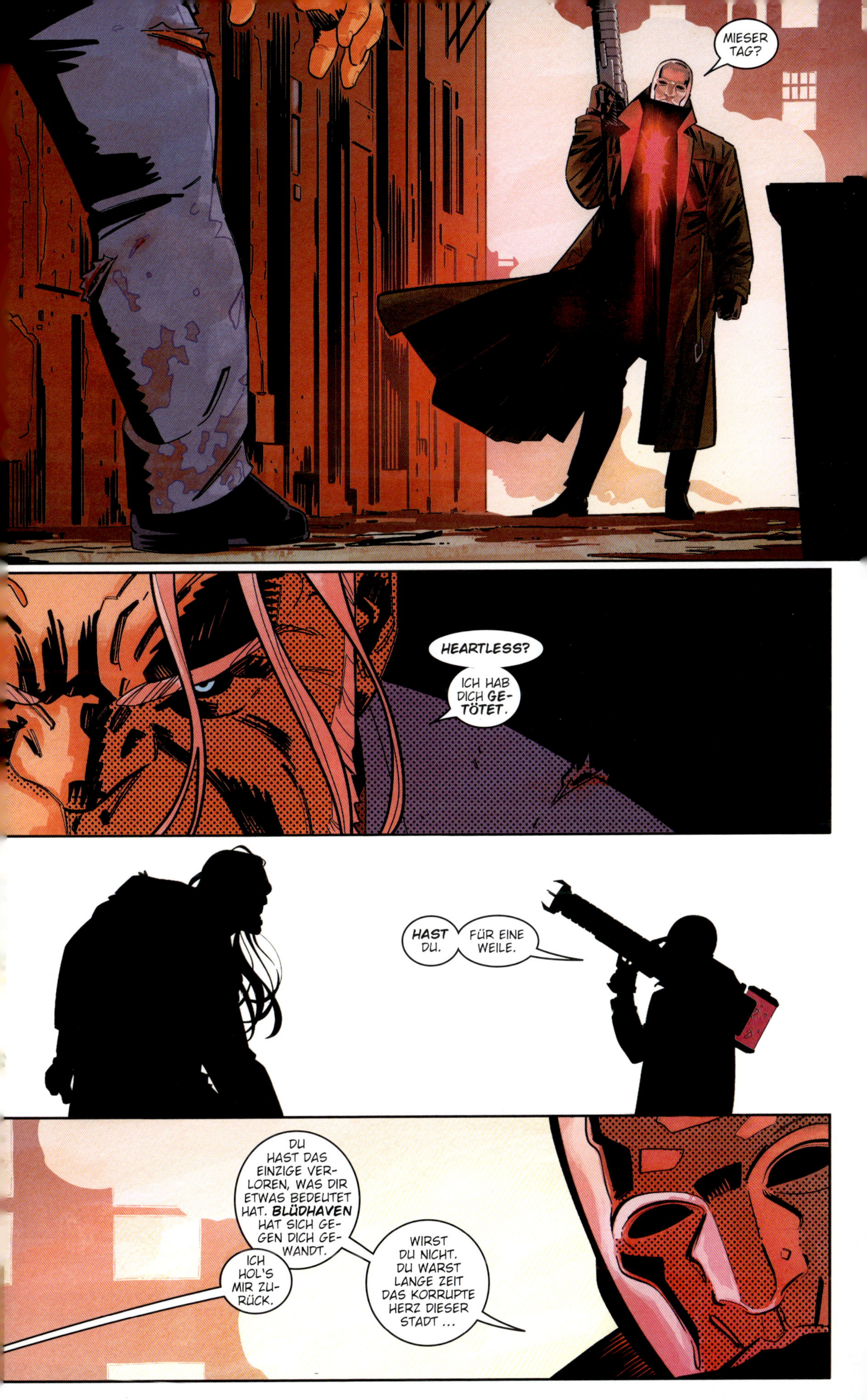

MIESER TAG?

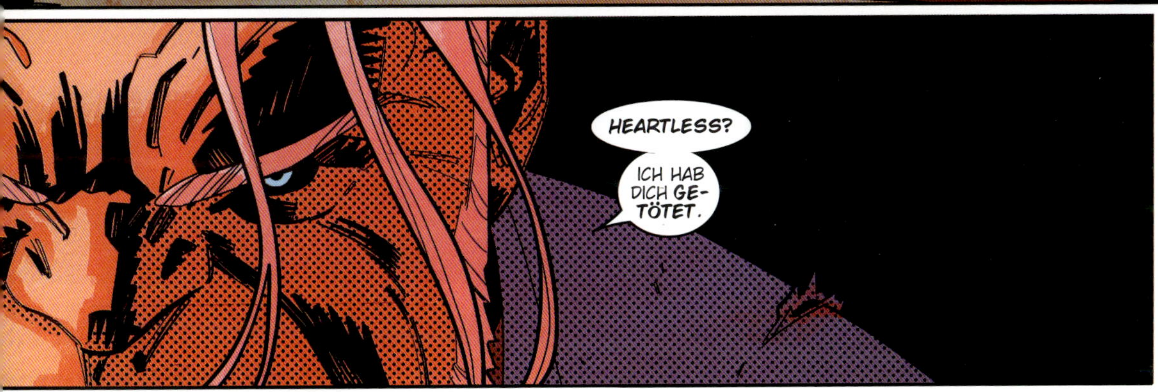

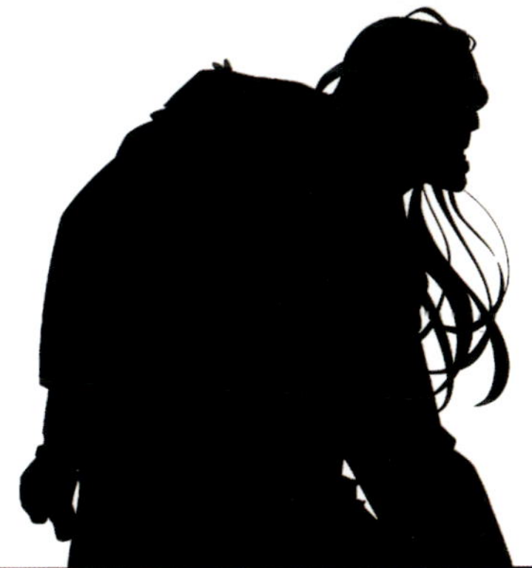

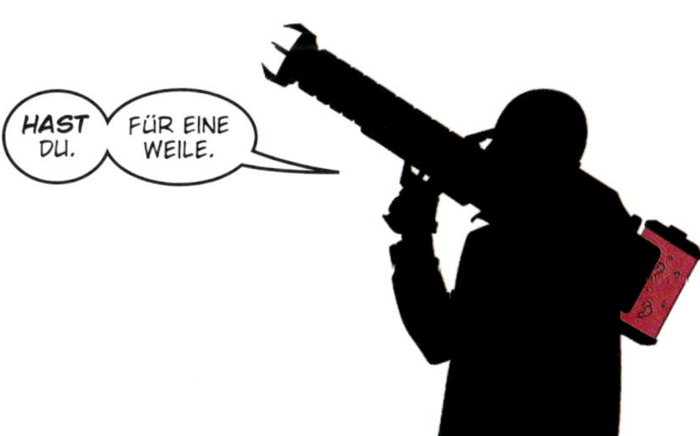

DU HAST DAS EINZIGE VERLOREN, WAS DIR ETWAS BEDEUTET HAT. **BLÜDHAVEN** HAT SICH GEGEN DICH GEWANDT.

ICH HOL'S MIR ZURÜCK.

WIRST DU NICHT. DU WARST LANGE ZEIT DAS KORRUPTE HERZ DIESER STADT ...

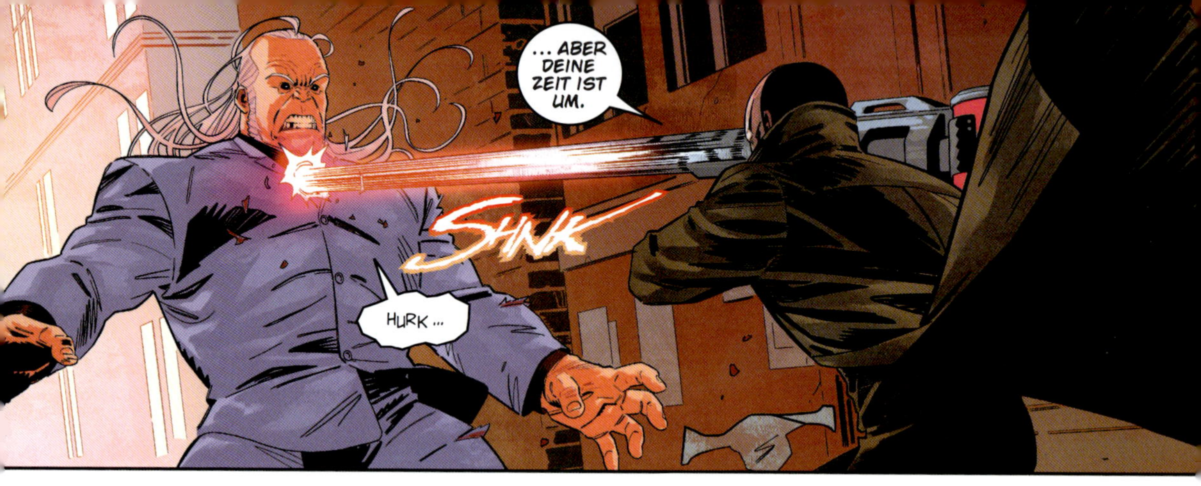

TOM TAYLOR Story BRUNO REDONDO Zeichnungen

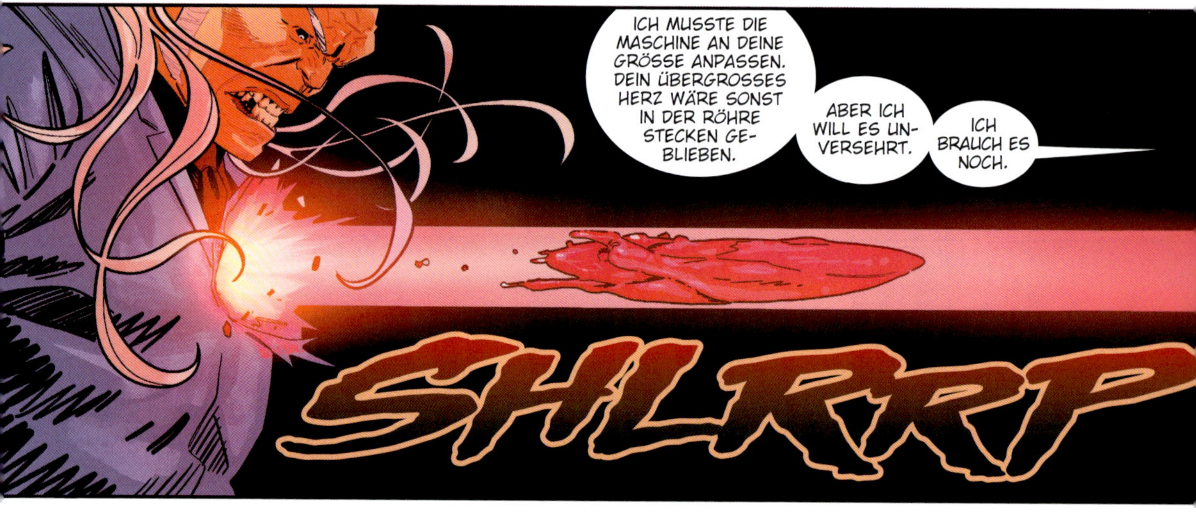

CAIO FILIPE Tusche ADRIANO LUCAS Farben CAROLIN HIDALGO Übersetzung

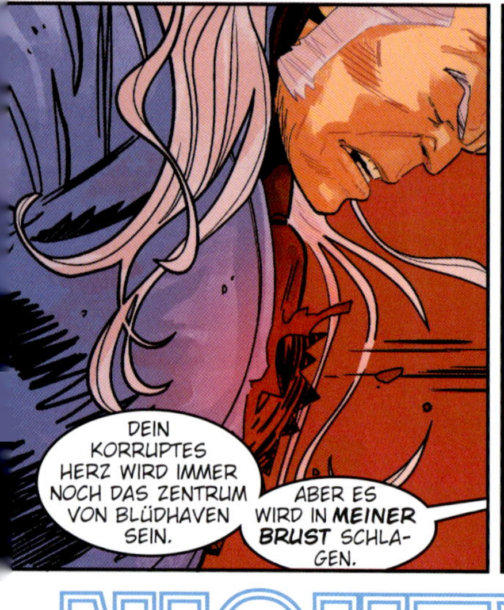

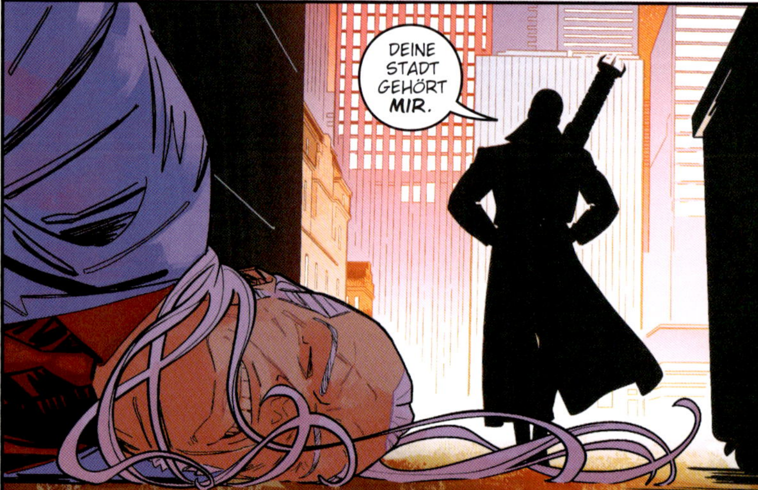

NIGHTWING

DAS HERZ VON BLÜDHAVEN DAS FINALE

STUDIO RAM Lettering
JESSICA CHEN, JESSICA BERBEY & BEN ABERNATHY Redaktion USA

NIGHTWING geschaffen von MARV WOLFMAN & GEORGE PÉREZ.

IM NÄCHSTEN BAND: DER KAMPF UM BLÜDHAVENS UNTERWELT!

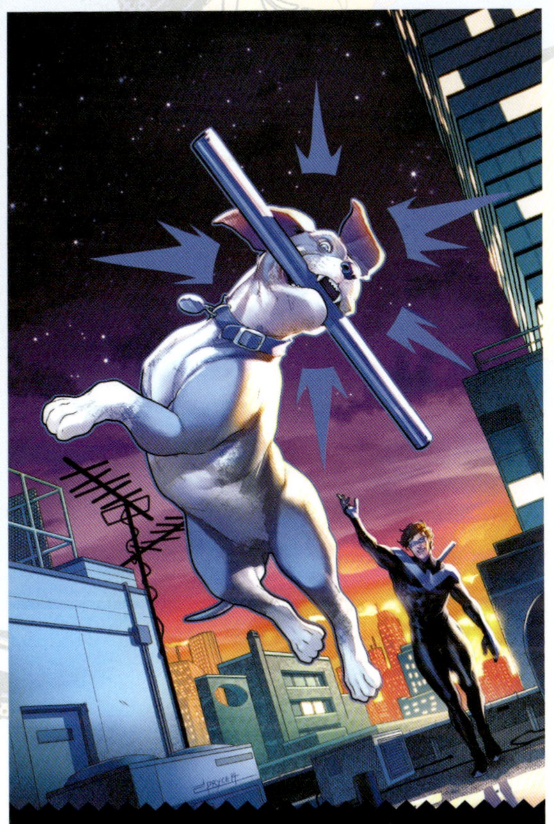

NIGHTWING 92
Variant-Cover von JAMAL CAMPBELL

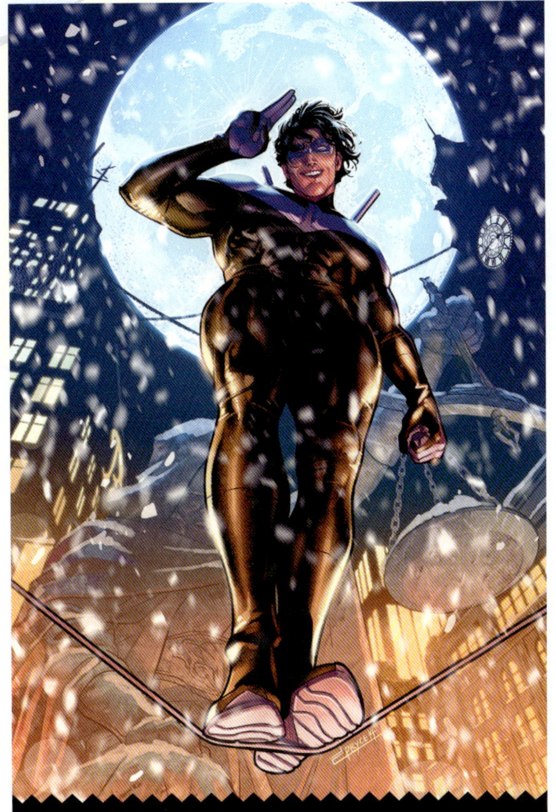

NIGHTWING 93
Variant-Cover von JAMAL CAMPBELL

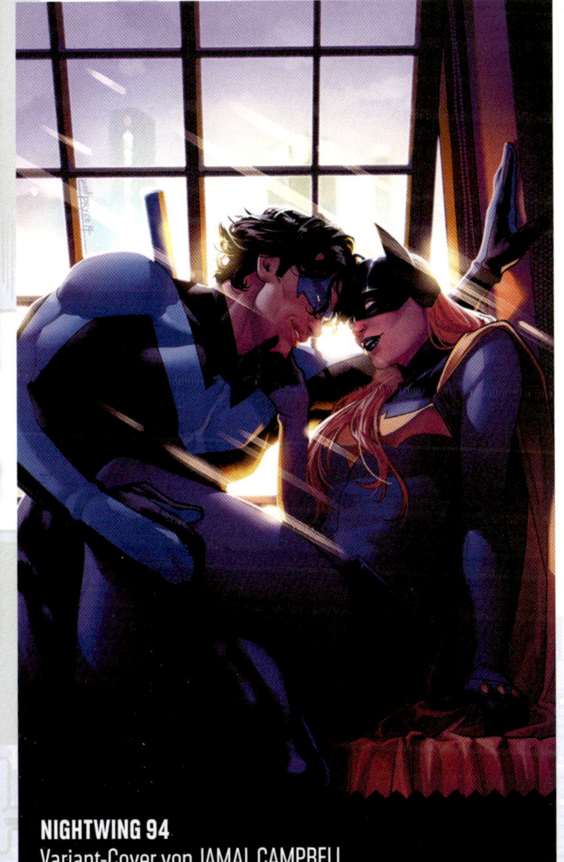

NIGHTWING 94
Variant-Cover von JAMAL CAMPBELL

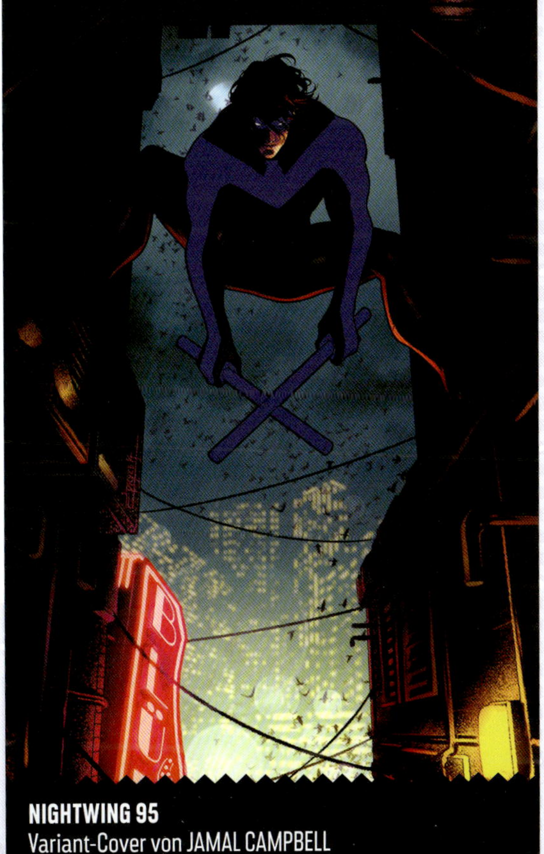

NIGHTWING 95
Variant-Cover von JAMAL CAMPBELL

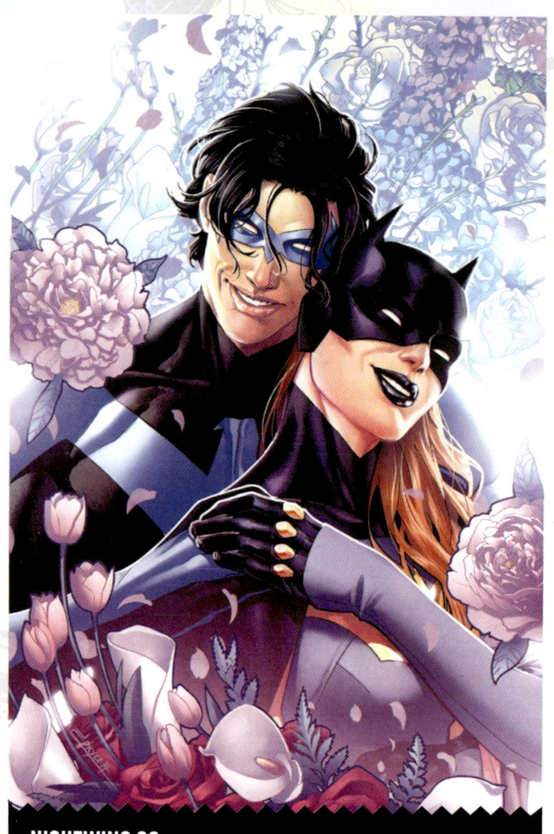

NIGHTWING 96
Variant-Cover von JAMAL CAMPBELL

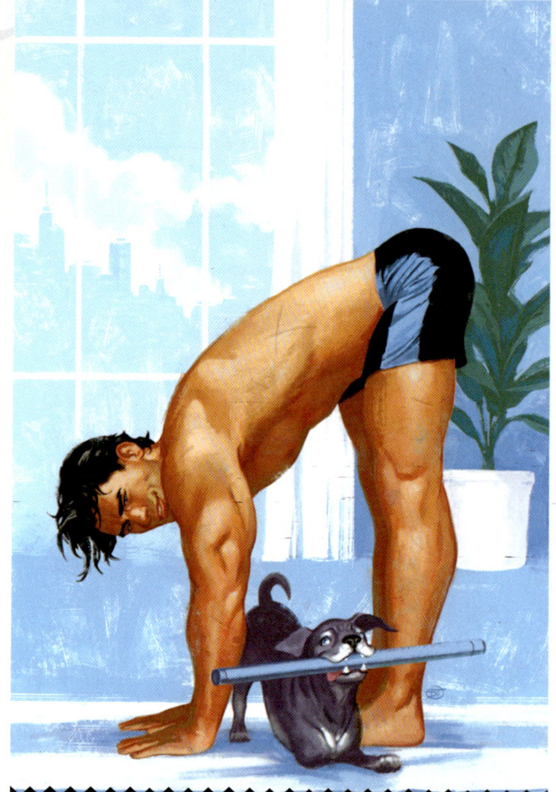

NIGHTWING 92
Variant-Cover von DAVID TALASKI

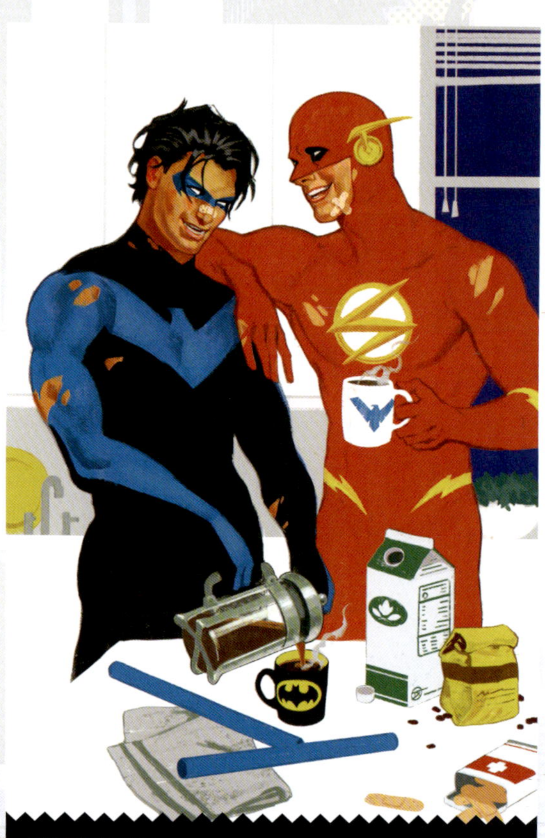

NIGHTWING 94
Variant-Cover von DAVID TALASKI

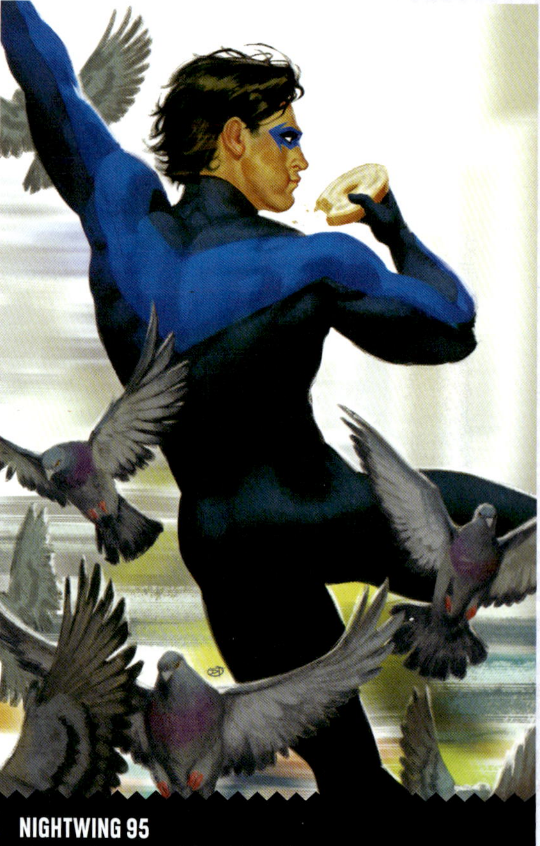

NIGHTWING 95
Variant-Cover von DAVID TALASKI

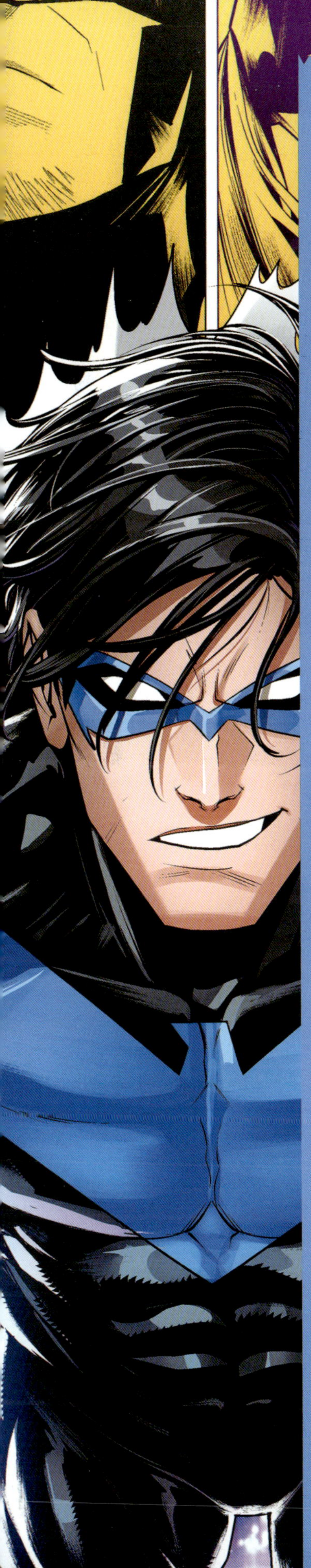

HELDEN-ZIRKUS

von **Christian Endres**

TRIBUT

Gleich zu Beginn dieses Bandes verneigen sich die Kreativen vor **Marv Wolfman** und **George Pérez** – den beiden prägenden Comic-Legenden, die **Dick** in den 1980ern von **Robin** zu **Nightwing** beförderten (lest es am Besten selbst nach in unseren klassischen TEEN TITANS VON GEORGE PÉREZ-Sammelbänden!). Der winkende Pizzaverkäufer im Hawaiihemd, mit weiß-grauem Bart und Glatze, sieht sogar aus wie George Pérez, der leider 2022 im Alter von 67 Jahren gestorben ist.

ACE DER BAT-HUND

Dank **Bill Finger** und **Sheldon Moldoff** kam der **Dunkle Ritter** 1955 in US-BATMAN 92 auf den Hund. Doch in den späten 1960ern, frühen 1970ern verschwanden viele Figuren der „erweiterten Bat-Familie" wieder, und so musste auch **Ace der Bat-Hund** lange pausieren. Erst in den 1990ern durfte er wieder Gassi. Und während er ganz am Anfang seiner Comic-Karriere noch der Hund eines entführten Graveurs war, machte Autor **Tom King** ihn 2016 in einer neuen Origin zu einem Ex-Wachhund des **Jokers**, der von **Alfred** gerettet wurde. Meistens wird Ace als Schäferhund dargestellt – in der futuristischen Animationsserie *Batman Beyond* war er 1999 eine Dogge (die in den Comics jedoch **Titus** heißt), und im Animationsfilm *DC League of Super-Pets* von 2022 ein Boxer.

MAGGIE SAWYER

Als **John Byrne** ab 1986 den **Superman**-Mythos neu definierte, schuf er für US-SUPERMAN 4 Captain **Maggie Sawyer** von der Polizei in **Metropolis**. Bereits in den 1980ern wurde ihre queere Orientierung thematisiert, was damals noch Neuland in Mainstream-Comics war. Als 1994 die Cop-Miniserie US-METROPOLIS S.C.U. mit Maggie veröffentlicht wurde, war sie DCs erste Serie mit einer lesbischen Protagonistin. Später war Maggie eine Zeit lang mit **Kate Kane** alias **Batwoman** liiert. Maggies loyaler Kollege **Dan Turpin** wurde übrigens 1971 von **Jack Kirby** für US-NEW GODS 5 erschaffen. Dann verband man ihn mit der Kinderfigur **Brooklyn**, die Kirby und **Joe Simon** bereits 1942 für eine Story in US-DETECTIVE COMICS 64 kreiert hatten. Kurios: Inzwischen sieht Turpin sogar aus wie Comic-Gott Kirby.

DUNKLE KRISE

Dark Crisis heißt das aktuelle DC Comics-Event, dessen Hauptserie Autor **Joshua Williamson** und Zeichner **Daniel Sampere** bestreiten. Nach dem **Tod der Justice League** ist Nightwing eine zentrale Figur in diesem Comic-Spektakel, was Dicks Entwicklung, Wichtigkeit und Popularität als DC-Ikone definitiv widerspiegelt. Als beschwingte Nightwing-Fans solltet ihr euch DARK CRISIS definitiv mal genauer ansehen, bevor wir im nächsten Band ein Jubiläum feiern …

DAS KREATIV-TEAM

TOM TAYLOR schreibt Comics, Theaterstücke und TV-Serien. Seine packenden Comics über Superman, Batman und Co. in der Parallelwelt des Videogames *Injustice – Götter unter uns* machten ihn zum Bestsellerautor. Mit DC-HORROR: DER ZOMBIE-VIRUS sowie BATMAN UND DIE RITTER AUS STAHL kreierte Taylor weitere Alternativwelt-Kracher um die DC Comics-Ikonen. Darüber hinaus verfasste der 1978 geborene Australier SUICIDE SQUAD, JUSTICE LEAGUE/POWER RANGERS, ERDE 2, HELLBLAZER: GEFALLENE ENGEL, BATMAN: EQUILIBRIUM, *Wolverine*, *X-Men: Red*, *Der überragende Iron Man*, *Dein freundlicher Nachbar Spider-Man*, diverse *Star Wars*-Comics und unabhängige Eigenkreationen wie *Seven Secrets* und *Die Nektons – Abenteurer der Tiefe*.

BRUNO REDONDO wurde 1981 im spanischen Alcázar de San Juan geboren und zeichnet seit 2009 für DC Comics und andere US-Verlage. In seinem Portfolio finden sich INJUSTICE – GÖTTER UNTER UNS, SUICIDE SQUAD und *Star Wars: Darth Maul – Todesurteil* aus der Feder von Tom Taylor, HUMAN TARGET, PUSH, BATMAN: ARKHAM CITY und EARTH 2: SOCIETY. Außerdem setzte Redondo einige Hefte der JUSTICE LEAGUE-Saga von Scott Snyder und James Tynion IV um. Seine Arbeit an dieser NIGHTWING-Serie brachte ihm 2022 bei den Eisner Awards Nominierungen in den Kategorien *Bester Zeichner* und *Bester Cover-Künstler* ein.

GERALDO BORGES wurde in Brasilien geboren, lebt jedoch als Zeichner, Tuscher und Lehrer für sequenzielle Kunst in Chile, wo er auch die Agenturen *Quadriños Estudio Chile* und die Agentur *ArtistGO!* gegründet hat. Sein Schaffen für die Verlage in den USA umfasst CATWOMAN, BATMAN & ROBIN ETERNAL, SUPERBOY, JUSTICE LEAGUE: RISE AND FALL, TITANS HUNT, WONDER WOMAN, AQUAMAN, *Angel*, *Ghost*, *Nova* und *X-Men: Gold*. Er steuerte schon 2012 Artwork zur NIGHTWING-Serie von Kyle Higgins bei. Zuletzt veröffentlichte er auch im legendären Comic-Magazin *Heavy Metal*.

ADRIANO LUCAS kolorierte neben NIGHTWING auch schon BATMAN – DETECTIVE COMICS, BATMAN: URBAN LEGENDS, SUICIDE SQUAD, JUSTICE LEAGUE, *Red Sonja* und *Birthright*.

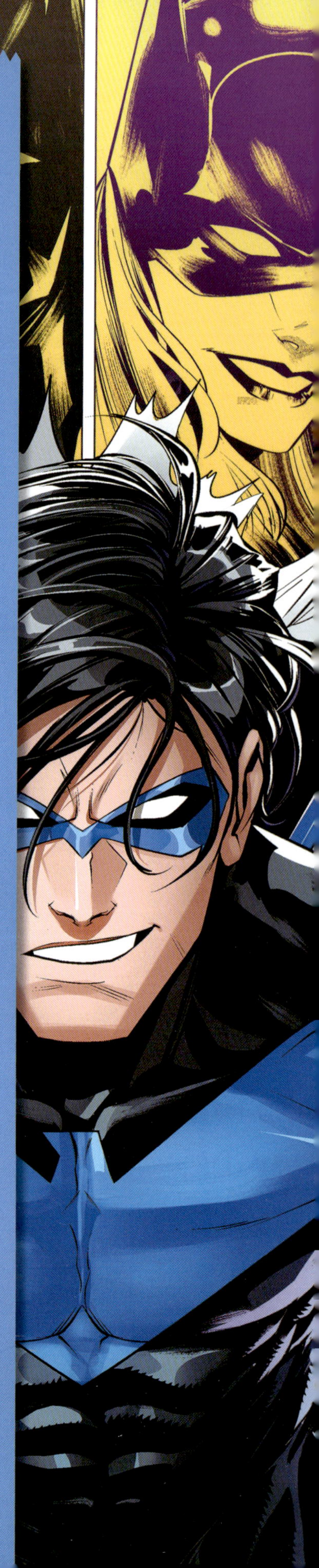